NOBILIAIRE

DU

DÉPARTEMENT DE L'AIN.

BOURG-EN-BRESSE. — IMPRIMERIE DE MILLIET-BOTTIER.

PROPRIÉTÉ DE L'ÉDITEUR.

NOBILIAIRE

DU DÉPARTEMENT DE L'AIN

(XVIIe ET XVIIIe SIECLES)

BUGEY ET PAYS DE GEX

PAR

JULES BAUX,

Archiviste du département de l'Ain, Chevalier de la Légion-d'Honneur,
Officier de l'Ordre royal et équestre des Saints Maurice et Lazare,
Correspondant du Ministère de l'Instruction publique pour les travaux historiques,
des Académies de Lyon, Dijon, Savoie, Versailles, Orléans,
Membre de la Société d'Emulation de l'Ain, etc., etc.

OUVRAGE HONORÉ

des souscriptions de LL. EExc. le Miniſtre d'Etat, le Ministre de l'Intérieur
et le Ministre de l'Instruction publique.

MINISTÈRE DE L'INSTRUCTION PUBLIQUE
SCIENCES ET LETTRES

BOURG-EN-BRESSE.

FRANCISQUE MARTIN-BOTTIER, ÉDITEUR.

M DCCC LXIV.

4°
817

NOMS DES SOUSCRIPTEURS.

Son Excellence Monsieur le Comte WALEWSKI, ancien Ministre d'Etat.

Son Excellence Monsieur le Duc DE PERSIGNY, ancien Ministre de l'Intérieur.

Son Excellence Monsieur ROULAND, ancien Ministre de l'Instruction publique.

Monseigneur GÉRAULT DE LANGALERIE, Evêque de Belley.

Monsieur LÉON DE SAINT-PULGENT, Préfet de l'Ain.

Monsieur le Comte LÉOPOLD LE HON, Député de l'Ain.

Préfecture de l'Ain.
Préfecture de la Savoie.

Bibliothèque de la Ville de Paris.
Sous-Préfecture de Belley.
Sous-Préfecture de Gex.
Sous-Préfecture de Nantua.
Sous-Préfecture de Trévoux.

NOMS DES SOUSCRIPTEURS.

Académie de Lyon.
Académie de Savoie.
La Société d'Emulation de l'Ain.
Le Cercle, maison Bottier, à Bourg.

Mairie d'Ambérieu.
Mairie d'Ambronay.
Mairie de Saint-André-le-Panoux.
Mairie d'Apremont.
Mairie d'Arbent.
Mairie d'Argis.
Mairie de Bâgé-le-Châtel.
Mairie de Beaupont.
Mairie de Belley.
Mairie de Belleydoux.
Mairie de Saint-Bénigne.
Mairie de Bénonces.
Mairie de Bény.
Mairie de La Boisse.
Mairie de Bolozon.
Mairie de Bourg.
Mairie de Boz.
Mairie de Bressolles.
Mairie de Cerdon.
Mairie de Certines.
Mairie de Cessy.
Mairie de Ceyzériat.
Mairie de Chalamont.
Mairie de Challex.
Mairie de Champagne.
Mairie de Chanoz-Châtenay.
Mairie de Charix.
Mairie de Châtillon-de-Michaille.
Mairie de Châtillon-la-Palud.
Mairie de Châtillon-sur-Chalaronne.
Mairie de Chavannes-sur-Suran.
Mairie de Chevillard.
Mairie de Chevroux.

NOMS DES SOUSCRIPTEURS.

Mairie de Coligny.
Mairie de Collonges.
Mairie de Confort.
Mairie de Corcelles.
Mairie de ' ormaranche.
Mairie de Cormoranche.
Mairie de Courmangoux.
Mairie de Cras.
Mairie de Crozet.
Mairie de Cuisiat.
Mairie de Curtafond.
Mairie de Saint-Denis.
Mairie de Divonne.
Mairie de Dortan.
Mairie d'Etrez.
Mairie de Feillens.
Mairie de Ferney-Voltaire.
Mairie de Saint-Germain-les-Paroisses.
Mairie de Gex.
Mairie d'Hauteville.
Mairie de Saint-Jean-de-Gonville.
Mairie de Saint-Jean-sur-Reyssouze.
Mairie de Saint-Jean-sur-Veyle.
Mai ie de Saint-Julien-sur-Reyssouze.
Mairie de Saint-Julien-sur-Veyle.
Mairie de Lalleyriat.
Mairie de Saint-Laurent.
Mairie de Lescheroux.
Mairie de Leyssard.
Mairie de Lhuis.
Mairie de Lompnes.
Mai-ie de Loyettes.
Mairie de Magnieu.
Mairie de Manziat.
Mairie de Martignat.
Mairie de Saint-Martin-du-Fresne.
Mairie de Messimy.
Mairie de Meximieux.

NOMS DES SOUSCRIPTEURS.

Mairie de Montluel.
Mairie de Montracol.
Mairie de Montréal.
Mairie de Nantua.
Mairie de Neuville-sur-Ain.
Marie de Neyron.
Mairie de Péron.
Mairie de Pérouges.
Mairie du Plantay.
Mairie de Poncin.
Mairie de Pont-d'. in.
Mairie de Pont-de-Vaux.
Mairie de Port.
Mairie de Priay.
Mairie de Saint-Rambert.
Mairie de Replonges.
Mairie de Reyssouze.
Mairie de Salavre.
Mairie de Samognat.
Mairie de Sathonay.
Mairie de Seyssel.
Mairie de Simandre.
Mairie de Serrières-de-Briord.
Mairie de Songieu.
Mairie de Souclin.
Mairie de Surjoux.
Mairie de Thoiry.
Mairie de Trévoux.
Mairie de Saint-Trivier-de-Courtes.
Mairie de Vaux.
Mairie de Veyziat.
Mairie de Villeneuve.
Mairie de Villette.
Mairie de Viriat.

NOMS DES SOUSCRIPTEURS.

M. le Comte **Aymon de Montépin**, à Bâgé-la-Ville.
M. **d'Andert** (Eugène), à Meylan près Grenoble (Isère).
M. **Arcelin**, de l'Ecole des Chartes, à Mâcon.
M. le Comte **d'Arloz**, château de Grammont, à Ceyzérieu.
M. **d'Aubarède** (Paul), Trésorier de la ville de Lyon.
M. **Aubry**, Libraire, à Paris.
M. **Balleydier**, Président du Tribunal de Gex.
M. **Bardet**, à Bourg.
M. **de la Bastie** (Léon), à Bourg.
M. **de la Bastie** (Alfred), à Saint-Laurent-d'Agny (Rhône).
M. **Baudin**, Commis principal des contributions indirectes, à Cerdon.
M. **Baux** (Jean-Marie), propriétaire à Chavanay (Loire).
M. **Béharelle**, Secrétaire général de la Préfecture de l'Ain.
M. **Belloc**, Sous-Préfet, à Belley.
M. le Baron **de Béost**, château de Béost, à Vonnas.
M. **Berthaud**, Président du Tribunal civil, à Roanne (Loire).
M. **Bethenod de Montbressieu**, à Rive-de-Gier (Loire).
M. **de Billy**, à Lantignié, près Beaujeu (Rhône).
M. **de Boissieu** (Dominique), à Ambérieu-en-Bugey.
M. **de Boissieu du Tiret**, à Ambérieu-en-Bugey.
M. **de Bonrepos**, à Saint-Rambert (Drôme).
M. **Boulot** (Etienne), à Lyon.
M. le Comte **du Breul de Sacconnay**, à Saint-Amour (Jura).
M. **Brun** (Auguste), Libraire, à Lyon.
M. le Vicomte **du Buisson de la Boulaye**, à Bourg.

M. **Camelet**, Supérieur des Missionnaires du diocèse de Belley, à Pont-d'Ain.
M. le Baron **de Cardon de Sandrans**, Maître des Requêtes au Conseil d'Etat, à Paris.
M. **Carrel**, Curé de Bourg.
M. **de Cazenove** (Raoul), à Lyon.
M. **de Champolon**, à Cruzille (Saône-et-Loire).
M. **de Champolon** (Victor), à Lacombe près Jujurieux.
M. **Chanaud**, Maire, à Bouligneux.
M. **Chanay** (Constantin), château d'Hautefort (Isère).
M. **de la Chapelle** (Paul), château de la Rouge, à Meximieux.

NOMS DES SOUSCRIPTEURS.

M. **de la Chapelle** (G.-P.), château de la Rouge, à Meximieux.
Mme veuve **de la Chapelle**, à Bourg.
M. le Comte **de Chaponay**, château de Pradon, à Nantua.
M. le Comte **de Charpin-Feugerolles**, Député de la Loire, château des Bruneaux (Loire).
M. **Chevrier** (Edmond), à Bourg.
Mlle **Chevrier de Corcelles**, à Bourg.
M. **Chossat de Montburon**, à Bourg.
M. **Chossat de Saint-Sulpice** (Arthur), à Bourg.
M. **Cossart** Comte **d'Espies**, château de Montépin, près Bâgé-la-Ville.
M. le Marquis **Costa de Beauregard** (Léon), à Chambéry.
M. **Cote** (Marius), Banquier, à Lyon.
M. **de la Cottière** (Hippolyte), à Bourg.
M. **Cullet** (Anthelme), à Belley.

M. **Daudé** (Attale), à Lyon.
M. **David** jeune, à Paris.
M. **Debeney**, Notaire, à Bourg.
M. **Decroso**, à Lyon.
M. le Comte **Douglas**, château de Montréal.
M. le Vicomte **Douglas**, à Montplaisir-lès-Lyon.
M. **Drujon de Beaulieu**, Juge, à Bourg.
M. **Duchesneau**, Secrétaire de la Mairie de Neuville-sur-Saône.
M. le Baron **Ducret de Langes**, à Thoissey.
M. **Ducret de Langes** (Max), à Bourg.
M. **Dufay**, Officier d'administration, à Lyon.
M. **Dulong de Rosnay**, à Lyon.
M. le Colonel **Durand de Chiloup**, château de Chiloup.
M. **Durand de Chiloup** (Camille), à Bourg.

Mme **des Echelles**, à Bourg.

M. **Favre-Gilly**, Président du Tribunal civil de Bourg.
M. **Ferrand** (Humbert), Avocat, à Conzieu.
M. **Foillard**, Notaire, à Mâcon.
M. **de la Fontaine**, Juge, à Nantua.
M. **de la Fontaine**, à Bourg.

NOMS DES SOUSCRIPTEURS.

M. le Comte **de Foras** (Amédée), château de Thoiset, près Thonon (Haute-Savoie).

Mme **de Forcrand de Goiffieu,** à Lyon.

M. **de Forcrand** (Amédée), à Lyon.

M. **de Forcrand** (Adolphe), Curé, à Massignieu-de-Rives.

M. **de Forcrand** (Théodore), à Ferney.

M. le Comte **de la Forest-Divonne,** à St-Martin-du-Mont.

M. **Francallet** (Alfred), à Lyon.

M. **Francallet** (Joseph), ancien Officier, rue Guizot, à Nîmes (Gard).

M. **Fusier,** Vicaire, à Bourg.

M. **Galley,** Agent-Voyer, à Lagnieu.

M. **de Gallier** (Anatole), à Tain (Drôme).

M. le Comte **des Garets d'Ars,** château d'Ars près Trévoux.

M. **Garin,** Avoué, à Belley.

Mme **Garin,** née **de Montcroc,** à Nantua.

M. **Garron de la Bévière,** château de Longes.

M. **de Gaulle,** à Paris.

M. **Gauthier,** Archiviste du département du Rhône.

M. **Genod** (Louis), Juge d'Instruction, à Trévoux.

M. **Gillet de Valbreuse,** château de Lurcy.

M. **Giraud,** ancien Député, à Romans (Drôme).

M. le Comte **Godefroy de Montgrand,** à Marseille.

M. **Le Gras,** à Meximieux.

M. **Golléty,** Percepteur, à Bourg.

Mme **Gotharet-Grand,** à Bourg.

M. **Goumard** (Emile), à Angoulême.

M. **Gras,** Secrétaire de la Société de la Diana, à Montbrison.

M. **Le Gras de Marillac** (Marius-Alphonse), à Lyon.

M. **de Gripière de Montcroc,** Lieutenant-Colonel de cavalerie, à Pont-de-Vaux.

M. **Guérin** (Louis), Banquier, à Lyon.

M. le Marquis **de Harenc de la Condamine,** à Lyon.

M. **Hours** (Maurice), propriétaire, à Villié (Saône-et-Loire).

M. **d'Ivoley,** Major en retraite, à Bourg.

NOMS DES SOUSCRIPTEURS.

M. **de Jacob de la Cottière** (Eugène), homme de Lettres, à Lyon.

M. **Jantet,** Notaire, à Sainte-Foy-lès-Lyon.

M. **Joly** (Antoine), à Lyon.

M. **Jullien** (Jules), château de Marcel, à Saint-Jean-de-Niost.

M. **Lang**, Ingénieur, à Forbach (Moselle).

M. **de Lavernette-Saint-Maurice,** château de Montbellet (Saône-et-Loire).

M. **Le Duc** (Philibert), Inspecteur des Eaux et Forêts, à Belley.

M. **Legros,** Maire à Mézériat.

M. **Lesne de Molaing**, Receveur général de l'Ain.

M. le Comte **de Lezay-Marnésia,** à Paris.

M. **de Limas,** au château de Saint-Fonts.

M. le Comte **de Loriol,** château de Loriol, à Confrançon.

M. **de Magneval,** Avocat, à Lyon.

M. **Magnin,** Secrétaire de l'Evêché, à Belley.

MM. **Magnin** et **Blanchard**, Editeurs, à Paris.

M. **Malacour** (Joseph-Emile), à Lyon.

M. **Mame,** Editeur, à Tours.

M. **du Marché** (Gabriel), à Bourg.

M. **Martin,** Curé, à Foissiat.

M. le Comte **de Menthon** (Bernard), au château de Menthon, près Annecy.

M. **Masson,** ancien Directeur des Douanes, à Lagnieu.

M. **de Migieu,** Capitaine de cavalerie.

M. **du Mont,** Bibliothécaire cantonal, à Lausanne.

M. **Montanier,** Conseiller-maître à la Cour des Comptes.

M. **de Montherot,** Maire, à Charnoz.

M. **Montessuy** (Antoine), à Lyon.

M. **Morel de Voleine,** à Lyon.

M. **Morel,** Vicaire, à Bourg.

Mme la Baronne **de Mornay,** à Montréal.

M. **Mottet,** Avoué, à Bourg.

M. **Munet,** au Chapuis, près Châtillon-lès-Dombes.

M. **de Murard d'Ivours** (Maurice), à Bourg.

M. le Comte **de Murard,** à Mâcon.

NOMS DES SOUSCRIPTEURS.

M. **Neuvesel** (Joseph), à Givors (Rhône).
M. **Nyd,** Curé, à Sermoyer.

M. **O'Brien,** château de la Roche, à Saint-Martin-du-Mont.
M. le Marquis **d'Oncieu,** à Chambéry.

M. **Panet** (Joseph), à Saint-Jean-le-Vieux.
M. le Comte **du Parc** (Maurice), à Paris.
M. **Perret,** Maire, à Villemotier.
M. **Perret** (Henri), propriétaire, à Anse (Rhône).
M. **Perret** (Francis), à Lyon.
M. **Pochet** (Achille), à Belley.
M. **Poisat** (Michel), ancien Député de l'Ain, à Passy-lès-Paris.
M. **de Pullignieux,** à Villefranche (Rhône).
M. **Puvis de Chavannes** (Adolphe), à Bourg.

M. le Comte **de Quinsonnas,** à Chanay.

M. **Rey** (Henri), à Lyon.
M. **de Reydellet,** à Volognat.
M. le Baron **de Rostaing,** Capitaine de vaisseau.
M. **Récamier** (Etienne), Docteur en droit, à Paris.
M. le Baron **de Rivoire,** château de Rivoire, à Montagnat.
M. **de Rivoire** (Olivier), château de Rivoire, à Montagnat.
M. **de Rivoire-Labâtie** (Gustave), à Bourgoin (Isère).
M. le Comte **de Romans-Ferrari,** château de Romans, près Châtillon-lès-Dombes.
M. **de la Roque** (Louis), Avocat à la Cour impériale de Paris.
M. **Rougemont,** Ingénieur civil, à Alger.

M. **de Saint-Didier,** Maire à Priay.
M. **de Saint-Didier,** à Lyon.
M. **de Saint-Victor** (Charles), à Lyon.
M. **Salesse** (Aristide), à Bourg.
M. **de Salvert,** à Lyon.
M. **Segaud,** ancien Préfet de l'Ain, Secrétaire général de la Préfecture de la Seine.
M. le Baron **de la Serve,** à Romenay (Saône-et-Loire).

NOMS DES SOUSCRIPTEURS.

M. **de la Serve** (Jules), à La Balme (Isère).
M. **de la Servette,** château de la Servette, à Leyment.
M. **Sève,** Papetier, à Lyon.
M. le Comte **de Seyssel,** à Dôle.
M. **de Seyssel** (Louis-Alphonse), Receveur des Douanes, à Châtillon-de-Michaille.
M. **de Seyssel-Cressieux** (Gustave), à Belley.
M. le Baron **de Silans,** château de Rosy, à Treffort.
M. **Simonnet,** Juge de Paix, à Montluel.
M. **Sirand,** Docteur en Médecine, à Paris.
M. le Comte **de Soultrait** (Georges), à Lyon.

M. le Baron **de Tavernost,** château de Tavernost, à Cesseins.
Mlle **de La Teyssonnière,** à Bourg.
M. **Tissot,** Sous-Préfet, à Gex.
M. **de Tricaud,** château des Alymes, à Ambérieu.
M. **de Tricaud** (Léopold), à Saint-Maurice-de-Rémens.

M. **du Vachat** (Léon), Avocat, à Belley.
M. **Vaïsse,** Sénateur, chargé de l'administration du département du Rhône.
M. **de Valence** père, à Buxy (Saône-et-Loire).
M. **de Valence** (Isidore), à Paris.
M. **Valentin-Smith,** Conseiller à la Cour impériale de Lyon.
M. **de Vangel,** à Bourg.
M. **Varenne de Fenille,** Vice-Président du Tribunal civil de Bourg.
M. **Varenne de Fenille,** Conseiller de Préfecture, à Bourg.
M. **de Varey** (Paul), château de Varey, à St-Jean-le-Vieux.
M. **de Varine,** Maire, à Fleyriat, commune de Viriat.
M. **de Veyle** (Eugène), à Izernore.
M. **de Ville-Suzanne,** Sous-Préfet, à Murat (Cantal).
M. le Baron **de Vincent,** Sénateur, à Paris.
M. **Vincent de Lormet,** ancien Député de l'Ain, à Bourg.
M. **Vingtrinier,** Imprimeur, à Lyon.
M. **Virignin,** à Belley.

M. **Yéméniz,** à Lyon.

AVERTISSEMENT

DE L'AUTEUR

AVERTISSEMENT DE L'AUTEUR.

Le *Nobiliaire du Bugey et du Pays de Gex* que renferme ce volume fait suite au *Nobiliaire de Bresse et de Dombes*, publié il y a un an, et forme le complément du Nobiliaire général du département de l'Ain.

J'ai exposé dans l'Introduction le plan et la méthode adoptés dans la composition de ce travail; ces explications se résument ainsi :

1° Suite donnée à Guichenon en comblant la lacune qui s'étend de 1660 à 1789.

2° Emploi exclusif de documents officiels, revêtus de l'attache gouvernementale et administrative, en vue de faciliter l'exécution de la loi du 28 mai 1858, d'une part aux personnes atteintes par ses prescriptions, de l'autre aux divers fonctionnaires chargés d'en assurer l'application.

Depuis la publication du premier volume *(Bresse et Dombes)*, j'ai pu juger de l'opportunité de ce plan et de cette méthode par le nombre des personnes auxquelles ce travail a été utile. J'attends de cette seconde partie le même résultat.

Je ne présumais pas que le *Nobiliaire du Bugey et du Pays de Gex* fût susceptible de développements étendus; j'espérais pouvoir y joindre un précis historique de la Noblesse de nos provinces, et borner à ce volume le temps et le travail primitivement destinés à ce sujet. Mes prévisions ne se sont pas réalisées ; le Nobiliaire du Bugey a pris une extension égale à celle du Nobiliaire de Bresse et de Dombes.

Dans cette situation, quel parti avais-je à prendre?

Fallait-il supprimer ou écourter les documents dont je pouvais disposer? c'eût été nuire au sujet principal. Quelques retranchements d'ailleurs que j'eusse pu faire, l'espace m'aurait manqué pour donner à la partie historique le développement qu'elle comporte. Or, en présence d'une alternative qui n'aboutissait qu'à compromettre à la fois deux parties essentielles de mon travail, je n'ai pas balancé à rejeter dans un troisième volume la partie historique et à donner aux documents que j'avais sous la main la place qui, avant toute chose, leur appartenait.

Il s'est rencontré des documents, accessoires en apparence, mais en réalité d'un intérêt majeur au point de vue de l'histoire que je ne devais pas élaguer. Tels sont ceux qui se réfèrent aux gentilshommes genevois, propriétaires de fiefs en France, et principalement dans le pays de Gex, faisant en cette qualité partie des Assemblées de la Noblesse de ce pays. J'en puis dire autant des dames chanoinesses et comtesses du Chapitre noble de Neuville-les-Dames en Bresse, ouvert aux filles nobles, en mesure de faire les preuves de noblesse requises pour l'admissibilité dans cet établissement privilégié. J'ai donné dans ce catalogue spécial quelques exemples des conditions exigées pour l'admission de ses membres, conditions toujours rigoureusement observées. On y trouvera des noms étrangers à nos provinces, mais, en y regardant de près, on verra que la réception des dames étrangères à notre pays s'explique par des alliances et des relations de parenté avec les familles nobles de nos provinces.

J'ai eu la chance de retrouver dans les registres des Assemblées de la Noblesse du Bugey des documents d'un haut intérêt, je veux parler des lettres-patentes de noblesse accordées par les rois de France à plusieurs gentilshommes du Bugey; je me suis fait un devoir d'en reproduire les parties essentielles comme preuves évidentes de la noblesse des familles qu'elles concernent.

En résumé, quelle qu'ait été la réserve apportée à ne rien dire de trop, ce volume, dont le cadre atteint les mêmes proportions que le premier, ne contient que des documents indispensables.

Je reviens à la partie historique qui sera la matière du troisième volume.

Le *Nobiliaire du département de l'Ain,* en dehors des conditions spéciales d'utilité qui ont motivé sa publication, peut et doit être autre chose qu'un simple catalogue des gentilshommes de notre pays. L'institution de la Noblesse est un sujet d'étude trop important au point de vue de l'histoire générale et particulière, pour s'arrêter à la constatation de droits acquis, très-respectables sans doute, mais qui, limitée à ce fait, n'offre qu'un intérêt restreint et secondaire. La question change de face et s'élève à la hauteur de l'intérêt général si l'auteur parvient à établir juridiquement et historiquement par quels moyens, par quels services, les familles mentionnées dans le Nobiliaire ont conquis dans la hiérarchie sociale la supériorité légitime du rang, des dignités et des priviléges.

Sans nier la part importante prise par le Tiers-Etat dans les affaires publiques depuis l'affranchissement des communes, il est hors de contestation que, jusques en 1789, le rôle de la Noblesse a été prépondérant, qu'elle a été l'âme et l'instrument de tous les événements dignes de mémoire qui se sont produits dans l'Etat et dans nos provinces, tant sous la domination des comtes et ducs de Savoie, que sous l'autorité des souverains français. Que l'on compulse tous les faits qui ont trait à la diplomatie, aux alliances, aux négociations, aux traités, au gouvernement de l'Etat et des provinces, aux grandes charges de la magistrature, à la conduite et au commandement des armées, toujours, et à peu d'exceptions près, les titulaires de ces hautes fonctions appartiennent à l'ordre des gentilshommes. On ne peut donc écrire une histoire de la Noblesse de nos provinces sans dérouler en même temps les annales historiques de ces mêmes provinces, auxquelles cette histoire se rattache par d'intimes et indissolubles liens.

La faveur tout-à-fait exceptionnelle dont j'ai été honoré jusques à ce jour par les souscripteurs, me suivra-t-elle dans cette nouvelle excursion? Il serait téméraire, peut-être, de le présumer. Je me bornerai à dire que je ferai tous mes efforts pour justifier l'attente de ceux qui voudront bien me conserver, avec leur bienveillance, l'attention qu'on accorde à des études persévérantes et consciencieuses.

Bourg, le 24 février 1864.

JULES BAUX.

FIEFS

DU BUGEY ET DU PAYS DE GEX

17me ET 18me SIÈCLES.

FIEFS DU BUGEY

ANDERT

Seigneurie.

Reprise de fief du 11 août 1772 de la seigneurie d'Andert, en ce qui est en fief noble, faisant le quart du comté de Rossillon, provenant du domaine du roi, par *Antoine Parraz d'Andert,* de Belley, en qualité de fils et héritier universel de *François Parraz,* seigneur d'Andert, écuyer, prévôt de la maréchaussée du Bugey, et de dame *Marguerite Perrin,* par son testament reçu *Monet*, notaire à Belley, le 4 octobre 1730.

ANGLEFORT — BOSSIN

Seigneurie.

Reprise de fief et dénombrement des 28 novembre 1642 et 31 mai 1644 de la seigneurie d'Anglefort, par *Ignace de Maillans*, âgé d'environ sept ans, en qualité de fils mineur et héritier de feu *Jean de Maillans*, écuyer, seigneur dudit Anglefort en Bugey, et de feue dame *Catherine de Bussillet.* Est jointe une procuration reçue *Royer,* notaire à Lyon, le 18 novembre 1642, par laquelle messire *François de Bussillet*, seigneur de Messimieu, de la Rivière, chevalier de l'ordre du roi, gentilhomme ordinaire de sa chambre, déclare en qualité d'exécuteur testamentaire, nommé par ledit feu *Jean de Maillans*, son beau-frère, que ledit *Ignace de Maillans*, fils, n'est pas encore pourvu de tuteur, à cause de la contestation survenue entre les parents par devant le sieur lieutenant général et procureur du roi au Bailliage du Bugey.

Déclaration du 22 juillet 1666 du revenu temporel du prieuré d'Anglefort, par *Jean-Claude de Mornay*, religieux d'Ambronay.

Reprise de fief et dénombrement des 12 juillet 1769 et 24 mars 1770 de la terre et seigneurie d'Anglefort ou Bossin, paroisse d'Anglefort, Mandement de Seyssel, tant de ce qui provient de l'inféodation de l'an 1571 que de ce qui est des anciens biens nobles, par *François-Joseph de la Porte d'Anglefort*, écuyer, héritier universel testamentaire, par acte reçu *Vallod*, notaire, le 17 août 1741, et fils aîné de *Pierre-Joseph de la Porte*, écuyer, seigneur d'Anglefort, et de dame *Jeanne-Louise Jacob*, lequel *Pierre-Joseph* était acquéreur en l'année 1715 de *Joseph de Maillans*, écuyer, seigneur d'Anglefort ou Bossin.

Il y a à Anglefort ou Bossin une maison-forte toute ruinée. Avant l'inféodation de 1571, cette maison-forte était possédée par *Claude-Gaspard de Maillans*, et avant lui par nobles *Jean* et *Pierre Cadot de Bossin*. Plusieurs rentes nobles y furent réunies : l'une d'elles, nommée la rente de Cadot, fut reconnue en faveur de dame *Jeanne Cadot*, femme de messire *Pierre de la Sausse-Mieugy*, en 1542, et en 1522, en faveur de dame *Antoinette de Châtillon*, sa mère.

Celle de Mareste, reconnue en 1592 en faveur de noble *Louis Vignod*, seigneur de Biolaz, et auparavant, en 1491, en faveur de noble *François* et *Claude de Mareste*.

Celle de Salleneuve, reconnue en faveur d'*Alexandre* baron *de Salleneuve*.

Celle dite de Léchaux, reconnue en 1516 en faveur de noble *André de Métrat*, seigneur de Léchaux.

La seigneurie d'Anglefort ou Bossin avait toute justice, suivant les lettres d'inféodation de 1571.

AMBLÉON

Seigneurie.

Reprise de fief et dénombrement du 12 juillet 1684 de la maison-forte et seigneurie d'Ambléon en Bugey, par *Marc du Plastre*, écuyer.

AMBRONAY

Fief.

Reprise de fief et dénombrement du 19 juin 1603 d'une tour qui fut des Mugnets, située sur la muraille de la ville d'Ambronay, avec l'office de la Prévôté dudit Ambronay, une prébende ordinaire en dépendant et un pré appelé de Clodellet, situé à la Champronière, contenant six seytives, par noble *François de Forest*, d'Ambronay, et demoiselle *Madeleine Mareschal de Veisou*, sa cousine; ce que dessus, tant par inféodation perpétuelle obtenue par feu noble *Jean de Forest*, son aïeul, de messire *Louis de Gorrevod*, évêque de Maurienne, abbé et seigneur dudit Ambronay et quelques autres héritages féodaux y détaillés; et par sa dite cousine, une tour appelée de Veisou, près la couche d'Ambronay, avec un petit jardin du côté de vent et une chenevière d'un bichet de semaille, le tout joint ensemble.

Déclaration du 30 juin 1646 du revenu temporel de l'abbaye d'Ambronay, par *François de Livron-Bourbonne*, abbé d'Ambronay. Il dit que ceux qui lui doivent hommage sont le seigneur de la Servette et Leyment, le seigneur de Douvres et le seigneur de la Tour de Montverd, tous en Bugey. Plus, en Bresse, le seigneur de la Maison de la Garde et le seigneur de Rivoire pour la part des dîmes qu'il prend avec ledit abbé sur les paroisses de Montagnat et Revonnas.

Autre déclaration du 14 mars 1667 du revenu temporel de l'abbaye d'Ambronay, par *Charles de Livron-Bourbonne*, abbé.

ARBENT

Seigneurie.

Reprise de fief et dénombrement des 25 février 1655 et 4 janvier 1657 de la seigneurie d'Arbent, par *Henri-François de la Guiche*, comte de Sivignon, seigneur de Muryers, Arbent, Montigny-le-Comte, Communes, Chussy et autres lieux.

Reprise de fief et dénombrement du 28 avril 1663 de la seigneurie d'Arbent, Mont et Veyziat, par *Gaspard de Dortan*, seigneur dudit lieu d'Arbent et d'Uffelle, comme fils et héritier de *Jean-Philibert de Dortan*, son père, acquéreur de messire *François de la Guiche*, comte de Sivignon, pour le prix de 50,000 livres, par contrat reçu *Laurent*, notaire à Villefranche, le 13 juin 1656.

Reprise de fief et dénombrement du 1er avril 1686 des seigneuries d'Arbent, Uffelle, Bona et Dortan, par demoiselle *Claudine du Pré*, veuve et héritière testamentaire de messire *Gaspard de Dortan*, seigneur dudit lieu, baron d'Uffelle, seigneur d'Arbent, Châteauneuf, Emondaux, Veyziat et le Roux, en qualité de mère et tutrice de *Jean-François de Dortan* et de demoiselles *Marie-Claude* et *Marie-Thérèse de Dortan*, leurs enfants. Est jointe la narration de la filiation.

Reprise de fief du 22 novembre 1728 des seigneuries d'Arbent, Dortan, Uffelle, Bona, Chatonne, Emondaux, par *Gaspard Gaulthier*, écuyer, conseiller à la Cour des Monnaies et Sénéchaussée de Lyon, en qualité de donataire entre-vifs, par acte reçu *Thève* et *Renaud*, notaires à Lyon, le 24 décembre 1721, de *Pierre Gaulthier*, écuyer, conseiller, secrétaire du roi, maison, couronne de France, près ladite Cour des Monnaies, et dame *Louise-Marie de Barcos*, ses père et mère.

Il expose que la terre de Dortan ne relève pas du roi, mais de l'abbaye de Saint-Claude, suivant qu'il paraît par le traité fait entre lui et le sieur abbé de Saint-Claude, du 17 mai 1723, à l'occasion de l'acquisition qui en fut faite par son père.

ARGIS

Seigneurie.

Reprise de fief et dénombrement du 5 juin 1602 de la seigneurie et maison-forte d'Argis, par noble *Jacques de Cirizier*, seigneur dudit Argis, demeurant à Gressy, vallée de Miollans.

ARLOZ

Seigneurie et baronnie.

Reprise de fief du 15 décembre 1760 de la terre seigneurie et baronnie d'Arloz, par *Jean-Baptiste-Antoine Bouillet de Cry*, syndic général de la Noblesse du Bugey, acquéreur en 1759, le 11 octobre, par acte reçu *Bertholo*, notaire à Turin, de noble *Joseph-Anastase Vincenti;* laquelle terre et baronnie fut vendue et aliénée par le roi de Sardaigne, par son diplôme du 20 mars 1716, avec le titre de baronnie, à demoiselle *Louise-Marguerite Arrigina*, pour elle, ses successeurs, héritiers et ayants-droit, sans que le titre puisse être divisé ni acquis qu'à une seule personne. Ledit diplôme est enregistré à la Chambre des Comptes de Dijon.

Reprise de fief, tant à cause de mutation que de joyeux avénement à la couronne, du 16 juillet 1774, de la terre et baronnie d'Arloz, par *Charles-Guillaume-Philibert Bouillet d'Arloz*, écuyer, en qualite de légataire de *Jean-Baptiste-Antoine Bouillet*, baron d'Arloz, ancien syndic de la Noblesse du Bugey, son oncle, reçu *Gaudet*, notaire à Belley, en 1759; ladite qualité de baronnie donnée à la forme de certaine lettre du roi Victor-Amédée de Sardaigne, le 20 mars 1716, accordée en faveur de demoiselle *Louise-Marguerite Arrigina*.

BALME-PIERRE-CHATEL (LA)

Seigneurie.

Dénombrement du 15 mai 1602 du port de Pierre-Châtel, par noble *Scipion du Port*, seigneur du port de Pierre-Châtel. Il ne consiste qu'en ce qui suit, savoir : le port de Pierre-Châtel, chargé de 20 florins de Savoie, valant 8 tournois de servis annuel dû au souverain; 25 florins Savoie 10 livres tournois à l'abbaye de Pierre-Châtel; de l'entretien et réparation des bateaux, cordages et autres charges, tels que passage gratuit de soldats demeurant au fort de Pierre-Châtel et autres voisins. *Item*, une rente portant laods et direct domaine, assise sur des fonds situés à la Balme de Pierre-Châtel, au-delà du Rhône.

Reprise de fief du 2 décembre 1655 de la seigneurie de la Balme-Pierre-Châtel, par *Pierre Favre*, sieur de Courtenay, avocat au Parlement du Dauphiné, comme mari de demoiselle *Françoise du Port*, fille et héritière à bénéfice d'inventaire de défunt *Aymé du Port*, écuyer, seigneur dudit lieu, qui avait acquis ladite seigneurie de la Balme du seigneur comte de Saint-Maurice en Savoie.

Dénombrement du 23 janvier 1670 de la seigneurie de la Balme-Pierre-Châtel, par *Pierre Favre*, avocat au Parlement du Dauphiné.

Reprise de fief et dénombrement des 30 décembre 1672 et 17 mai 1678 de la Balme-Pierre-Châtel, par *Jean-Louis Fournier des*

Balmes, écuyer, seigneur de la Balme, du port de Pierre-Châtel, comme acquéreur de maître *Pierre Favre*, avocat au Parlement de Grenoble.

BARRE (LA)

Fief.

Lettres-patentes du mois d'octobre 1712, portant érection de fief en faveur d'*Octave Cottin*, sous le nom *de la Barre*, d'une maison située en la paroisse de Saint-Germain d'Ambérieu, qui est dans l'étendue du marquisat de Saint-Rambert en Bugey.

Reprise de fief et dénombrement du 7 avril 1713 du fief de la Barre, érigé en cette qualité en faveur d'*Octave Cottin*, conseiller au Parlement de Dijon, commissaire aux requêtes du Palais, par lettres-patentes du mois d'octobre 1712. Il consiste en une maison en la paroisse de Saint-Germain d'Ambérieu en Bugey, avec un enclos tant en verger qu'en vignes, le tout de la contenance d'environ 20 arpents.

Reprise de fief du 15 mars 1769 du fief de la Barre, situé en la paroisse d'Ambérieu, par *Louis Montagnat*, élu en l'Election de Belley, en qualité d'aïeul paternel et tuteur des enfants mineurs de *Claude Montagnat*, son fils, docteur en médecine, veuf de *Marie-Françoise Fore*, lesdits enfants au nombre de quatre filles, y dénommés, suivant la tutelle décernée par le juge de Saint-Rambert du 17 avril 1765.

BATIE-SUR-CERDON (LA)

Baronnie.

Lettres données à Turin le 23 décembre 1570 par Emmanuel-Philibert, duc de Savoie, par lesquelles il érige en baronnie la terre de la Bâtie-sur-Cerdon et ses dépendances en faveur d'*Antoine du Breul,* son écuyer, gentilhomme ordinaire, et pour les siens.

Autres lettres données à Turin le 1er novembre 1581 par Charles-Emmanuel, duc de Savoie, fils d'Emmanuel-Philibert, qui confirment le titre de ladite baronnie.

Autres lettres de Charles-Emmanuel, du 10 janvier 1585, qui ordonnent à la Chambre des Comptes de Savoie de procéder à l'entérinement des lettres ci-dessus, nonobstant le laps de temps.

Reprise de fief et dénombrement du 1er janvier 1602 de la baronnie de la Bâtie-sur-Cerdon, de la seigneurie et château de la Verruquière, assis près le château de la Bâtie; plus, de la tour et seigneurie de l'Ile, au village de Martignat, mandement de Montréal en Bugey; plus, de la maison-forte et seigneurie du Châtelard en Bresse, par messire *Antoine du Breul,* dit *de l'Ile,* baron de la Bâtie.

Reprise de fief et dénombrement du 26 juin 1641 de la seigneurie et baronnie de la Bâtie, et de celle de la Verruquière; plus, de la seigneurie du Châtelard en Bresse, par *Bertrand du Breul,* en qualité de seul et héritier universel de feu *Antoine du Breul,* son père.

(Voir Vernoux, Lagnieu, etc.)

BEAURETOUR

Seigneurie.

Dénombrement du 3 mai 1602 de la terre et seigneurie de Beauretour en Bugey, paroisse de Saint-Germain et mandement de Rossillon, par noble et puissant *Etienne de Rossillon.* Il déclare aussi tenir en Bresse, sur le comté de Montrevel, certaines petites rentes, autrefois du Villars et de la Bévière.

Reprise de fief et dénombrement du 28 février 1655 de la seigneurie de Beauretour, par *Balthazar de Rossillon.*

Reprise de fief du 6 février 1675 de la seigneurie de Beauretour, par *Antoine de Rossillon*, écuyer, en qualité de cessionnaire de dame *Charlotte de Buffières*, sa mère, veuve de messire *Balthazar de Rossillon*.

Reprise de fief et dénombrement du 4 février 1684 de la seigneurie de Beauretour, par dame *Hélène de Rossillon*, épouse de *Louis-Bertrand de Seyssel*, écuyer, seigneur de Cressieu et du Monet, et *Christophe de Seyssel*, leur fils, en qualité de donataires d'*Antoine de Rossillon*, aussi écuyer, seigneur de Beauretour, par acte reçu *Billion*, notaire à Belley, le 29 février 1683.

Reprise de fief et dénombrement des 28 juin et 14 décembre 1745 des seigneuries de Beauretour et Cressieu, par *Antoine-Melchior de Seyssel*, en qualité d'héritier institué de *Christophe de Seyssel*, son père, ainsi qu'il a apparu par le certificat de notoriété délivré par le lieutenant général du Bailliage de Belley.

Acte produit le 24 octobre 1749 par *Anthelme-Melchior* comte de Seyssel, de Beauretour et de Cressieu, ancien premier syndic de la Noblesse du Bugey, de l'arrêt du Conseil d'État du roi de France, enregistré en la Cour des Comptes de Lorraine, le 14 février 1750, qui maintient les sieurs *Charles de Rossillon*, lieutenant-colonel du régiment de Nassau, et *Jean-Frédéric de Rossillon*, capitaine de grenadiers au régiment de Toscane, en la possession et jouissance de tous les droits, honneurs et priviléges de la Noblesse, comme descendants de l'ancienne famille noble des *Rossillon*, seigneurs de Beauretour en Bugey.

Reprise de fief et dénombrement des 4 avril 1769 et 6 avril 1770 de la terre et seigneurie de Beauretour, paroisse de Saint-Germain-les-Paroisses et de celle de Cressieu, paroisse de Bons, par dame *Jacqueline de Turband*, veuve et héritière fiduciaire d'*Anthelme-Melchior de Seyssel*, tant en son nom qu'au nom de *Claude-Marie-Anthelme de Seyssel*, son fils aîné, capitaine au régiment d'Aunis-infanterie, suivant le testament dudit défunt, souscrit par *Richerand*, notaire à Belley, le 10 avril 1750, et publié au Bailliage le 14 décembre 1754.

Le château de Beauretour, en toute justice, sur tous les hommes, dans toute l'étendue du comté de Rossillon et villages circonvoisins.

A Cressieu le château est aussi en toute justice sur tout le territoire.

BELLEY

Fief.

Reprise de fief et dénombrement du 24 mai 1602 d'une petite rente noble non détaillée, située aux environs de Belley, par noble *André de Mornieu,* docteur en droit, habitant en la ville de Belley.

Reprise de fief et dénombrement du 12 juin 1602 de ce qui suit, savoir : une maison basse presque ruinée, avec ses courtines, jardins et dépendances, située en la ville de Belley; une grange située au faubourg de Belley. *Item,* environ huit seitérées de pré au territoire de Belley et lieux circonvoisins. *Item,* trente arpents de terre audit territoire en plusieurs pièces. *Item,* une pièce de vigne d'environ vingt fosserées, située au territoire et village de Culoz, et finalement une autre pièce de vigne de six fosserées, au village de Musin près Belley, par noble *Jean-Marie de Montmayeur,* sieur du Monnet de Montchabod en Savoie, alors habitant au pays de Vaud, au Bailliage d'Echallens, en qualité de mari de dame *Claudine de la Palud,* fille de feu noble *Antoine de la Palud* et cohéritière de feu noble *Jean de la Palud,* son oncle, en son vivant sieur de Macognin près de Rumilly en Savoie.

Déclaration succincte du temporel de l'évêché de Belley, par *Jean de Passelaigue,* du 11 décembre 1645.

BELMONT

Seigneurie et Maison-forte.

Dénombrement du 5 juin 1602 de la seigneurie et maison-forte de Belmont, par noble *Guillaume de Belmont*, demeurant audit lieu.

Reprise de fief et dénombrement du 16 février 1655 de la rente noble de Belmont, qui ne consiste qu'en un vieux château appelé de Belmont, situé en la paroisse de Belmont et dépendant de la terre et justice d'Hôtel, avec quelques biens ruraux et deux petites rentes nobles mouvant de plusieurs seigneurs, par demoiselle *Melchiore de Seyssel*, comme veuve et hypothécaire de *Guillaume de Belmont*, écuyer. Est joint l'acte de constitution dotale de ladite demoiselle *de Seyssel*, du 27 juillet 1611, reçu *Guichard Rostain*, notaire, et passée au château d'Artemare, faite par *Pierre de Seyssel*, seigneur d'Artemare, et *Emonde-Jacqueline Perruceau*, père et mère de ladite demoiselle, à cause de son mariage avec *Guillaume de Belmont*, seigneur de la maison-forte dudit lieu, fils de feu noble *Antoine de Belmont*.

Reprise de fief du 9 août 1700 d'une rente noble due au prieuré de Belmont, par *Anthelme de Tricaud*, prieur de Belmont.

BILLIAT – LÉAZ

Seigneuries.

Reprise de fief et dénombrement des 4 juin 1602 et 18 avril 1603 de la seigneurie de Billiat, par noble *Pierre de Gerbais*, fils de feu noble *Humbert de Gerbais*, seigneur de Mussel et de Billiat.

Reprise de fief et dénombrement du 24 avril 1655 des mandement et seigneurie de Billiat; plus, du château de Châtillon, sur le territoire des villages de Vouvray et Ochiaz, par messire *Jean-Charles de Seyssel,* comte de Sevin, Mallugny, la Motte, etc., demeurant en son château de Serveroche en Genevois. Ledit Billiat fut inféodé par le comte Amé de Savoie, le 7 janvier 1373, à *Amblard de Gerbais* pour 7,000 florins d'or. Ladite inféodation a été confirmée depuis en faveur dudit comte de Seyssel par le commissaire du roi, par arrêt rendu au Louvre le 19 juin 1634.

Reprise de fief du 14 août 1665 de la seigneurie de Billiat, par *Pierre de Bourgeois,* écuyer, à lui échue par le décès de *Claude de Bourgeois,* aussi écuyer, conseiller de S. A. R. de Savoie et son contrôleur des guerres, et de dame *Jeanne de Gerbais,* ses père et mère.

Reprise de fief et dénombrement du 20 juin 1690 de la seigneurie de Billiat et de celle de Léaz-sur-Ecrivieu, par *Jean-Joseph de Bourgeois,* écuyer, ladite terre de Billiat à lui appartenant par suite du traité fait entre lui et *Pierre de Bourgeois,* écuyer, seigneur de Billiat, son père, du 30 octobre 1675. La seigneurie de Léaz a été acquise par ledit *Jean-Joseph de Bourgeois,* d'*Albert-Eugène de Mareste,* baron de Rochefort, tant par contrat du 21 décembre 1678, reçu *Rubat,* notaire royal, que par autre contrat du 16 avril 1683, reçu *Claude Perrot,* notaire à Ecrivieu.

Reprise de fief et dénombrement des 9 août 1717 et 11 janvier 1719 des seigneurie et mandement de Billiat, et de la seigneurie de Léaz-sur-Ecrivieu, par *Louis de Bourgeois,* écuyer, chevalier de Saint-Louis, à lui appartenant en vertu du testament de *Jean-Joseph de Bourgeois,* écuyer, son frère, du 27 septembre 1699, reçu *Romieux,* notaire à Lyon.

BIOLAZ

Seigneurie.

Reprise de fief et dénombrement du 30 décembre 1688 de la seigneurie de Biolaz près Seyssel, par dame *Blanche de Loche,* veuve de *Victor de Vignod*, écuyer; ladite seigneurie à elle appartenant suivant son contrat dotal, n'ayant leurs enfants voulu accepter l'hoirie de leur père, qui était fils de *Louis de Vignod*, seigneur de Biolaz.

Reprise de fief du 28 janvier 1700 du fief de Biolaz près Seyssel, par *Etienne de Vignod*, écuyer; la moitié duquel lui vient d'ancien patrimoine, et l'autre moitié a été acquise des seigneurs de Mareste, de Montdragon, d'Apremont et Montfleury, par noble *Louis de Vignod*, seigneur de Biolaz, son trisaïeul, par acte reçu *Geoffroy*, notaire, le 5 mars 1598.

BOLOMIER-PONCIN

Fief.

Reprise de fief et dénombrement du 13 juin 1602 de la maison-forte de Bolomier, située à Poncin, et rente en dépendant, par noble *Antoine-Marin de Conzié*, seigneur dudit lieu en Savoie, lequel déclare, en outre, posséder en fief du roi l'office de grand châtelain, inféodé par les comtes de Savoie, duquel office dépendent les langues de toutes les grosses bêtes bovines, la moitié des levées et entrailles des bêtes qui se tuent et vendent à Poncin, ainsi que dans son mandement et ressort. Plus, les péages des fromages, salure et verres qui sont portés et vendus audit lieu. Plus, le ban du vin durant le mois d'août. Plus, dépend dudit office le droit de chasser et de pêcher dans les rivières de Veyron et d'Ain, et d'y entretenir un bateau pour la pêche seulement. Plus, le droit de retenir toutes sortes de bois dans la rivière d'Ain, appelé droit des Epaves. Plus, le patronage des doyens et chanoines de l'église collégiale de Poncin et des chapelles de saint Jean l'Evangéliste, saint Michel, saint Antoine de la Maladière et hôpital de Poncin.

(Voir PONCIN.)

BONS

Seigneurie.

Reprise de fief du 25 juin 1773 de la terre et seigneurie de Bons, en toute justice, étant un démembrement du comté de Rossillon, par *Philibert Parraz-Brillat*, avocat au Parlement, acquéreur de messire *de Barral*, comte de Rossillon, par acte reçu *Richerand*, notaire à Belley, le 22 août 1772.

BOUGNE

Seigneurie.

Reprise de fief et dénombrement du 15 décembre 1650 de la seigneurie de Bougne, par maître *Claude Passerat*, conseiller du roi, élu en l'Election de Belley, à lui appartenant par la succession de maître *Gaspard Passerat*, son père, aussi élu en ladite Election.

Lettres-patentes du mois de janvier 1654 qui accordent la noblesse à *Claude Passerat*, sieur de Bougne, conseiller du Roi, élu en l'Election du Bugey, et à ses enfants mâles et femelles, nés et à naître en légitime mariage.

Reprise de fief et dénombrement des 21 janvier 1667 et 28 mars 1678 de la seigneurie de Bougne, Chapelle et Craz, par *Philibert Passerat*, écuyer, à lui échue par le décès de *Claude Passerat*, son père, conseiller du roi, élu en l'Election de Belley.

Reprise de fief et dénombrement du 28 janvier 1697 des seigneuries de Bougne, Gréa et Silans, par dame *Anne de Mornieu*, veuve de *Philibert Passerat*, écuyer, seigneur desdits lieux, en qualité d'usufruitière par droit de rétention, en conséquence de la sentence rendue par le bailli du Bugey, du 26 avril 1695.

Reprise de fief et dénombrement du 20 avril 1711 des seigneuries de Bougne, Gréa et Silans, par *Melchior Passerat* et *Jean-Louis Passerat*, son frère, en qualité d'héritiers, savoir : ledit *Melchior* par droit de rétention, comme représentant dame *Anne de Mornieu*, sa mère, et ledit *Jean-Louis*, comme héritier de *Philibert Passerat*, écuyer, leur père.

Reprise de fief et dénombrement des 5 juillet 1769 et 24 mars 1770 des terres et seigneuries de Bougne et de Craz, pour ce qui est en fief noble seulement, par *Augustin Passerat de Bougne*, lieutenant des vaisseaux du roi.

Il y a à Bougne une maison seigneuriale avec toute justice, et qui s'étend sur les villages du Parc de Résinaz et de Chapelle en dépendant. Il a toute justice, tant dans la paroisse de Craz que dans les villages de Beiriaz et Lingiaz qui en dépendent, laquelle justice est administrée par les mêmes officiers de celle de Bougne, dont elle forme une dépendance, excepté que ledit seigneur n'a pas la pleine justice dans le territoire de Craz, annexe de Bougne, d'autant que le seigneur de Genissiat y a justice sur les hommes et sur les fonds qui sont de son fief.

(Voir SILANS.)

BRION — BUSSY

Seigneuries.

Dénombrement du 2 mai 1602 de la baronnie de Brion et seigneurie d'Heyria en Bugey et de celle de Crangeac en Bresse, par noble *Claude de Bussy*, baron de Brion.

Brion et Heyria consistent chacun en un château, situés aux montagnes du Bugey et en toute justice, et Crangeac en justice moyenne et basse.

Reprise de fief et dénombrement des 26 mai 1642 et 29 avril 1644 des seigneuries de Brion et de Bussy, par *René de Liobard*, écuyer.

Reprise de fief et dénombrement du 25 janvier 1675 des seigneuries de Brion et de Bussy, par *Claude-François de Liobard,* en qualité de fils et héritier bénéficiaire de *René de Liobard.*

Reprise de fief du 15 juillet 1769 des terres et seigneuries de Brion et Bussy près Nantua, par *Antoine-Suzanne Chappe*, écuyer, demeurant à Lyon, comme mari et donataire de dame *Scholastique-Bonaventure de Liobard*, fille de feu *Claude de Liobard*, comte de Romans, et de dame *Catherine-Joseph de Romanet de Roset*, suivant leur contrat de mariage du 22 octobre 1758.

BUIS

Maison-forte.

Dénombrement du 1er juin 1602 de la maison-forte de Buis au marquisat de Saint-Sorlin, par noble *Louis-Valentin de Bonant*, écuyer et seigneur de Buis de la Durandière.

Ladite maison-forte, ruinée par les dernières guerres, consiste en une rente relatée en gros seulement; les langues des grosses bêtes qui se vendent et se tuent audit lieu de Saint-Sorlin, ainsi que les nombles des pourceaux; quelques bois-taillis pour le chauffage; le tout de l'arrière-fief du marquisat.

BURBANCHE

TARD-LE-SOLEIL — LES HOPITAUX

Seigneuries.

Reprise de fief du 2 mai 1774 des terres et seigneuries de la Burbanche, Tard-le-Soleil et les Hôpitaux, en toute justice, étant un démembrement du comté de Rossillon, par dame *Pierrette Parraz d'Andert*, veuve de *Marin Genaud de la Burbanche*; ladite acquisition faite de messire *de Barral de Montferra*, comte de Rossillon, par acte reçu *Richerand*, notaire à Belley, le 22 décembre 1772.

CARRON

Maison-forte.

Reprise de fief et dénombrement du 8 février 1689 de la maison-forte de Carron, située au village de Meyrieu, rière la paroisse de Saint-Germain-les-Paroisses; plus, de la quatrième partie du comté de Rossillon par dame *Marianne de Carron*, dame de Saint-Germain-les-Paroisses, Contrevoz et Montbreizieu, femme de *Jean-François de Seyssel*, écuyer, seigneur de Châtillonnet, en qualité d'héritière d'*Antoine de Carron*, son père, écuyer, seigneur desdits lieux, et de dame *Claudine-Catherine de Moyria*, sa mère. La titulaire déclare qu'elle possède, par engagement de Sa Majesté, la quatrième partie du comté de Rossillon, acquise par ledit feu sieur *de Carron*, son père, avec le seigneur comte de Grôlée et M. le président *Guy de Migieu*, suivant le partage fait entr'eux dudit comté, le 5 novembre 1653, reçu *Vion* et *Rubat*, notaires royaux.

CERDON

Rente.

Dénombrement du 21 mai 1602 d'une rente relatée en gros seulement et appelée la rente Cumoz, rière les lieux et mandement de Pont-d'Ain, Cerdon, Montréal et Châtillon-de-Corneille, avec une maison, vigne, pourpris situés à Cerdon; un pré appelé en la Condamine, de quinze seitérées; une vigne appelée la Bolomière; une autre vigne appelée Ainay, de huit fosserées; dîmes de blé de trois quartaux froment et cinq quartaux avoine à percevoir sur les moulins du comte de Montréal, par noble *Jean de Grenaud*, conseigneur au Val de Rougemont et habitant en la ville de Nantua en Bugey.

(Voir PONCIN.)

CHANAY

Seigneurie.

Reprise de fief et dénombrement du 19 juin 1602 de la seigneurie de Chanay, par noble *Gaspard de Vignod*, fils de feu noble *Richard de Vignod*, coseigneur de Chanay.

Reprise de fief et dénombrement du 13 décembre 1639 de la seigneurie de Chanay, Izernore, Songieu et Lhôpital, par *Jean de Regard*, écuyer, à lui appartenant par succession de ses père et mère.

Reprise de fief et dénombrement du 26 mai 1642 de la seigneurie de Chanay pour ce qui est situé en Bugey, par *Louis de Chevelu*, dit *de Mareste*, seigneur et baron de Lucey, gentilhomme ordinaire de la Chambre de S. A. R. de Savoie.

Reprise de fief du 4 juillet 1646 de portion de la seigneurie de Chanay, par *Louis Constantin*, fils de feu *Jean Constantin*, ladite reprise faite par *Jean Constantin*, son fils et procureur spécial.

Reprise de fief et dénombrement du 23 juin 1671 de partie de la seigneurie de Chanay en Bugey, par noble *Martin-Nicolas de Regard*, tant en son nom que de *Jacques de Regard*, prieur commandataire du Saint-Sépulcre d'Annecy en Savoie et de *Jean-Philibert de Regard*, avocat, frères communs en biens, héritiers de noble *Jean de Regard*, leur aïeul.

Reprise de fief et dénombrement du 17 mai 1677 de la moitié de la seigneurie de Chanay, par *Claude Constantin*, avocat, en qualité de fils et cohéritier de *Louis Constantin* qui, par son testament du 7 octobre 1661, l'avait institué son héritier universel avec *Jean Constantin*, son frère, mort sans enfants; et à cause de ce, lesdits biens sont échus en totalité audit *Claude Constantin*, selon le testament. Témoin à ce dénombrement, *Claude-François Mermety*, sieur de Montarfier.

Reprise de fief du 17 juillet 1700 de la seigneurie de Chanay, par dame *Denise de Conzié*, en qualité de veuve et usufruitière de *Nicolas de Regard*, écuyer, seigneur dudit Chanay, suivant son testament du 28 octobre 1692, reçu *Reveyron*, notaire à Chanay.

Reprise de fief et dénombrement du 24 février 1724 de la seigneurie de Chanay, par *Benoît de Regard*, écuyer, seigneur de Songieu et de Lhôpital, vers le pays du Bugey, la seigneurie de Chanay à lui appartenant en qualité d'héritier de *Jean-Philibert de Regard*, son père, et de *Martin-Nicolas de Regard*, son oncle, qui, par son testament du 28 octobre 1692, avait institué pour ses héritiers les enfants mâles de *Jean-Philibert de Regard*, son frère, pour le fonds, et avait donné la jouissance à *Denise de Conzié*, sa femme, sa vie durant, laquelle décéda le 22 avril 1722.

Reprise de fief et dénombrement des 16 avril et 14 juin 1742 de la seigneurie de Chanay, Songieu, Lhôpital et Dorche, par *Jean Constantin*, écuyer, à lui appartenant aux titres suivants, savoir : en qualité d'héritier d'*Antoine Constantin*, son père, écuyer, seigneur de Chanay, il est propriétaire d'une portion de la seigneurie de Chanay; et par expédient du 24 mars 1742, pris entre lui et *Benoît de Regard*, écuyer, demeurant à Annecy en Savoie, admis par la Cour du Parlement de Dijon du 12 avril 1742, il est aussi propriétaire d'une autre portion de ladite terre, de la maison-forte de Chanay, seigneuries des montagnes de Songieu et de Lhôpital, avec la juridiction haute, moyenne et basse, et autres droits en dépendant; et par sentence rendue par le lieutenant général au Bailliage de Belley, en suite de discussion générale le 28 mai 1740, délivrance lui fut faite de tous les biens immeubles de feu *François-César de Vignod*, écuyer, seigneur de Dorche, pour le prix de 27,500 livres, parmi lesquels se trouve une portion de la seigneurie de Chanay.

CHANAZ

Seigneurie.

Reprise de fief et dénombrement du 2 juin 1668 de la seigneurie de Chanaz, par messire *Charles-Emmanuel de Mareste*, marquis de Lucey, baron de Chevelu et de Châteaufort, conseiller d'Etat de S. A. R. le duc de Savoie, commissaire général de la cavalerie de Savoie. La seigneurie de Chanaz, à lui échue par le décès de *Louis de Mareste*, son père. — Ladite reprise faite en vertu de deux procurations du marquis de Lucey : la première donnée à dame *Florence de Liathoud de Brioud*, sa femme ; la seconde, à *Louis de Mareste*, comte de Châteaufort, son fils.

Reprise de fief et dénombrement du 14 mars 1679 de la seigneurie de Chanaz, étant moitié du royaume de France et moitié de Savoie, par messire *Louis de Mareste*, marquis de Lucey, comte de Châteaufort, baron de Chevelu, capitaine dans la cavalerie de Savoie, fils de messire *Charles-Emmanuel de Mareste*, marquis de Lucey.

Reprise de fief du 12 juillet 1746 de la seigneurie de Chanaz, par *Jean-Baptiste* comte *de Saint-Amour et de Rossillon*, seigneur de Villette et autres lieux, demeurant à Châteaublanc, au comté de Rossillon en Savoie, comme acquéreur, par acte reçu *Pacoret*, notaire à Chambéry, le 24 janvier 1744, de dame *Françoise de Vulliet de la Saulnière*, veuve de messire le marquis de Lucey, en qualité d'héritière universelle de *Louis de Mareste*, marquis de Lucey.

CHAPELLE

Seigneurie.

Dénombrement du 19 juin 1602 de la seigneurie de Chapelle, avec une maison au milieu de la ville de Seyssel ; la huitième partie du port de Seyssel, par indivis avec le seigneur de Châteaufort, à charge de conduire le roi jusqu'à Pierre-Châtel, par nobles *Erasme* et *Hector*, enfants de feu noble *Pierre Parpillon*, vivant seigneur de Chapelle, et demoiselle *Françoise de Chenevrières*, leur mère, veuve de *Pierre Parpillon*, en qualité de tutrice de noble *Gaspard Parpillon*, son autre fils mineur, et curatrice dudit *Hector*. Est jointe leur procuration narrative de leur filiation à noble *Antoine-Marin de Bolomier*, seigneur de Conzié.

Reprise de fief et dénombrement du 10 décembre 1653 de la seigneurie de Chapelle, par *Claude-Gaspard Parpillon*, écuyer, en qualité de seul héritier d'*Erasme Parpillon*, son père. Il est dit que la seigneurie de Chapelle est de franc-alleu, pour être procédé de la maison de Châtillonnet, qui n'a jamais prêté carnet d'arrière-fief aux ducs de Savoie, ni à leur Chambre des Comptes.

Reprise de fief et dénombrement du 13 mai 1677 de la seigneurie de Chapelle en Michaille, par *Jean-Marie Parpillon*, écuyer, coseigneur au mandement de Châtillon, en qualité d'héritier de *Claude-Gaspard Parpillon*, son père, suivant son testament du 7 octobre 1676.

CHATEAU-BOUCHARD

(Voir Seigneurie de Rochefort.)

CHATEAU-GAILLARD

Seigneurie.

Dénombrement non blâmé du 1er mars 1769 de la seigneurie de Château-Gaillard en Bugey, par *Hugues-Joseph de Valernod*, seigneur de Montferrand, président, lieutenant-général au Présidial de Valence, et *Louise de Montferrand*, sa femme, en qualité d'héritière universelle de *Charles-François-Amédée de Montferrand,* son père, qui a repris de fief le 14 décembre 1768.

(Voir Montferrand et Montignat.)

CHATEAU-NEUF

(Voir Seigneurie de Valromey.)

CHATELARD-DE-LUIRES

Seigneurie.

Reprise de fief et dénombrement du 15 juin 1602 de la seigneurie de Châtelard-de-Luires, et d'une maison et rente à Pont-d'Ain, par noble *Hercule de Liobard,* demeurant à Pont-d'Ain.

Lettres-patentes du 30 mai 1649, par lesquelles Sa Majesté fait don à *Claude de Montillet,* président en l'Election de Mâcon, de tous et un chacun droits de laods, ventes, quints et requints, et autres droits seigneuriaux échus à S. M., à cause de l'acquisition par lui faite de la terre de Châtelard en Bugey.

Reprise de fief et dénombrement du 28 juillet 1653 de la seigneurie de Châtelard - de - Luires en Bugey, par *Claude de Montillet,* conseiller du roi, premier président en l'Election du Bugey, seigneur de Montarfier, Virignin; ladite seigneurie de Châtelard - de - Luires acquise par lui et demoiselle *Madeleine Passerat,* sa femme, de *Louis Dinet,* sieur de Chassinpierre, gentilhomme ordinaire du roi, par contrat du 12 mars 1649, reçu *Dinet,* notaire.

CHATILLON-DE-CORNEILLE

Baronnie.

Reprise de fief et dénombrement du 4 juin 1602 de la baronnie de Châtillon-de-Corneille et de la seigneurie du Val de Rougemont, incorporée dès longtemps, par noble *Claude de Moyria*, seigneur de Montgriffon; plus, de la seigneurie de Mérignac, appartenant tant à lui qu'à noble *André du Breul*, dit *Moyria*, son père.

Reprise de fief et dénombrement des 14 novembre 1675 et 27 novembre 1679 de la baronnie de Châtillon-de-Corneille, par *Chrisante de Moyria*, écuyer, baron de Châtillon-de-Corneille, page de S. A. S. le duc d'Enghien, gouverneur pour le roi en Bugey et Bresse, ayant droit par substitution à lui échue par le testament de messire *Jean-Philibert de Moyria*, son trisaïeul, seigneur et baron de Châtillon-de-Corneille, du 16 janvier 1601, et par sentence du bailly du Bugey, du 4 octobre 1675, par laquelle distraction lui a été faite de ladite baronnie et de tous autres biens provenus de son trisaïeul en exécution dudit testament, laquelle substitution a été déclarée vacante et passée en sa personne.

Reprise de fief du 10 mars 1777 des terres et seigneuries de Châtillon-de-Corneille, Montgriffon, la Verdatière et la Tour des Echelles, par *Marc-Antoine Trollier*, président honoraire au bureau des finances de la Généralité de Lyon, en qualité d'héritier de droit de *Anne Trollier*, sa sœur, morte *ab intestat*, ainsi qu'il appert par le certificat de notoriété des officiers de la baronnie de Varey, du 17 septembre 1776.

CHATILLON – MUSINENS EN MICHAILLE

Seigneurie.

Reprise de fief et dénombrement du 10 mai 1602 de la seigneurie de Châtillon, Musinens en Michaille et de celle de Saint-Julien-sur-Cerdon, par dame *Hélène de Châtillon*, en qualité de femme et procuratrice de noble *Jean-Amé de Bouvens*. Les seigneuries de Châtillon et Musinens, unies et incorporées, étant des biens dotaux de ladite dame, sont en toute justice et consistent, savoir : Châtillon en une masure antique, et Musinens en un château et rente, en péage, leyde et four banal au lieu de Châtillon.

Plus, elle tient en fief noble au nom de son mari, en la ville de Poncin, une maison-forte avec rente en dépendant; plus, une autre rente au Val de Buenc en Bresse; plus, le greffe du Bailliage de Bugey, par acquêt fait du duc de Savoie.

Reprise de fief et dénombrement du 11 août 1642 de la seigneurie de Châtillon-de-Michaille, par dame *Hélène de Châtillon-de-Michaille* (âgée de plus de quatre-vingts ans en 1642), veuve en 1603 de *Jean-Amé de Bouvens*, seigneur de Saint-Julien-sur-Cerdon. Ladite seigneurie de Châtillon à elle échue en partage fait avec feue dame *Diane de Châtillon*, sa sœur, de la succession de *Claude de Châtillon*, seigneur de Châtillon-de-Michaille et de Musinens, leur père.

Dénombrement du 11 août 1678 des seigneuries de Châtillon et Musinens en Michaille et Bugey, par *François de Bouvens*.

Reprise de fief et dénombrement des 17 novembre 1747 et 14 août 1748 de la seigneurie de Châtillon et Musinens en Michaille, par *Claude de Bouvens*, écuyer, demeurant à Musinens, en qualité de cessionnaire et ayant-droit de *Jean-Amé de Bouvens*, son père. Lesdites seigneuries appartenant audit *Claude de Bouvens*, par droit de substitution ouverte au décès de *François de Bouvens*, son oncle, qui en était le dernier possesseur, en suite d'arrêt du Conseil d'Etat privé du roi, du 25 février 1737, qui confirme celui rendu au Parlement de Dijon, le 8 avril 1734, qui maintient ledit *Claude de Bouvens* dans la propriété des seigneuries de Châtillon et Musinens.

Reprise de fief et dénombrement du 28 juillet 1770 des terres et seigneuries de Châtillon en Michaille et de Musinens et dépendances, en toute justice, qui s'étend sur les villages d'Ardon, Vouvray, Ochiaz, Talon, au mandement de Seyssel, par *Charles-Joseph de Bouvens*, syndic général de la Noblesse du Bugey, en qualité de seul fils et unique héritier de *Claude de Bouvens*, suivant le certificat de notoriété du Bailliage du Bugey. Le château de Musinens où il habite, consiste en un corps de bâtiment composé de onze pièces, et une grosse tour carrée attenant audit bâtiment.

CHATILLONNET

Seigneurie.

Reprise de fief et dénombrement du 18 mai 1602 de la seigneurie de Châtillonnet, par *Charles de Seyssel*.

Reprise de fief et dénombrement du 5 mars 1653 de la seigneurie de Châtillonnet, par *Jean-François de Seyssel* et *Louis de Seyssel*, son frère, à eux appartenant par succession.

Reprise de fief et dénombrement du 28 février 1703 de la seigneurie de Châtillonnet, par *Jean-Charles de Bienvenu*, écuyer, en qualité d'héritier de *Jean-François de Seyssel*, son oncle.

(Voir Seigneurie des Marches.)

CHAZEY-SUR-AIN

Seigneurie.

Reprise de fief et dénombrement des 21 janvier 1696 et 19 décembre 1698 de la seigneurie de Chazey-sur-Ain, par demoiselle *Claude-Françoise de la Grange de Crémeaux*, pour l'avoir acquise par subhastation de *Louis de la Grange*, son frère.

Reprise de fief et dénombrement des 3 juin 1769 et 24 mars 1770 de la terre et seigneurie de Chazey-sur-Ain et dépendances, qui sont le hameau de Lhôpital, le village de Blies et celui de Rigneux-le-Désert, qui est en la paroisse de Saint-Maurice-de-Rémens, par *Renaud-Barthélemy de Crémeaux d'Entragues*, en qualité de fils aîné et héritier de dame *Jeanne de Ferras*, veuve de *Claude-Chrisante de Crémeaux*, seigneur de Chazey-sur-Ain, décédée en 1712; ledit testament reçu *Philibert*, notaire à Lagnieu, le 7 avril 1712. Il y a un château situé à l'entrée du village de Chazey, entouré de fossés, avec quatre vieilles tours, avec justice haute, moyenne et basse sur le territoire de la terre et baronnie de Chazey-sur-Ain.

CHENAVEL

Seigneurie.

Reprise de fief et dénombrement du 13 juin 1602 de la seigneurie de Chenavel en Bugey, par noble *Claude de la Couz*, conseiller de S. A. le duc de Savoie et sénateur en son souverain Sénat, tant en son nom qu'en celui de noble *René de la Couz*, son neveu.

Reprise de fief du 20 mars 1643 de la seigneurie de Chenavel, par *Prosper de Liobard*, écuyer, comme acquéreur par contrat d'échange du 18 mai 1602 du sieur *Jailler*, contre la seigneurie de Ruffieu.

Reprise de fief du 4 mars 1653 de la seigneurie de Chenavel, par *François Verdellet,* sieur du Verloz, conseiller du roi, lieutenant criminel en l'Election de Belley, comme acquéreur de noble *Prosper de Liobard,* seigneur de Sainte-Julie, par contrat du 17 juin 1651, reçu *Daviollet,* notaire de Montréal, lequel sieur *de Liobard* la tenait par échange du sieur *Jallier,* contre la seigneurie de Ruffieu, par contrat reçu *Bonneton,* notaire à Lyon, au mois de mai 1642.

Reprise de fief et dénombrement du 13 août 1664 de la seigneurie de Chenavel, par *Claude Michon,* sieur des Mures, bourgeois et citoyen de Lyon et conseiller - secrétaire de la reine, comme acquéreur du sieur *de Reydellet,* sieur du Nerloz, par acte reçu *Luzinet,* notaire à Lyon, le 29 juillet 1655.

Reprise de fief et dénombrement du 9 août 1681 de la seigneurie de Chenavel, par *Pierre Michon,* écuyer, en qualité de fils et héritier de *Claude Michon,* écuyer, conseiller-secrétaire du roi, maison et couronne de France, et de ses finances, suivant son testament du 29 mars 1680.

Reprise de fief et dénombrement du 22 juin 1706 de la seigneurie de Chenavel, par *Claude Michon,* bourgeois de Paris, en qualité d'héritier bénéficiaire avec *Jérôme Michon,* son frère, chacun par moitié et égale portion, de feu *Pierre Michon,* écuyer, seigneur de Chenavel, leur cousin, suivant son testament du 5 juin 1702, insinué au greffe du Bailliage du Bugey, le 7 mai 1704, et le partage fait avec ledit *Jérôme,* par-devant *Meunier* et *Roger,* notaires au Châtelet de Paris, le 17 mars 1705.

Reprise de fief pour le joyeux avénement du roi à la couronne, du 4 mai 1722, de la seigneurie de Chenavel, par *Claude Michon,* bourgeois de Paris.

Reprise de fief et dénombrement des 18 novembre et 6 avril 1729 de la seigneurie de Chenavel, par *Jean-Baptiste Michon,* prêtre, bachelier de Sorbonne, demeurant à Chenavel, en qualité de donataire entre-vifs de *Claude Michon,* son père, décédé le 27 avril 1727, par acte reçu *Lecourt,* notaire au Châtelet de Paris, le 23 juillet 1721, insinué au bureau des insinuations du Châtelet de Paris et au Bailliage du Bugey, le 1er septembre suivant 1722.

Reprise de fief et dénombrement des 21 février et 9 mai 1750 de la terre et seigneurie de Chenavel, par *Claude-Etienne Michon*, chevalier de Saint-Louis, comme seul fils mâle de feu *Etienne Michon* et de *Marie-Françoise Michon*, qui était seule héritière de *Claude Michon*, seigneur de Chenavel, lequel, par son testament du 23 juillet 1721, reçu *Lecourt*, notaire à Paris, avait substitué ladite terre à l'aîné des enfants mâles de celui qui succéderait à ses biens, qui porterait son nom, après le décès de *Jean-Baptiste-Gabriel Michon*, son fils, qui était sous-diacre et bachelier en théologie; et ledit *Claude Michon* étant celui désigné par la substitution dudit *Claude Michon*, son aïeul paternel. Ladite terre de Chenavel est en toute justice, avec château et maison-forte, pont-levis et fossés.

CLEYSIEU

Seigneurie.

Reprise de fief et dénombrement des 24 mars 1718 et 9 février 1719 de la seigneurie de Cleysieu (démembrée et distraite du marquisat de Saint-Rambert, en vertu de l'aliénation faite par S. M. le roi de Sicile, duc de Savoie), par *Jean-Baptiste Jujat*, conseiller du roi, élu en l'Election de Belley, comme acquéreur de *Guillaume Trocu*, écuyer, seigneur de Tamant, acquéreur dudit marquisat, par acte d'élection en ami, fait en sa faveur par ledit *Guillaume Trocu*, le 15 juillet 1717.

Reprise de fief et dénombrement du 6 juillet 1728 de la seigneurie de Cleysieu, par *Joseph Jujat*, avocat à la Cour, conseiller du roi, élu en l'Election de Belley, en qualité de fils et héritier universel de *Jean-Baptiste Jujat*, aussi élu en ladite Election, suivant son testament reçu *Philibert*, notaire à Lagnieu, le 28 décembre 1723, contrôlé et insinué audit lieu le 9 janvier 1724. A la suite se trouve l'extrait mortuaire de *Jean-Baptiste Jujat*, décédé à Lagnieu le 10 janvier 1724, âgé de cinquante-cinq ans.

COISELET

Seigneurie.

Reprise de fief et dénombrement du 3 juin 1602 de la seigneurie de Coiselet, en toute justice, au mandement de Matafelon en Bugey, par noble *Antoine de Forcrand*.

Reprise de fief et dénombrement du 15 avril 1666 de la seigneurie de Coiselet, par *Claude de Forcrand*.

CORON

Rentes.

Dénombrement du 11 mai 1602 d'une rente relatée en gros seulement, et située dans le mandement de Saint-Rambert et Saint-Germain, et d'une autre petite rente, située au village de Coron, mandement de Belley, par noble *François de Poisat*, bourgeois de Belley. — Témoin, noble *François de Migieu*, seigneur d'Izelet.

CORCELLES

Seigneurie.

Reprise de fief et dénombrement des 19 février et 5 mars 1641 de la seigneurie de Corcelles, par *Prosper* et *André Michaud*, enfants de feu noble *Louis Michaud*, seigneur de Corcelles.

Dénombrement du 12 août 1676 de la seigneurie de Corcelles en Bugey, par *Jean-Louis Trocu*, seigneur de Ferrières, conseiller-maître en la Chambre des Comptes de Dijon.

Reprise de fief et dénombrement des 10 janvier 1683 et 3 juin 1684 de la seigneurie de Corcelles, Cléon et Ferrières, par *Pierre de Michaud*, écuyer, en qualité d'héritier bénéficiaire de *Prosper de Michaud*, écuyer, son oncle.

(Voir MARQUISAT DE ROUGEMONT.)

CORDON — EVIEU

Seigneuries.

Reprise de fief et dénombrement du 18 mai 1602 de la seigneurie de Cordon, par nobles *Barthélemy* et *Gaspard de Cordon*, frères, habitant à la Balme en Bugey. Cette seigneurie consiste en ce qui suit : la terre et mandement de Cordon à eux échue par la succession de *Benoît de Cordon*, leur père, avec toute justice sur les villages de Veizin et Crozet, paroisse de Saint-Boys au pays montueux, avec droit de langues des bêtes. *Item*, sur les villages d'Arbignieu, Trézan, droit d'avenage dû par chaque feu à cause des visites des chemins, à raison de deux bichettes ras d'avoine par chaque feu. *Item*, ils possèdent le village d'Arbignieu et rentes portant lods et quelques hommes taillables. *Item*, trente fosserées de vigne sur la paroisse de Nattage, au vignoble de Trezan.

Dénombrement du 27 juin 1642 des seigneuries de Cordon et d'Evieu, par *Jean-François de Cordon* et frère *Jacques de Cordon*, chevalier de l'ordre de Saint-Jean de Jérusalem, frères, enfants de feu *Marc de Cordon*, écuyer, gentilhomme ordinaire de la maison du roi.

Reprise de fief et dénombrement du 14 mars 1684 des seigneuries de Cordon et d'Evieu, par *Jacques de Cordon de Passier*, écuyer, baron de Saint-Remy et de Rougemont en Savoie, comme héritier

Jean-François de Cordon, prieur et seigneur de Saint-Benoît, et de *Jacques de Cordon*, chevalier de l'ordre de Saint-Jean de Jérusalem, commandeur du Genevois, de Bellecombe et de Montaret, et grand bailly de Lyon, ses oncles maternels, qui ont repris de fief en 1642, comme héritiers de *Marc de Cordon*, leur père.

Reprise de fief et dénombrement des 8 et 22 juillet 1700 des seigneuries de Cordon et d'Evieu, par messire *Pantaléon Costa*, comte de Saint-Remy, seigneur de la Motte, de Rougemont et autres lieux, en qualité de père et légitime administrateur de *Jacques Costa de Cordon*, conseiller et sénateur au Sénat de Savoie, son fils, du corps de feue dame *Louise de Cordon*, fille de feu *Jacques de Cordon*; lesdites seigneuries échues audit *Jacques Costa*, comme donataire de *Jacques d'Evieu*, son grand-père, par acte du 22 novembre 1696.

Reprise de fief et dénombrement du 15 décembre 1723 des seigneuries de Cordon et d'Evieu, y compris le vieux château de Pluvis, en la paroisse d'Izieu, et la terre du Châtelard, vis-à-vis ledit Pluvis, par dame *Clémence Costa*, femme de messire *Jean-François de la Pérouse*, conseiller d'Etat de S. M. le roi de Sardaigne; ladite seigneurie à elle appartenant par le décès et comme héritière universelle de messire *Jacques-Emmanuel Costa*, son père, comte de Saint-Remy, décédé *ab intestat* le 22 octobre 1722, et suivant l'envoi en possession de ladite hoirie, par sentence du Bailliage du Bugey, du 3 novembre 1723.

COUZ (LA)

Seigneurie.

Reprise de fief et dénombrement du 13 juin 1602 des seigneuries de la Couz, Chenavel en Bugey et de celle de Genoud en Bresse, par noble *Claude de la Couz*, conseiller de S. A. le duc de Savoie et sénateur au souverain Sénat de Savoie, tant en son nom qu'en celui de noble *René de la Couz*, son neveu. Il est dit que procès est pendant à la Chambre des Comptes pour raison d'arrière-fief prétendu par le seigneur de Varey, sur partie de la seigneurie de la Couz.

Reprise de fief du 1er décembre 1767 des terres et seigneuries de la Couz, Montfalcon, Chaley, Saillan et la Bertinière, par *Paul Sain*, demeurant à Lyon, acquéreur du sieur *Joseph-Gabriel Desbordes*, chevalier, seigneur du Châtelet, et de dame *Anne-Françoise de Mont-d'Or*, sa femme; lesdites terres patrimoniales vendues par acte reçu *Pachot*, notaire à Lyon, le 22 août 1761.

CRESSIEU — ARTEMARE

Seigneuries.

Reprise de fief et dénombrement du 12 juin 1602 de la seigneurie d'Artemare, en toute justice, mandement de Châteauneuf, par noble *Pierre de Seyssel*.

Dénombrement du 11 octobre 1653 de la seigneurie de Cressieu, par *Christophe de Seyssel*, seigneur dudit lieu et du Munet. La seigneurie de Cressieu avait été reconnue auparavant par *George de Torchefelon*, et avant lui par *Jean de Torchefelon*, son père.

Reprise de fief et dénombrement des 10 mars et 7 juin 1668 de la seigneurie de Cressieu, par *Louis-Bertrand de Seyssel*, écuyer, à lui échue par le décès de son père.

Reprise de fief et dénombrement du 16 janvier 1703 de la seigneurie d'Artemare, par *Charles-Marie de Seyssel*, comme fils et héritier de *Jean-Louis de Seyssel*, écuyer.

Reprise de fief et dénombrement du 22 juin 1706 de la seigneurie de Cressieu, par *Christophe de Seyssel*, écuyer, à lui échue par le décès de *Louis-Bertrand de Seyssel*, son père. La terre de Cressieu a juridiction sur le territoire et village de Cressieu qui n'est composé que de quinze à seize maisons, et sur deux familles qui demeurent au village de Billieu, les Quaire et les Pin; sur deux autres familles qui demeurent au village de Peyrin, appelées les Munet. Le seigneur a deux terriers qui s'étendent dans les villages de Cressieu, Peyrin, Marignieu et Billieu, et des droits d'avènerie sur chaque faisant feu dans lesdits villages. Le château de Cressieu, pourpris et fonds en dépendant ne produisaient, en 1706, que 200 livres par an.

Prestation de foi et hommage et serment de fidélité prêté le 27 novembre 1722 à Sa Majesté le roi Louis XVe du nom, à l'occasion de son heureux avénement à la couronne, par messire *Christophe de Seyssel*, seigneur de Beauretour et de Cressieu, premier syndic de la Noblesse du pays du Bugey.

(Voir Beauretour.)

CROZE (la)

Fief.

Erection en fief de la maison de la Croze en Bugey en faveur de *Jean-Louis Trocu*, conseiller-maître en la Chambre des Comptes de Bourgogne, par lettres-patentes du mois d'avril 1665, et reprise de fief par le même, du 8 . . . . . 1668.

CUEILLE (la)

Baronnie.

Reprise de fief du 1er décembre 1644 de la seigneurie de la Cueille, par noble *Melchior de la Poipe*, baron de Saint-Julin, seigneur de Crémieux, Reaulmont et Montignieu, comme acquéreur par décret à lui délivré au Parlement de Dijon, le 21 août 1639, sur *Charles-Henry de la Chambre*, fils et héritier de *Philippe de la Chambre*, moyennant la somme de 30,000 livres, y compris des biens de roture situés en Bresse. Ladite reprise faite sans préjudice de la saisie des seigneuries de Leyment et de la Servette, appartenant audit *de la Poipe*, faute de devoirs de fiefs non faits. Y joint la procuration du seigneur de la Poipe et de dame *Anne de Gravel*, sa femme, fille et héritière de *Pierre de Gravel*, président et lieutenant général au siége présidial de Bourg.

Dénombrement du 3 mars 1673 de la baronnie de la Cueille en Bugey, par messire *Louis de la Poipe Saint-Julin*, chevalier, conseiller du roi en ses Conseils d'Etat et privé, président en la Cour souveraine du Dauphiné, seigneur de Reaulmont, Malatrel, Grument et Gouteffrey en Dauphiné.

(Voir Poncin.)

CULOZ — LANDAISE — MONTVÉRAND

Seigneuries.

Reprise de fief et dénombrement du 19 juin 1602 de quelques biens féodaux au village de Culoz, par demoiselle *Claudine de la Tour*, veuve de *Jean Fabry de Culoz*, comme tutrice de *Jean-Marie* et *Geneviève Fabry*, leurs enfants.

Reprise de fief et dénombrement du 22 novembre 1602 des seigneuries de Culoz et Landaise en Bugey, par *Charles Salteur*, écuyer; *Prosper Salteur*, conseiller de S. A. et juge-maje de Savoie; *Geoffroy Salteur*, docteur en médecine; *Jacques Salteur*, avocat au Sénat de Savoie, et *Maurice Salteur*, archiprêtre; tous frères communs en biens.

Reprise de fief et dénombrement du 12 août 1642 des seigneuries de Culoz et Montvérand, par *Claude d'Angeville*, écuyer, à lui échues par succession de son père.

Reprise de fief du 15 juillet 1698 des seigneuries de Culoz et Landaise, par *François - Anthelme d'Angeville*, seigneur de Montvérand.

Reprise de fief du 25 juin 1771 des seigneuries de Culoz et Montvérand, par *Claude-François de Pally*, fils de feu noble *Claude-François de Pally*, seigneur dudit lieu, en qualité de mari de dame *Pauline de Boëge*. Noble *François-Marie de la Flèchère*, fils de noble *Guillaume-Marie de la Flèchère*, seigneur de Beauregard et Culoz, et *Anthelme Balme*, seigneur de Sainte-Julie, lieutenant général au Bailliage du Bugey. Tous quatre en qualité de seuls et uniques héritiers de *Joseph d'Angeville*, seigneur de Montvérand et Culoz, mort *ab intestat*, ainsi qu'il a apparu par le certificat délivré par les officiers du Bailliage du Bugey.

Ils ont toute justice à Culoz; plus, les droits honorifiques à l'Eglise.

CUZIEU

Fief.

Reprise de fief du 14 juin 1773 de la terre et seigneurie de Cuzieu, en toute justice, étant un démembrement du comté de Rossillon, par *Hubert Béatrix*, acquéreur en 1772 de *Joseph-Marie de Barral*, marquis de Montferrat, par contrat reçu *Richerand*, notaire à Belley, le 22 août 1772.

DORCHE

Seigneurie.

Inféodation faite par *Charles-Emmanuel*, duc de Savoie, le 1er janvier 1584 de la terre et seigneurie de Dorche, en faveur de noble *Galois de Vignod*, sieur de Dorche, moyennant la somme de 1,200 écus d'or.

Reprise de fief du 4 mai 1602 de la seigneurie de Dorche, de celle de Bognes et de partie de celle de Chanay, comme aussi des rentes de Loupnet et Mareste, et de la seigneurie d'Apremont, par *Philippe* et *Louis de Vignod*, fils de feu *Galois de Vignod*, seigneur de Dorche, Bognes et de partie de Chanay.

Reprise de fief et dénombrement du 4 février 1643 de la seigneurie de Dorche et Chanay, par *Louis de Vignod*, écuyer, possesseur de ladite seigneurie, en qualité de successeur et seul héritier de demoiselle *Claire de Maillans*, sa mère, veuve de *Philippe de Vignod*, et par hypothèque de la dot de demoiselle *Anne de Camus*, sa femme.

Reprise de fief et dénombrement du 19 février 1671 de la seigneurie de Dorche et de la moitié de celle de Chanay, par *Gaspard de Vignod*, écuyer, à lui appartenant comme successeur et héritier de *Louis de Vignod*, son père, et de dame *Anne de Camus de Châtillon*, sa mère, par lesquels ledit *Gaspard de Vignod*, leur fils aîné, est institué leur héritier universel, en vertu de leur testament mutuel du dernier mars 1656, reçu *Goux*, notaire.

Reprise de fief et dénombrement du 11 février 1699 de la seigneurie de Dorche, par *François-César de Vignod*, écuyer, seigneur de Dorche et acquéreur de Chanay, fils de *Gaspard de Vignod*, écuyer; ladite seigneurie à lui appartenant par les substitutions apposées au testament de noble *George de Vignod*, son trisaïeul, et de noble *Louis de Vignod* et de dame *Anne de Camus*, ses grand-père et grand'mère.

(Voir CHANAY.)

DOUVRES

Seigneurie.

Reprise de fief et dénombrement du 5 mai 1653 de la moitié de la seigneurie de Douvres, par *Guillaume d'Oncieux*, à lui échue par la succession de feu *Hugues d'Oncieux*, son père; l'autre moitié appartenant à demoiselle *Marie d'Oncieux*, veuve de *Louis de Moyria*, seigneur de Maillat, fille et héritière de noble *Catherin d'Oncieux*, suivant les partages de ladite seigneurie de Douvres, faits le 23 juin 1600, entre noble *Guillaume d'Oncieux*, en son vivant président au Sénat de Savoie, bisaïeul du susdit *Guillaume*, et la dame *Marie d'Oncieux*.

Reprise de fief et dénombrement du 4 juillet 1653 de la moitié de la seigneurie de Douvres, par dame *Marie d'Oncieux*, veuve de noble *Louis de Moyria*, seigneur de Maillat.

Reprise de fief et dénombrement du 21 novembre 1679 de la moitié de la seigneurie de Douvres, par dame *Marianne de Moyria*, femme de *François-Anthelme d'Angeville*, écuyer, seigneur de Montvérand, fille et cohéritière de *Guillaume d'Oncieux*, écuyer, seigneur de Champollon. Dans la procuration de ladite dame *Marianne de Moyria*, il est dit que la moitié de la seigneurie de Douvres lui est arrivée par le décès de *Claude-Guillaume de Moyria*, son père; lesdits partages faits avec dame *Claudine-Augustine de Moyria*, sa sœur, femme de *Claude-Henri de Reydellet*, écuyer, seigneur de Vellière.

Dénombrement du 17 décembre de la moitié de la seigneurie de Douvres, par noble *François d'Oncieux*, baron de Saint-Denis-la-Bâtie près Chambéry, seigneur de Génissiat, Chaffardon, Saint-Jean d'Annecy, Salleneuve, etc., second président en la Chambre des Comptes de Savoie, et *Guillaume d'Oncieux*, son fils pupille, héritier de *Guillaume d'Oncieux*. L'autre moitié de la seigneurie de Douvres appartenant à dame *Marianne de Moyria*, femme du seigneur de Montvérand.

Reprise de fief et dénombrement des 28 juillet 1752 et 11 décembre 1760 de la moitié de la seigneurie de Douvres, par *Jean-Baptiste Montagnat*, bourgeois, demeurant à Ambérieu, comme acquéreur par contrat reçu *Bichat*, notaire à Ambérieu, le 20 septembre 1751, de dame *Jacqueline-Gasparde de la Fléchère*, veuve *de Boëge*, de noble *Guillaume-Marie*, fils de feu *George de la Fléchère*, seigneur de Beauregard, et de noble *François-Marie*, fils de feu noble *Claude-Joseph de la Fléchère*, coseigneur de Cormant et lieutenant au régiment de Chablais, et de M. *Anthelme Balme de Sainte-Julie*, lieutenant général au Bailliage du Bugey; tous héritiers, chacun pour sa part, dans l'hoirie de noble *Joseph d'Angeville*, seigneur de Montvérand et coseigneur de Douvres.

ÉCRIVIEUX

Seigneurie.

Lettres de noblesse pour *Jean de Léaz*, d'Ecrivieux ou d'Escrivieux en Bugey, et *Pierre de Léaz*, son fils, capitaine de deux cents hommes de pied, du 15 novembre 1590, dont les armoiries seront un écu d'azur à deux lions d'or tournés l'un contre l'autre, lampassés et armés de gueules, timbré par-dessus d'un heaume serré, aux serviettes volantes et au lion d'or lampassé et armé de gueules, issant du chef avec cette devise : *Et vires et animus.*

Reprise de fief du 26 mars 1623 de partie de la seigneurie d'Ecrivieux, par noble *Pierre de Léaz*, comme acquéreur par acte du 18 février 1617, signé *Bélachon*, d'*Aimé de Gorraz*, seigneur de Coberthod, consistant en un château ruiné, cens, servis, héritages, justice, etc.; l'autre moitié de la seigneurie d'Ecrivieux appartenant au seigneur baron de Rochefort.

Dénombrement du 12 juin 1634 de la seigneurie d'Ecrivieux, par demoiselle *Louise de la Molle*, veuve de *Pierre de Léaz*, au nom et comme mère et tutrice de *Gaspard de Léaz;* l'autre moitié d'Ecrivieux appartenant à *Balthazar de Menthon*, seigneur de Rochefort.

Reprise de fief et dénombrement du 12 août 1642 de la seigneurie d'Ecrivieux, par noble *Balthazar de Menthon*, fils de feu noble *Prosper de Menthon*, en qualité d'héritier fidéi-commissaire de noble *François de Menthon*, son aïeul paternel.

Reprise de fief du 30 juillet 1647 et dénombrement du 28 janvier 1650 de la moitié de la seigneurie d'Ecrivieux, par *Balthazar de Menthon*, seigneur de Rochefort, de l'autre moitié de la seigneurie d'Ecrivieux, disant que, par contrat du 28 juin 1628, reçu *Louis Martine*, notaire à Dommartin, il avait acquis de demoiselle *Anne-Prosper de Gorraz*, veuve de noble *Philibert de Loges*, et dame de Coberthod en Bresse, la moitié dudit Ecrivieux, de laquelle néanmoins il n'est propriétaire réel que depuis cinq mois, à cause du procès pendant au parlement de Bourgogne entre le sieur *de Léaz*, défendeur, contre *Aimé de Loges*, sieur de Coberthod fils, héritier de ladite demoiselle *de Gorraz*, qui aurait joui du revenu de la moitié de la seigneurie jusqu'à l'année 1646, en suite d'adjudication à lui faite par arrêt du parlement de l'année 1644, et duquel sieur de *Coberthod* le sieur *de Menthon* a droit par la ratification qu'il a faite dudit contrat de vente.

Reprise de fief et dénombrement du 4 mars 1702 de la seigneurie d'Ecrivieux, par *Jean-Jacques de Mareste*, comte de Saint-Agneux en Savoie, fils et héritier de *Jean-Jacques de Mareste*, et de dame *Melchionne de Menthon*, à laquelle ladite seigneurie appartenait comme fille et seule héritière de *Balthazar de Menthon.*

Reprise de fief et dénombrement du 9 janvier 1723 de la seigneurie d'Ecrivieux, par *Jean-Jacques de Mareste*, comte de Saint-Agneux en Savoie, résidant à Chambéry, en qualité de donataire universel d'*Albert-Eugène de Mareste*, son père, suivant son contrat de mariage passé entre lui et demoiselle *Jacqueline d'Agine*, sa femme, du 22 mars 1710, reçu *Renaud*, notaire à Chambéry.

FAVERGE (LA)

Seigneurie.

Reprise de fief et dénombrement du 8 janvier 1672 de la maison noble de la Faverge-sous-Nattage, par *Louis du Goy,* écuyer, seigneur de Saint-Agnis, comme acquéreur d'*André Balme de Saint-Rambert*, avocat en Parlement, par contrat du 19 septembre 1668, reçu *Roux,* notaire à Belley. Laquelle maison, avec six journaux de terre, hommes et toute justice, se confine au levant par le Rhône, au couchant par le chemin tendant de Magnin à l'église paroissiale de Nattage, au vent par les maisons des Penod-Bollier, au nord par les terres et prés de Champoulet, une haie entre deux.

Reprise de fief et dénombrement du 14 février 1702 de la seigneurie de la Faverge, en la paroisse de Nattage en Bugey, par noble *François du Goy,* demeurant à Yenne en Savoie, fils de noble *Louis du Goy*.

FLAXIEU — LA BALME — LES TERREAUX

Baronnie.

Reprise de fief et dénombrement des 22 et 24 mai 1602 des seigneuries de Flaxieu et la Balme, en toute justice, par noble *Jacques de Montfalcon*. La maison-forte de la Balme en Valromey, au lieu de Lilignod, en ruines.

Reprise de fief et dénombrement du 1er juillet 1641 de la baronnie de Flaxieu, par *Claude-Marin de Moyria-Montfalcon*, à lui appartenant comme héritier de dame *Jeanne de Moyria*, sa tante.

Reprise de fief et dénombrement du 3 juin 1653 de la baronnie de Flaxieu et de la seigneurie des Terreaux, par *François de Clermont*, baron de Mont-Saint-Jean, la Bâtie d'Albanais, Mécorax, le Val des Clefs, la Bâtie-Dardel, etc., commissaire général de la cavalerie de Savoie.

Reprise de fief et dénombrement du 13 août 1685 de la baronnie de Flaxieu et de la seigneurie des Terreaux, par *Jacques-Louis de Clermont-Mont-Saint-Jean*, chevalier, seigneur de la Balme, demeurant à Turin.

(Voir MAILLAT.)

GÉNISSIAT

Seigneurie.

Dénombrement du 23 juin 1662 de la seigneurie de Génissiat, par messire *Ancelot-François d'Oncieux*, seigneur de Saint-Jean d'Arnay et Chaffardon, baron de Saint-Denis, conseiller au souverain Sénat de Savoie.

Reprise de fief du 19 avril 1728 de seigneurie de Génissiat, par *Anthelme Montanier*, écuyer, conseiller du roi, garde des sceaux de la Chancellerie près la Cour des Comptes, domaines et finances de Dôle, et *François-Denis Montanier*, maire perpétuel de la ville de Seyssel, y demeurant, comme acquéreurs par indivis du curateur établi à l'hoirie vacante de feu messire *François d'Oncieux*, marquis de Chaffardon et second président en l'ancienne Chambre des Comptes de Savoie, par contrat du 10 août 1727, reçu *Salomin*, notaire en Savoie.

GRAMONT

Seigneurie.

Reprise de fief et dénombrement du 5 avril 1653 de la seigneurie de Gramont en Bugey, et de la rente noble de la Forêt, située au mandement de Rossillon, par *Balthazar de Mornieu*, écuyer. La terre de Gramont était mouvante du sieur *d'Urfé*, marquis de Valromey, à cause de sa seigneurie de Virieu-le-Grand; mais la Chambre, par arrêt du 4 février 1653, aurait ordonné au seigneur d'en rendre au roi les devoirs de fief.

Reprise de fief et dénombrement du 13 février 1655 de la seigneurie de Gramont, et rente noble de la Forêt de Rossillon, par *Melchior de Mornieu*, écuyer, conseiller en la Sénéchaussée et siége présidial de Lyon, héritier bénéficiaire de feu *Balthazar de Mornieu*, aussi écuyer, son frère.

Requête du 4 août 1671 de *Melchior de Mornieu*, écuyer, seigneur de Gramont et la forêt de Rossillon, ancien conseiller au Présidial de Lyon, portant qu'il a repris de fief de la seigneurie de Gramont en 1655, et que c'est mal à propos qu'on l'a saisie sur *Gaspard de Mornieu*, son fils.

Reprise de fief du 16 juillet 1688 de la seigneurie de Gramont et du fief appelé la Forêt de Rossillon, par *Gaspard de Mornieu*, écuyer, capitaine au régiment de Champagne, en qualité de fils de feu *Melchior de Mornieu*, aussi écuyer, ancien conseiller en la Sénéchaussée et siége présidial de Lyon, et à lui échue par droit de substitution, ainsi qu'il a apparu par acte du 28 mai 1679, reçu *Nicolas*, notaire à Lyon, et par extrait du testament olographe de *Balthazar de Mornieu*, son oncle, du 21 mars 1654, qui contient à son profit ladite substitution.

Reprise de fief et dénombrement des 11 janvier 1769 et 28 juillet 1770 des château, terre et seigneurie de Gramont, en la paroisse de Ceyzérieu, par *André de Mornieu*, écuyer, en qualité de seul fils et unique héritier de *François de Mornieu*, qui était héritier de *Melchior de Mornieu*, son oncle paternel, suivant le testament du 4 avril 1716 dudit *François*, publié au Bailliage du Bugey le 5 février 1718. -- La terre a toute justice sur les hommes qui en dépendent, avec un château situé sur le sommet d'un rocher.

GROLÉE

Comté.

Lettres-patentes du duc *Emmanuel-Philibert* du 29 juin 1580, portant érection en comté de la baronnie de Grolée en Bugey, en faveur de messire *Claude de Grolée*, baron dudit lieu, gentilhomme de la Chambre du prince de Piémont, avec union au comté et inféodation de toutes justices sur les villages d'Innimont et d'Ordonnaz.

Dénombrement de l'an 1602 du comté de Grolée, de la baronnie de Lhuis, seigneuries et villages d'Innimont et Ordonnaz y annexés, par *Claude* comte *de Grolée*, conseiller et chambellan de S. A. de Savoie.

Reprise de fief et dénombrement du 22 juin 1657 du comté de Grolée et de ses dépendances, par messire *Joachim du Cros de Grolée*, comte de Grolée, ledit comté à lui appartenant au nom et comme mari de dame *Claire de Grolée*, fille et héritière de messire *Pierre-Pompée de Grolée*, chevalier, seigneur de Lhuis, Neyrieu, Luyrieu et Champagne.

Dénombrement du 8 mai 1670 du comté de Grolée, de la baronnie de Lhuis et de la maison d'Oncin, située à Montagnieu, faisant partie dudit comté, par messire *Joachim du Cros*, comte de Grolée et de Rossillon, baron de Lhuis, Neyrieu, Luyrieu, Cerveyrieu, seigneur de Champagne. Il dit que les seigneuries de Luyrieu, Cerveyrieu et Champagne, ont été déclarées mouvantes du sieur marquis *de Châteaumorand*, à cause de ses terres de Virieu-le-Grand et Châteauneuf, par arrêt de la Chambre du mois de janvier 1641.

Reprise de fief et dénombrement du 20 mars 1684 du comté de Grolée, et de la baronnie de Lhuis, de Neyrieu, par messire *Gabriel-Pompée du Cros de Grolée,* comte de Grolée et de Rossillon, baron de Lhuis, Neyrieu, Luyrieu, Cerveyrieu et Champagne, seigneur haut justicier de Saint-Benoît et de Conzieu, en qualité d'héritier de *Joachim du Cros,* en son vivant comte de Grolée, et de dame *Marie-Claire de Grolée,* ses père et mère.

Reprise de fief et dénombrement du 5 mars 1714 du comté de Grolée, de la baronnie de Lhuis, de Neyrieu, de la maison-forte d'Oncin et de la moitié du comté de Rossillon, par messire *Jacques-Laurent du Cros,* comte de Grolée, en qualité d'héritier *ab intestat* de *Gabriel-Pompée du Cros de Grolée,* son frère.

Reprise de fief du 19 avril 1777 de la terre et comté de Grolée et de ses dépendances, de partie du comté de Rossillon, de Neyrieu, du fief de la maison-forte d'Oncin, sise à Montagnieu, par *Joseph-Marie de Barral,* marquis de Montferrat, président à mortier au Parlement de Grenoble, en qualité de mari de dame *Claudine-Sophie de Guérin de Tencin,* qui s'est constitué lesdites terres et comté en leur contrat de mariage reçu *Lamande,* notaire à Crosles, le 6 septembre 1769, comme héritière universelle testamentaire de dame *Françoise de Guérin de Tencin,* comtesse de Grolée, sa grand'tante, veuve de *Jacques-Laurent du Cros,* comte de Grolée, suivant son dernier testament du 17 avril 1763.

Les dépendances du comté de Grolée sont : Lhuis, Ordonnaz, Innimont et autres lieux, laquelle qualité de comté fut admise sur la production du diplôme du duc de Savoie, du 29 juin 1580, portant érection de la seigneurie de Grolée et dépendances au titre de comté, en faveur de noble *Claude de Grolée,* pour lui, les siens, leurs ayant cause et successeurs quelconques à l'avenir, avec l'inféodation et union des terres d'Ordonnaz et d'Innimont. La qualité de marquis de Montferrat a été aussi accordée à messire *Joseph-Marie de Barral,* à la vue de la reprise de fief qu'il a faite à la Chambre des Comptes du Dauphiné, le 11 décembre 1775.

HOTEL – THÉSIEU

Seigneurie.

Procuration du 12 mai 1612 de noble *René d'Hôtel*, pour reprendre de fief de la seigneurie et maison forte d'Hôtel, et de celle de Thésieu en ruine. La seigneurie d'Hôtel en toute justice.

Reprise de fief et dénombrement du 5 mars 1641 de la seigneurie d'Hôtel, par *Claude-Gaspard d'Arestel*, sieur de Gruières en Savoie, en qualité d'héritier universel de dame *Françoise de Choisy*, veuve de noble *Catherin d'Hôtel*, conseiller d'Etat de S. A. le duc de Savoie, président en sa Chambre des Comptes et comme héritier de dame *Françoise d'Hôtel*, marquise de Lans, sa mère.

Reprise de fief et dénombrement du 13 août 1653 de la seigneurie d'Hôtel, par dame *Adrienne de Montfalcon*, fille de feu *François de Montfalcon*, seigneur de Saint-Pierre d'Albigny, premier président en la Chambre des Comptes de Chambéry, veuve en premières noces de *Claude-Gaspard d'Arestel*, écuyer, seigneur d'Hôtel, et alors femme de noble *Pierre Dufour*, seigneur d'Emerande et sénateur au Sénat de Chambéry, en qualité de mère et tutrice de *Claude-Gaspard d'Arestel.*

Reprise de fief du 11 janvier 1769 de la terre et seigneurie d'Hôtel, par *Mathieu de Laurière de Castellard*, chevalier de Saint-Louis, et dame *Marie-Claudine d'Arestel*, sa femme, comme seule fille et unique héritière de *Joseph-Philibert d'Arestel*, seigneur d'Hôtel, ainsi qu'il a apparu par le certificat de notoriété délivré par le lieutenant général de Belley.

LES ALIMES

Seigneurie.

Reprise de fief du 14 août 1733 des seigneuries des Alimes et Luisandre, d'un tiers de la portion de la justice du mandement de Saint-Germain d'Ambérieu et des fiefs et rentes nobles de Gy-des-Croix et Bons, dépendant du tiers de ladite portion, par *Jacques Estienne*, écuyer, demeurant à Lyon, en qualité de donataire entre-vifs de *François de Suduyrand*, premier syndic de la Noblesse de Bugey, et de dame *Jeanne Sivelle*, sa femme, par acte reçu *Perrin*, notaire à Lyon, le 6 juillet 1731.

Reprise de fief du 17 décembre 1748 des seigneuries des Alîmes et Luisandre et des deux tiers de celle de Saint-Germain d'Ambérieu, par dame *Marie-Anne Bottu de Saint-Fonds*, comme veuve et héritière testamentaire de *Dominique Dujast*, écuyer, conseiller secrétaire du roi en la chancellerie près la Cour des Monnaies, à Lyon, demeurant à son château d'Ambérieu, suivant le testament de sondit feu mari, reçu *Bichat*, notaire à Ambérieu, le 6 juillet 1747, publié au Bailliage du Bugey le 2 septembre suivant.

Reprise de fief du 13 mars 1769 de la totalité des seigneuries des Alîmes et de Luisandre et des deux tiers de la seigneurie de Saint-Germain d'Ambérieu, par *Pierre Dujast*, d'Ambérieu, écuyer, demeurant à Lyon, en qualité de donataire universel, en faveur de son mariage avec dame *Lucrèce Dareste d'Albonne*, fille de dame *Marie-Anne Bottu de Saint-Fonds*, sa mère, héritière universelle de *Dominique Dujast*, d'Ambérieu, son mari, selon le contrat dudit mariage reçu *Gayet*, notaire à Lyon, le 11 août 1765.

LES MARCHES — CHATILLONNET

Seigneurie.

Reprise de fief et dénombrement des 16 mars 1677 et 4 juillet 1678 de la seigneurie des Marches, de laquelle dépendent partie du village de Glandieu, la paroisse d'Izieu et le village de Saint-Boys, par dame *Louise de Dortan*, veuve, en qualité d'héritière de *François de Léaz*, écuyer, seigneur des Marches.

Reprise de fief et dénombrement des 27 mai et 1er juin 1693 de la seigneurie des Marches, par *Joachim de Dortan*, chanoine en l'église cathédrale de Belley, en qualité de cohéritier de dame *Louise de Dortan*, dame des Marches, suivant son testament olographe du 29 octobre 1686.

Reprise de fief et dénombrement du 2 décembre 1710 de la seigneurie des Marches, par messire *François de Dortan*, à lui échue par le décès de *Joachim de Dortan*, son frère, et en vertu de la substitution apposée au testament de dame *Louise de Dortan*, sa tante.

Reprise de fief du 23 juillet 1735 de la seigneurie des Marches, par *Rodrigue de Dortan*, écuyer, chevalier de l'ordre militaire de Saint-Louis, commandant pour le roi au gouvernement de Mont-Dauphin, disant que dame *Louise de Dortan*, sa tante, dame des Marches, veuve en secondes noces de messire *François de Tricaud*, avait, par son testament du 29 octobre 1686, institué pour son héritier *Joachim de Dortan*, quant à la terre des Marches, et dans d'autres biens; auquel, à défaut d'enfants, elle substitue auxdits biens *François de Dortan*, son frère, et ses enfants mâles; et à défaut d'enfants, substitue à *François de Dortan* ledit *Rodrigue* et les siens mâles; lequel *François de Dortan* ayant joui desdits biens après le décès dudit *Joachim*, et étant mort sans enfants, ladite substitution s'est trouvée ouverte en faveur de *Rodrigue de Dortan*, qui a été envoyé en possession de cette seigneurie par sentence du lieutenant général de Belley, du 3 juillet 1734.

Reprise de fief du 5 décembre 1740 de la seigneurie des Marches et du château et fief de Châtillonnet, par *Claude-Marc-Antoine-Joseph de Dortan*, capitaine au régiment d'Eu-infanterie, demeurant à Gray; ladite seigneurie des Marches à lui échue en vertu de substitution par suite du décès de *Rodrigue de Dortan*, son père, suivant un acte mortuaire du 8 janvier 1738, délivré par le sieur *Jourd*, aumônier au Mont-Dauphin, et légalisé par le vicaire-général du diocèse d'Embrun le 24 avril suivant, et suivant le procès-verbal du lieutenant général du Bailliage de Gray, le 27 mai 1738, contenant la nomination faite de la personne dudit *Charles-Marc-Antoine-Joseph de Dortan*, pour curateur à conseil, comme fils aîné, à *Catherine-Ferdinand*, *Claude-François-Joseph* et *Claude-Marie-Joseph de Dortan*, ses frères, tous enfants mineurs dudit sieur *Rodrigue de Dortan*; et quant au fief de Châtillonnet, il a été acquis par ledit *de Dortan*, par échange de biens ruraux de *François-Ennemond de Luyset*, et dame *Jacqueline d'Agine*, son épouse, par contrat reçu *Guillot*, notaire à Belley, le 28 novembre 1739.

Reprise de fief et dénombrement des 27 juin 1768 et 6 avril 1770 des terres et seigneuries des Marches, Châtillonnet et Saint-Boys, paroisse de Conzieu, et de partie de celle d'Izieu, Pluvy, Glandieu et Cordon, en toute patrimonialité, par *Claude Sauvage*, conseiller-maître en la Chambre des Comptes de Dôle, acquéreur des sieurs *Claude-François-Joseph de Dortan*, prêtre, prieur de Saint-Laurent, et de *Charles-François-Marie-Joseph* comte *de Dortan*, seigneur de Goux, Vriange et autres lieux, demeurant à Dôle, pour le prix de 85,000 livres, par acte reçu *Largnaud*, notaire à Dôle, le 29 mai 1768. De la terre des Marches dépend un vieux château, négligé et en ruine.

Reprise de fief du 18 juin 1785 de la seigneurie des Marches et du fief de Châtillonnet, par *Louis Sauvage*, directeur général des fermes du roi, demeurant à Grenoble, à lui appartenant, suivant son contrat de mariage du 16 décembre 1764, reçu *Perrodon*, notaire à Lyon, par lequel *Claude Sauvage*, son père, conseiller-maître honoraire en la Chambre des Comptes de Franche-Comté, décédé à Grenoble le 22 avril 1785, l'a institué son héritier universel.

LOCTAVE

Fief.

Reprise de fief et dénombrement des 30 avril et 1er juin 1602 de la maison noble et rente de Loctave, située dans le marquisat de Saint-Sorlin, par *Antoine de Varenne,* écuyer, sieur de Loctave en Bugey, et de Gleteins en Dombes, par procuration donnée à noble *Pierre de Varenne*, son frère.

Reprise de fief du 28 juillet 1670 de la maison et fief de Loctave, par messire *Gabriel d'Albon d'Entremont,* seigneur de Saint-André-de-Briord, baron de Nattage et autres lieux, tant en son nom que comme héritier de *Laurent* et *Jean-Pierre d'Albon d'Entremont,* ses frères, acquéreurs du fief de Loctave de *Jean de Varenne*, seigneur de Gleteins, par contrat du 19 juillet 1649, reçu *Guiot,* notaire à Lyon.

Dénombrement du 30 mars 1677 de la maison forte de Loctave, ruinée par les guerres de la fin du dernier siècle, par messire *Elie-Louis d'Entremont*, comte dudit lieu, de Montbel, marquis de Saint-Maurice, baron de Montellier et de Nattage, seigneur de Saint-André-de-Briord, en qualité d'héritier de *Gabriel d'Albon d'Entremont*, son oncle.

LOMPNES

Seigneurie.

Reprise de fief et dénombrement du 22 mai 1602 de la maison-forte et seigneurie de Lompnes en Bugey, par noble *Laurent de Luyset,* citoyen de Belley.

Souffrance accordée le 13 mars 1651 à *Melchior-Bernard de Montessus,* seigneur de Balon, Travisy, Tuperey, etc., gouverneur de la ville de Beaune, pour reprendre de fief la terre et vicomté de Lompnes qu'il a acquises par décret depuis peu de jours.

Reprise de fief du 9 juillet 1671 de la seigneurie de Lompnes, par *Guillaume-Philibert d'Angeville,* comme acquéreur du seigneur de Balon.

Reprise de fief et dénombrement des 7 décembre 1700 et 16 mai 1702 de la seigneurie de Lompnes, par *Nazaire-Joseph d'Angeville,* chevalier, lieutenant-colonel du régiment de Thouy, à lui échue par le décès de son père.

Reprise de fief du 5 juillet 1775 de la terre, seigneurie et mandement de Lompnes et dépendances, qui sont, entr'autres, les villages de Cormaranche et Hauteville, par *Marguerite de Michaud de Corcelles,* veuve et héritière universelle fiduciaire de *Guillaume d'Angeville,* chevalier, seigneur de Lompnes, en vertu de son testament olographe du 23 janvier 1761, déposé à *Richard,* notaire à Belley.

LOYETTES — SAINT-VULBAS

Baronnie.

Signification faite à la requête du procureur du roi de la Chambre du Domaine, en l'année 1570, au sieur *Durand de la Buissonnière,* pour le paiement des lods de l'acquisition de la baronnie de Loyettes en Bugey, à laquelle signification sont jointes les copies des titres produits audit procureur du roi, le 10 mai 1751, par *Louis Durand,* seigneur de la Buissonnière, Saint-Vulbas et Loyettes, demeurant à Grenoble, aux fins de prouver qu'il ne doit point de lods pour la baronnie de Loyettes, lesquels titres sont : les lettres de vente des terres de Loyettes, Saint-Marcellin et Saint-Vulbas, en l'an 1572, par le duc de Savoie à *Théodore de Trivulce;* des dénombrements en 1603 et 1669 de la baronnie de Loyettes; de l'acte de vente de ladite baronnie, faite devant

Devenet, notaire à Dijon, le 29 août 1719, sur *Catherine de Choiseul*, femme de *Louis-Marie Armand de Saulx-Tavannes*, marquis de Miribel, à *David Durand*, seigneur de la Buissonnière, ancien capitaine au régiment de Saulx, demeurant en la paroisse de Saint-Martin-des-Clettes en Dauphiné, stipulant pour *Louis Durand de la Buissonnière*, sieur de l'Epinace, son fils; plus, les lettres-patentes du roi de France du mois d'août 1715, autorisant le sieur *de Saulx-Tavannes*, marquis de Miribel, de désunir la baronnie de Loyettes du marquisat de Miribel, qui y avait été unie avec celle de Sathonay, selon les lettres d'érection qui en furent faites par *Emmanuel-Philibert*, duc de Savoie, et ses lettres-patentes d'échange desdites terres avec le comté de Tendes, en 1579.

(Voir Miribel, aux Fiefs de Bresse.)

MAILLAT — FLAXIEU — MOYRIA

Seigneuries.

Reprise de fief et dénombrement du 1er juillet 1641 des seigneuries de Maillat et baronnie de Flaxieu, par *Claude-Marin de Moyria-Montfalcon*, à lui appartenant, savoir : Maillat, par le décès de son père, et la baronnie de Flaxieu, comme héritier de dame *Jeanne de Moyria*, sa tante.

Reprise de fief et dénombrement des 13 mai 1653 et 9 novembre 1668 de la seigneurie de Maillat, par noble *Louis-Marin de Moyria*, en qualité d'héritier par bénéfice d'inventaire de feu noble *Claude-Marin de Moyria*, son père.

Dénombrement du 16 novembre 1654 de la seigneurie de Maillat, ensemble de la maison et fief de Moyria, située au bourg de Cerdon en Bugey, par noble *Louis-Marin de Moyria*, écuyer.

Reprise de fief du 27 novembre 1722 et dénombrement du 24 juillet 1748 de la seigneurie de Maillat, y compris la tour appelée de Moyria, située à Cerdon, et rente noble en dépendant, par

Etienne - Joseph - Marie de Moyria, écuyer, en qualité de fils et donataire, par son contrat de mariage reçu *Lancelot,* notaire à Cuisiat, le 22 juillet 1722, de *Joseph-Marie de Moyria,* qui était fils et héritier à bénéfice d'inventaire de *Louis-Marin de Moyria.*

Reprise de fief et dénombrement des 26 novembre 1771 et 8 avril 1772 de la terre et seigneurie de Maillat, en toute justice avec un château, par *Jean-Joseph de Moyria,* lieutenant-colonel du régiment provincial d'Autun, en qualité d'héritier universel d'*Etienne-Joseph-Marie de Moyria,* son père, suivant son testament reçu *Goiffon,* notaire à Montréal, le 1er février 1764.

Reprise de fief du 11 août 1787 de la seigneurie de Maillat, par *François-Abel de Moyria,* chanoine du royal Chapitre de St-Claude, prieur de Moirand en Dauphiné, vicaire-général du diocèse de Besançon, aumônier de S. M. Sarde, chevalier des ordres de Saint-Maurice de Savoie et de Saint-George de Franche-Comté; *Ennemond de Moyria,* chanoine honoraire du Chapitre de Saint-Claude, aussi chevalier de Saint-George, et *Jean-Bernard de Moyria,* doyen du chapitre de Saint-Louis-de-Grigny, et de même chevalier de Saint-George; tous trois en qualité d'héritiers universels quant à l'usufruit reversible à l'un et l'autre des survivants de feu *Jean-Joseph de Moyria,* leur frère, seigneur de Maillat, lieutenant-colonel au régiment de la Marine, suivant son testament reçu *Gaspard,* notaire à Gigny, le 4 juin 1785, ledit testateur décédé en la paroisse de Gigny le 9 juin 1785.

MARTIGNAT

Seigneurie.

Reprise de fief du 8 août 1766 de la terre et seigneurie de Martignat, par *Hugues-Joseph de Valernod,* lieutenant général au Présidial de Valence, et *Louise de Montferrand,* sa femme, en qualité d'héritière universelle de feu *Charles-François-Amédée de Montferrand,* son père, ainsi qu'il a apparu par le certificat de notoriété délivré par le maire et les principaux officiers de Lagnieu.

MATAFELON

Seigneurie.

Reprise de fief et dénombrement du 11 décembre 1621 de la seigneurie de Matafelon, par *François de Tocquet*, sieur de Mongeffon, l'Ile et Apremont. La justice de la seigneurie de Matafelon s'étendait sur vingt villages.

Reprise de fief et dénombrement du 28 novembre 1654 de la seigneurie de Matafelon et le Planet qui en est une dépendance, par *Claude de Tocquet*, écuyer, seigneur et baron de Mongeffon, Matafelon, Meximieux, en qualité d'héritier de *François de Tocquet*, son père.

Reprise de fief et dénombrement des 5 avril et 17 juillet 1748 de la seigneurie de Matafelon, par *Claude-Charles* comte *de Varenne*, chevalier, baron de Sainte-Olive, la Place et autres lieux, ancien capitaine de cavalerie et chevalier de Saint-Louis, demeurant à Trévoux en Dombes; la seigneurie de Matafelon lui appartenant comme ayant été donnée en dot à *Antoinette-Alexandre de Seyturier*, sa femme, par *Jean-Joseph de Seyturier*, son père, en leur contrat de mariage du 20 avril 1747, reçu *Perruquet*, notaire à Matafelon.

MÉRIGNAT

Seigneurie.

Reprise de fief du 26 novembre 1734 de la seigneurie de Mérignat, par *Louis-François Julien*, conseiller-secrétaire du roi en la Chancellerie près le Parlement de Dijon, résidant à Nantua, comme acquéreur de *Claude-Chrisante de Moyria*, comte de Châtillon-de-Corneille, seigneur de Montgriffon, Mérignac et la tour de Jujurieux, et de dame *Anne Trollier,* sa femme, par acte reçu *Guillot,* notaire royal à Nantua, le 7 octobre 1734.

Reprise de fief du 31 janvier 1771 de la terre et seigneurie de Mérignac, par *Marie-Anne de Grenaud*, veuve en premières noces de *Louis-François Julien,* écuyer, seigneur de Villars, Mérignac et autres lieux, et à présent femme de *Pierre-Antoine Robin d'Apremont,* conseiller au Parlement de Bourgogne, ladite dame *de Grenaud,* tant comme veuve dudit sieur *Julien,* que comme héritière de *François Julien,* son fils unique, et comme cessionnaire par traité reçu *Béguillet* père, notaire à Dijon, le 23 juillet 1754, de *Louis Dugas de Bois-Saint-Just*; tant en son nom qu'en qualité de père de *Louis-François Dugas,* seigneur du marquisat de Villars, en qualité d'héritier substitué du sieur *Julien,* son père.

(Voir Chatillon-de-Corneille.)

MIGIEU — LE GOLET

Seigneurie.

Dénombrement du 1er mai 1602 des maisons-fortes de Migieu et du Golet, par noble *George de Migieu*, seigneur du Golet, tant en son nom que de nobles *Jean-Louis* et *Benoît de Migieu,* ses frères.

Ce dénombrement consiste en la maison-forte de Migieu, à eux appartenant par moitié avec noble *Claude de Migieu,* avec ses pourpris et dépendances; pour raison de laquelle il a juridiction basse sur ses sujets.

La maison du Golet, avec ses pourpris et dépendances, consiste en trente journaux de terre, en quatorze seytives de pré, en trois septiers de blé de rente portant lods, vingt-six fosserées de vigne, cinq journaux de bois, un moulin et battoir assis sur le Rhône.

Reprise de fief du 4 mai 1656 de la maison-forte et seigneurie de Migieu, par les religieux de la Chartreuse de Pierre-Châtel, comme acquéreurs de demoiselle *Jacqueline de Migieu*, fille de feu noble *Aimé de Migieu* et héritière de noble *Claude Bertrier*, à la charge par les acquéreurs d'acquitter une somme de 665 livres par elle due à noble *Jean-Baptiste de Migieu* et dame *d'Escriwieux*, sa mère. Elle déclare leur avoir remis l'extrait du testament dudit feu *Aimé de Migieu*, du contrat dotal de demoiselle *Antoinette de Briord*, sa femme, mère de ladite venderesse; de l'acquisition faite de noble *Jean-Baptiste de Migieu* et sa mère; de l'accord fait entre feu noble *Claude Bertrier* et demoiselle *Claudine de Moyria*, belle-mère de ladite venderesse, partant cession des droits qu'elle avait audit Migieu; plus, du testament de noble *Claude Bertrier*, prieur de Domsure, comme aussi celui dudit feu noble *Claude Bertrier*, mari de la venderesse; plus, les pièces du procès entre le seigneur de Château-Bochard et ledit feu noble *Aimé de Migieu*, pendant au Parlement de Dijon.

MONTFERRAND — CHATEAU-GAILLARD

Seigneuries.

Reprise de fief et dénombrement du 18 mai 1602 de la maison-forte et seigneurie de Montferrand, en toute justice, par noble *Jean de Montferrand*, seigneur dudit lieu, Torcieu et Mont-de-l'Ange, et coseigneur d'Evoges, Vachie et Dorvand.

Reprise de fief et dénombrement des 13 février et 20 décembre 1727 de la seigneurie de Monferrand, de laquelle dépendent les villages de Torcieu, Mont-de-l'Ange et le hameau de Dorvand; plus, de la seigneurie de Château-Gaillard, de laquelle dépend le village de Cormoz, par *Charles-Amédée de Montferrand*, seigneur de la Bâtie, Vernaux, Martignat et autres lieux, demeurant en son château de Vernaux; lesdites seigneuries lui appartenant en vertu d'un traité reçu *Philibert*, notaire à Lagnieu, passé entre lui et *Pierre-Joseph de Montferrand*, son frère, lieutenant-colonel d'infanterie et chevalier de l'ordre militaire de Saint-Louis.

Reprise de fief du 14 décembre 1768 et dénombrement du 1er mars 1769 des terres et seigneuries de Montferrand et Château-Gaillard, par *Hugues-Joseph de Valernod,* seigneur de Martignat, lieutenant général au Présidial de Valence, et dame *Louise de Montferrand,* sa femme, en qualité d'héritière universelle de *Charles-François-Amédée de Montferrand,* son père.

MONTGRIFFON

Seigneurie.

Reprise de fief et dénombrement des 12 janvier 1768 et 9 février 1769 d'une portion du fief de la tour de Montgriffon, rière la dimerie d'Oncieu, annexe et paroisse d'Evoges, mandement de Saint-Rambert, et consistant en quarante-une reconnaissances de servis, sans justice, y détaillés avec confins, par *François-Joseph Reverdy de Montbérard,* écuyer, demeurant à Saint-Rambert, en qualité de fils et héritier de *Louis Reverdy,* suivant son testament reçu *Augerd,* notaire à Saint-Rambert, le 23 décembre 1754.

MONTRÉAL

Comté.

Reprise de fief du 16 mai 1602 du comté de Montréal en Bugey, par dame *Louise de la Chambre,* demeurant à Chambéry, veuve de messire *George de Moussy,* en qualité de mère et tutrice de demoiselle *Gasparde de Moussy,* fille et héritière universelle dudit *George de Moussy,* auquel le comté de Montréal avec la seigneurie de Pérouges en Bresse étaient échus par le décès de messire *Louis Oddinet,* comte de Montréal, seigneur et baron de Montfort, Montfalcon et Pérouges, qui appartenaient audit *Oddinet,* par contrat fait avec *Emmanuel-Philibert,* duc de Savoie, à Turin, le 24 avril 1566 ; ledit contrat homologué tant au Sénat qu'à la Chambre des Comptes de Savoie, comme aussi les lettres d'inféodation et érection de la terre de Montréal en comté, le 22 juillet 1571.

La présente reprise de fief, faite à la charge de représenter le contrat de la première vente et aliénation faite desdites seigneuries de Montfalcon, Montréal et Pérouges, dont mention est faite par celui de rachat du 24 avril 1566, avec la réserve des foi et hommage personnels des nobles, selon la forme de l'entérinement dudit contrat en la Chambre des Comptes de Chambéry, le 2 juin 1571. La procuration porte que la seigneurie de Pérouges a été vendue et aliénée par le feu sieur comte de Montréal, et possédée depuis quelques années par noble et spectable seigneur *Antoine Favre,* conseiller de S. A. le duc de Savoie et sénateur en son souverain Sénat, avec lequel ladite dame *Louise de la Chambre* est en procès, prétendant que la seigneurie de Pérouges lui est acquise irrévocablement.

Reprise de fief et dénombrement du 19 décembre 1622 du comté de Montréal, par *Louis de Seyssel,* seigneur et marquis d'Aix, baron de la Bâtie, de Seyssel, Châtillon en Chautagne, Meillonnas en Bresse, Montfort, etc., chevalier de l'ordre de l'Annonciade et capitaine d'une compagnie de gendarmes des ordonnances de S. A.

Reprise de fief et dénombrement des 13 mars 1653 et 6 novembre 1654 de la terre de Montréal, par messire *Maurice de la Chambre,* dit *de Seyssel,* marquis de la Chambre et d'Aix, comte de Montréal, vicomte de Maurienne, baron de la Bâtie, Seyssel, Châtillon, Montfort, Montfalcon, et capitaine d'une compagnie de chevau-légers pour le service de S. A.; ledit comté de Montréal lui appartenant par droit d'hoirie et de succession paternelle.

Dénombrement du 7 juillet 1667 du comté de Montréal, par dame *Françoise-Paule de la Chambre de Seyssel,* marquise de Lullin; messire *Jacques d'Alinge,* marquis de Coudrée, en qualité de père et légitime administrateur de messire *Marie-Joseph* fils, et encore messire *Eugène d'Aché*, baron de Montferrand, en qualité de père et légitime administrateur de demoiselle *Marguerite* et de feue dame *Angélique de la Chambre de Seyssel;* comme encore messire *François-Emmanuel de Fauchier,* en qualité d'héritier fidéi-commissaire de messire *Louis de la Chambre de Seyssel,* marquis de la Chambre et d'Aix.

Souffrance accordée le 15 décembre 1668 à *Claude d'Arrocourt,* marquis de Cavaillat, chevalier des Saints-Maurice-et-Lazare, commandeur de Notre-Dame de Vion, pour reprendre de fief de la terre et comté de Montréal, délivré à la suite des subhastations faites au Bailliage du Bugey sur le sieur marquis de Lullin.

Reprise de fief du 27 février 1700 du comté de Montréal, par messire *Joseph-Marie d'Alinge de la Chambre de Seyssel,* marquis de Coudrée, d'Aix et de Lullin, comte de Langin, de Lully, d'Apremont et de Montréal, baron de Laringe, de Montfort, de Montfalcon et de l'Etoile, seigneur de la Rochette en Savoie, de Longefan, de la maison noble de Moussy, d'Albens de Servette, la Cour-Grézy, de la Rochette en Chablais, de Pably, Chenevet et des Chazeaux, chevalier grand'croix de la religion des Saints-Maurice-et-Lazare, gentilhomme ordinaire de la Chambre de S. A. R., capitaine des gentilshommes ou gardes-du-corps, maréchal de ses camps et armées, cornette blanche de la Noblesse de Savoie, et commandant généralement pour S. A. R. des Etats de Savoie, en qualité d'héritier de *François-Emmanuel de Fauchier de la Chambre,* marquis de Lullin, suivant son testament du 20 février 1699.

Reprise de fief du 12 décembre 1720 du comté de Montréal, par *Bernard de Budé,* seigneur de Ferney, comme acquéreur de don *Joseph-Maurice d'Alinge de la Chambre de Seyssel,* marquis de Coudrée, etc., son proche parent, par contrat reçu *Roche,* notaire à Gex, le 28 août 1720.

Reprise de fief du 10 décembre 1756 du comté de Montréal, par noble *Jacob de Budé,* citoyen de Genève, et dame *Anne-Elisabeth de Budé,* veuve de noble *Marc Pictet,* aussi citoyen de Genève, en qualité, l'un et l'autre, d'héritiers universels de feu *Bernard de*

Budé de Vérace, leur frère, suivant son testament homologué en la justice de Genève, le 23 juin 1756.

Reprise de fief du 12 juin 1761 de la seigneurie et comté de Montréal et dépendances, par *Charles-Joseph Duglas*, chevalier de Saint-Louis, capitaine au régiment de Royal-Ecossais, au service de France, acquéreur en 1757, le 13 avril, par acte reçu *Girard*, notaire à Gex, avec le titre de comté, selon les titres d'érection du duc de Savoie de l'an 1570; ladite acquisition faite du sieur *Jacob de Budé*, citoyen de Genève, colonel au service de Hollande, et de dame *Anne-Elisabeth de Budé*, veuve de noble *Marc Pictet*, aussi citoyen de Genève; lesdits sieur et dame *de Budé*, héritiers constitués, chacun pour une moitié, du sieur *Bernard de Budé*, leur frère, seigneur et comte de Montréal; et encore des sieurs *Jacques* et *Charles Pictet*, aussi citoyens de Genève, ce dernier colonel au service du roi de Sardaigne; tous deux héritiers fidéi-commissaires substitués à la dame veuve *Pictet*, leur mère, en sa moitié de la succession dudit feu *Bernard de Budé*.

MONTVÉRAND

Seigneurie.

Reprise de fief et dénombrement du 19 juin 1602 de la seigneurie de Montvérand, par demoiselle *Philiberte de Luirieu*, fille de feu *Jean de Luirieu*, et femme de noble *Symphorien d'Angeville*, seigneur de Vidonat, Bornes et Dodens en Genevois, avec la justice, à la forme des partages d'entre feu noble *Pierre de Luirieu*, seigneur de Prangin, et noble *Charles de Luirieu*, aïeul de ladite demoiselle.

Reprise de fief et dénombrement du 12 août 1642 des seigneuries de Montvérand et de Culoz, par *Claude d'Angeville*, écuyer, à lui échues par succession de son père.

Reprise de fief et dénombrement du 31 mai 1671 de la seigneurie de Montvérand, par *François-Anthelme d'Angeville*, écuyer, en qualité d'héritier testamentaire de *Claude d'Angeville*, écuyer, son père.

Reprise de fief et dénombrement des 4 avril 1769 et 25 juin 1771 des terres et seigneuries de Montvérand et de Culoz, paroisse annexe de Béon, par *Claude-François de Pally*, fils de feu noble *Claude-François de Pally*, seigneur dudit lieu, en qualité de mari de dame *Pauline de Boëge*; noble *François-Marie de la Fléchère*, capitaine au régiment de Chablais, au service du roi de Sardaigne, fils de noble *Claude-Joseph de la Fléchère*; noble *François-Marie de la Fléchère*, fils de noble *Guillaume-Marie de la Fléchère*, seigneur de Beauregard et de Culoz; *Anthelme Balme*, seigneur de Sainte-Julie, lieutenant général au Bailliage du Bugey. Tous quatre en qualité de seuls et uniques héritiers de *Joseph d'Angeville*, seigneur de Montvérand et de Culoz, mort *ab intestat*, ainsi qu'il a apparu par le certificat délivré par les officiers du Bailliage du Bugey. — Ils ont toute justice à Culoz, Landaise et Montvérand, les droits honorifiques à l'église de Culoz. Il y avait anciennement un marché tous les lundis à Culoz, qui fut aboli par M. l'intendant et qui n'est pas encore rétabli.

(Voir Culoz.)

MORNAY – VOLOGNAT

Seigneurie et Baronnie.

Reprise de fief et dénombrement du 10 mai 1634 de la seigneurie de Mornay, par *Jacques de Feillens*, dit *de Moyria*, écuyer, seigneur de Volognat, comme acquéreur de demoiselle *Marguerite de Molay*, veuve de feu *Antoine de Verjon*, en son vivant seigneur de Mornay.

Reprise de fief et dénombrement des 30 juin 1653 et 20 novembre 1656 de la seigneurie de Mornay, par *Hugues de Feillens de Moyria-Volognat*, écuyer, comme héritier de *Jacques de Feillens de Moyria-Volognat*, son père.

Reprise de fief du 20 avril 1674 des seigneuries de Mornay et Volognat, par dame *Pernette Jarcellat*, veuve de *Hugues de Moyria*, écuyer, à elle appartenant pour sûreté de sa dot. Par acte du 4 avril 1640, reçu *Puthod*, notaire à Cerdon, il appert que le 26 juin 1637 mariage aurait été conclu et consommé entre noble *Hugues de Moyria*, écuyer, fils de *Jacques de Feillens*, dit *de Moyria*, sieur de Volognat et baron de Mornay, d'une part, et demoiselle *Pernette Jarcellat*, fille de feu *Annibal Jarcellat*, en son vivant conseiller du roi, greffier en l'Election du Bugey, sans toutefois avoir rédigé par écrit le traité de mariage. Cependant le feu sieur *Jarcellat*, et sieur *Jean-Claude Jarcellat*, son fils et héritier, auraient payé audit sieur *de Volognat* et à dame *Louise de Grolée*, sa femme, une somme de 10,637 livres, à compte de la dot de ladite *Pernette*; c'est pourquoi ledit *Jean-Claude* assure à sa sœur le surplus de sa dot. Témoins : *Jean-Pierre de Moyria*, seigneur de Châtillon-de-Corneille, lieutenant-colonel au régiment de la Motte-Houdancourt, et sieur *Pierre Jarcellat*, lieutenant en l'Election de Belley.

Reprise de fief du 4 août 1688 de la baronnie de Mornay et Volognat, par *Charles de Feillens de Moyria*, fils de *François-Guillaume de Moyria*, à lui appartenant en qualité de donataire et cessionnaire de feu sieur *de Moyria*, son père, et par transaction entre lui et dame *Pernette Jarcellat*, sa veuve, du 23 décembre 1682. La Chambre lui ordonne de justifier de la qualité de baronnie attribuée à la seigneurie de Mornay.

Reprise de fief et dénombrement du 27 mars 1713 des seigneuries de Mornay et Volognat, par messire *François de Moyria*, capitaine dans le régiment de Thouy, à lui échues par le décès de *Charles de Moyria*, son frère, qui l'avait fait son héritier universel par son testament passé par-devant *Delilia*, notaire à Montréal, le 26 avril 1702.

Reprise de fief du 24 mai 1769 des terres et seigneuries de Mornay et Volognat, par *Alexandre de Moyria*, prêtre, chanoine noble de l'église de Saint-Martin d'Ainay de Lyon, en qualité de tuteur aux enfants et héritiers de *Charles-Joseph de Moyria*, son frère, de son mariage avec dame *Marie-Claudine de Bouvens*, lesquels enfants sont : *Claude-François de Mornay*, qui est l'aîné, *Marie-Antoine de Moyria*, *Claude-Alexandre de Sonthonax*, *Charles-François de Feillens*, *Joseph-Marie de Vologuat* et *Marie-Joseph de Moyria*, fille. — *Claude de Bouvens* était leur aïeul maternel, suivant le testament dudit défunt, *Charles-Joseph de Moyria*, du 4 avril 1758, contrôlé à Montréal le 13 octobre suivant.

MUSSEL

Seigneurie.

Reprise de fief et dénombrement du 12 août 1653 de la seigneurie de Mussel, par *Claude de Gerbais*, écuyer, comme héritier de *Claude de Gerbais*, son père.

Reprise de fief et dénombrement du 28 avril 1665 et 27 janvier 1667 de la seigneurie de Mussel, par demoiselle *Péronne de Seyssel*, veuve de *Claude de Gerbais*, en qualité de mère et tutrice de *Guillaume* et *François de Gerbais*, leurs enfants.

Reprise de fief et dénombrement des 4 avril 1769 et 6 avril 1770 de la terre et seigneurie de Mussel, hameau de la paroisse d'Arloz en Michaille, par *Charles-François de Seyssel de Choisel*, en qualité de seul fils et héritier de feu *Jean-Pierre de Seyssel*, comte de Choisel, auquel ladite terre a appartenu, comme héritier de feue dame *Péronne de Seyssel*, veuve de *Claude de Gerbais*, seigneur de Mussel, ainsi qu'il a apparu par le certificat de notoriété du Bailliage. Il y a un vieux château et justice haute, moyenne et basse sur quinze ou seize justiciables.

Reprise de fief et dénombrement des 31 mars et 1er juillet 1784 de la seigneurie de Mussel en Michaille, par *Claude-François Passerat de la Chapelle*, écuyer, ancien médecin de Monsieur, frère du roi, et des armées de Sa Majesté, inspecteur des hôpitaux militaires de France, comme acquéreur de sieur *Joseph-Gabriel Desbordes,* seigneur du Châtelet et Mussel, tant par acte de subhastation, poursuivie et adjugée au Bailliage de Belley le 14 mai 1777, que par contrat particulier, reçu *Bro*, notaire à Paris, le 2 juillet 1777; par le second desquels actes le sieur *Desbordes*, en lui cédant différents objets relativement à ladite seigneurie, l'a subrogé en ses droits pour faire déclarer nulle une précédente subhastation du 18 mai 1774 en faveur du sieur *Claude Ravinet*, châtelain dudit Mussel, laquelle en effet a été annulée par arrêt du Parlement de Dijon du 18 février 1778, rendu au profit de M. *Passerat de la Chapelle,* comme acquéreur, et le tout pour 45,000 livres.

NATTAGE

SAINT-ANDRÉ-DE-BRIORD — LE MONTELLIER PLUVY.

Baronnie.

Reprise de fief du 14 novembre 1601 des seigneuries de Nattage, Saint-André-de-Briord, le Montellier, Pluvy, par dame *Béatrix d'Entremont,* comtesse dudit lieu et de Montbel, femme de *Claude-Antoine d'Albon*, seigneur de Meullon; lesdites seigneuries à elle échues par droit de succession de ses père et mère.

Reprise de fief et dénombrement du 28 avril 1665 de la baronnie de Nattage et de la seigneurie de Saint-André-de-Briord, par *Laurent* et *Gabriel d'Albon d'Entremont*, frères, à eux appartenant, tant en vertu des partages faits avec le seigneur comte d'Entremont, leur frère, que comme héritiers testamentaires des portions indivises de messire *Jean-Pierre* et *Marguerite d'Albon d'Entremont*, leurs frère et sœur.

Dénombrement du 30 mars 1677 de la baronnie de Nattage et de la seigneurie de Saint-André-de-Briord, par messire *Elie-Louis d'Entremont*, comte de Montbel, marquis de Saint-Mauris, baron de Montellier, héritier de *Gabriel d'Albon*, son oncle.

Reprise de fief et dénombrement du 21 novembre 1695 de la seigneurie de Montellier, par *Guillaume-François de Lhôpital*, chevalier, marquis de Saint-Mesme, gouverneur de la ville et château de Dourdan, au nom et comme mari de dame *Charlotte de Romilly de la Chenelaye*, en qualité de seule et unique héritière de *Elie-Louis d'Entremont*, chevalier, comte de Montbel, seigneur de Montellier et de Saint-André-de-Briord, son oncle. (Voir FIEFS DE BRESSE, 1er vol., p. 95.)

Reprise de fief et dénombrement des 16 et 30 juillet 1696 de la seigneurie de Nattage, par les RR. PP. Chartreux de Notre-Dame de Pierre-Châtel, comme acquéreurs de dame *Charlotte de Romilly*, femme de messire *de Lhôpital* et héritière d'*Elie-Louis d'Entremont*, seigneur de Nattage, suivant contrat du 10 novembre 1694, reçu *Rubat*.

(Voir SAINT-ANDRÉ-DE-BRIORD.)

NERCIAT

Fief.

Reprise de fief et dénombrement du 18 avril 1674 de la maison-forte et fief de Nerciat, étant de l'arrière-fief du seigneur comte de Montréal, par *Pierre des Bordes*, écuyer, comme acquéreur, par subhastations faites au banc de Cour de Montréal, le dernier avril 1668, sur défunt *Jean-Louis de Grenaud*, écuyer, et dame *Philiberte de Fontany*, sa veuve. La terre de Nerciat consiste en une petite maison-forte et deux petits grangeages, dont les possessions sont à la vue du château, partie desquelles est de la directe et mouvance particulière du comté de Montréal ; en un moulin et un canton de montagne de la contenue de soixante journaux, de trois mesures de semaille chacun ; plusieurs cens et servis, mais sans aucun droit de justice.

Reprise de fief du 14 novembre 1733 du fief de Nerciat, situé en Bugey, par *Claude-André Andréa,* avocat, conseiller du roi, payeur des gages de MM. les officiers du Parlement de Dijon, en qualité de donataire entre-vifs et en avancement de ses droits de *Joseph Andréa*, notaire à Groissiat, et demoiselle *Jeanne-Thérèse Cavet*, ses père et mère, par acte reçu *Goiffon*, notaire, le 5 septembre 1731.

NEYRIEU

Seigneurie.

Dénombrement du 19 novembre 1602 de quelques héritages et biens nobles situés au village de Neyrieu, paroisse de Saint-Benoît de Sessieu en Bugey, par *Hercule des Roys*, habitant audit lieu.

Reprise de fief et dénombrement du 9 décembre 1673 de la seigneurie et fief de Neyrieu, par *Jean-Charles des Roys*, fils mineur et héritier de noble *Jean-Gaspard des Roys*, seigneur du fief de Neyrieu, qui est dit ne consister qu'en ce qui suit : la rente annuelle et perpétuelle de vingt-quatre bichettes de froment, mesure de Neyrieu, et seigneurie directe appartenant audit *des Roys*, possédée par ses devanciers en vertu de la transaction passée le dernier mai 1613 entre illustre seigneur messire *Pierre* comte *de Grolée*, baron de Neyrieu, d'une part, et noble *Robert*, fils de noble *Hercule des Roys* ; ladite transaction reçue par maître *Monton*, notaire et commissaire ; le tout situé au lieu dit de Neyrieu.

Reprise de fief du 16 mars 1719 du fief de Neyrieu, situé au village de la Grange, paroisse de Saint-Benoît, par *Philibert des Roys*, écuyer, à lui appartenant, suivant son contrat de mariage reçu *Delorme*, notaire à Lyon, le 21 février 1715, contenant la donation à lui faite par *Jean-Charles des Roys*, aussi écuyer, et dame *de Passerat*, ses père et mère.

(Voir GROLÉE.)

OCHIAZ

Seigneurie.

Reprise de fief du 9 août 1615 de la seigneurie d'Ochiaz, par dame *Françoise-Hiéronyme de Seyssel*, femme autorisée de noble *Charles-François de Montfalcon*, comte de Saint-Pierre-de-Sousy; ladite seigneurie appartenant à ladite dame par le décès de *François de Seyssel*, comte de Sevin, son père.

(Voir Chatillon-Musinens.)

ONCIEU

Maison-forte et Seigneurie.

Reprise de fief du 18 mai 1602 de la maison-forte d'Oncieu en Bugey, mandement de Nattage, par noble *Geoffroy de Bavoz*, président au souverain Sénat de Chambéry.

Reprise de fief et dénombrement du 15 juillet 1680 de la maison-forte et seigneurie d'Oncieu, en la paroisse de Chemillieu, par *Louis de Bavoz*, comme fils et héritier de *Charles-Antoine de Bavoz*.

PERROUZET

Seigneurie.

Reprise de fief et dénombrement du 18 mai 1602 de la seigneurie de Perrouzet en Bugey, par demoiselle *Madeleine de Tolomé*, veuve de feu noble *Rémond de Longecombe*, sieur de Perrouzet, en qualité de mère et tutrice de demoiselle *Marguerite de Longecombe*, leur fille. Cette seigneurie consiste en un château, hommes, bannerie et emphytéose dans le mandement de Cordon, suivant les anciennes inféodations faites par les ducs de Savoie; une rente sur les villages d'Izieu, Gelignieu, Cordon, Murs et Brégnier; quarante journaux de terre, dix journaux de bois, tant en la montagne Saint-Etienne en Bescut, le Châtelard et en Boyrieu; huit seitérées de pré, et un moulin situé sur la rivière de Glans, avec sa part et cours d'eau de la rivière.

Reprise de fief du 26 juin 1653 de la seigneurie de Perrouzet et rente en dépendant, située en Bugey, par *Pierre de la Marc*, seigneur dudit lieu, à lui appartenant en vertu du contrat d'échange fait par noble *Louis de la Mare* et demoiselle *Françoise de Rochevieille*, ses père et mère, avec noble *Laurent de Loras*, seigneur de Bellacueil, de Boyrieu et de Perrouzet, et demoiselle *Marguerite de Longecombe*, sa femme, en contr'échange de la maison-forte, anciennement appelée de la Tour de Vénerie, par contrat signé *Porral*, notaire, et suivant le testament dudit *Laurent de la Mare*, du 7 août 1639, signé *Porral*, notaire à Chambéry.

Dénombrement du 27 janvier 1655 du château de Perrouzet, avec son pourpris et rente portant lods, le rural dudit château dépendant de plusieurs seigneurs bannerets, le tout non autrement détaillé, par noble *Pierre de la Mare*.

Reprise de fief et dénombrement du 5 janvier 1684 de la seigneurie de Perrouzet, par *Claude de la Mare*, écuyer, lieutenant des gardes de S. A. R. de Savoie; est jointe sa procuration à *Benoît de la Mare*, son frère; ladite seigneurie échue à *Claude de la Mare*, par le testament de *Pierre de la Mare*, leur père.

Reprise de fief et dénombrement du 29 juillet 1699 du fief de Perrouzet, par dame *Thérèse de Valernod*, en qualité de veuve et héritière testamentaire de noble *Benoît de la Mare*; est joint un extrait du testament de *Benoît de la Mare*, fils de feu noble *Benoît de la Mare*, seigneur dudit lieu et de Perrouzet, du 13 août 1689, reçu *Vallet*, notaire à Chambéry, et ouvert par le juge-mage de Savoie, le 15 mai 1669, par lequel, s'il vient à mourir sans enfants, il veut que sa dite femme remette son hoirie à *Claude de la Mare*, son frère, ou à ses neveux, à charge de porter les armes et le nom de sa famille, et ladite dame cède à son époux tous les droits qu'elle peut avoir contre *Jean-Baptiste de Valernod*, son frère, président et lieutenant général dans la Vice-sénéchaussée de Valence, à la charge de payer pension à dame *Isabeau de Valernod*, religieuse à Sainte-Marie de Romans, et à *Marie-Anne de Valernod*, alors dans le monastère de Sainte-Marie, à Chambéry.

PEYRIEU

PRÉMEYSEL — THOY — LONGECOMBE

Seigneuries.

Dénombrement du 18 mai 1602 de la terre et seigneurie de Peyrieu, en toute justice, avec les dépendances et quelques îles et droits sur le Rhône y relatés, par noble *François de la Thouvière*, dit *de Grolée*, sieur de Châteaufort, fils de feu illustre *Jean-Philibert de Grolée*, en son vivant seigneur et baron dudit lieu, et de dame *Marguerite de Châteauvieux*.

Reprise de fief et dénombrement du 28 juin 1642 de la seigneurie de Peyrieu, par *Pierre de Montfalcon*, dit *de Royles*, écuyer, sieur de Belloc en Languedoc, lieutenant de M. le grand-maître de l'artillerie au département de Bresse, en qualité de mari de dame *Claire-Françoise de Grolée*, dame de Peyrieu, Prémeysel, fille et cohéritière de *François de la Thouvière*, dit *de Grolée*, en son vivant seigneur de Peyrieu.

Reprise de fief et dénombrement du 2 juin 1665 des seigneuries de Peyrieu et Thoy, par *César de Longecombe*, archidiacre et chanoine en l'église cathédrale de Belley, tant pour lui que pour *Jean-Pierre de Longecombe*, doyen de Notre-Dame de Grenoble; *Pierre de Longecombe*, chanoine en l'église de Saint-Pierre de Vienne, ses frères, et en qualité de tuteur d'*Antoine-Balthazar*, son neveu, fils de feu *François de Longecombe*, tous enfants et héritiers par bénéfice d'inventaire de feu *Balthazar de Longecombe*, écuyer, seigneur de Peyrieu et Thoy.

Reprise de fief du 19 juillet 1770 des terres et seigneuries de Peyrieu, Longecombe, Thoy, par *Joseph de Longecombe*, chevalier de Saint-Louis; savoir : des terres de Peyrieu et Thoy, en qualité d'héritier direct et de droit de feu *Antoine-Balthazar de Longecombe*, son oncle, lieutenant général des armées du roi, décédé à Paris en 1726; de la terre de Longecombe, comme seul fils et héritier de *Joseph-Honoré de Longecombe*, décédé à Belley en 1733, descendant en ligne directe de *Pierre de Longecombe*, auquel cette seigneurie fut inféodée par les comtes de Savoie en 1380, et des deux autres terres, comme héritier direct et de droit de feu *Antoine-Balthazar de Longecombe*, son oncle, lieutenant général des armées du roi, décédé à Paris en 1726.

PONCIN

CERDON — LA CUEILLE — BEAUVOIR

Baronnie.

Lettres-patentes de janvier 1659, par lesquelles Sa Majesté accorde à demoiselles *Marie-Jeanne-Baptiste* et *Marie-Françoise-Elisabeth de Savoie*, filles de défunt messire *Charles-Amédée de Savoie*, duc de Nemours, pair de France, et de madame *Elisabeth de Vendôme*, durant leur vie, les seigneuries de Poncin, Cerdon et Saint-Sorlin, situées au pays du Bugey, ensemble la rente de 2,597 livres assignées sur les tailles du Bugey.

Reprise du fief et dénombrement du 30 décembre 1717 et 23 juin 1718 de la baronnie de Poncin et Cerdon, par *Artus-Joseph de la Poipe-Saint-Jullin*, seigneur dudit lieu, Beaumont, Grammont et Malatrait, comte de Crémieu, baron de la Cueille, chevalier, conseiller du roi en ses Conseils, second président à mortier au

Parlement de Grenoble, comme acquéreur de la baronnie de Poncin et Cerdon, par contrat reçu *Franchet*, notaire à Chambéry, pour le prix de 57,000 livres en principal et 2,500 livres de rente.

Reprise de fief du 16 avril 1769 des terres et seigneuries de Poncin, Cerdon et la Cueille, anciennement qualifiées de baronnie, ensemble de la seigneurie de Beauvoir et villages dépendant desdites terres, qui sont :

Pour la terre de Cerdon : les villages de Préau, la Balme-sur-Cerdon et Vieu-d'Izenave.

Pour Poncin : les villages de Brègne, Merpuis, Serrières, Etables, Challes.

Pour la Cueille : les villages de Champeillon, Avrillat, Leymiat, Cisod, Sameiriat, Allement, Corcellette et autres.

Pour Beauvoir : les villages de Leyssard, Mens, Chapiat, Solomiat, Ecuvillon, Barvey, Sontonnax, Malaval et Bolozon.

Par *Roch-François-Antoine de Quinson*, gouverneur de Poncin et Cerdon ; lesdites terres à lui constituées en dot en son contrat de mariage avec dame *Anne-Marie Moyniaz*, par *Gaspard-Roch-Augustin de Quinson*, président au Bureau des finances de Lyon, son père, par contrat reçu *Vernon*, notaire à Lyon, le 1er juin 1756.

Reprise de fief du 11 décembre 1776 des terres et seigneuries de Poncin, Cerdon, la Cueille et Beauvoir, par *Roch-David de Quinson*, lieutenant-colonel et major du régiment de Beauce, à lui constituées en son contrat de mariage reçu *Baroud*, notaire à Lyon, le 23 avril 1770, par *Gaspard-Roch-Augustin de Quinson*, son père.

PRANGIN

Seigneurie.

Reprise de fief et dénombrement du 19 juin 1602 de la moitié de la seigneurie de Prangin en Valromey, par demoiselle *Melchionne*, fille de feu noble *Pierre de Luyrieu*, veuve de feu noble *Louis de Pingon*. L'autre moitié appartenant aux dames *des Terraux*.

Reprise de fief et dénombrement du 25 mai 1674 de la seigneurie de Prangin, par *Louis de Pingon*, écuyer, en qualité de fils et héritier de *Jacques-Louis de Pingon*, aussi écuyer.

La maison *de Pingon*, originaire d'Aix-en-Provence, a fourni au Piémont, dans la personne de *Philibert de Pingon*, un historien digne de mémoire. La vie de ce personnage, écrite par lui-même, contient d'intéressants détails sur sa généalogie. La branche mère, celle de Provence, s'éteignit en 1565. Deux branches cadettes s'établirent, l'une en Savoie, l'autre à Aranc, près Saint-Rambert en Bugey. Cette dernière subsiste encore, mais totalement dépourvue de son lustre originel. La branche de Savoie, transférée depuis deux siècles et demi à Dôle, était en possession du fief de Prangin qu'elle conserva jusqu'en 1790. A *Louis de Pingon* que nous venons de nommer succédèrent dans la jouissance du fief de Prangin, *Antoine*, seigneur de Prangin, *Hyacinthe* et don *Aimé-Gaspard Vincent*, chevalier des Saints-Maurice-et-Lazare, dernier seigneur de Prangin, comte de Sallenove et Marlioz, lieutenant des dragons de Sa Majesté. A cette même branche appartenait messire *Gaspard*, comte de Lyon, vicaire-général de Vienne en Dauphiné, abbé de Saint-Sauveur-de-Blaye et aumônier de Sa Majesté le roi de Sardaigne.

Quant à la branche d'Aranc en Bugey, les biens de la fortune lui ayant fait défaut, elle ne put continuer à vivre noblement et serait complètement tombée en dérogeance, si elle n'eût conservé le droit le nomination au rectorat des chapelles de saint Michel et de saint Antoine, fondées par ses auteurs dans l'église d'Aranc. Cette famille est aujourd'hui représentée par un jeune ecclésiastique du diocèse de Belley et par un industriel établi à Mâcon, qui l'un et l'autre portent le nom de *Pingon*, sans la particule, que toutefois ils seront en droit de reprendre, au moyen des titres probants qu'ils possèdent, quand il leur plaira de le faire.

PUGIEU

Seigneurie.

Reprise de fief du 23 juin 1773 de la terre et seigneurie de Pugieu, en toute justice, paroisse annexe de Contrevoz, étant un démembrement du comté de Rossillon, par *Marc-Antoine Brillat-Savarin,* procureur en l'Election de Belley, acquéreur de *Joseph-Marie de Barral,* comte de Rossillon, marquis de Montferrand, par acte reçu *Richerand,* notaire à Belley, ledit jour.

QUINSON

Seigneurie.

Dénombrement du 13 juin 1602 de la maison-forte et seigneurie de Quinson en Bugey, par noble *Pierre de Quinson.*

Reprise de fief et dénombrement du 29 juillet 1654 de la maison-forte de Quinson en ruine, avec trente journaux de terre située au mandement de Saint-Sorlin, par *Jean de Quinson,* sieur de Verchères, écuyer, capitaine au régiment de Mgr le duc d'Anjou, et commandant une compagnie franche de chevau-légers pour le service du roi, en qualité de fils et héritier de *Pierre de Quinson,* aussi écuyer.

ROCHEFORT-SUR-SERAN

CHATEAU-BOUCHARD.

Seigneuries.

Reprise de fief et dénombrement du 3 juin 1602 de la seigneurie de Rochefort-sur-Seran, de celle de Château-Bouchard et de la moitié de celle d'Ecrivieux, indivise avec le sieur *de Coberthod*, comme encore une métairie appelée en Charbonod, en fief noble, consistant en vingt-quatre journaux de terre et six seytérées de pré, par noble *Prosper de Menthon*.

Reprise de fief et dénombrement du 12 août 1642 des seigneuries de Rochefort-sur-Seran et Château-Bouchard, et de la moitié de celle d'Ecrivieux, par noble *Balthazar de Menthon*, fils de feu noble *Prosper de Menthon*, en qualité d'héritier fidéi-commissaire de noble *François de Menthon*, son aïeul paternel.

Reprise de fief et dénombrement du 7 janvier 1667 des seigneuries de Rochefort-sur-Seran, Château-Bouchard et Ecrivieux, par *Jean-François de Mareste*, seigneur et baron de Saint-Agneux, Ribaud et Saint-Paul, au nom et comme mari de dame *Melchionne de Menthon*, fille unique et héritière universelle de feu messire *Balthazar de Menthon*, seigneur de Rochefort, fils de feu noble *Prosper de Menthon*, seigneur de Rochefort, en qualité d'héritier fidéi-commissaire de noble *François de Menthon*, son aïeul paternel.

Reprise de fief et dénombrement du 4 mai 1702 des seigneuries de Rochefort, Château-Bouchard et Ecrivieux, par messire *Albert-Eugène de Mareste*, comte de Saint-Agneux en Savoie, fils et héritier de *Jean-Jacques de Mareste* et de dame *Melchionne de Menthon*, à laquelle lesdites seigneuries appartenaient, comme fille et seule héritière de *Balthazar de Menthon*, en suite de la substitution apposée au testament de *François de Menthon*, baron de Rochefort, son aïeul et seigneur de Château-Bouchard et

Ecrivieux, en date du 19 avril 1669, reçu *Garin*, notaire ducal. Il est dit, dans une des procurations y jointes, que les seigneuries de Rochefort et de Château-Bouchard ont été inféodées par *Louis*, duc de Savoie, à noble *Jean de Menthon*, le 19 septembre 1456.

Reprise de fief et dénombrement du 9 janvier 1723 de la seigneurie de Rochefort, Chateau-Bouchard et Ecrivieux, par *Jean-Jacques de Mareste*, comte de Saint-Agneux en Savoie, résidant à Chambéry, en qualité de donataire universel d'*Albert-Eugène de Mareste*, son père, suivant son contrat de mariage passé entre lui et demoiselle *Jacqueline d'Ugine*, sa femme, du 22 mars 1700, reçu *Renaud*, notaire à Chambéry.

ROSSILLON

Seigneurie.

Reprise de fief du 29 mars 1610 du comté de Rossillon, par *Jean de Malarmé*, écuyer, seigneur de Laurey, Pillosey, Longueville, Suz, Villasan et Jallerange, et dame *Philiberte Tonehor*, sa femme, comme acquéreurs du 20 octobre 1609, reçu *Magliarini*, notaire ducal à Turin, de messire *Marc-Claude Debie*, chevalier de l'ordre de l'Annonciade de S. A. de Savoie, marquis d'Agliani, pour le prix de 12,000 écus d'or.

Reprise de fief du 7 février 1645 du comté de Rossillon en Bugey et de la seigneurie de Mauvilly au Bailliage de la Montagne, par messire *Hercule de Villers-la-Faye*, baron de Villeneuve, Mauvilly, Malson et Poix, antique élu de la Noblesse aux Etats de Bourgogne, ledit comté de Rossillon à lui fait par Sa Majesté, et ladite terre de Mauvilly, à cause de la dame, sa femme, fille du baron de Lenty.

Reprise de fief du 5 juillet 1651 du comté de Rossillon, par *Guy de Migieu*, conseiller au Parlement et le plus ancien président en la Chambre des requêtes dudit Parlement, comme acquéreur de dame *Anne de Châtenay*, veuve d'*Hercule de Villers-la-Faye*, baron de Villeneuve, Mauvilly et comte de Rossillon, des droits à elle délaissés par le feu sieur baron de Mauvilly, son fils, cessionnaire de M. *Edmond Gauthier*, bourgeois à Paris, qui était adjudicataire de la terre, par délivrance à lui faite par MM. les commissaires à la vente du domaine du roi, duquel comté de Rossillon ledit *Guy de Migieu* n'est paisible possesseur que depuis le remboursement à lui fait du prix de l'ancien engagement fait par les ducs de Savoie, et depuis la nouvelle adjudication à lui faite depuis peu par les commissaires généraux.

Reprise de fief du 21 avril 1654 de la quatrième partie du comté de Rossillon, par *Antoine de Carron*, seigneur dudit lieu, comme acquéreur du sieur *de Migieu*, conseiller au Parlement de Bourgogne, et le plus ancien président aux requêtes du Palais, par contrat de subrogation du 5 novembre 1653. La quatrième partie du comté de Rossillon, aliénée par le sieur *Guy de Migieu*, est dite consister en la paroisse de Saint-Germain, Contrevoz et Montbressieu, et limites mentionnées au contrat.

Reprise de fief et dénombrement du 22 juin 1657 de la moitié du comté de Rossillon, par messire *Joachim du Cros*, comte de Grolée, baron de Mantaille, Luirieu, Cerveirieu et Champagne; ladite moitié à lui appartenant, comme provenant de messire *Jean-Baptiste de Malarmé*, seigneur de Laurey, Longueville, comte dudit Rossillon, et de dame *Claude-Charlotte de Joffray*, sa femme, par acquisition faite en vertu d'un traité triple d'association passé entre ledit sieur comte de Grolée, messire *Guy de Migieu*, seigneur d'Andert, le plus ancien président aux requêtes du Palais, à Dijon, et le sieur *de Carron*, le 24 mars 1649, reconnue le même jour par les susdites parties par-devant Me *de Rochefort*, notaire royal à Belley, en suite duquel traité le sieur président *de Migieu* aurait passé contrat le 11 octobre de la même année par-devant *Claude-Nicolas Reimond*, bourgeois de Saint-Claude et notaire, avec ledit sieur *de Malarmé* et la dame *de Joffray*, sa femme, de la vente entière de la terre et comté de Rossillon, qui fut ratifiée par le sieur comte de Grolée et le sieur *de Carron*, présent à cette ratification le sieur président *de Migieu*, le 12 novembre 1649, après laquelle les parties auraient procédé au partage de la terre de Rossillon, par-devant *Vion* et *Rubat*, notaires à Belley, le 5 novembre 1653, la moitié de laquelle terre et comté de Rossillon est demeurée audit sieur comte de Grolée.

Reprise de fief et dénombrement du 27 juin 1737 du quart du comté de Rossillon, par *Claude-Melchior-Balthazar de Riccé*, écuyer, comme acquéreur par acte du 7 mars 1734, reçu *Quillot*, notaire à Belley, de *Guillaume d'Oncieu de Carron*, coseigneur de Douvres, marquis de la Bâtie près Chambéry, y résidant, fils de feu *François d'Oncieu*, second président en la Chambre des Comptes de Savoie.

Reprise de fief du 3 juin 1738 du comté de Rossillon, par *Joseph de Malarmé*, comte de Rossillon et de Savageux, demeurant au Bailliage de Gray, au comté de Bourgogne, comme acquéreur du comté de Rossillon, ensemble des villages d'Ordonnaz et d'Innimont, par procès-verbal de revente de MM. les commissaires du roi, du 24 décembre 1737.

Requête présentée le 11 août 1787, par *Jean-Marguerite-Marie Parraz d'Andert*, pour reprendre de fief de la seigneurie de Rossillon pour un quart et pour le fief d'Andert, en qualité d'héritier universel d'*Antoine Parraz*, son père, seigneur de Contrevoz, demeurant à Belley, décédé le 14 septembre 1785, ainsi qu'il a apparu par l'extrait mortuaire et *parte in quâ*, de son testament, reçu *Balme*, notaire à Belley, le 20 août 1785.

ROUGEMONT – CORCELLES

Marquisat et Baronnie.

Reprise de fief et dénombrement du 5 juin 1602 de la seigneurie de Rougemont en Bugey, par dame *Béatrix de Grolée*, comme veuve et légitime usufruitière de noble *Jean de Rougemont*.

Lettres-patentes du mois de juin 1696 qui érigent en marquisat la terre de Rougemont en Bugey, en faveur de messire *de Grenaud*, seigneur d'icelle.

Reprise de fief et dénombrement du 2 août 1700 du marquisat de Rougemont nouvellement érigé, et de la baronnie de Corcelles, par messire *Joseph de Grenaud,* chevalier, marquis de Rougemont, ancien conseiller au Parlement de Bourgogne.

Reprise de fief et dénombrement du 28 avril 1723 du marquisat de Rougemont et de la baronnie de Corcelles, par *Jean-Pierre de Grenaud,* marquis de Rougemont, grand bailli du Bugey et lieutenant général d'épée du Bailliage de Belley, en qualité de fils et unique héritier de *Joseph de Grenaud*, marquis de Rougemont, ancien conseiller au Parlement de Bourgogne, suivant son testament olographe du 6 février 1674, contrôlé le 20 avril suivant à Vieu en Bugey.

RUFFIEU

PROULIEU — POSAFOL — MONTPLAISANT

Seigneurie.

Reprise de fief et dénombrement du 31 mai 1602 de la maison-orte et seigneurie de Ruffieu, par noble *Claude de Senemond*, premier gentilhomme de la Chambre de Mgr le duc de Genevois et de Nemours, habitant à Ruffieu, comme mari de demoiselle *Jacqueline d'Aguerre,* dame de Ruffieu, lequel déclare que la seigneurie de Ruffieu est mouvante du marquisat de Saint-Sorlin.

Reprise de fief du 5 janvier 1752 de la seigneurie de Ruffieu et de la justice sur les villages de Proulieu et de Posafol, par *François Compagnon de Vareppe*, seigneur de Ruffieu, conseiller, secrétaire du roi en la Chancellerie près le Parlement de Dijon, comme acquéreur de ladite justice des prieur et religieux de la

Chartreuse de Portes, par contrat du 6 janvier 1743, reçu *Sappey* et *Philibert*, notaires au Bailliage du Bugey, sauf et réservé que ladite justice relèvera par appel du marquisat de Saint-Sorlin, que lesdits religieux ont acquis de *Victor-Amédée de Savoie*, roi de Sardaigne, par acte du 3 octobre 1716, conformément à l'article 11 du traité de paix, signé à Utrecht le 11 avril 1713, duquel marquisat les villages de Proulieu et Posafol faisaient partie. Pour assurer l'acquisition de cette justice, le sieur *de Vareppe* obtint des lettres-patentes de confirmation au mois de septembre 1751.

Dans le dénombrement sont rappelés les confins de la justice, et il y est dit que les habitants de Proulieu sont tenus au guet et garde du château de Proulieu, par acte d'échange du 9 janvier 1392, par lequel le comte de Savoie cède à *Girard de la Fontaine*, seigneur de la maison-forte de Ruffieu, les hommes liges qu'il a à Proulieu, pour faire le guet et garde au château. *Louis de la Fontaine*, seigneur de Ruffieu, acquit les terres tâchables des frères *Humbert-Antoine* et *Jacques du Bourg*, en 1528 et 1536.

Du château de Ruffieu dépendait la maison-forte, appelée de la Fontaine, située à Collonge, faubourg de Saint-Sorlin, et la maison de la Liobardière, acquise par dame *Jacqueline d'Aguerre*, veuve de *George de Liobard*, lieutenant au gouvernement de Bresse et Bugey, seigneur du Châtelard et de Ruffieu, de noble *François Genaud*, étudiant en lois, en 1578. Le même *Louis de la Fontaine* possédait le château de Cuchet, démoli et détruit depuis plusieurs siècles, et son pourpris situé au-dessous de Saint-Sorlin, avec le fief et rente noble en dépendant, acquis par ledit *Compagnon de Vareppe* des enfants et héritiers de Me *Prost*, avocat à la Cour, par acte du 20 mars 1748, dont il a depuis payé les lods à la Chartreuse de Portes, propriétaire du marquisat de Saint-Sorlin. Ledit *Compagnon de Vareppe* dit ne pas posséder de titres positifs de l'inféodation et de l'érection de la maison-forte de Ruffieu, à cause de l'ancienneté. Il établit que son fief et rente noble de Montplaisant s'étend sur la paroisse de Saint-Sorlin et lieux voisins; que ledit fief fut acquis par *Louis de la Fontaine*, seigneur de Ruffieu, par acte du 23 juillet 1578 d'*Etienne de Loras*, seigneur de Montplaisant, et qu'*Antoine de Loras*, son père, l'avait acquis auparavant d'*Humbert de Lantenay*, par acte du 28 août 1457.

Reprise de fief et dénombrement des 11 février et 9 juillet 1769 de la terre et seigneurie de Ruffieu en toute justice, et villages de Proulieu et Posafol, hameau de Lagnieu, par *Claude-Hélène Compagnon*, seigneur de Vareppe, écuyer, secrétaire du roi, et seigneur de la maison-forte de la Tour Fontaine et des fiefs de Montplaisant et de Varambon, en qualité d'héritier universel de *François Compagnon de Vareppe*, son père, suivant son testament mystique du 7 juin 1759, contrôlé à Saint-Rambert le 27 janvier 1767 et publié au Bailliage, qui avait acquis ladite seigneurie de Ruffieu en 1743 des religieux de Portes, qui l'avaient eux-mêmes acquise en 1716 du roi de Sardaigne, avec le marquisat de Saint-Sorlin dont elle dépendait, et ce, conformément à l'article 11 du traité de paix d'Utrecht de 1713.

SAINT-ANDRÉ-DE-BRIORD

Seigneurie.

Reprise de fief et dénombrement de la seigneurie de Saint-André-de-Briord des 21 novembre 1695 et 27 juin 1696, par *Guillaume-François de Lhôpital*, chevalier, marquis de Sainte-Mesme, gouverneur des ville et château de Dourdan, au nom et comme mari de dame *Marie-Charlotte de Romilly de la Chenelaye*, en qualité de seule et unique héritière de messire *Elie-Louis d'Entremont*, chevalier, comte de Montbel, seigneur de Montellier et Saint-André-de-Briord, son oncle.

Reprise de fief et dénombrement des 21 janvier 1698 et 11 mai 1699 de la terre de Saint-André-de-Briord, par messire *Claude* marquis *d'Haraucourt*, baron de Charanson et Saint-Marcel, seigneur de Puisgros et Voudry, coseigneur de Montregard, chevalier d'honneur au Sénat de Savoie et de la sacrée Religion des SS. Maurice et Lazare, commandeur de Notre-Dame-de-Vion, comme acquéreur de la terre de Saint-André-de-Briord de M. le marquis de Lhôpital et la dame *de Romilly*, sa femme, par contrat du 16 septembre 1696, reçu *Courtois* et *Laurent*, notaires au Châtelet de Paris.

Reprise de fief du 6 avril 1713 de la seigneurie de Saint-André-de-Briord, par dame *Thérèse de Falcoz de la Blache*, en qualité de veuve et usufruitière de messire *Claude* marquis *d'Haraucourt*, chevalier au souverain Sénat de Savoie, etc., en qualité de tutrice de *Claude-Joseph d'Haraucourt*, son fils et héritier universel dudit sieur son père, et en cette qualité propriétaire de la terre de Saint-André-de-Briord, suivant le testament du défunt du 30 mai 1705 et l'arrêt du souverain Sénat de Savoie, du 7 mai 1706, qui reçoit ladite dame à la tutelle de ses enfants, en suite duquel arrêt elle a prêté le serment en tel cas requis et accoutumé, le 17 mai 1706.

(Voir Nattage.)

SAINT-DENIS

Seigneurie.

Dénombrement du 26 janvier 1655 de la baronnie de St-Denis, par *Jeanne d'Oncieu*, seigneur de Cogniat, Chaveysol, Chaffardon et Saint-Jean d'Arnay, conseiller d'Etat de S. A. de Savoie, premier président du Sénat de Chambéry et commandant généralement deçà les monts, père et tuteur de *François d'Oncieu*, son fils, héritier bénéficiaire de noble *Lancelot Guillia*, en son vivant seigneur de Génissiat et baron de Saint-Denis.

Dénombrement du 23 juin 1662 de la baronnie de Saint-Denis, par messire *Ancelot-François d'Oncieu*, seigneur de Saint-Jean d'Arnay et Chaffardon, baron de Saint-Denis, conseiller du Sénat de Chambéry.

Reprise de fief et dénombrement des 11 février 1754 et 27 mai 1769 de la seigneurie de Saint-Denis-le-Chosson, paroisse annexe d'Ambérieu en Bugey, par *Claude Leclerc de Saint-Denis*, écuyer, seigneur de Nicudey, demeurant à Ambérieu, comme acquéreur de *François-Antoine d'Oncieu,* comte de Saint-Denis et de Douvres, par contrat reçu *Barlet,* notaire à Grenoble, le 7 juin 1747. Il dit que la seigneurie de Saint-Denis a été inféodée à *Girard d'Estrées,* docteur ez-lois, par lettres d'*Amédée* comte de Savoie, du 29 juillet 1358.

Reprise de fief du 18 mars 1777 de la terre et seigneurie de Saint-Denis-le-Chosson, par *Barthélemy-Jacques Leclerc de Saint-Denis,* écuyer, résidant à Ambérieu, en qualité de fils unique et héritier universel de *Claude Leclerc de Saint-Denis,* son père, suivant son testament olographe du 2 mars 1768, déposé pour minute à Me *Sirand,* notaire à Ambérieu, le 2 octobre 1775, et insinué à Saint-Jean-le-Vieux le 30 septembre précédent, et ce, à la requête de dame *Marguerite Dervieu de Villieu,* veuve de *Claude Leclerc.*

Nota. — Ce M. Leclerc de Saint-Denis a été assassiné dans son lit, à Ambérieu, par son valet de chambre, dans la nuit du 26 au 27 octobre 1777.

SAINT-GERMAIN D'AMBÉRIEU

Seigneurie.

Reprise de fief du 7 mai 1754 de la troisième partie seulement de la seigneurie de Saint-Germain d'Ambérieu, par *François Buynand,* comme héritier de *Philippe Buynand des Echelles,* son père, décédé à Ambérieu le 4 décembre 1752, suivant le certificat du châtelain, juge de la terre de Saint-Germain d'Ambérieu, qui constate que *Philippe Buynand des Echelles* n'a laissé d'autres enfants héritiers de droit que *François, Philippe-François* et *Anne Buynand des Echelles;* l'extrait baptistaire dudit *François Buynand,* né le 5 février 1724; le traité passé au château des Echelles devant *Bichat,* notaire, le 5 février 1753, contrôlé à Ambérieu le 19 dudit mois, entre ledit *François* et *Philippe-François Buynand,* son frère; autre traité de partage passé devant *Bichat,* notaire, le 2 avril 1754, entre dame *Elisabeth Druet de la Jacquetière*, veuve de *Philippe Buynand*, et dame *Anne Buynand*, sa fille, de l'autorité de *Marie-Agricole de Marron*, baron de Belvey, son mari, par lequel ils ont reconnu et consenti ne rien prétendre en ladite tierce portion de la terre de Saint-Germain. Est jointe la procuration de *François*, fils de feu *Philippe Buynand*, seigneur de Saint-Germain, pour une troisième portion, conjointement avec dame *Marie-Anne Bottu de Saint-Fonds*, veuve de *Dominique Dujast*, pour les deux autres tiers.

Reprise de fief du 15 mars 1769 des deux tiers de la terre et seigneurie de Saint-Germain d'Ambérieu et de la totalité de celle des Alîmes, paroisse d'Ambérieu, et de la totalité de celle de Luisandre, par *Pierre Dujast d'Ambérieu*, écuyer, demeurant à Lyon, en qualité de donataire universel, en faveur de son mariage avec dame *Lucrèce d'Areste d'Albonne*, fille de dame *Marie-Anne Bottu de Saint-Fonds*, sa mère, héritière universelle de *Dominique Dujast d'Ambérieu*, son mari, selon ledit contrat de mariage reçu *Gayet*, notaire à Lyon, le 11 août 1765.

(Voir Marquisat de Saint-Rambert.)

SAINT-GERMAIN-LES-PAROISSES

Seigneurie.

Reprise de fief et dénombrement des 28 juillet 1768 et 28 juin 1773 de la terre et seigneurie de Saint-Germain-les-Paroisses et villages en dépendant, qui sont Meyrieu, Brognin, Apregnin, Ceyssieu et Eyssieu, en ce qui est en fief noble dépendant du domaine du roi; laquelle seigneurie fait partie pour un quart de la terre et comté de Rossillon, par *Pierre Trocu de Maillat*, chevalier de Saint-Louis, acquéreur par délivrance à lui faite en vertu de la subhastation faite sur *Claude-Melchior-Balthazar de Riccé*, seigneur de Saint-Germain, à requête du sieur *Melchior de Riccé*, son fils, lieutenant au régiment de Royal-Navarre, par délivrance au Bailliage du Bugey, du 26 décembre 1767. — De la seigneurie de Saint-Germain dépend un château ou maison-forte et dépendances, situés au village de Meyrieu ; lequel château n'est pas du domaine du roi, mais est mouvant tant de la Chartreuse de Pierre-Châtel que du Chapitre de Belley et de la seigneurie de Beauretour.

SAINTE-JULIE

Seigneurie.

Reprise de fief et dénombrement du 11 avril 1663 de la seigneurie de Sainte-Julie, par *René de Varanges*, écuyer, seigneur de Saint-Gras, en qualité d'héritier de *Prosper de Liobard*, seigneur de Sainte-Julie, son oncle, suivant son testament du 9 mars 1662, reçu *Dupuis*, notaire royal.

Reprise de fief et dénombrement des 26 avril et 4 mai 1672, par les religieux et frères Carmes déchaussés de Lyon, de la rente noble de Sainte-Julie en Bugey, dont ils sont curés primitifs, dépendant de leur prieuré de Chavanoz.

Acte reçu *Jean Payer* et *Sébastien Varion*, notaires à Bar-le-Duc, le 21 août 1680, par lequel *René de Varanges*, seigneur de Sainte-Julie et Saint-Gras, gouverneur de Ligny en Barrois, et *Anne-Catherine du Fays*, sa femme, vendent à *André Balme*, secrétaire honoraire du roi au Parlement de Metz, demeurant à Saint-Rambert en Bugey, la terre et seigneurie de Sainte-Julie, consistant en maison-forte, terres, prés, vignes, bois, justice, etc.

Dénombrement du 23 mars 1689 de la seigneurie de Sainte-Julie, par *André Balme*, conseiller, secrétaire honoraire du roi au Parlement de Metz, comme acquéreur de *René de Varanges*, écuyer, gouverneur de la ville de Ligny en Barrois.

Lettres d'anoblissement du mois de mars 1698, accordées par Sa Majesté au sieur *André Balme*, lieutenant général au Bailliage du Bugey, pour lui et ses enfants nés et à naitre, pour services rendus au pays de Gex. Suit la quittance du 15 février 1691 du garde du Trésor royal de la somme de 6,000 livres, payée par ledit sieur *Balme* pour acquérir la noblesse.

Reprise de fief et dénombrement des 21 janvier 1706 et décembre 1712 de la seigneurie de Sainte-Julie, par *André Balme*, écuyer, conseiller du roi, lieutenant général civil et criminel au Bailliage du Bugey, en qualité de fils et héritier universel d'*André Balme*, écuyer, aussi lieutenant général audit Bailliage.

Reprise de fief et dénombrement des 23 juin 1769 et 8 avril 1770 de la terre et seigneurie de Sainte-Julie (y compris une partie provenant de l'acquisition faite sur les Carmes déchaussés de Lyon en 1742), par *Anthelme Balme*, écuyer, lieutenant général civil et criminel au Bailliage du Bugey; ladite terre à lui constituée en dot en son contrat de mariage du 4 mars 1734, reçu *Gayet*, notaire à Lyon, avec demoiselle *Suzanne Adine*, par dame *Anne-Marie de Reydellet de la Vellière*, sa mère, veuve du sieur *André Balme*, écuyer, seigneur de Sainte-Julie, aussi lieutenant général au Bailliage du Bugey. Il a toute la justice audit lieu de Sainte-Julie, et les hameaux du Trolliet, le Puis et partie du village de Lhôpital du côté du levant, qui dépendent tous de la paroisse de Sainte-Julie.

SAINT-RAMBERT

Marquisat.

Dénombrement du 13 juillet 1623 du marquisat de Saint-Rambert, composé des anciens mandements de Saint-Rambert et Saint-Germain, par *Henri de Savoie*, duc de Genevois, de Nemours, de Chartres et d'Aumale, comte de Genève et de Gisors, marquis de Saint-Sorlin et de Saint-Rambert, baron de Faucigny, Beaufort, Poncin, Cerdon et Chazey-sur-Yonne, seigneur de Nogent, Pont et Bray-sur-Seine, lequel expose avoir été compris pour ses terres du Bugey dans le 23e article du traité de paix fait à Lyon en l'an 1601. — Sont jointes de longues conclusions du procureur général du roi sur quelques mouvances dudit marquisat, et un extrait du contrat d'acquisition fait par le duc de Nemours de don *Amé de Savoie*, à la suite duquel se trouve l'inféodation faite par le duc de Savoie, et copie des lettres-patentes du roi Henri IV, de l'an 1601, contenant confirmation de ladite inféodation, comme aussi les articles concernant ledit marquisat, accordés pas le duc de Savoie à don *Amé* en l'an 1587.

Reprise de fief du 26 novembre 1643 des marquisats de Saint-Rambert et Saint-Sorlin, Lagnieu, Poncin, Cerdon, Vaux, Saint-Denis, Saint-Germain et Vallebois en Bugey, par *Charles de Savoie*, duc de Nemours, de Genevois et d'Aumale, pair de France, marquis de Saint-Rambert et de Saint-Sorlin, comte de Genevois, etc., émancipé par le roi sous l'autorité de son Conseil.

Reprise de fief et dénombrement des 28 avril 1659 et 5 août 1662 des marquisats de Saint-Rambert et Saint-Sorlin, des baronnies de Poncin et Cerdon, par Mme *Elisabeth de Vendôme*, duchesse de Nemours et d'Aumale, veuve de messire *Charles-Amédée de Savoie*, en son vivant duc de Genevois, pair de France, marquis de Saint-Rambert et Saint-Sorlin, comte de Genève et de Gisors, baron de Faucigny, de Beaufort et Rie, etc., au nom et comme mère et tutrice de demoiselles *Marie-Jeanne-Baptiste* et *Marie-Françoise-Elisabeth de Savoie*, leurs filles, auxquelles S. M. a fait don desdits marquisats et baronnies, par lettres-patentes du dernier janvier 1659, enregistrées en la Chambre des Comptes.

Reprise de fief du 4 août 1717 du tiers de la paroisse et mandement de Saint-Rambert, par *Pierre Cottin*, écuyer, ancien conseiller, secrétaire du roi, maison, couronne de France, en la chancellerie près le Parlement de Dijon, lequel expose que le sieur *Guillaume Trocu*, seigneur de Termant, acquéreur de la totalité du marquisat de Saint-Rambert, tant pour lui que pour ses amis élus ou à élire, pour le tout ou pour partie, par contrat reçu à Chambéry, le 6 juillet 1716, reçu *Franchet*, notaire, lui céda, conjointement avec ses associés, après l'avoir élu en ami, le tiers de cette acquisition, par contrat sous seing-privé du 30 juillet 1716, contrôlé le 26 juillet 1717. Est jointe la procuration de *Pierre Cottin* à *Octave Cottin*, son fils, aussi écuyer, seigneur de la Barre, conseiller au Parlement de Bourgogne.

Reprise de fief du 12 décembre 1768 de la terre et seigneurie de Saint-Rambert, anciennement marquisat, et de celle du Bourg-Saint-Christophe, anciennement baronnie, par *Pierre Trocu de la Croze d'Argis*, chevalier de Saint-Louis, tant en qualité d'héritier universel d'*Albert Trocu de la Croze*, son père, seigneur d'Argis, Arandas, Evoges et autres lieux, que comme ayant traité avec le sieur *Antoine Trocu du Bessey*, en qualité d'héritier de *Guillaume Trocu de Termant*, leur oncle.

SAINT-SORLIN

Seigneurie, anciennement Marquisat.

Reprise de fief et dénombremnet du 13 mars 1723 du marquisat de Saint-Sorlin, qui consiste aux villes et châteaux de Saint-Sorlin, Lagnieu, Vaux, baronnie de Poncin et Cerdon, Arloz, par les prieur et religieux de la Chartreuse de Portes en Bugey, comme acquéreurs par contrat reçu *Franchet*, notaire à Chambéry, le 3 octobre 1716, de S. A. R. le duc de Savoie, en vertu de l'article 11 du traité de paix conclu à Utrecht, entre la France et la Savoie, et en suite d'inféodations faites par les ducs de Savoie aux ducs de Nemours.

Reprise de fief du 28 juin 1775 et dénombrement du 6 mars 1776 de la terre et seigneurie de Saint-Sorlin, anciennement marquisat, par les prieur et religieux de la Chartreuse de Portes en Bugey, en la personne de dom *Joseph Cormant*, coadjuteur de la Chartreuse de Dijon.

(Voir Marquisat de Saint-Rambert.)

SERRA (LA)

Seigneurie.

Procuration du 6 novembre 1604 de noble *Gabriel de Briord la Serra*, pour reprendre de fief de la seigneurie de la Serra du Bessey en Bugey.

Dénombrement du 20 juin 1645 de la seigneurie de la Serra, par *Claude de Briord*, ci-devant enseigne de la compagnie de gendarmes du sieur de Thianges et alors capitaine d'une compagnie de chevau-légers dans le régiment du duc d'Enghien; la seigneurie de la Serra à lui appartenant, tant à cause de l'acquisition par lui faite de la portion de *Antoine de Migieu*, receveur des deniers royaux en Bugey, par contrat du 21 avril 1638, reçu *Maret*, notaire à Lagnieu, ratifiée par messire *Guy de Migieu*, seigneur d'Andert, président aux requêtes du Palais, et conseiller au Parlement de Bourgogne, son fils, le 19 février 1641, par-devant *Chambard*, notaire, que pour ce que tient le sieur *de Briord* comme héritier de feu son père, ce dont ledit sieur *de Briord* a repris de fief le 7 janvier 1642.

Reprise de fief et dénombrement des 17 mars 1745 et 14 août 1748 de la seigneurie de la Serra, paroisse de Seillonnas, par *Marguerite-Charlotte Daru*, veuve de *François de Blumonstin*, écuyer; ladite seigneurie par elle acquise, par contrat reçu *Dutartre*, notaire au Châtelet de Paris, le 22 décembre 1744, de sieur *Jacques-Marie-Alexandre Perrachon*, chevalier, comte de Bury.

SERRIÈRES

Seigneurie.

Reprise de fief et dénombrement du 1er juin 1602 de la maison-forte de Serrières, au mandement de Poncin, par demoiselle *Blandine de Seyturier*.

Reprise de fief et dénombrement du 15 novembre 1656 de la seigneurie de Serrières en Bugey, par *Christophe de Seyturier*, écuyer, à lui échue par la succession de *Jacques de Seyturier*, écuyer, son père; la justice dudit lieu appartenant au duc de Nemours, à cause de sa baronnie de Poncin.

Reprise de fief et dénombrement du 17 décembre 1700 de la seigneurie de Serrières, au mandement de Poncin, par *Jean-Joseph-Joachim*, *César*, *Alexandre* et *Charles de Seyturier*, écuyers, en qualité d'enfants et héritiers de *Christophe de Seyturier*, aussi écuyer, suivant son testament du 16 décembre 1688; l'usufruit de la seigneurie étant réservé à dame *Anne-Marie Dupuis*, leur mère, par droit de rétention.

Reprise de fief du 12 mars 1778 de la seigneurie de Serrières, par *Alexandre-César de Seyturier*, écuyer, demeurant à Bourg, à lui appartenant en qualité d'héritier testamentaire du sieur *Alexandre de Seyturier*, par acte reçu *Salazard*, l'aîné, notaire à Bourg, le 12 juillet 1758.

SERVETTE (LA) — LEYMENT

Seigneurie.

Reprise de fief et dénombrement du 1er juin 1602, par noble *Pierre d'Arloz*, de la seigneurie de la Servette et village de Leyment en Bugey, dépendant du marquisat de Saint-Sorlin, comme aussi de la maison-forte et seigneurie de Chareisiat, et de la coseigneurie de Crangeac, près Bourg-en-Bresse.

Reprise de fief du mois de novembre 1662, par nobles *Benoît d'Arloz*, *Jacques Quinson* et *Louis du Noir*, de la seigneurie de la Servette et du village de Leyment; ces deux derniers coseigneurs de ladite seigneurie, en qualité de maris des demoiselles *Pernette* et *Hélène d'Arloz*.

Reprise de fief du 14 avril 1777 de la seigneurie de la Servette et Leyment, par *Jean-François Compagnon de Leyment*, officier de la Noblesse du Bugey.

(Voir LA CUEILLE.)

SEYSSEL

Comté du domaine du Roi.

Reprise de fief du 31 mai 1602 d'une maison située en la ville de Seyssel, du côté de l'église et d'une rente non détaillée sur plusieurs villages, partie indivise avec le sieur d'*Arcollières*, et d'une grangerie, terres, bois et prés, situés à Chimillioux, par noble *Claude*, fils de noble *Jean-Philibert de Varax*, sieur de Chastel. Témoins, nobles *Philippe de Vignod*, seigneur de Dorche, et noble *Claude Ambul de Ramus*, de Seyssel.

Reprise de fief et dénombrement du 19 juin 1602 de plusieurs rentes dans le mandement de Seyssel, provenant anciennement des seigneurs de Châtillonnet, par *Jacquemin de Rossillon*, dit *de Chastillon*, seigneur de Châtelard en Savoie.

Reprise de fief et dénombrement du 19 juin 1602 de quelques rentes dans le mandement de Seyssel, par *Bernard de Laudessis*, sieur d'Arjon, au pays de Genevois.

Reprise de fief et dénombrement des 5 et 10 décembre 1653

d'une rente noble et maison en la ville de Seyssel, par *Victor de Vignod*, écuyer, à lui échue par succession de ses père et mère.

Reprise de fief du 18 décembre 1658 et dénombrement des 5 août 1665 et 28 janvier 1670 de la châtellenie de Seyssel et péage de Cordon, par messire *Ferdinand de la Baume*, comte de Montrevel, Pont-de-Veyle, marquis de Saint-Martin et Savigny, chevalier des ordres du roi, lieutenant-général de S. M. en Bresse, Bugey et Charolais, et dame *Olier de Nointel*, sa femme, comme subrogée par contrat du 20 septembre 1658, reçu *Curtil*, notaire à Bourg, au lieu d'*Antoine-Bernard Gagne*, conseiller au Parlement de Bourgogne, qui était adjudicataire général de la châtellenie de Seyssel, par contrat à lui passé par les commissaires du roi, le 27 août 1657.

Le dénombrement consiste en ce qui suit, savoir : la ville et mandement de Seyssel, où il y a châtellenie royale, les droits de curialité anciens. Il y a un couvent de capucins dans la masure du château. Le mandement est composé des villages et hameaux de Chavagnier, Perreyroux, Praz, Curtil, Colongny, Romaz, Epinouzat, Poullogny, Valod, qui sont de la paroisse de Seyssel. La paroisse de Corbonod, où sont situées les terres et seigneuries de Silans et Greix ou Gréa, dépendant dudit mandement.

Il y a droit de péage à Seyssel, tant par terre que par eau, où le Rhône commence à porter bateau. Il y a aussi droit de péage aux lieux de Chanaz, Pierre-Châtel et Cordon, lesquels furent toujours exigés, tant à Seyssel qu'à Cordon, jusqu'au 31 avril 1664, qu'un arrêt du Conseil d'Etat fit défense d'en continuer la levée. Les seigneuries de Dorche et d'Anglefort sont du fief de Seyssel.

Reprise de fief du 8 août 1685 des péages de Seyssel, Chanaz, Cordon et Pierre-Châtel, par le tuteur de *Nicolas-Auguste de la Baume de Montrevel*, écuyer, âgé de six ans, en qualité d'héritier par bénéfice d'inventaire de messire *Ferdinand de la Baume*, comte de Montrevel, chevalier des ordres du roi, suivant les actes de tutelle, lettres de bénéfice d'inventaire, et leur sentence d'entérinement à Paris, des 31 mai, 3 et 5 juin 1679.

Reprise de fief du 9 février 1778 de la seigneurie de Seyssel, en ce qui est appelé le domaine du roi, par *Charles-Claude Denys*, conseiller au Parlement de Bourgogne, en qualité de légataire institué par le testament de *Gaspard-Joseph Denys*, lieutenant de la louveterie de France, seigneur de Saulnière, Guierfans, Perrigny et Allemant, reçu *Quanet*, notaire royal, réservé pour les Bailliages de Châlon et Nuits, le 23 décembre 1770; ledit défunt étant engagiste du domaine de Seyssel, à la charge d'une redevance de 60 livres au domaine du roi, conformément aux contrats de revente et d'engagement faits audit défunt, les 26 février 1756 et 12 mai 1758.

SILANS — GREIX ou GRÉA

Baronnie.

Reprise de fief et dénombrement du 12 juin 1602 de la baronnie de Silans et des seigneuries de Greix et Bossy, par messire *Jacques de Montmayeur*, comte de Brandis, baron de Silans, seigneur de Château-Garnerens, Bossy, Greix, Bretignier, Collonier, Chavannes, et coseigneur de Saint-Martin-du-Chêne. La seigneurie de Bossy en toute justice et en tout le village dudit lieu, rière le Bailliage de Gex, lui appartient en vertu de la donation à lui faite par feue dame *Françoise*, née comtesse *de Lupffey*, dame de Bossy.

Reprise de fief et dénombrement du 27 juin 1633 de la seigneurie de Silans et de la maison de Greix, par *François de Croyson*, ladite maison de Greix, nouvellement bâtie et située dans la paroisse de Corbonod, mandement de Seyssel.

Reprise de fief et dénombrement du 16 mai 1667 de la baronnie de Silans et de la seigneurie de Greix, par dame *Anne Poget*, femme de *Hector de Croyson*, seigneur de la Tour, et *Maurice de Frère*, seigneur de Chamburcy, fils de ladite dame, comme acquéreur de sieur *François de Croyson*, écuyer, par contrat du 9 avril 1664, reçu *Duchesne*, notaire à Seyssel.

Reprise de fief et dénombrement du 11 décembre 1682 des seigneuries de Silans et Greix, par *Philibert Passerat*, écuyer, seigneur de Bougne, du parc de Craz en dépendant, et coseigneur du mandement de Billiat, comme acquéreur de *Maurice de Frère*, seigneur de Chamburcy et de la Falconnière, et de demoiselle *Denise de Bécerel*, sa femme, par acte reçu *Vannel*, notaire à Injoux en Bugey.

Reprise de fief et dénombrement du 20 avril 1700 des seigneuries de Silans, Greix et Bougne, par *Melchior Passerat* et *Jean-Louis Passerat*, son frère, en qualité d'héritiers, ledit *Melchior* de dame *Anne de Mornieu*, sa mère, et ledit *Jean-Louis*, comme héritier de *Philibert Passerat*, son père.

Reprise de fief et dénombrement des 5 juillet 1769 et 24 mars 1770 de la terre et seigneurie de Silans, paroisse de Corbonod, et du château et fief de Greix, par *Anthelme-Melchior Passerat de Silans*, en vertu du partage, reçu *Baroud*, notaire à Lyon, le 17 décembre 1768, fait avec demoiselle *Louise Passerat*, fille majeure, et *Augustin Passerat de Bougne*, lieutenant de vaisseau, ses frère et sœur, tous trois comme enfants et héritiers de *Jean-Louis Passerat de Silans*, seigneur de Craz, et de dame *Anne de Charron*.

La seigneurie de Silans, anciennement baronnie, avait toute la justice dans l'étendue du mandement de Silans et sur les villages qui en dépendent, qui sont Orbognioux, Montailloux, Etranginaz et Ailloux, et Greix est une maison-forte avec toute justice, laquelle est exercée par les officiers du Bailliage du Bugey.

(Voir Bougne.)

TIRET (LE)

Seigneurie.

Reprise de fief du 2 décembre 1649, par dame *Marie de Treffort*, veuve de messire *François de Bonne*, duc de Lesdiguières, pair et connétable de France, lieutenant-général pour le roi en

Dauphiné, de la seigneurie du Tiret, sise au mandement de Saint-Germain-d'Ambérieu en Bugey, à elle appartenant, en vertu de la donation qui lui en a été faite par dame *Françoise de Bonne*, sa fille, femme de messire *Charles de Créqui*, maréchal de France, par contrat du 20 mars 1646.

Reprise de fief du 29 mai 1715 de la seigneurie du Tiret, en la paroisse de St-Germain-d'Ambérieu, par messire *Alexandre-Louis Perrachon*, chevalier, comte de Varax, marquis de Saint-Maurice, baron de Châtillon-la-Palud, seigneur du Tiret.

Reprise de fief du 16 décembre 1735 de la seigneurie du Tiret, et d'une forêt en fief appelée de Devant, inféodés par le duc *Louis de Savoie*, le 18 mars 1445, à noble *Pierre de Croso*, seigneur de Saint-Germain-d'Ambérieu, secrétaire ducal dudit *Louis* duc *de Savoie*, et d'*Amédée VIII*, son père, par *Dominique Estienne*, écuyer, demeurant à Lyon, comme acquéreur de *Jacques-Marie-Alexandre Perrachon*, par contrat reçu *Decroso*, notaire royal à Pont-d'Ain, le 24 mars 1735. Il y expose que des difficultés lui ont été suscitées de la part des seigneurs d'Ambérieu qui prétendent que ladite seigneurie et fief relèvent de la terre d'Ambérieu.

Donation faite en l'année 1781, par dame *Elisabeth de Marin*, veuve de feu *Dominique Estienne du Tiret*, à *Jean-Baptiste-Louis de Boissieu*, de la terre et seigneurie du Tiret, en faveur de son mariage avec demoiselle *Françoise de Valous*; ladite donation, ratifiée le 11 août 1789, par demoiselle *Sabine Estienne*, par acte reçu *de Laporte*, notaire à Ambronay.

VALOD – SEYSSEL

Seigneurie.

Reprise de fief et dénombrement du 24 janvier 1669 de la seigneurie et fief de Valod, situé en la paroisse de Seyssel, par *François-Claude* et *François de Maillans*, comme fils et héritiers d'*Antoine-Balthazar de Maillans*.

VALROMEY

CHATEAUNEUF — VIRIEU-LE-GRAND

Marquisat, Comté, Baronnie.

Reprise de fief et dénombrement des 8 mars 1640 et 16 décembre 1642 du marquisat de Valromey, composé du comté de Château-Neuf et de la baronnie de Virieu-le-Grand, par *Jean-Claude de Châteaumorand-Lévy*, marquis de Châteaumorand et de Valromey; ledit marquisat à lui appartenant, suivant les arrêts du Parlement de Dijon et les subhastations en suite desdits arrêts, à cause des contestations du marquis d'Urfé qui prétendait avoir droit de substitution.

Ledit marquisat de Valromey ayant été donné en échange à dame *Renée de Savoie* par *Charles-Emmanuel*, duc de Savoie, contre le comté de Rivoles en Piémont, et depuis érigé en marquisat par S. M. le roi de France au profit de messire *Honoré d'Urfé*, fils de ladite dame *Renée de Savoie*, dont les lettres-patentes, l'inféodation et le contrat d'échange sont enregistrés au greffe de la Chambre des Comptes à Dijon.

Reprise de fief et dénombrement des 18 novembre 1682 et 26 mars 1685 du marquisat de Valromey, par dame *Marguerite d'Austrein de Graveins*, veuve de messire *Henri de Lévy*, marquis de Châteaumorand, comme mère et tutrice de messire *Philippe-Eléazar-François de Lévy*.

Est jointe la tutelle et curatelle décernée le 14 avril 1684 par le juge du comté de Lyon à dame *Marguerite de Bullioud*, veuve de messire *Louis d'Austrein*, chevalier, seigneur de Graveins, conseiller au Parlement de Dombes, et aïeule des enfants mineurs, au nombre de cinq, de la défunte *Marguerite d'Austrein*, veuve *Lévy*, qui sont :

Demoiselle *Marguerite de Lévy*, âgée de quatorze ans;

Demoiselle *Marie de Lévy*, âgée de treize ans;

Philippe-Eléazar de Lévy, âgé de dix ans;

Et *Hélène de Lévy*, âgé de neuf ans.

Les parents desdits mineurs qui y ont assisté sont :

Messire *Charles-Robert de Lignerat*, demeurant ordinairement à Saint-Chavant en Auvergne, cousin des mineurs, âgé de quarante-deux ans ;

Messire *Gaspard d'Albon*, marquis de Saint-Forgiul, aussi cousin desdits mineurs du côté paternel, âgé de cinquante-cinq ans ;

Messire *Henri de Lavein*, chevalier, marquis de Lavein-Randon, aussi cousin, tant du côté paternel que du côté maternel, âgé de quarante ans, demeurant ordinairement audit lieu de Lavein en Dauphiné ;

Messire *Guillaume de Gadagne*, seigneur d'Aureulx, demeurant à Lyon, aussi cousin du côté paternel, âgé de soixante-cinq ans ;

Messire *Hugues de Talaru de Chalmazel*, seigneur de Choussins, Molles et Mont-Perroux, âgé de quarante ans, aussi cousin du côté paternel ;

Messire *Guillaume de Bullioud*, seigneur des Cellettes, paroisse d'Irigny, demeurant ordinairement à Lyon, et *Mathieu de Bullioud*, seigneur de l'Espinay, oncles paternels de la dame défunte ;

Messire *Jean-François de Vauzelles*, chevalier, seigneur de Combelande, cousin desdits mineurs du côté maternel, âgé de cinquante-cinq ans ;

Messire *Justinien Cropet*, seigneur de Varissant, aussi cousin des mineurs du côté maternel, âgé de soixante-quinze ans ;

Messire *Pierre de Sève*, chevalier, seigneur de Laval, premier président au Parlement de Dombes et ancien président au Présidial de Lyon, aussi cousin desdits mineurs du côté maternel, âgé de vingt-sept ans.

Reprise de fief du 31 janvier 1769 de la terre et seigneurie de Valromey, anciennement marquisat, et dépendances qui sont Virieu-le-Grand et Massignieu, par *Louis-Claude de Clermont-Montoison*.

VANS

Seigneurie.

Reprise de fief et dénombrement du 10 décembre 1633 de la seigneurie de Vans, située en la paroisse de Seyssel, en toute justice, avec ses limites, et touchant au Rhône, par *François Dalmodry*, écuyer, à lui appartenant par succession de ses père et mère.

Reprise de fief et dénombrement des 13 mars et 16 avril 1663 de la seigneurie de Vans, par *Anthelme de Mareste*, écuyer, seigneur et baron de Champrovert en Savoie, et de la maison-forte de Mérignat, chevalier de l'ordre des Saints-Maurice-et-Lazare, commandant de Saint-Laurent Dagine et lieutenant en l'escadron de Savoie, au nom et comme mari de demoiselle *Françoise de Ramus de Charpenne*, sœur et légataire de *François Dalmodry*, écuyer, seigneur de Vans, suivant son testament reçu *Louis Chapelu*, notaire à Seyssel, le 6 mai 1656.

Reprise de fief et dénombrement du 24 avril 1736 de la seigneurie de Vans, par *Anthelme Montanier*, écuyer, seigneur de Génissiat, demeurant à Seyssel, comme acquéreur de *Louis de Mareste*, marquis de Lucey, seigneur de Chanaz, par contrat reçu *Girard*, notaire à Chambéry, le 23 février 1736.

VAREY – JUJURIEU

Seigneuries.

Reprise de fief et dénombrement des 29 mars 1602 et dernier mai 1616 de la terre et seigneurie de Varey et Jujurieu en Bugey, par *François d'Ugnie*, écuyer, seigneur dudit lieu et de la Chaux en Bresse, au nom et comme mari de demoiselle *Renée de l'Aubespin*, cohéritière par bénéfice d'inventaire de messire *Claude de l'Aubespin*, son père, qui avait acquis ladite terre de Varey et Jujurieu dès le 19 octobre 1571, par contrat fait entre ledit *Claude de l'Aubespin* et *Emmanuel-Philibert*, duc de Savoie.

Souffrance accordée le 10 décembre 1642 à *Bertrand du Breul*, baron de la Bâtie-sur-Cerdon, en qualité d'héritier de feue *Charlotte du Breul*, sa fille, et de *Jeanne d'Ugnie*, sa femme, et à *Philibert de Beaurepaire*, écuyer, seigneur dudit lieu, au nom et comme mari de demoiselle *Nicole d'Ugnie*, héritière testamentaire instituée de feu *Charles d'Ugnie*, écuyer, seigneur de la Chaux et de Varey, pour reprendre de fief de la seigneurie de Varey en Bugey, à eux délaissée par ledit feu *Charles d'Ugnie*.

Reprise de fief et dénombrement du 15 avril 1644 de la seigneurie de Varey et Jujurieu, par *Philibert de Beaurepaire*, seigneur dudit lieu et de la Chaux, et dame *Nicole d'Ugnie*, sa femme, à laquelle la seigneurie de Varey est advenue, tant par la succession de *François d'Ugnie*, son frère, et encore comme ayant droit d'une neuvième portion en ladite terre de Varey, de *Bertrand du Breul*, baron de la Bâtie, héritier de demoiselle *Charlotte du Breul*, sa fille, héritière de dame *Jeanne d'Ugnie*, sa mère, que ledit *du Breul* aurait remise à ladite dame *Nicole d'Ugnie* pour se décharger des dettes de cette hoirie, par contrat du 5 février 1643.

Souffrance accordée le 5 décembre 1656 à *Joachim* et *François de Beaurepaire*, écuyers, fils et cohéritiers des feu messire *Philibert de Beaurepaire* et de dame *Nicole d'Ugnie*, pour reprendre de fief de la seigneurie de Varey, à cause du procès qu'ils ont pendant au Grand-Conseil pour raison de la terre de Varey, lequel empêche le partage des biens à eux délaissés par leurs père et mère.

Reprise de fief et dénombrement des 18 novembre 1665 et 30 janvier 1666 de la terre et seigneurie de Varey, par *Joachim de Beaurepaire*, écuyer, à lui échue par le décès de dame *Nicole d'Ugnie*, sa mère.

Reprise de fief et dénombrement des 30 décembre 1675 et 19 décembre 1676 de la seigneurie de Varey, par dame *Claude de*

Montgeffon, veuve de *Joachim de Beaurepaire*, écuyer, en qualité de mère et tutrice à leurs enfants.

Reprise de fief et dénombrement du 26 novembre 1723 de la seigneurie de Varey, au Bailliage du Bugey, et de celles de Beaurepaire et de Saillenard, au Bailliage de Châlon, par *Jacques de Beaurepaire*, écuyer, à lui appartenant, savoir : Beaurepaire et Saillenard, en qualité d'héritier de *Gaspard de Beaurepaire*, son père, par testament reçu *Guillemin*, notaire à Savigny, en 1716, et de la seigneurie de Varey, en qualité de fils aîné et d'héritier substitué.

Reprise de fief et dénombrement des 27 juin 1753 et 15 mai 1754 de la seigneurie de Varey, par *Jean Dervieu*, écuyer, seigneur du Villars, demeurant ordinairement à Lyon, comme acquéreur de messire *de Beaurepaire* pour le prix de 206,000 livres, par acte reçu *Gorraty*, notaire à Saint-Jean-le-Vieux, le 30 mars 1753.

VELLIÈRE (LA)

Seigneurie.

Reprise de fief et dénombrement du 3 juin 1602 de la seigneurie de la Vellière avec château et en toute justice, par noble *Emmanuel de Moyria*; le dénombrement est reçu, toutefois sans approuver la qualité de baronnie donnée à ladite seigneurie.

Reprise de fief et dénombrement des 11 décembre 1645 et 20 juillet 1648 de la seigneurie de la Vellière au Val de Rougemont, par *Claude-Guillaume de Moyria*, écuyer, à lui échue par la succession de feu son père.

Reprise de fief et dénombrement du 29 juillet 1679 de la seigneurie de la Vellière au Val de Rougemont, dans les montagnes du Bugey, par *Claude-Henri de Reydellet*, écuyer, au nom et comme mari de dame *Claudine-Augustine de Moyria*, à laquel le ladite seigneurie est échue, comme fille et cohéritière de *Claude-Guillaume de Moyria*, coseigneur de Douvres, suivant acte de partage du 2 août 1674.

(Voir Seigneurie de Douvres.)

VIRIGNIN

Seigneurie.

Dénombrement du 3 juin 1644 de la seigneurie de Virignin, par *Claude de Montillet*, seigneur de Montarfier, conseiller du roi, président en l'Election du Bugey et pays de Gex.

Reprise de fief et dénombrement des 13 août 1657 et 18 novembre 1658 de la seigneurie de Virignin, par *Henri Mermety*, seigneur de Montarfier, comme héritier universel de demoiselle *Madeleine Passerat*, veuve de messire *Claude de Montillet*, président en l'Election de Belley. Est joint le certificat de maître *Rochefort*, notaire à Belley, qui atteste avoir, le 11 décembre 1655, reçu le testament de demoiselle *Madeleine Passerat*, veuve et héritière universelle et testamentaire de *Claude de Montillet*, en son vivant seigneur de Montarfier, Virignin et du Châtelard, ancien président en l'Election de Belley et pays de Gex, par lequel elle avait institué son héritier universel sieur *Henri Mermety de Montange*, son neveu.

Reprise de fief et dénombrement des 10 juillet 1666 et 16 décembre 1669 de la seigneurie de Virignin, par demoiselle *Jeanne-Marie Blanc*, veuve d'*Henri Mermety*, seigneur de Montarfier, au nom et comme tutrice à ses enfants.

VERNEAUX

LAGNIEU — LA BATIE — LA VERRUQUIÈRE

Seigneuries.

Reprise de fief du 31 mars 1775 des terres, fiefs et seigneuries de Verneaux, Lagnieu, la Bâtie et la Verruquière et de celle du Châtelard en Bresse, par *Hugues-Joseph de Valernod,* seigneur de Montignat, Montferrand et Château-Gaillard, président et lieutenant-général au Présidial de Valence, demeurant en son château des Rioux près Saint-Vallier, en Dauphiné, et dame *Louise de Montferrand,* sa femme, à laquelle lesdites terres sont échues, comme fille unique de feu *Charles-François de Montferrand,* son père. La qualité de baronnie donnée dans la requête à la terre de la Bâtie-sur-Cerdon est rayée sur les conclusions du procureur général.

VEIZIAT — CROZET

Seigneurie.

Reprise de fief et dénombrement du 2 juin 1679 de la seigneurie de Veiziat et Crozet, par dame *Philiberte d'Agy,* veuve de *Pierre de Cerdon,* écuyer, comme mère et tutrice de *Jean-François de Cerdon,* leur fils. Est joint l'acte de tutelle fait par-devant le bailli du Bugey, le 11 septembre 1649, par laquelle ladite dame, sous la caution de dame *Jeanne-Marie de Bessonnet,* sa mère, veuve de noble *Gaspard d'Agy,* son père, a été reçue tutrice de *Jean-François de Cerdon,* âgé de deux ans, et de demoiselles *Marie-Françoise de Cerdon,* âgée de trois ans et demi, et *Isabeau de Cerdon,* âgée d'une année, ses enfants, en suite de l'inventaire des biens fait par *François Rubat,* notaire audit Bailliage, et *David,* notaire d'Yenne en Savoie.

Reprise de fief du 11 décembre 1739 de la seigneurie de Veiziat et Crozet, par *Geoffroy Challut*, de la ville de Lyon, comme acquéreur de *Jacques de Cerdon*, écuyer, et de dame *Claudine de Seyssel*, son épouse, par contrat reçu *Gaudet*, notaire à Belley, le 28 novembre 1739.

VOLOGNAT — NURIEU — MORNAY

Seigneuries.

Reprise de fief et dénombrement du 11 mai 1602 de la maison-forte de Volognat et de la tour de Nurieu au mandement de Montréal, par noble *Pierre de Feillens*, dit *de Moyria*, seigneur de Volognat.

Volognat consiste en un château avec son pourpris, sans justice; en une rente relatée en gros, dîme de vin, un moulin et un bois ne servant que pour le chauffage.

La tour de Nurieu en rente comme dessus, port et péage, le tout sans justice.

Dénombrement du 14 juin 1611 de la seigneurie de Volognat, par *Pierre de Feillens*, qui rapporte les confins et étendue de la seigneurie de Volognat, et justice qu'il a sur quelques hommes, tant de Peyriat, Heyriat, qu'à Balmey et Condamine.

Reprise de fief du 20 avril 1674 des seigneuries de Volognat et Mornay, par dame *Pernette Jarcellat*, veuve de *Hugues de Moyria*, écuyer, à elle appartenant pour sûreté de sa dot. Est jointe une copie collationnée par-devant notaire d'un acte du 4 avril 1640, reçu *Puthod*, passé à Cerdon, par lequel il est dit que le 26 juin 1637 mariage aurait été conclu, arrêté et depuis consommé entre noble *Hugues de Moyria*, écuyer, fils de *Jacques de Feillens*, dit de *Moyria*, sieur de Volognat et baron de Mornay d'une part, et demoiselle *Pernette Jarcellat*, fille de feu sieur *Annibal Jarcellat*, en son vivant conseiller du roi, greffier en l'Election du Bugey, sans toutefois avoir rédigé par écrit ledit traité de mariage.

Cependant ledit feu sieur *Jarcellat* et sieur *Jean-Claude Jarcellat*, son fils et héritier, auraient payé audit *Pierre de Feillens*, sieur *de Volognat*, et à dame *Louise de Grolée*, sa femme, une somme de 10,637 livres à compte de la dot de ladite *Pernette*. C'est pourquoi ledit *Jean-Claude Jarcellat* assure à sa sœur le reste de sa dot. Témoins : *Jean-Pierre de Moyria*, seigneur de Châtillon-de-Corneille, lieutenant-colonel au régiment de la Motte-Houdancourt, et *Pierre Jarcellat*, lieutenant en l'Election du Bugey. (Voir Mornay.)

Reprise de fief du 5 février 1778 de la seigneurie de Volognat, par *Marie-Antoine de Moyria de Volognat*, chevalier de l'ordre royal et militaire des Saints-Maurice-et-Lazare, savoir : pour la reconnaissance d'un sixième de ladite seigneurie dont il a repris de fief par son tuteur le 23 mai 1769 pour mutation, à cause de substitution à lui appartenant en vertu du testament de *Charles-Joseph de Moyria*, seigneur de Volognat et Mornay, le 4 avril 1748, qui aurait institué pour son héritier universel *Joseph-Marie de Volognat*, le dernier de ses enfants mâles, pourvu qu'il ne fût ni religieux, ni prêtre ; et à son défaut lui a substitué l'aîné de tous ses enfants, à la même condition ; et à défaut de celui-ci, lui a substitué l'aîné d'après, et ainsi jusqu'au quatrième fils, pourvu que ni les uns ni les autres ne soient religieux ni prêtres ; et enfin, à défaut de mâles, il a substitué au dernier mourant sa fille ou les siens aux clauses y insérées. Et vu l'extrait mortuaire de demoiselle *Marie-Joseph de Moyria*, décédée à Volognat le 29 janvier 1759, à l'âge de trente ans, et celui de *Joseph-Marie de Moyria*, décédé aussi à Volognat le 1er novembre 1759, âgé d'environ six ans, lequel était celui appelé en premier ordre à l'hérédité universelle, et vu l'acte du 2 septembre 1769, reçu *Richard*, notaire à St-Chef, par lequel *Claude-François de Moyria*, prêtre-chanoine du Chapitre noble et église collégiale de Saint-Chef, a déclaré que connaissant les intentions du feu sieur son père, de ne vouloir pour héritier ni religieux, ni prêtre, il n'avait aucun droit à l'hérédité universelle portée audit testament, et qu'elle était dévolue audit sieur *Marie-Antoine de Moyria*, son frère.

FIEFS DU PAYS DE GEX

FIEFS DU PAYS DE GEX

ALLEMOGNE – MATTEGNIN – COINTRIN

Seigneurie.

Dénombrement du 20 décembre 1639 des seigneuries d'Allemogne et de Mattegnin, et biens féodaux au village et finage de Thoiry, au pays de Gex, par *Louis de Livron*, écuyer, seigneur de Mattegnin et de Bourdeau, résidant audit Bourdeau, près Chambéry en Savoie, et demoiselle *Marguerite de Vicault*, veuve de *Pierre de Livron*, écuyer, seigneur d'Allemogne, en qualité de tutrice à leurs enfants. Ledit *Pierre de Livron* était héritier de la seigneurie d'Allemogne, du chef de feu *Bernard de Livron*, son père, seigneur d'Allemogne.

Reprise de fief et dénombrement du 21 janvier 1682 des seigneuries d'Allemogne, Mattegnin et Cointrin, par *Louis de Livron*, écuyer, fils et héritier de *Jacques-Gabriel de Livron*, seigneur d'Allemogne, auquel ladite seigneurie d'Allemogne est échue par le décès de son père, et lesdits Mattegnin et Cointrin, tant par droit de substitution que par droit de fidéicommissaire dudit *Jacques-Gabriel de Livron*, d'*Henri* et *Louis de Livron*, ses aïeux, suivant deux transactions, et en suite du relâchement à lui fait par dame *Marie-Favre de Charmette*, sa mère, de l'usufruit à elle légué par ledit *Jacques-Gabriel de Livron*, de la susdite terre d'Allemogne, le 7 octobre 1681, et de l'arrêt du Parlement de Dijon du 15 avril précédent, contenant déclaration des fidéicommis des susdits *Henri* et *Louis de Livron* à son profit, et envoi en possession des biens en dépendant.

Reprise de fief et dénombrement des 21 et 24 janvier 1699 des seigneuries d'Allemogne, Mattegnin et Cointrin, par *Gaspard de Livron*, chevalier, comte de Rougemont et de la Balme en Savoie, en qualité de fils de *Louis de Livron*, écuyer, seigneur dudit Allemogne, suivant son testament du 7 novembre 1697, reçu *Brillon*, notaire.

Reprise de fief et dénombrement des 24 avril 1769 et 6 avril 1770 de la terre et seigneurie d'Allemogne, paroisse de Thoiry, au pays de Gex, par *François-Joseph de Conzié*, seigneur de Saussy et de la Balme en Savoie, officier dans les gardes-du-corps de Sa Majesté, en qualité de fils et héritier de *Louis de Conzié*, seigneur de la ville de Chambéry, major-général de cavalerie en Espagne, suivant son testament reçu *Rendu*, notaire à Gex, le 16 octobre 1762, et publié au Bailliage.

Audit Allemogne est un château avec toute justice sur tout le territoire de la paroisse d'Allemogne et sur Bèze-Naz, qui est un hameau en dépendant. Plus, lui appartient au village de Saint-Jean-de-Gonville une ancienne tour ruinée et démolie avec les fossés qui l'entourent, laquelle a environ trois cent quatre-vingts pieds de circonférence.

BALLON

Seigneurie.

Dénombrement du 2 mai 1602, par noble *Charles-Emmanuel de Perrucard*, fils de feu noble *Pierre de Perrucard*, seigneur de Ballon, Léaz et Vanchy, de ce qui suit, savoir :

1° Le château et fort de l'Ecluse possédé par le roi y ayant garnison, ledit château dépendant de la juridiction du mandement de Ballon.

Item, déclare tenir et lui appartenir la juridiction haute, moyenne et basse sur les villages du Molard, La Voux et Longeray, ensemble le péage et dîme, tant en blé qu'en vin, qui se perçoivent sur lesdits villages et leur territoire, et quelques rentes portant lods et ventes, avec une montagne sise sur lesdits villages appelée Sorgiaz, dépendant tant de ladite seigneurie de Ballon que du château de Vanchy, lesquelles choses contenues au présent article ne sont encore toutefois à présent limitées entre le roi et le duc de Savoie.

Item, les rivières de Vaul, Lerme et Semine, avec les ponts des Oules et de Confort, avec certaines terres servant à un moulin sis vers la Savoie.

Item, déclare tenir vers la terre de Gex certaine rente portant lods en plusieurs lieux et relatée en gros.

Item, le fief et juridiction que ledit seigneur a sur les terres et montagnes aboutissant à l'Ecluse, du côté de la terre de Gex, jusqu'au lieu appelé le Pas-de-Notre-Dame.

Item, les deux tiers des arpages des montagnes situées sur Collonges, Ecorent, Evieu et Farges.

BATIE-BEAUREGARD (LA)

Baronnie.

Reprise de fief et dénombrement des 16 novembre 1601 et 26 février 1602 de la seigneurie de la Bâtie-Beauregard au Bailliage de Gex, par messire *Louis de la Fontaine*, châtelain dudit lieu, au nom et comme tuteur de noble *Charles de Crose*, fils de noble *Claude de Crose* et de demoiselle *Anne de Joly*; ledit *Claude*, fils de feu noble *Gaspard de Crose* et de demoiselle *Jeanne Champion*, en son vivant seigneur de la Bâtie-Beauregard, ainsi qu'il a apparu par l'acte de tutelle expédié par le greffier dudit Bailliage de Gex, le 4 décembre 1596; le tout ainsi qu'il est dit en la procuration donnée par ledit *de la Fontaine* à noble *Jean-François Colonier*, dit *de Cessy*. Présents audit dénombrement passé à Gex, noble *Guillaume de Sacconex*, de Pougny, et noble *Michel Warrier*, dit *de Lugnin*, de Sergy.

Reprise de fief et dénombrement du 16 mars 1641 de la seigneurie de la Bâtie-Beauregard, pour la moitié, par noble *Charles de Crose*, l'autre moitié appartenant par indivis aux demoiselles, filles de feu noble *Hugues de Crose*, ses cousines. On y trouve les limites de la seigneurie à la forme de l'échange fait entre les seigneurs de Berne et feu noble *François Champion*, le 7 août 1539.

Dénombrement du 18 janvier 1643 de la baronnie de la Bâtie-Beauregard au pays de Gex, par *Michel de Gillier*, écuyer, conseiller au Parlement de Dauphiné, baron de la Bâtie, à lui appartenant par la donation que lui a faite demoiselle *Jeanne Champion* de tous ses biens, à la charge de payer toutes ses dettes et la somme de 1,500 livres qu'elle s'est réservée au contenu de ladite donation reçue par maître *de Monthoux*, notaire à Genève, le 2 novembre 1641, laquelle terre de la Bâtie appartenait à la demoiselle *Jeanne Champion*, tant comme héritière de noble *Jacques Champion*, son père, seigneur et baron de la Bâtie, qu'en vertu des substitution et fidéicommis apposés au testament de feu noble *Antoine Champion*, en suite de laquelle substitution noble *Charles de Crose*, ci-devant possédant une partie de ladite baronnie, s'en serait désisté en faveur du seigneur *de Gillier*, par transaction du 8 février 1642, reçue *Dodenoud*, notaire royal delphinal, comme aussi demoiselle *Dorothée Favre*, veuve de noble *Hugues de Crose*, possédant une partie de cette baronnie, et les filles et héritières de feu *Jacques Champion*, possédant le village et seigneurie de Bossy, membre dépendant de ladite baronnie, se seraient de même désisté de cette possession au profit dudit *de Gillier*, par acte reçu *Oland*, notaire royal, le 3 juillet 1642.

Reprise de fief et dénombrement du 7 janvier 1665 de la baronnie de la Bâtie-Beauregard, par *Philippe de Gillier*, écuyer, fils et héritier de *Michel de Gillier*, aussi écuyer, conseiller au

Parlement de Dauphiné. Dans cet acte sont relatées les limites de ladite baronnie.

Reprise de fief du 12 août 1752 de la terre et baronnie de la Bâtie, Bossy et château de Beauregard, en toute justice, et paroisses de Colovrex, Nazières, Vallavrand, Machefer et Collex, au pays de Gex, par *Françoise Turretini*, veuve de messire *David*, baron *de Vasserot;* ladite baronnie par elle acquise de dame *Anne-Claude de Gillier,* par contrat du 18 décembre 1719, reçu *de la Crose*, notaire au Bailliage de Gex, pour le prix de 165,000 livres. Dans les représentations et dires du receveur du Domaine du roi, il expose que la dame *Turretini* a fait depuis cession de la terre de la Bâtie au sieur *David Vasserot,* son mari, par acte reçu *Bailly* et *Baurcy,* notaires au Châtelet de Paris, le 16 janvier 1720; plus, que par acte contrôlé et insinué au Bureau de Gex, le 16 janvier 1744, cession a été faite de ladite terre à ladite dame *Turretini*, pour remplacement de droits dotaux, par les conseillers et plus proches parents dudit sieur *Vasserot*.

BRUIÈRE (LA)

Fief.

Reprise de fief et dénombrement du 29 décembre 1680 des fiefs de la Bruière et Grenier, situés au village et finage de Grenier, au pays de Gex, consistant en quelques héritages qui y sont détaillés, par dame *Charlotte Maréchal*, veuve de *Jean de Lornoy de Menthon*, écuyer, seigneur de Prémery, demeurant à Grenier; lesdits fiefs à elle appartenant, tant en qualité d'hypothécaire de feu son mari, tant pour sa dot que comme créancière par subrogation.

CESSY

Fief.

Reprise de fief et dénombrement du 12 mars 1602 de la maison de Cessy au pays de Gex, par noble *Jean-François Colonier de Cessy,* seigneur du Boz en Savoie, habitant à Morge, tant en son nom que de *Jean-Denis Colonier de Cessy,* son frère.

Ladite maison consiste en fours et granges brûlés et ruinés, prés et terres vergers, confrontant au chemin public tendant de Gex à Genève à l'ouest, avec l'exemption de ne payer aucunes dîmes; douze poses de terres, quinze seytives de pré, neuf pies de bois, et divers servis en plusieurs villages. *Item,* le pouvoir d'établir un prévôt et un scelleur de poids, mesures, aulnes, dans la ville et le pays de Gex, avec les honneurs, profits et émoluments accoutumés.

Reprise de fief et dénombrement du 28 avril 1648 d'une maison, héritages et droits au village de Cessy, au Bailliage de Gex, par demoiselle *Claudine de Bourgeois,* lesquels biens faisaient partie de ce que possédait feu noble *François de Bourgeois,* son père.

Reprise de fief et dénombrement du 3 juillet 1686 de certains biens féodaux à Cessy et autres lieux, par noble *Pierre-André,* fils de feu *Pierre de Poncet de Cessy,* tant en son nom que de noble *Henri-Jules de Poncet,* son neveu, fils de feu noble *Pierre,* qui était fils dudit défunt noble *Pierre de Poncet,* à eux délaissés par droit de succession, par demoiselle *Claude-Balthazarde de Perrissot*, leur mère, qui était fille de dame *Claudine de Bourgeois.*

Lesquels biens sont déclarés ainsi qu'il suit : leur maison-haute, située au village de Cessy, avec ses dépendances, confinant au chemin public, à l'ouest. *Item,* en divers lieux, quinze poses de terre et quinze poses de pré. *Item,* leur affouage au bois de Chenaz, situé en la montagne sur Echenevex. *Item*, le four banal de Cessy, avec l'affouage dudit four, aux lieux accoutumés. *Item*, deux coupes et demie de froment sur le moulin de Chenaz. *Item*, les cens en divers lieux, à cause de leurs fiefs appelés de Bourgeois et de Périssod. *Item*, le tiers de la dîme de Gex-la-Ville, par indivis avec le curé de Gex pour la moitié, avec les hoirs de *Gabriel Poncet* pour un douzain, et avec les hoirs de *Pierre* et *Balthazar Nicod* pour l'autre douzain restant, sur lesquelles portions le curé prend neuf coupes de blé, moitié froment et moitié avoine. *Item*, une petite parcelle de dîme en la paroisse de Pouilly. *Item*, six coupes sur le moulin et four d'aval de Gex-la-Ville. *Item*, le tiers d'un tonneau de chaux qu'ils perçoivent sur tous les fours à chaux qui se font sur le terroir de Vesancy.

CHÉZERY

Abbaye.

Dénombrement du 2 mai 1602 du revenu temporel de l'abbaye de Chézery, par messire *Louis de Perrucard*, docteur en droit, abbé de Chézery, fils de feu noble *Pierre de Perrucard*, seigneur de Ballon et Vanchy.

Déclaration du 11 août 1653 du revenu temporel de l'abbaye de Chézery, par *Laurent de Siot*, abbé. Il consiste aux villages de Forens, la Rivière et Montions, situés dans la vallée de Chézery, sur lesquels il a juridiction haute, moyenne et basse, cens, rentes, domaines. *Item*, une petite rente au lieu et paroisse de Champfromier. *Item*, sur la paroisse de Villars en Bresse, une petite rente avec un étang et une petite dîme. *Item*, une autre petite rente en fief, au lieu de Genissiat en Michaille. *Item*, au lieu d'Oyonnax, une autre petite rente en fief de 4 livres de revenu.

Reprise de fief et dénombrement du 2 août 1686 de partie d'une rente noble dite de Chézery, au pays de Gex, par *Claude de Blancheville*, écuyer, seigneur et baron d'Héry, comte de Cornillon et Marthod, conseiller de S. A. R., sénateur au souverain Sénat de Savoie, en qualité de père et tuteur de demoiselles *Madeleine* et *Claudine de Blancheville*, ses filles, héritières de dame *Françoise de Ballon*, leur mère, qui avait ladite rente, comme descendant des nobles *Perrucard de Ballon*, et comme ayant recueilli l'hoirie des nobles *Perrucard de Ballon*, son père et aïeul. L'autre partie de ladite rente appartenant à noble *André de Cirane*, qui en a les trois septièmes, et ladite demoiselle *de Blancheville* les quatre autres septièmes. Ladite rente dépendant de l'abbaye de Chézery.

CORBIÈRE (LA) — CHALEX

Seigneuries.

Dénombrement du 2 mai 1602 du fief de la Corbière, au pays de Gex, par noble *Roland de Verdon*, seigneur dudit lieu, tant en son nom qu'en qualité de tuteur de nobles *Jean* et *Louis de Verdon*, enfants de feu noble *François de Verdon*, seigneur de Chalex.

Il consiste en un vieux château ruiné, inhabité depuis plus de deux cents ans, situé près le village de Chalex. *Item*, une maison basse à Chalex, ruinée, avec jardin, prés et terres, contenant environ sept seytives de pré et le semage de quatre coupes de froment, mesure de la Corbière, et sous la juridiction dudit lieu. *Item*, la grange dépendant de la maison de Chalex, de nouveau reconstruite, avec son domaine qui contient environ le semage de douze coupes de froment et quarante-six seytives de pré; le tout situé au territoire de Chalex. *Item*, un bois de haute futaie sur la juridiction de la baronnie de la Pierre, contenant environ trente poses. *Item*, à Chalex, cinquante fosserées de vigne, avec juridiction haute, moyenne et basse sur tout ce que dessus. *Item*, une rente portant lods, à cause de la seigneurie de la Corbière. *Item*, la juridiction haute, moyenne et basse au village de Chalex, et sur tous les manants et habitants; plus, appartiennent au seigneur et à ses neveux toutes les dîmes du village de Chalex.

Reprise de fief et dénombrement du 2 décembre 1654 de dix portions sur quatorze des seigneuries de la Corbière et de Chalex, par *Gaspard de Verdon*, écuyer, à lui appartenant par succession de ses père et mère.

Reprise de fief et dénombrement des 2 août 1680 et 28 mars 1681 des seigneuries de la Corbière et Chalex, par dame *Melchiotte de Tignat*, baronne du Bois, veuve de *Gaspard de Verdon*, écuyer, en son vivant seigneur de la Corbière, comme tutrice de *Gaspard-Hubert de Verdon*, leur fils, auquel ladite seigneurie de Corbière est échue par le décès dudit sieur *de Verdon*, son père, et d'*Antoine-René-Ferdinand de Verdon*, son frère.

CRASSIER

Seigneurie.

Reprise de fief et dénombrement du 8 juillet 1642 de la seigneurie de Crassier, au Bailliage de Gex, par nobles *Jean-Daniel* et *Madeleine de Prez*, enfants mineurs et héritiers de feu *Urbain de Prez*, avocat au Bailliage de Gex, seigneur de Crassier.

Reprise de fief et dénombrement du 31 janvier 1689 de la seigneurie de Crassier, par *Jacques de Prez*, écuyer, comme fils et héritier de *Daniel de Prez*, aussi écuyer, seigneur de Crassier.

DIVONNE

Seigneurie.

Reprise de fief et dénombrement des 12 et 17 novembre 1601 de la terre et seigneurie de Divonne, par noble *Pierre de Gingins*, tant en son nom que de *François* et *Antoine de Gingins*, ses frères, communs en biens. Dans le dénombrement se trouve compris le revenu du prieuré de Divonne, uni et incorporé à ladite terre par les seigneurs de Berne en 1542.

Dénombrement du 12 août 1641 de la seigneurie de Divonne, par *Laurent*, *Bonne* et *Antoine*, enfants mineurs et héritiers de feu *Jean-François de Gingins*, écuyer et seigneur de Divonne; ledit *Laurent* comme héritier universel testamentaire de son père.

Reprise de fief des 21 novembre 1654 et 30 juillet 1658 de la seigneurie de Divonne, par dame *Jeanne-Françoise Simond*, veuve de *Laurent de Gingins*, écuyer, seigneur de Divonne, et depuis femme de *Gilbert de la Forest*, écuyer, seigneur de Rumilly-sous-Cournillon en Savoie, en qualité de tutrice de demoiselle *Bonne de Gingins*, sa fille, héritière de feu *Laurent de Gingins*, son père.

Reprise de fief et dénombrement du 13 août 1664 de la seigneurie de Divonne, par *Gilbert de la Forest*, écuyer, seigneur du mandement de Rumilly en Savoie, en qualité d'héritier universel de demoiselle *Bonne de Gingins*, fille et héritière de *Laurent de Gingins*.

FARGES

Seigneurie.

Reprise de fief du 4 février 1602 de la seigneurie de Farges, au Bailliage de Gex, par *Pompée de Gribald*, tant en son nom qu'en celui de *Jean-Antoine de Gribald*, son frère; ils demandent du temps pour donner leur dénombrement, par la raison que dans les dernières guerres leurs maisons ont été brûlées et leurs titres et papiers perdus.

Reprise de fief et dénombrement du 29 juillet 1648 de la seigneurie de Farges, au pays de Gex, par *Vespasien* et *Pierre*, enfants de feu *Pompée de Gribald*, et demoiselle *Jeanne*, fille de feu noble *Antoine de Gribald*, agissant au nom de demoiselle *Madeleine de Gribald*, sa sœur, et de demoiselles *Suzanne*, *Marie* et *Andrienne de Verdon*, filles de défunte demoiselle *Marie de Gribald*, leur mère, aussi sa sœur, et de noble *Antoine-Vespasien*, fils de feu noble *Gédéon de Gribald*.

Reprise de fief du 23 août 1665 de la seigneurie de Farges, par *Claude-François de Pobel*, baron de Pierre, comte de Saint-Alban en Savoie, où il fait sa résidence.

FERNEY

Seigneurie.

Reprise de fief et dénombrement des 14 et 17 novembre 1601 de la seigneurie de Ferney, en la baronnie de Gex, par noble *Pierre Chevalier*. Elle consiste en un château tout brûlé et ruiné par les guerres, mais en toute justice.

Reprise de fief du 16 décembre 1642 de la seigneurie de Ferney, par demoiselle *Jeanne Duval*, veuve en premières noces de noble *Pierre Chevalier*, seigneur de Ferney, et depuis femme de noble *Bernard Bordonnier*, sieur de la Rue, lieutenant pour le roi au gouvernement du pays de Gex. Ladite seigneurie de Ferney acquise par ladite demoiselle, par contrat reçu *de Chondons*, notaire royal au Bailliage de Gex, le 20 mars 1623, de *Jean de Montferrant*, sieur dudit lieu, *Pierre de Montferrand*, seigneur de Cormoz, et *Abel de Montferrand*, ses fils, et de *Gaspard Rochard de Mareste*, seigneur d'Openaut.

Reprise de fief et dénombrement du 13 juillet 1666 de la seigneurie de Ferney, par *Marc Chevalier*, écuyer, à lui échue par la succession de dame *Jeanne Duval*.

Reprise de fief et dénombrement du 4 juin 1678 de la seigneurie de Ferney, par *Guillaume de Budé*, écuyer, seigneur de Vérace, bourgeois de Genève; la terre de Ferney à lui cédée par acte d'élection d'ami, du 5 février 1674, par *Marc Rozet*, écuyer, conseiller élu de la république de Genève, qui avait fait subhaster et délivrer à lui, au banc de Cour de la Châtellenie de Gex, la seigneurie de Ferney sur *Marc Chevalier*, écuyer, et demoiselle

Anne-Marie de Charsy, sa femme, pour le prix de 18,000 florins d'or d'un côté et 42,000 florins de l'autre.

Reprise de fief et dénombrement des 8 février et 8 mars 1720 de la seigneurie de Ferney, par *Bernard de Budé*, seigneur de Vérace, capitaine-lieutenant aux gardes suisses de Sa Majesté, demeurant à Genève; ladite seigneurie à lui échue, suivant le testament olographe du 21 février 1719, reçu *Gérard*, notaire à Genève, de *Guillaume de Budé*, son père, écuyer, seigneur de Ferney et citoyen de Genève.

Reprise de fief du 10 décembre 1756 de la seigneurie de Ferney, par noble *Jacob de Budé*, citoyen de Genève, et dame *Anne-Elisabeth de Budé*, veuve de noble *Marc Pictet*, aussi citoyen de Genève; tous deux en qualité d'héritiers seuls et universels de feu *Bernard de Budé de Vérace*, citoyen de Genève, leur frère, suivant son testament homologué en la justice de Genève, le 23 juin 1756, dont l'expédition a été contrôlée à Paris, le 9 août suivant, et déposée le même jour à *Touvenot* et *Morin*, notaires au Châtelet de Paris.

Reprise de fief du 16 juin 1759 de la terre et seigneurie de Ferney, au pays de Gex, par *Marie-Louise Mignot*, veuve de *Nicolas-Charles Denis*, écuyer, capitaine au régiment de Champagne, et depuis conseiller-correcteur en la Chambre des Comptes de Paris, et par elle acquise de *Jacob*, fils de *Guillaume de Budé*, colonel au service de Hollande, citoyen de Genève, pour le prix de 89,000 livres, par acte reçu *Girod*, notaire au Bailliage de Gex, le 9 février 1759.

GEX

Baronnie.

Reprise de fief et dénombrement du 28 mars 1602 d'une maison située à Gex, et de la sixième partie de plusieurs droits, par noble *Guillaume de Livron*, âgé de soixante-quinze ans.

Reprise de fief et dénombrement du 20 mai 1647 de quelques biens féodaux au Bailliage de Gex, par messire *Guillaume Gay*, procureur au siége royal de la ville de Gex et châtelain de Versoix, tant comme mari de demoiselle *Bernardine de Livron*, que comme tuteur de noble *Antoine-Philibert de Livron;* lesdits biens provenant de feu noble *François de Bourgeois*, consistant en une grange, huit seitérées de pré, douze poses de terre, la tierce partie indivise avec les sieurs *de Sauvage* et *de Châteauvieux;* les deux autres parts consistent dans le four banal de la ville de Gex avec l'usage de ce four aux bois communs situés en la montagne de Gex; plus, le droit d'affouage au bois de Chenaz, situé en la montagne sur Echenevex, et de divers cens et rentes en plusieurs villages.

Reprise de fief du 4 août 1768 de l'office de prévôt de la ville et baronnie de Gex, et droits en dépendant; de l'office de scelleur et marqueur des poids, aunes et mesures de ladite prévôté, par *Jacques-Etienne du Cimetière*, demeurant à Cessy, au pays de Gex, acquéreur, par acte reçu *Nicod*, notaire à Gex, le 13 mars 1766, de noble *Jean-Jacques de Chapeaurouge*, conseiller d'Etat de la république de Genève, chevalier de l'Aigle rouge de Brandebourg, acquéreur lui-même par acte reçu *Vaudremont*, notaire à Dijon, le 15 avril 1752 de *Jean-François Peyronnet* et de *Françoise-Adrienne de Colognier*, sa femme, par suite de la subhastation faite sur l'hoirie de *Jean-Aimé de Colognier*, son père, en 1729, le 25 juillet, devant *Le Châtelain*, notaire à Gex, en exécution de sentence du Bailliage de Gex du 14 septembre 1716, et de l'arrêt du Parlement de Bourgogne du 19 février 1729.

GRILLY

Seigneurie.

Reprise de fief et dénombrement du 12 août 1642 de la seigneurie de Grilly, au Bailliage de Gex, par *Gaspard de Reydet*, aussi seigneur de Choisy en Savoie, écuyer, à lui appartenant par succession de dame *Ennemonde de Doin de Thorens,* sa mère, fille et héritière de noble *Claude-Nicolas de Doin de Thorens*, fils et héritier de noble *Vincent de Thorens* et de dame *Marie de Doin*, ses père et mère.

Reprise de fief et dénombrement du 8 mai 1684 de la seigneurie de Grilly, par *Jean-Pierre de Morand*, écuyer, conseiller de S. A. R. de Savoie et contrôleur général des guerres au pays de Gex, au nom et comme mari de dame *Jeanne-Françoise de Reydet,* dame de Grilly et de Choisy, comtesse de la Balme, fille et cohéritière de noble *Gaspard de Reydet*, à elle appartenant, tant par vertu de son contrat dotal du 15 septembre 1660, signé par *Royer,* notaire au pays de Gex, que du relâchement qui leur a été fait, tant par ledit *Gaspard de Reydet,* que par dame *Rémondine de Reydet*, sœur de ladite dame, par transaction du 16 mai 1663, que par le décès de *Gaspard de Reydet*, arrivé en novembre 1682.

Reprise de fief et dénombrement du 26 novembre 1700 de la seigneurie de Grilly, par *Claude de Morand,* écuyer, en qualité de cohéritier universel de *Jean-Pierre de Morand,* écuyer, son oncle, suivant son testament ouvert le 1er avril 1700, et par suite de son décès arrivé le 31 mars, et transaction du 17 avril suivant, reçue *Josseron*, notaire, et passée entre *Claude de Morand* et *Claude-François de Morand,* écuyer, conseiller d'Etat de S. A. R. et son procureur patrimonial en la souveraine Chambre des Comptes de Savoie, son cousin, et cohéritier du feu seigneur, leur oncle, et dame *Jeanne-Françoise de Reydet,* dame de Choisy, comtesse de la Balme, sa veuve.

Reprise de fief et dénombrement du 25 janvier 1737 de la seigneurie de Grilly, par *Claude de Morand,* écuyer, demeurant à Chambéry, fils de feu noble *Claude de Morand,* en qualité de fidéi-commissaire de feu noble *Jean-Pierre de Morand,* son grand-oncle.

Reprise de fief du 26 juillet 1781 de la seigneurie de Grilly, en ce qui est situé au pays de Gex, par *Claude-François-Alexandre de Morand de Montfort*, résidant à Chambéry; ladite seigneurie à lui appartenant, suivant le testament olographe de noble *Claude de Morand de Grilly,* daté de Chambéry le 21 octobre 1769, par lequel, entr'autres dispositions, il a été nommé et institué pour son héritier universel dans tous les biens dont il a disposé, ledit *de Morand de Montfort,* son cousin et son aîné mâle, par fidéi-commis réel, graduel et déversif, et toujours d'aîné en aîné et par ordre de primogéniture, ce qui s'entend de tous ses biens fonds, maisons, seigneuries et fiefs provenant de son hoirie; ledit testament remis aux archives du Sénat de Savoie.

Reprise de fief du 28 avril 1785 de la seigneurie de Grilly, pour ce qui est situé au pays de Gex, le surplus assis dans les Etats de Berne, par *Pierre-Gabriel de Morand de Saint-Sulpice de Montfort,* écuyer de S. A. R. le duc de Chablais, capitaine-lieutenant dans le régiment de Maurienne, en qualité d'héritier universel et fils aîné de feu *Claude-François-Alexandre de Morand de Saint-Sulpice,* seigneur de Grilly, suivant son testament nuncupatif, reçu *Gaimot,* notaire à Chambéry, le 4 octobre 1784, ledit testateur décédé le 12 dudit mois en la paroisse de la Motte-Montfort, près Chambéry.

Reprise de fief du 29 juillet 1789 de la seigneurie et fief de Grilly et de Mourex, au pays de Gex, par *Joseph de Grenaud,* baron de Saint-Christophe en Savoie, demeurant au château de Grilly, comme acquéreur par contrat reçu *Barberat,* notaire au Bailliage de Gex, le 16 novembre 1788, de *Pierre-Gabriel de Morand,* seigneur de Montfort, Saint-Sulpice, Grilly et autres lieux, capitaine grenadier au régiment de Maurienne, l'un des premiers écuyers de S. A. R. le duc de Chablais, demeurant à Chambéry. Le sieur *de Grenaud,* fils de feu noble *Jean-Jacques de Grenaud,* obtint du duc de Savoie, par lettres du 14 février 1777, les terres et seigneuries de Valon, Couvette et Morillon, en titre de dignité et baronnie, sous le nom de Saint-Christophe; lesdites terres et seigneuries situées dans la province de Faucigny.

MATTEGNIN

Seigneurie.

Dénombrement du 2 mai 1602 de la seigneurie de Mattegnin, par nobles *Louis* et *Bernard de Livron,* frères.

Il consiste en une maison et dépendances situées au village de Thoiry, lieu de leur origine, au pays de Gex, près la maison de noble *Jean de Livron*, seigneur de Savigny, et autres immeubles succinctement détaillés et situés, tant en la paroisse de Thoiry et en la paroisse de Saint-Jean-de-Gonville, que dans la baronnie de la Pierre et autres villages. On y a joint aussi un détail succinct du revenu de la cure de Thoiry, acquis par le seigneur *de Livron*, de feu *Emmanuel-Philibert*, duc de Savoie.

(Voir ALLEMOGNE.)

PIERRE-PERON

Baronnie et Seigneurie.

Reprise de fief et dénombrement des 19 décembre 1654 et 17 novembre 1665 de la baronnie de Pierre et de la seigneurie de Peron, au pays de Gex, par messire *Claude-François de Pobel*, comte de Saint-Alban, baron de Pierre, Pressy, Aysé, Agnières, gentilhomme de la Chambre de S. A. R. de Savoie, demeurant à Chambéry, en qualité d'héritier universel de *Claude-François de Pobel,* son père.

Reprise de fief et dénombrement du 23 mars 1684 de la baronnie de Pierre et de la seigneurie de Peron, par messire *Guy-Balthazar de Pobel,* comte de Saint-Alban, maréchal de camp de S. A. R. de Savoie, en qualité d'héritier universel de *Claude-François de Pobel,* son père, décédé en la paroisse de Saint-Léger de Chambéry, le 27 juillet 1683, et suivant son testament du 19 février 1681.

POUILLY – GOUFFY – SANTERANS

Seigneurie.

Reprise de fief et dénombrement du 14 mars 1679 de la seigneurie de Pouilly et du fief et rentes de Gouffy et Santerans, par *Claude de Brosses*, écuyer, seigneur de Tournay, Prégny et Chambesy, conseiller du roi, bailli et lieutenant-général civil et criminel au Bailliage de Gex; comme acquéreur de *Bernard de Sauvage*, écuyer, sieur de Châteauvieux, par contrat du 1er juillet 1677, reçu *Dulci*, notaire à Gex, et stipulé par dame *Claire de Bellegarde*, sa mère et tutrice, veuve de *Charles de Brosses*, aussi écuyer.

SACCONNEX-LE-GRAND

Seigneurie.

Reprise de fief et dénombrement succinct du 19 février 1602 de la seigneurie de Sacconnex-le-Grand, au pays de Gex, par demoiselle *Marie de Sacconnex*, comme mère et tutrice de *Jacquemin*, *Denis* et *François de Sacconnex*, ses enfants, qu'elle a eus de feu noble *Etienne de Sacconnex*, dit *de Chastillon*, seigneur d'Augny. Il est dit que le château a été démoli dans les dernières guerres.

Reprise de fief et dénombrement du 20 avril 1674 du fief de Sacconnex, situé aux villages de Sacconnex et de Saint-Jean-de-Gonville, par *Paul de Sacconnex*, dit *de Chastillon*, écuyer, seigneur d'Augny en Savoie; ledit fief à lui échu par le décès de ses père et mère.

SAINT-GENIS

Seigneurie.

Reprise de fief et dénombrement de la seigneurie de Saint-Genis, au pays de Gex, en l'an 1601, par dame *Françoise de Lambert Pilliot*, veuve de *Jean-Gabriel de Rossillon.*

Reprise de fief et dénombrement des 26 juillet 1642 et 1er décembre 1645 de la seigneurie de Saint-Genis, par *Jérôme de Rossillon*, comte dudit lieu et de Saint-Genis, maréchal de camp et armées de S. A. R. de Savoie, comme fils et seul héritier de feu *Jean-Gabriel de Rossillon* et de dame *Françoise de Lambert*, ses père et mère.

Reprise de fief et dénombrement des 19 janvier et 16 février 1672 de la seigneurie de Saint-Genis, par messire *Charles-Amé de Rossillon*, seigneur de Saint-Genis, au pays de Gex, marquis de Bernex, chevalier de l'ordre de S. A. R., gentilhomme de la Chambre et capitaine des gentilshommes Savoisiens de la garde du corps, en qualité de fils et héritier de *Jérôme de Rossillon*, seigneur de Saint-Genis, chevalier de l'ordre, maréchal général de camp, gouverneur et lieutenant-général de S. A. R. au comté de Nice, Barcelonnette et dépendances.

Reprise de fief et dénombrement des 15 mars et 13 août 1733 de la seigneurie de Saint-Genis, par *Etienne Sédillot*, écuyer, conseiller du roi, payeur des gages de MM. de la Chambre des Comptes de Dôle, comme acquéreur de messire *François de Clermont*, marquis de Saint-Jean et de la Bâtie, baron de Flaxieu, en qualité d'héritier de messire *Gabriel de Rossillon*, évêque de Genève, par contrat du 12 décembre 1737, reçu *Veillard*, notaire à Genève, contrôlé et insinué au Bureau de Gex, le 13 janvier 1738.

Reprise de fief du 28 janvier 1779 de la seigneurie de Saint-Genis, par *Claude-Antoine Sédillot de Saint-Genis*, écuyer, et *Etienne*

Sédillot de Saint-Genis, aussi écuyer, capitaine d'infanterie au régiment d'Austrasie, tant en leurs noms que se faisant forts pour dame *Jacqueline-Thérèse Sédillot,* leur sœur, femme de *Jean-Etienne-Philibert de Prez Crassier,* chevalier de Saint-Louis, lieutenant-colonel du régiment de Courte, attendu leur absence; tous les trois en qualité de seuls enfants et uniques héritiers d'*Etienne Sédillot,* écuyer, seigneur de Saint-Genis, ancien receveur-payeur des gages de la Cour des Comptes, aides et finances de Franche-Comté, décédé en la paroisse de Pouilly, au pays de Gex, ainsi qu'il a apparu par le certificat de notoriété, délivré par le lieutenant-général du Bailliage de Gex, le 4 mai 1778.

SERGY

Seigneurie.

Reprise de fief et dénombrement du 28 mars 1602 d'une maison située au village de Sergy, avec droits en dépendant, par noble *Jean-Jacques de Livron.*

Autre maison reprise en fief le même jour à Sergy, par noble *Marc de Pougny,* tant en son nom qu'en celui de *Amblard de Pougny,* son frère.

Reprise de fief et dénombrement du 18 janvier 1657 de la seigneurie de Sergy, au pays de Gex, par *Jacques de Martines,* fils de feu *Jean-François de Martines,* seigneur de Sergy.

Reprise de fief et dénombrement des 15 novembre 1681 et 14 janvier 1683 de la seigneurie de Sergy, par noble *Henri-Jean-Marc* et *Marc-Pierre-Gabriel de Martines,* enfants de feu *Jacques de Martines,* écuyer, tant pour eux que pour *Jean-François-Jacques-Nicolas* et *Gaspard de Martines,* leur frère, communs en biens.

THOIRY

Fief.

Dénombrement du 20 mai 1602 d'une ancienne maison féodale située à Thoiry, au pays de Gex, avec les rentes, héritages et dîmes en dépendant, par noble *Jean de Livron*.

Dénombrement des 20 mai 1655 et 4 avril 1656 du château de Thoiry et de ses dépendances, par *Melchior de Livron*, écuyer, seigneur de la Tour de Marlioux et de Savigny en Savoie. Témoin : *Jacques de Livron*, seigneur d'Allemogne.

Reprise de fief et dénombrement du 21 janvier 1689 de plusieurs biens féodaux au village de Thoiry, par messire *Louis de Livron*, comte de Sallenove, seigneur de Savigny en Savoie, de Marlioux et de Lescombes, en qualité de fils et héritier bénéficiaire et substitué de *Jean-Gaspard de Livron*, comte de Sallenove.

TOURNAY

Seigneurie.

Dénombrement du 16 novembre 1642 de la seigneurie de Tournay, par *Charles de Brosses*, écuyer, conseiller de Sa Majesté, bailli et lieutenant-général civil et criminel au Bailliage de Gex, à lui échue par succession de *Pierre de Brosses*, son père, aussi écuyer, lieutenant civil et criminel audit Bailliage. Le château de Tournay ruiné par l'incendie général arrivé au Bailliage de Gex en l'année 1589.

Reprise de fief des 4 avril et 18 juin 1675 de la seigneurie de Tournay, par dame *Anne de Bellegarde*, veuve de *Charles de Brosses*, écuyer, lieutenant-général civil et criminel du Bailliage de Gex, en qualité de mère et tutrice de *Claude de Brosses*, fils et héritier universel institué de *Charles de Brosses*.

VERNY – GRUIÈRE

Maison-forte et fief.

Reprise de fief du 22 mai 1690 de la maison-forte et fief de Verny et Gruière, situés en la paroisse de Saint-Jean-de-Gonville, par *Bernard de Sauvage*, écuyer, seigneur de Verny, en qualité d'héritier (avec la substitution à *Claude-Philibert de Sauvage*) de *Gaspard de Sauvage*, écuyer, et de dame *Christophe de Dennery*, ses père et mère, selon leur testament y joint du 19 décembre 1661, reçu *Gaspard Gay*, notaire au Bailliage de Gex, par lequel ils veulent être enterrés en leur chapelle de Verny, et font des legs à leurs filles, qui sont : *Perrine*, *Gasparde*, *Gabrielle-Françoise-Marguerite* et *Etienne-Baptiste de Sauvage*.

VESANCY

Seigneurie.

Reprise de fief et dénombrement du 12 novembre 1601 de la seigneurie de Vesancy, au Bailliage de Gex, par *Jean-Rodolphe Wurstemberger*, en qualité de procureur spécial de *Jean-Rodolphe Wurstemberger*, son frère, membre du Grand-Conseil de la ville de Berne, ancien bailli de Lausanne.

Reprise de fief et dénombrement du 4 mai 1645 de la seigneurie de Vesancy, par *François Rolaz*, seigneur de Vesancy et de Saint-Vincent, tant en son nom qu'en celui de *Jean-François Rolaz*, son frère, comme acquéreur d'*Abraham Bocquet*, acquéreur lui-même du sieur *Nicolas Orlandini*, pour lui et son compagnon à élire, par acte reçu *Verchère*, notaire royal, le 10 mai 1642. On ne trouve point de reprise de fief depuis celle faite en l'an 1601 par *Jean-Rodolphe de Wurstemberger*.

Reprise de fief et dénombrement du 19 janvier 1657 de la seigneurie et château de Vesancy, par *Jean-François Rolaz* qui, en ayant repris de fief en l'année 1645, conjointement avec feu *François Rolaz*, son frère, la portion de son frère lui serait advenue après son décès, en vertu du partage fait avec demoiselle *Marie Dugard*, sa veuve et tutrice à leurs enfants, par acte du 15 septembre 1655, signé *de Pétra*.

Reprise de fief et dénombrement du 7 août 1681 de la seigneurie de Vesancy, par dame *Madeleine de Brignac de Monternaud*, femme autorisée de messire *Jean de Balthazar*, baron de Prangin et autres lieux, lieutenant-général des armées de Sa Majesté, ladite seigneurie acquise par ladite dame de demoiselle *Jeanne Dugard*, veuve de *Jean-François Rolaz*, par acte reçu *Badonod*, notaire à Berne, le 17 août 1676.

Reprise de fief du 23 janvier 1726 de la seigneurie de Vesancy, par *Marc-Louis-Jean de Balthazar*, écuyer, major du régiment suisse de Diebach, en qualité de donataire d'*Armand de Balthazar*, commandant au pays de Gex, et dame *Louise de Roset*, ses père et mère, en son contrat de mariage avec demoiselle *de Vertamont*, du 7 janvier 1720, reçu *Bory*, notaire à Gingins.

PROVISIONS D'OFFICES

BUGEY

Provisions du 11 juillet 1601, de l'état et office de procureur du roi au siége de Belley, nouvellement créé, au profit de sieur *Bourdignet*.

Provisions du 10 septembre 1601, de l'office de lieutenant civil et criminel établi à Belley, nouvellement créé, pour sieur *Jean de Bullioud*.

Provisions du 31 décembre 1601, de l'un des deux offices d'élu en l'Election de Belley, pour sieur *Antoine Montillet*.

Provisions du 18 juin 1602, de l'un des deux offices en l'Election de Belley, nouvellement établi, en faveur de sieur *Antoine Bellot*.

Provisions du 16 août 1602, de l'un des deux offices de receveur des aides et tailles en l'Election de Belley, pour sieur *François de Gendrier*.

Provisions du 14 février 1603, de contrôleur des aides et tailles en l'Election nouvellement établie à Belley, pour sieur *Gaspard Passerat*.

Provisions du 20 mars 1603, de l'un des deux offices de receveur des aides, tailles et taillon, en l'Election nouvellement établie à Belley, pour sieur *Guillaume Faure*.

Provisions du 23 septembre 1604, de l'office de greffier en l'Election de Belley, pour sieur *Annibal Jarcellat.*

Provisions du 16 novembre 1605, de l'office de grenetier au grenier à sel de Belley, nouvellement créé, pour sieur *Jean de Tricaud.*

Provisions du 1er juillet 1606, de l'office de conseiller au grenier à sel de Belley, pour sieur *George Bozon*, ledit office nouvellement créé.

Provisions du 7 juillet 1606, de l'état et office de greffier au grenier à sel de Belley, nouvellement créé, au profit de sieur *Etienne Charlin.*

Provisions du 2 novembre 1606, de l'office de grenetier au grenier à sel de Seyssel, créé par édit de janvier 1603, au profit de sieur *Imbert Mabire.*

Provisions du 18 mai 1607, de l'état et office de contrôleur au grenier à sel de Seyssel, au profit de sieur *Jean Constantin.*

Provisions du 8 novembre 1607, de l'office de grenetier au grenier à sel de Nantua, érigé par édit du mois de janvier 1603, au profit de sieur *François Robin.*

Provisions du 8 novembre 1607, de l'office de contrôleur au grenier à sel de Nantua, au profit de sieur *Edme Berthet.*

Provisions du 30 juillet 1608, de l'office de procureur du roi au grenier à sel de Belley, au profit de sieur *Philibert de Tricaud.*

Lettres de provisions du 1er juin 1613, de l'office de lieutenant civil et criminel au siége de Belley, pour sieur *Barthélemy Le Roux*, par la résignation de sieur *Jean Dubuisson.*

Lettres de provisions du 10 octobre 1614, de l'office de contrôleur au grenier à sel de Lagnieu, pour sieur *Antoine Burdel*, par la résignation de sieur *Jacques Durand.*

Lettres de provisions du 10 novembre 1614, de l'office de

procureur du roi au grenier à sel de Lagnieu, pour sieur *Gabriel Guillot*, par la résignation de sieur *Jean de la Roche*.

Lettres-patentes du 11 décembre 1614, qui accordent à sieur *Antoine Montillet*, second élu en l'Election de Belley, la qualité de conseiller du roi, lieutenant en ladite Election.

Provisions de l'office de contrôleur au grenier à sel de Nantua, pour sieur *Antoine Chaboud*, du 5 janvier 1617.

Provisions de l'office de contrôleur triennal des tailles en l'Election de Belley, pour sieur *Claude-Gaspard Passerat*, du 15 ... 1617.

Provisions de conseiller du roi, élu en l'Election de Belley, pour sieur *George Ferraz*, du 1er janvier 1618.

Provisions de l'office de receveur des tailles et taillons en l'Election de Belley, pour sieur *Jean-Baptiste Trébillet*, du 20 février 1618.

Provisions de l'office de procureur du roi au grenier à sel de Seyssel, pour sieur *Claude Chanal*, du 12 mars 1619.

Provisions de l'office de receveur triennal des tailles et taillons en l'Election de Belley, pour sieur *Nicolas Louvet*, du 23 septembre 1619.

Provisions du 30 novembre 1619, accordées à sieur *Paul Savarin*, de l'office de procureur du roi au Bailliage de Belley, aux lieu et place de sieur *Jean Bosselin*.

Provisions du 1er février 1620, accordées à sieur *Pierre de Tricaud*, de l'office de grenetier triennal au grenier à sel de Belley, créé par édit de novembre 1615.

Quittance de finance du dernier mars 1620, de la somme de 400 livres, payée par sieur *Louis Passerat*, de Châtillon-de-Michaille, pour l'office de commissaire des tailles des paroisses de Cordon, etc., Election de Belley, mandement de Châtillon-de-Michaille.

Provisions du 22 juillet 1620, accordées à sieur *Guillaume Guinet*, sieur de Montvert, de l'office de procureur du roi au Bailliage de Belley, aux lieu et place de *Jean Bosselin*.

Provisions du 28 septembre 1620, accordées à sieur *Antoine de Migieu*, de l'office de receveur des tailles et taillons en l'Election de Belley, aux lieu et place de sieur *de Gendrier*.

Quittance de finance du dernier mars 1621, de la somme de 750 livres, payée par sieur *Prosper Reydellet*, châtelain d'Apremont, pour l'office de commissaire des tailles des paroisses de Montréal, Election de Belley, mandement de Montréal.

Provisions du 7 février 1622, accordées à sieur *Antoine Burdet*, de l'office de contrôleur triennal au grenier à sel de Lagnieu, créé par édit du mois de novembre 1615.

Provisions de l'office de receveur triennal des tailles en l'Election de Belley, pour sieur *Antoine de Migieu*, aux lieu et place de sieur *Nicolas Louvet*, du 26 novembre 1624.

Provisions du 11 octobre 1626, accordées à sieur *Jacques de Camus*, de lieutenant général civil et criminel au Bailliage de Belley, aux lieu et place de sieur *Barthélemy Le Roux*.

Provisions du 1er février 1627, accordées à sieur *Louis Constantin*, de l'office de contrôleur ancien au grenier à sel de Seyssel, aux lieu et place de sieur *Jean Constantin*, son père.

Provisions du 18 août 1627, accordées à sieur *Claude Bozon*, de l'office de contrôleur ancien et triennal au grenier à sel de Belley, aux lieu et place de *Jacques Bozon*, son frère.

Provisions du 23 août 1627, accordées à sieur *Balthazar Prost*, de l'office de contrôleur alternatif des tailles et taillons en l'Election de Belley, créé par édit du mois de mars même année.

Provisions de l'office d'avocat du roi en l'Election de Belley, pour sieur *Louis Marin des Vignes*, du 28 août 1627.

Provisions du 28 août 1627, accordées à sieur *Claude de Murs*, de l'office de lieutenant particulier et d'élu en l'Election de Belley.

Provisions du 28 août 1627, accordées à sieur *Antoine Mermet*, de l'office d'élu en l'Election de Belley.

Provisions de l'office de grenetier alternatif au grenier à sel de Belley, pour sieur *Jean de Tricaud*, du 28 août 1627.

Lettres de provisions du mois de juin 1628, de l'office de procureur du roi alternatif au grenier à sel de Nantua, pour sieur *Bertrand Berthet*.

Lettres de provisions du 9 septembre 1628, de l'office de président en l'Election de Belley, pour sieur *Claude Montillet*, par le décès de sieur *Antoine Bellot*.

Lettres de provisions du 20 décembre 1628, de l'office de conseiller-contrôleur élu triennal en l'Election de Belley, pour sieur *Pierre Jarcellat*, par la résignation de sieur *François de Croison*.

Lettres-patentes du 11 février 1629, de lieutenant en l'Election de Belley, pour sieur *Pierre Jarcellat*, conseiller élu en ladite Election, par le décès de sieur *Antoine Montillet*.

Provisions de l'office de contrôleur ancien au grenier de Nantua, pour sieur *Pierre Chaboud*, aux lieu et place de sieur *Antoine Chaboud*, son oncle, du 24 juin 1630.

Provisions de l'office de contrôleur ancien au grenier à sel de Lagnieu, pour sieur *Benoît Balme*, aux lieu et place de sieur *Antoine Burdet*, du 12 septembre 1630.

Provisions de l'office de conseiller du roi, premier assesseur en l'Election de Belley, pour sieur *Charles Bernard*, aux lieu et place de sieur *Jean-Baptiste Bernard*, son frère, du 29 septembre 1630.

Provisions de l'office de lieutenant particulier en l'Election de Belley, pour *Claude de Murs*, aux lieu et place de sieur *Jean-Claude de Murs*, son père, du 18 juillet 1631.

Provisions de l'office de procureur du roi au grenier à sel de Lagnieu, pour sieur *Philibert Cointet*, aux lieu et place de sieur *Philibert Guillot*, du 18 juillet 1632.

Provisions de l'office de grenetier ancien au grenier à sel de Nantua, pour sieur *François Reydellet*, aux lieu et place de sieur *Antoine Jacques*, du 19 juillet 1632.

Lettres de provisions de premier avocat du roi au Bailliage de Belley, accordées par Sa Majesté à sieur *Joseph Milliers*, données à Paris au mois de décembre 1633.

Lettres de provisions de l'office de receveur triennal des tailles et taillons en l'Election du Bugey, Valromey et Gex, accordées par Sa Majesté à sieur *Antoine Trocu*, aux lieu et place de sieur *Antoine de Migieu*, le 16 mai 1634.

Lettres de provisions de receveur des tailles et taillons en l'Election de Belley, accordées par Sa Majesté à sieur *Melchior Garaut*, aux lieu et place de sieur *Pierre de Gendrier*, le 22 mai 1634.

Lettres de provisions de l'office de procureur du roi en l'Election de Belley, accordées à sieur *Ponce Cozon*, du 6 octobre 1638.

Lettres de provisions du 7 septembre 1641, de l'office de contrôleur élu triennal en l'Election de Belley, pour sieur *Jean-Baptiste Jarcellat*, par le décès de sieur *Jarcellat*, son père.

Lettres de provisions du 5 décembre 1644, de l'office d'avocat du roi en l'Election de Belley, pour sieur *Charles Ménier*, par le décès de sieur *Louis Marin*.

Lettres de provisions du 11 mars 1647, de l'office de lieutenant général civil et criminel au Bailliage de Belley, pour sieur *François de Tricaud*, par la résignation de sieur *Jacques de Camus*.

Lettres de provisions du 2 septembre 1647, de l'office de conseiller du roi, lieutenant particulier et d'élu en l'Election de Belley, pour sieur *François Rostain*, par la résignation de sieur *Claude de Murs*.

Lettres de provisions du dernier décembre 1649 de l'office de receveur triennal des tailles en l'Election du Bugey, pour sieur *Pierre Trocu*, par la résignation de sieur *Antoine Trocu*, son frère.

Contrat de remise du 7 août 1651 de l'office de commissaire des tailles de la ville de Nantua et autres, pour le sieur *Humbert Perrier*, au profit de sieur *Antoine de Migieu*.

Lettres de provisions du 28 décembre 1652, de l'office de procureur du roi au Bailliage du Bugey et de Belley, pour sieur *Guillaume de Montvert*, par le décès de sieur *Guillaume de Montvert*, son père.

Lettres de provisions du 26 janvier 1654 de l'office de lieutenant criminel en l'Election de Belley, pour sieur *Gaspard Roley*, par la résignation de sieur *François Reydellet*.

Lettres de provisions du 23 février 1654, de l'office de receveur ancien des tailles en l'Election de Belley, pour sieur *Philibert de Beney*, par la résignation de sieur *Antoine de Migieu*.

Lettres-patentes du 22 décembre 1655, par lesquelles Sa Majesté a accordé à sieur *Victor-Amédée de Lafont de Serrières*, seigneur de Saint-Apollinard, capitaine d'une compagnie de cavalerie dans le régiment de sieur *André Montbrun*, l'état et charge de bailli de Bugey et Valromey, exercée auparavant par sieur *Guillaume de Champier*, seigneur de Feillens, dernier possesseur.

Arrêt du Conseil du 22 mars 1661, qui ordonne que sieur *André Balme*, conseiller au Parlement de Metz, héritier de sieur *Léonard Vincent*, avocat du roi en l'Election de Belley, jouira des gages dudit office d'avocat du roi, quoique supprimé par édit du mois d'août 1660, jusqu'à ce que le remboursement soit fait.

Lettres de provisions de l'office de conseiller du roi, contrôleur élu alternatif des tailles en l'Election de Belley, accordées le 3 février 1663, à sieur *Pierre Cottin*, avocat, aux lieu et place de feu sieur *Balthazar Prost*.

Lettres de provisions de l'office de conseiller du roi, premier élu en l'Election de Belley, accordées le 11 mars 1663, à sieur

Claude Bernard, aux lieu et place de feu sieur *Charles Bernard*, son père.

Lettres de provisions de l'office de conseiller-président en l'Election de Belley, accordées le 12 mars 1664, à sieur *François Reydellet*, aux lieu et place de sieur *Jallier*, qui s'est démis en sa faveur.

Lettres de provisions de l'office de conseiller élu en l'Election de Belley, accordées par Sa Majesté le 18 septembre 1664, à sieur *Pierre Mermet*, aux lieu et place de feu sieur *Antoine Mermet*.

Commission donnée le 7 octobre 1664, par les trésoriers généraux de France au Bureau des finances, à Dijon, à sieur *Pierre Trocu*, receveur des tailles en l'Election de Belley, pour parachever la recette de feu sieur *François Garaut*, receveur particulier des tailles de ladite Election, à la charge par ledit sieur *Trocu* de donner caution.

Lettres de provisions de l'office de conseiller et lieutenant en l'Election de Belley, accordées par Sa Majesté le 23 décembre 1665, à sieur *François Jarcellat*, aux lieu et place de feu sieur *Jean-Baptiste Jarcellat*, son frère.

Lettres de provisions de conseiller-receveur alternatif des tailles et taillons en l'Election de Belley, accordées le dernier mars 1666, à sieur *Guillaume Bouillet*, aux lieu et place de feu sieur *François Garaut*.

Lettres de provisions de l'office de conseiller élu en l'Election de Belley, accordées le 15 décembre 1667, à sieur *Joseph Fabry*, aux lieu et place de feu sieur *Antoine Fabry*, son père.

Lettres de provisions de l'office de receveur ancien des tailles en l'Election de Belley, accordées par Sa Majesté le 1er décembre 1669, à sieur *Guillaume Bouillet*, aux lieu et place de sieur *Philibert de Beney*, qui a résigné en sa faveur.

Lettres de provisions de l'office de conseiller-contrôleur ancien en l'Election de Belley, Valromey et Gex, accordées le 2 novembre

1671, à sieur *Anthelme Maret*, aux lieu et place de sieur *Philibert Passerat*, qui en a fait résignation en sa faveur.

Commission de MM. les trésoriers de France du 27 juillet 1675, au profit de sieur *Etienne Pigniat*, pour faire la recette des tailles en l'Election du Bugey.

Provisions des trésoriers de France du 11 mars 1676, au profit de sieur *Michel Culet*, pour faire la recette des tailles de Belley.

Lettres de provisions du 20 mai 1677, de conseiller-lieutenant en l'Election de Belley, au profit de sieur *Claude Rubat*, aux lieu et place de sieur *François Rostain*.

Lettres de provisions du 11 novembre 1677, de l'office de conseiller-receveur triennal alternatif et ancien des tailles de l'Election de Belley, au profit de sieur *Guillaume Bouillet*, aux lieu et place de sieur *Guillaume Bouillet*, son père.

Lettres d'attache du 9 mars 1679, données par le gouverneur et lieutenant pour le roi en Bourgogne, à sieur *André Balme*, pour la charge de contrôleur ordinaire aux montres et revues des maréchaussées de Bresse, Bugey et Gex.

Lettres de provisions du 10 juillet 1679, de la charge de lieutenant-général au pays de la haute et basse Bresse, Bugey, Valromey, Gex et comté de Charolais, au profit du sieur comte *de Montbel d'Entremont*, aux lieu et place du sieur marquis *de Montrevel*.

Lettres-patentes du 27 octobre 1679, de l'office de conseiller élu en l'Election de Belley, en faveur de sieur *Simon Andréas*, aux lieu et place de sieur *Joseph Fabry*.

Lettres de provisions du 13 juin 1681 de l'office de conseiller-président en l'Election de Belley, au profit de sieur *Guy Cappon*, aux lieu et place de sieur *Bertrand Montillet*.

Lettres de provisions du 12 décembre 1681, de l'office de conseiller-lieutenant en l'Election de Belley, au profit de sieur

Etienne Jarcellat, que tenait et exerçait sieur *François Jarcellat*, son frère.

Lettres de provisions du 22 octobre 1682, de conseiller premier élu et assesseur en l'Election de Belley, au profit de sieur *Philibert Parraz*, aux lieu et place de sieur *Alexandre Bernard*.

Lettres de provisions du 6 mars 1683, de l'office de procureur du roi au Bailliage du Bugey, établi à Belley, au profit de sieur *Antoine Courtois*, aux lieu et place de sieur *Guillaume Montuat*.

Quittance de finance du 25 mai 1686, pour sieur *Philibert Parra*, lieutenant en l'Election de Belley, pour augmentation de gages.

Lettres de provisions du 23 juillet 1686, au profit de sieur *François Cozon*, procureur du roi en l'Election de Belley.

Lettres de provisions du 17 août 1686, pour sieur *Louis Le Clerc*, de la charge de contrôleur ordinaire aux montres et revues des marchandises du Bugey et Gex, aux lieu et place de sieur *André Balme*.

Lettres de provisions du 27 novembre 1687, de l'office de procureur du roi au Bailliage du Bugey, pour sieur *Melchior Brillard*, aux lieu et place de sieur *Antoine Courtois*.

Lettres de provisions du 18 mars 1688, de l'office de lieutenant général au Bailliage de Belley, pour sieur *Anselme de Tricaud*, aux lieu et place de sieur *François de Tricaud*, son père.

Lettres de provisions du 25 juin 1688, de l'office de conseiller élu en l'Election de Belley, pour sieur *Joseph Trocu*, aux lieu et place de sieur *Etienne Trocu*.

Provisions du 30 janvier 1690, de l'office de bailli du Bugey et Valromey, pour sieur *Jean-Louis de Grenaud*, seigneur de Rougemont, capitaine de cavalerie, par la résignation de sieur *de Lafont de Saint-Apollinard*.

Lettres de provisions de l'office d'élu en l'Election de Belley, du 3 avril 1690, au profit de sieur *Isaac Le Clerc*.

Lettres de provisions du 21 décembre 1690, de l'office de président en l'Election de Belley, pour sieur *Martin Curty,* par le décès de sieur *Guy Cappon.*

Lettres d'intermédiat du 22 février 1691, au profit de dame *Barbe de Rostain*, veuve de sieur *Bertrand de Montillet,* président en l'Election de Belley.

Provisions du 20 juillet 1693, de l'office de maire de la ville de Belley, nouvellement créé, pour le sieur *Antoine Garin.*

Provisions du 8 novembre 1693, de l'office de commissaire particulier aux revues et logements des gens de guerre de la ville de Belley, pour sieur *Claude-Henri de Reydellet.*

Provisions du 11 décembre 1693, de l'office de maire de la ville et communauté de Nantua, pour sieur *François du Port.*

Provisions du 17 décembre 1693, de l'office de maire de Seyssel, pour sieur *François Carrel,* ledit office nouvellement créé.

Provisions du 25 janvier 1694, de l'office de procureur du roi de la ville et communauté de Seyssel, nouvellement créé, pour sieur *Claude Montanier.*

Provisions du 17 juillet 1694, de l'office de lieutenant général civil au Bailliage de Belley, pour sieur *André Balme,* par la résignation de sieur *Joseph de Tricaud.*

Provisions du 2 décembre 1694, de l'office d'élu en l'Election de Belley, pour sieur *Jean-Louis Robin,* par la résignation de sieur *André Balme.*

Provisions du 10 mai 1695, de l'office de président en l'Election de Belley, pour sieur *Martin Curty,* par la résignation de sieur *Martin Curty,* son oncle.

Lettres de provisions de lieutenant des traites de Nantua, du 22 janvier 1696, en faveur de sieur *Bruno Jacques,* aux lieu et place de sieur *Honoré Maurier.*

Lettres de provisions du 8 mars 1696, de la charge de lieutenant général des provinces de Bresse, Bugey, Valromey et Gex, vacante par la mort du comte *d'Entremont*, en faveur du marquis *de Lassay*.

Provisions du 9 août 1696, de la charge d'élu en l'Election de Belley, vacante par le décès de *François Cozon*, en faveur de sieur *Gaspard Cozon*, son fils.

Provisions de l'office d'élu en l'Election de Belley, vacant par le décès de sieur *Isaac Le Clerc*, expédié en faveur de sieur *Jacques Le Clerc*, son frère, le 22 octobre 1697.

Provisions de l'office de lieutenant en l'Election de Belley, vacant par la résignation de sieur *Philibert Parrader*, expédiées en faveur de sieur *Jarcellat*, le 9 mai 1700.

Provisions en date du 18 mars 1704, au profit de sieur *André Balme*, lieutenant criminel au Bailliage de Belley, de l'office de lieutenant général au Bailliage du Bugey, aux lieu et place de sieur *André Balme*, son père.

Provisions données à Versailles le 1er juin 1704, à sieur *Jacques Passerat*, sieur du Parc, de l'office de conseiller du roi, lieutenant général d'épée au Bailliage de Belley, créé héréditaire par édit d'octobre 1703.

Provisions du 1er février 1705, au profit de sieur *Guillaume Bouillet*, ancien auditeur des Comptes en la Chancellerie de Besançon et receveur des tailles de l'Election de Belley, de l'état et office de subdélégué de M. l'intendant de Dijon dans la ville de Belley, créé par édit du mois d'avril 1704.

Lettres de provisions de l'office de conseiller du roi, commissaire en la maréchaussée de Belley, créé par édit du mois d'avril 1705, au profit de sieur *Anthelme Béatrix*.

Provisions données à Paris le 27 mars 1706, à sieur *Claude de Merméty*, de l'office de contrôleur en la maréchaussée de Belley, créé par édit d'avril 1705.

Provisions du 21 août 1707, à sieur *Jean-Claude Grossy*, avocat, de l'état et office de conseiller, procureur du roi au Bailliage du Bugey, vacant par le décès de sieur *Melchior Brillat*.

Provisions données par Mgr le prince de Condé le 4 février 1710, à sieur *François Parraz*, de la charge de lieutenant de robe courte de la maréchaussée du Bugey, vacante par le décès de sieur *Charles Parraz*, son oncle.

Provisions du 25 janvier 1711, à sieur *Jean-Pierre de Grenaud*, écuyer, seigneur de Rougemont, de l'office de lieutenant général d'épée au Bailliage de Belley, vacant par la démission de sieur *Passerat du Parc*.

Provisions données à Versailles le 10 mars 1711, à sieur *Jean-Baptiste Jujat*, de l'office d'élu en l'Election de Belley.

Lettres de provisions du 2 juillet 1712 de l'office de conseiller-substitut des gens du roi en l'Election de Belley, en faveur de sieur *Pierre de la Porte*.

Lettres de provisions du 25 septembre 1712, de l'office de grand-bailli du Bugey en faveur de sieur *Jean-Pierre de Grenaud*, marquis de Rougemont, aux lieu et place de sieur *Jean-Louis de Grenaud*, son frère.

Commission donnée par Mgr l'intendant au sieur baron *du Vachat*, pour faire la recette des impositions sur tous les habitants et contribuables aux tailles du pays de Belley, les sommes y énoncées en vertu des lettres-patentes à eux accordées le 30 septembre 1719, ladite commission en date du 27 janvier 1720.

Lettres de provisions de conseiller au Conseil du Bugey, en date du 18 février 1722, en faveur de sieur *Jean-Baptiste Moine*, aux lieu et place de sieur *Louis Borsier*.

Commission en faveur de sieur baron *du Vachat*, premier syndic du Tiers-Etat du Bugey, pour la perception des impositions ordonnées par les lettres-patentes du 31 juin 1722, octroyées par Mgr *de la Briffe*, intendant de Bourgogne.

Provisions données à Paris le 21 juillet 1722, au profit de sieur *Joseph Jujat*, pour l'exercice de la charge de conseiller élu en l'Election de Belley, avec lettres de dispense d'âge accordées audit sieur *Joseph Jujat*, par lettres données à Chantilly le 19 juin 1725, pour posséder ladite charge de conseiller élu en l'Election du Bugey.

Lettres de provisions de conseiller-lieutenant en l'Election de Belley, du 16 juin 1723, en faveur de sieur *Pierre Mégard*, aux lieu et place de sieur *Claude Jarcellat*.

Lettres de provisions de l'office de conseiller, procureur du roi, en l'Election de Belley, en date du 7 octobre 1723, en faveur de sieur *Etienne Brillat*, aux lieu et place de sieur *Jean-Louis Sillimond*.

Lettres de provisions de l'office de conseiller du roi en l'Election de Belley, le 2 septembre 1723, en faveur de sieur *Joseph Chalut*, aux lieu et place de sieur *Claude Chalut*, son frère.

Provisions données à Paris le 16 août 1725, à sieur *Pierre-Martin Curty*, avocat au Parlement de Paris, pour l'exercice de la charge de président en l'Election de Belley, vacante par le décès de sieur *Martin Curty*, son père.

Commission donnée par Mgr *de la Briffe*, intendant de Bourgogne et Bresse, le 4 décembre 1725, en vertu des lettres-patentes données à Chantilly le 16 juillet dernier au sieur baron *du Vachat*, premier syndic du Tiers-Etat du pays du Bugey, pour faire la recette et dépense des gratifications dans le pays du Bugey.

Provisions données à Paris le 9 février 1727, à sieur *Gabriel du Rochais*, pour l'état et office d'élu en l'Election de Belley, vacant par la mort de sieur *Gaspard Cozon*.

Lettres de provisions en date du 25 mars 1728, accordées à sieur *Anthelme Balme de Sainte-Julie*, avocat en parlement, pour l'office de lieutenant général civil et criminel au Bailliage de Belley, aux lieu et place de sieur *André Balme*, son père.

Lettres de provisions en date du 20 décembre 1730, accordées à sieur *Honoré La Chapelle*, pour la charge de prévôt de la maréchaussée du Bugey, aux lieu et place de feu sieur *Parraz d'Andert*.

Commission à sieur baron *du Vachat*, premier syndic du Bugey, du 6 août 1731, pour faire la recette des gratifications du pays du Bugey.

Commission à sieur baron *du Vachat*, premier syndic du Bugey, du 2 février 1734, pour faire la recette des gratifications.

Provisions de sieur *Charles Le Clerc*, du 21 juin 1734, de l'état et office d'élu en l'Election de Belley, aux lieu et place de sieur *Joseph Trocu*.

Lettres de provisions en date du 22 septembre 1734, accordées à sieur *Antoine Bruno*, sieur de la Frédière, pour l'état et office de prévôt de la maréchaussée de Belley, sur la démission de sieur *La Chapelle*.

Lettres de provisions en date du 29 juin 1735, accordées à sieur *Louis Montagnat*, de l'office de conseiller élu en l'Election de Belley, dont était pourvu feu sieur *Joseph Charlut*, dernier possesseur.

Lettres de provisions en date du 10 novembre 1736, accordées à sieur *Melchior Cullet*, avocat en parlement, pour l'office de conseiller-visiteur général des gabelles de Lyonnais, au département du Bugey, Valromey et Gex, sur la résignation faite en sa faveur par sieur *Jacques-Denis Niger*.

Commission en date du 19 février 1737, donnée à sieur *Maret*, premier syndic général du Tiers-Etat du pays du Bugey, pour le recouvrement des gratifications de la province.

Lettres de provisions en date du 15 mars 1737, accordées à sieur *Philibert Vallierod*, avocat en parlement, pour l'office de président en l'Election du Bugey, Valromey et Gex, aux lieu et place de sieur *Martin Curty*.

Lettres de provisions en date du 28 février 1738, accordées à sieur *Jacques Le Clerc*, élu en l'Election de Belley, pour l'office de conseiller - secrétaire maison couronne de France, en la chancellerie établie près la Cour du Parlement, snr la démission faite en sa faveur par sieur *Julien Lambert*

Lettres de provisions en date du 5 juillet 1738, accordées à sieur *Louis Bouillet de Noiron*, pour l'office de conseiller-receveur ancien des tailles de l'Election de Belley, aux lieu et place de sieur *Guillaume Bouillet*, son père.

A la suite, autres lettres de provisions accordées au même *Bouillet*, pour l'office de receveur alternatif des tailles de l'Election du pays du Bugey, datées du même jour.

A la suite, autres lettres de provisions accordées au même, pour l'office de receveur triennal des tailles dudit pays, du même jour de juillet 1738.

Lettres de provisions en date du 20 février 1739, accordées à sieur *Honoré Combet*, avocat en parlement, pour l'office de conseiller élu en l'Election de Belley, que tenait et exerçait sieur *Gabriel de Rochais*.

Ordonnance de Mgr l'intendant *Pierre-Arnaud de la Briffe*, en date du 4 avril 1740, sur les lettres de provisions du 13 juin 1739, portant commission à sieur *Maret*, premier syndic général du Tiers-Etat du pays du Bugey, pour faire la recette des deniers provenant de l'imposition sur le pays du Bugey.

Lettres de provisions en date du 29 août 1740, accordées à sieur *Anthelme de Montillet de Champdor*, pour la charge de bailli du Bugey et Valromey, que tenait et exerçait sieur *de Grenaud*, marquis de Rougemont.

Lettres de provisions de l'office d'élu en l'Election de Belley, du 7 juillet 1742, en faveur de sieur *Melchior Cullet*, aux lieu et place de sieur *Claude Favier*.

Lettres de provisions de l'office d'élu en l'Election de Belley, du 15 mars 1743, en faveur de sieur *Etienne Videt*, aux lieu et place de sieur *Jacques Le Clerc*.

Provisions du 11 avril 1743, de l'office de conseiller élu en l'élection de Belley, au profit de sieur *Augustin Mugnier*.

Commission du 14 juin 1743, donnée par Sa Majesté à sieur *Balme de Sainte-Julie*, pour exercer et faire les fonctions de prévôt de la maréchaussée du département de Bourgogne, à la résidence de Belley, aux lieu et place de sieur *Bruno de la Frédière*.

Provisions du 4 avril 1744, de l'office de conseiller-président, juge des droits de sortie et d'entrée en la ville de Nantua, en faveur de sieur *Pierre Tardy*, aux lieu et place de sieur *Bruno Jacques*.

Provisions du 10 février 1748, de l'office de conseiller au Bailliage du Bugey, en faveur de sieur *Michel Cullet*, aux lieu et place de sieur *Jean-Baptiste Moine*, dernier titulaire.

Provisions du 12 septembre 1748, de l'office de procureur du roi en l'Election du Bugey, Valromey et Gex, en faveur de sieur *Marc-Anthelme Brillat*, aux lieu et place de sieur *Etienne Brillat*, son père.

Provisions du 11 juillet 1750, de l'office de conseiller du roi en l'Election de Belley, pour sieur *Mathieu Mégard*, aux lieu et place de sieur *Pierre Mégard*, son père.

Provisions du 11 juillet 1750, de l'office de conseiller du roi en l'Election de Belley, pour sieur *Joseph-François Mathieu*, aux lieu et place de sieur *Charles Le Clerc*, dernier titulaire.

Provisions du 8 avril 1755, de l'office de conseiller du roi élu en l'Election de Belley, pour sieur *Antoine Favier*, aux lieu et place de sieur *Pélisson Collet*, dernier titulaire.

Provisions du 27 septembre 1758, de l'office de procureur du roi au Bailliage du Bugey, établi à Belley, pour sieur *François Grossi*, aux lieu et place de sieur *Jean-Claude Grossi*, son père, décédé.

Provisions du 7 août 1765, de l'office de conseiller - maître particulier des eaux et forêts de Belley, créé par édit de septembre 1764 pour sieur *Melchior Cullet*.

Provisions et lettres de dispense d'âge des 26 février et 9 avril 1766, de l'office de conseiller, procureur du roi au Bailliage de

Belley, pour sieur *Raoul-François Grossi*, aux lieu et place de défunt sieur *Jean-Claude Grossi*, son père.

Provisions du 12 novembre 1766, de l'office de conseiller élu en l'Election de Belley, pour sieur *Louis-Marie-Joseph Videt*, aux lieu et place de défunt sieur *Etienne Videt*, son père.

PAYS DE GEX

Lettres de provisions du 11 juillet 1601, de l'office de lieutenant civil et criminel, établi à Gex pour le particulier des justices ordinaires de la baronnie de Gex, pour sieur *Pierre de Brosses.*

Provisions du 15 novembre 1605, de l'office de grenetier au grenier à sel de Gex, nouvellement créé, pour sieur *Pierre de Brosses.*

Provisions du 22 mai 1607, de l'office de contrôleur au grenier à sel de Gex, nouvellement créé, au profit de sieur *Jacob Rousset.*

Lettres-patentes du 2 juin 1609, par lesquelles est attribué à sieur *François de Boivin,* seigneur de Villars, bailli de Gex, la somme de 400 livres par an pour ses gages.

Provisions du 11 juillet 1610, accordées à sieur *Jean Fermet,* le jeune, de l'office de grenetier au grenier à sel de Gex, aux lieu et place de sieur *Pierre de Brosses.*

Provisions de l'office de lieutenant de prévôt des maréchaux au Bailliage de Gex, pour sieur *Gabriel Vigoureux,* du 24 avril 1612.

Procuration *ad resignandum* donnée par ledit sieur *Vigoureux,* pour raison dudit office, au profit de sieur *Claude Milleret,* le 19 novembre 1613.

Provisions de l'office de lieutenant général civil et criminel au Bailliage de Gex, pour sieur *Jean de Bullion*, du 10 janvier 1618.

Provisions de l'office de conseiller du roi, lieutenant au grenier à sel de Gex, nouvellement créé, pour sieur *Gaspard Olard*, du mois d'avril 1625.

Provisions du 24 juin 1626, accordées à sieur *Jacques Blandin*, écuyer, seigneur de Sainte-Claire, gentilhomme servant de S. M., de l'office de bailli de Gex, aux lieu et place de sieur *Jean de Casteret*, seigneur de la Rivière.

Provisions données à Paris le 6 mars 1627, à sieur *George Dupuis*, sieur de la Chaux, avocat en parlement, de l'état et office de procureur du roi au Bailliage de Gex, vacant par le décès de sieur *Gabriel Turban*.

Provisions expédiées le 13 mai 1630, à sieur *François de Maillans*, seigneur de Vallod, de l'état et office de bailli de Gex qu'exerçait sieur *Jacques Blandin de Sainte-Claire*, par la résignation que ce dernier en a faite entre les mains de S. M.

Lettres de nomination par Mgr *Henri de Bourbon*, prince de Condé, de sieur *Charles de Brosses*, seigneur de Tournay, à l'office de bailli de Gex, aux lieu et place de sieur *François-Balthazar de Maillans*, du 5 juin 1633.

Lettres de provisions de l'office de conseiller, procureur du roi, au Bailliage de Gex, accordées à sieur *Claude-Antoine Bozon*, le 12 juillet 1634.

Lettres d'attache de l'office de lieutenant de prévôt des maréchaux de Gex, accordées le 20 juillet 1660 par Mgr le prince de Condé à sieur *Gaspard Bourset*, aux lieu et place de sieur *Bernard Bourset*, qui a résigné en sa faveur.

Lettres d'attache de Mgr le prince de Condé, de la charge de bailli au Bailliage de Gex, de sieur *Pierre de Brosses*, aux lieu et place de sieur *Charles de Brosses*, son père, par la résignation faite par ce dernier en sa faveur, en date du 22 décembre 1664.

Lettres de provisions du 20 septembre 1671, données à sieur *Desmanier*, sur la présentation du prince de Condé, de l'office de capitaine et gouverneur de la ville, château, Bailliage et pays de Gex.

Lettres de provisions du 6 juin 1675, de l'office de conseiller et procureur au Bailliage de Gex, au profit de sieur *Antoine Bosson*, aux lieu et place de *Jean-Baptiste Bosson*, son père.

Lettres de provisions de l'office de bailli du pays de Gex, au profit de sieur *Claude de Brosses*, en date du 6 mars 1676, aux lieu et place de sieur *Pierre de Brosses*, son frère.

Lettres de provisions de l'office de lieutenant général civil et criminel au Bailliage de Gex, au profit de sieur *Claude de Brosses*, en date du 6 mars 1676, aux lieu et place de sieur *Charles de Brosses*, son père.

Lettres de provisions de l'office de capitaine-gouverneur de la ville, château, Bailliage et pays de Gex, au profit de sieur *Guillaume de Passy*, qui a été nommé et présenté audit office par S. A. S. Mgr le prince de Condé, aux lieu et place de sieur *de Narrier*, le 28 juin 1682, date des provisions.

Provisions du 30 septembre 1686, de l'office de lieutenant du prévôt des maréchaux du pays de Gex, vacant par la mort de sieur *Gaspard de Borssat*, expédiées par Mgr le duc d'Enghien à sieur *François de Borssat*, son fils.

Lettres de provisions du 22 mai 1705, de l'office héréditaire de substitut des gens du roi au Bailliage de Gex, créé par édit du mois d'avril 1696, au profit de sieur *Louis Chavanne*, aux lieu et place de sieur *Marc Panissod.*

Provisions du 27 mars 1706, à sieur *Jean-Antoine Perraut*, de l'un des offices de commissaires en la maréchaussée de Gex, créé par édit du mois d'avril 1705.

Provisions données à Versailles le 22 juillet 1706, à sieur *Etienne Roch*, de l'état et office de conseiller, procureur du roi en la maréchaussée de Gex, créé par édit d'avril.

Provisions données à Fontainebleau le 25 septembre 1707, au profit de sieur *Gabriel Turban*, conseiller, procureur au Bailliage de Gex, de l'office de subdélégué de Mgr l'intendant de Bourgogne dans la ville de Gex, créé héréditaire par édit d'avril 1704.

Lettres d'attache données à Versailles en 1710, par Monseigneur *Louis-Henri de Bourbon*, prince de Condé, au profit de sieur *Joseph-François de Blanchefort*, baron d'Arrois, pour être pourvu de l'état et charge de gouverneur de la ville, château et Bailliage de Gex, vacant par le décès de sieur *François de Blanchefort*, son oncle.

Ordonnance du 2 janvier 1714, de Mgr l'intendant *de la Briffe*, qui commet le sieur *Borssat de Branvaux* pour faire le recouvrement des sommes imposées sur le pays de Gex.

Nomination du 19 mai 1714, faite par *Louis-Henri* duc *de Bourbon*, prince de Condé, de l'état de capitaine et gouverneur de la ville, château et pays de Gex, en faveur de sieur *Brulard de Sillery*, aux lieu et place de sieur *de Blanchefort*.

Provisions du 22 avril 1714, de l'office de conseiller en l'hôtel de ville de Gex, en faveur de sieur *Louis-André Poncet*, aux lieu et place de sieur *Jean Garin*.

Provisions du 20 mars 1727, de la charge de capitaine et gouverneur des ville, château, Bailliage et pays de Gex, en faveur de sieur *François-Philogène Brulard*, comte de Sillery.

Commission du 1er décembre 1728, à sieur *Borssat de Branvaux*, par le sieur intendant *de la Briffe*, pour l'imposition sur tous les habitants contribuables au pays de Gex de la somme de 25,284 liv. 12 s.

Provisions accordées à sieur *Joseph Emery*, de l'office de conseiller, lieutenant criminel au Bailliage de Gex, aux lieu et place de sieur *François de Borssat*, du 2 avril 1731.

Commission de Mgr l'intendant à sieur *Borssat de Branvaux*, pour faire la recette des gratifications du pays de Gex, du 24 juillet 1733.

Commission à sieur *Philibert Fabry,* l'un des syndics du pays de Gex, aux lieu et place de feu sieur *Borssat de Branvaux,* pour faire la recette des gratifications du pays de Gex, du 16 janvier 1734.

Nomination faite par *Louise-Anne de Bourbon,* princesse du sang, à l'office de conseiller, procureur du roi au Bailliage de Gex, en faveur de sieur *Daniel-César Rouph,* avocat en parlement, aux lieu et place de défunt *George Dupuis,* en date du 1er décembre 1739.

A la suite sont les lettres-patentes qui confirment ladite nomination, et qui accordent audit sieur *Rouph* dispense de parenté et lui permettent de se pourvoir dudit office, en date du 8 janvier 1740.

Provisions du 15 septembre 1746, de l'office de prévôt de la maréchaussée du pays de Gex, pour sieur *Jean-François Roch,* aux lieu et place de sieur *Borssat,* dernier titulaire.

Provisions du 26 juillet 1751, de l'office de lieutenant général civil au Bailliage de Gex, pour sieur *Marc Duval,* aux lieu et place de sieur *Duval,* son père.

Provisions du 19 juin 1765, de l'office de procureur du roi au Bailliage de Gex, pour sieur *Pierre-Louis Rouph,* aux lieu et place de sieur *Daniel-César Rouph,* son père.

EXTRAITS DES REGISTRES DES ASSEMBLÉES
DE LA NOBLESSE
DU BUGEY ET DU PAYS DE GEX

BUGEY

ADMISSIONS DANS LES ASSEMBLÉES

DE LA NOBLESSE

Du 20me du mois de juin 1651.

Par devant nous **Guillaume de Champier**, seigneur de Feillens, baillif du Bugey et gouverneur de la ville de Belley, estant assemblé en nostre hostel le corps de la Noblesse de la province, a esté en premier lieu procédé à l'élection d'un gentilhomme du corps pour secrétaire ordinaire de la dite Noblesse, après en avoir exclu tous ceux qui ne sont de la dite qualité, et par pluralité des voix et suffrages, a esté élu pour secrétaire du dit corps noble **Claude-François Reydellet**, du dit Belley, pour verser en la dite qualité pour l'interest du corps, charge qui lui en a esté et est à présent donnée et par luy acceptée.

Ce fait, a esté lue et publiée dans la dite assemblée par le dit sieur **Reydellet**, secrétaire, la lettre et déclaration du roi, adressée au dit sieur baillif, et en son absence au sieur lieutenant général, en date du quatriesme jour d'avril dernier, signé Louis, et plus bas Phélippeaux, portant commandement d'assembler les trois ordres du dit Bailliage, afin de choisir et nommer à la forme ordinaire des députés pour l'assemblée des Etats-Généraux du royaume, convoqués dans la ville de Tours au huitiesme du mois de septembre prochain, chargés de tous cahiers, mémoires, instructions pour le bien général du royaume; et avant de procéder à la dite nomination et élection, ont esté proposées quelques difficultés sur les quelles la dite assemblée a esté invitée de délibérer.

La première est touchant l'élection des gentilshommes absents; et suivant la diversité des opinions a esté délibéré et déterminé, par la pluralité des voix, qu'aucun gentilhomme absent ne pourra estre nommé et député, tant en la présente assemblée qu'autres à l'advenir, pour députations quelconques et autres emplois qui pourront concerner le dit corps.

La seconde, en quelle façon l'on procédera à la nomination et élection d'un gentilhomme à l'effet de la dite lettre.

Sur quoy a esté délibéré que l'on y procédera par billets, dans les quels chacun des présents pourra inscrire tel nom qu'il luy plaira, les quels ont esté recueillis, et à l'ouverture d'iceulx se sont trouvés eslus :

MM. **de Feillens**, baillif; **de la Bastie de Sacconnex; de Maillat; de Vieuget; de Croyson; Bruyset; de Tricaud.**

Et d'autant que celui d'entr'eux qui se trouve avoir le plus de voix est celui qui doit porter les cahiers et mémoires aux dits Estats, le dit sieur **de Maillat**, se trouvant en avoir le plus, a esté prié se tenir prêt pour partir au temps qu'il conviendra, pour se trouver aux dits lieu et ville de Tours au jour de l'assignation.

Et d'autant que pour la négociation des affaires du dit corps l'on juge à propos de nommer des sindiqs aux quels sera donné, comme dès à présent l'on donne, tout pouvoir d'agir aussi valablement que si tout le corps de la Noblesse étoit assemblé, a esté procédé à la dite nomination par la pluralité des voix recueillies.

Ont esté choisis, eslus et nommés :

MM. **de Cordon**, seigneur d'Evieu; le baron **de la Bastie; de Ruffieu.**

Au regard des frais qu'il conviendra supporter au dit sieur **de Maillat**, pendant son voyage pour se rendre aux Estats, lui a esté taxée et allouée pour chascun jour, la somme de vingt-une livres.

Présents et signataires au registre :

MM.

Champier de Feillens.
De Cordon Saint-Benoît.
B. du Breul.
P. de Lyobard.
De Longecombe.
Reydellet de la Vellière.
Des Echelles.
P. de la Chapelle.
Doncieu.
D'Angeville.
De Rossillon.
D'Arcollières.
Maillat de Moyria.
De Bouvens.
De Croyson.
Du Breul de Sacconay.

MM.

Drujon de Beaulieu.
De Bussy.
Du Monnet.
De Livron.
De la Chapelle.
De Cordon.
D'Artemare-Seyssel.
De Luyset.
D'Ambléon.
De Montgrillet.
De Rossillon-Beauretour.
Bruyset.
De Léaz.
De Seyssel-Sothonod.
De Macognin.
Reydellet, sec^re^ de l'Assemblée.

Du 12me *du mois de novembre* 1654.

Assemblée tenue à Belley, dans l'hôtel et par devant messire Guillaume de Champier, **seigneur de Feillens, bailli du Bugey, en vertu de l'autorisation donnée à cet effet par Mgr le duc d'Epernon de la Valette, de Candale, pair et colonel général de France, gouverneur et lieutenant général pour Sa Majesté en Bourgogne, Bresse et Bugey, en date du 26 septembre 1654.**

Ont été nommés à la pluralité des voix :

Syndics de la Noblesse : MM. **de la Bâtie**; comte **de Grolée**; **de Maillat.**

Conseillers : MM. **de Cordon**, prieur de St-Benoit; **de Ruffieu**; **de la Balme du Bochet.**

Auditeurs des Comptes : MM. **Guillaume de Champier,** bailli du Bugey, et les conseillers ci-dessus nommés.

Secrétaire du corps de la Noblesse : M. **de Reydellet.**

Les délibérations de l'Assemblée du 12 novembre 1654 ont pour unique objet des réglements de compte. Il ne s'y trouve aucune présentation.

Etaient présents et ont signé au registre :

MM.	MM.
Champier de Feillens.	*De Cordon Saint-Benoît.*
Lévy de Châteaumorand.	*De Montferrand.*
B. du Breul.	*De Luyset.*
Maillat de Moyria.	*De Bussy.*
De Thésieu.	*De Bouvens.*

MM.

De Lyobard.
Rossillon de Beauretour.
D'Angeville.
Du Breul de Sacconay.
De Nerciat.
D'Oncieu.
Du Plastre de Vieuget.
De Longecombe.
De Léaz.
De Cordon.
De Conzié.
De Forest.
Du Chastelet de Bordes.
Doncin.
De Vans.

MM.

Du Poysat.
D'Anglefort-Maillans.
De Bachod.
De Montfalcon.
De Bussy.
Claude-Anthelme de Mornieu.
De Croyson.
De la Chapelle.
Bruyset.
De Macognin.
Du Glas.
De Tricaud.
Cressieu de Seyssel.
J.-B. de Migieu.
De Rossillon.

Du 15 novembre 1656.

Assemblée tenue par devant messire Victor-Amédée de Lafond, **sieur de Saint-Apollinard, bailli du Bugey, gouverneur de la ville de Belley.**

Se sont présentés MM. **de Courtines** et **de Tricaud,** qui ont présenté à la dite Assemblée des lettres de relief et arrêts à la suite, priant MM. de la Noblesse de souffrir qu'ils jouissent ci-après de l'effet d'icelles lettres.

M. **Bugnet** a aussi présenté des lettres de noblesse et arrêts à la suite, et prie aussi la dite Assemblée de lui permettre et accorder leur effet.

A esté délibéré, vu les arrêts des dits sieurs **de Courtines** et **de Tricaud,** obtenus de nos seigneurs du Parlement, qu'ils jouiront d'ores en avant du bénéfice des dites lettres, et auront dans les Assemblées de la Noblesse voix délibérative, attendu que ce sont des lettres de réhabilitation, et auront les mesmes priviléges qui leur sont accordés par les dites lettres et dont jouissent les gentilshommes, les quelles seront enregistrées ez registres de la Noblesse.

Et au regard du sieur **Bugnet,** a esté délibéré qu'il jouira de l'effet des dites lettres de noblesse à lui accordées par Sa Majesté et vérifiées au Parlement d'ores en avant, sans avoir voix délibérative quant à présent, et seront les dites lettres et arrêts enregistrés comme les précédentes.

TENEUR D'ARRÊT OBTENU SUR LETTRES DE RELIEF DE NOBLESSE PAR NOBLE JEAN DE TRICAUD.

(Extrait des registres du Parlement.)

Veu les lettres-patentes du roy données à Paris le 20me janvier 1653, signées Louis, et plus bas, par le roy, Letellier, scellées de cire jaune, sur simple queue de parchemin, par lesquelles Sa Majesté, voulant favorablement traicter M. Jean Tricaud, advocat et grenetier au grenier à sel de Belley, et en considération de ses services, de ceux de Jean Tricaud, son père, a ordonné que le procureur général, le premier sindiq de la province qui pourroit avoir intérest ez dites lettres, présents ou appellés, et s'il apparoissoit par les informations et enquestes qui seroient faictes que le dit Jean Tricaud, grenetier, est fils du dit Jean Tricaud, père, dénommé en d'autres lettres du mois de novembre 1649, qu'il fust frère germain de Philibert Tricaud, impétrant, d'icelles, qu'il eust toujours vescu noblement, sans avoir faict aucun acte dérogeant à la noblesse de ses prédécesseurs, en ce cas le dit Jean Tricaud fils fust rendu participant du contenu et de l'effet des dites lettres du mois de novembre 1649, tout ainsi que s'il estoit impétrant, et, ce faisant, le maintenir et garder au titre et qualité de noble à lui acquis par ses prédécesseurs, pour en jouir par lui et ses enfants, nés et à naitre, en loyal mariage et ez honneurs, autorité, prééminence, rang et séance parmi les nobles, tant aux Assemblées générales que particulières du pays de Bugey, et par tout ailleurs, tout ainsi que les autres nobles d'ancienne extraction, et porter les mêmes armes et armoiries timbrées que ses prédécesseurs et lui avaient toujours prises et portées. Et c'est nonobstant la perte faite des titres de la dite noblesse et de la dérogeance qu'il pourroit avoir faite par la contribution aux tailles, durant quelques années, et que Sa Majesté vouloit ne lui nuire ni préjudier, dont, en tant que de besoin seroit, l'auroit relevé, et en tant que de besoin de nouveau anobli, nonobstant quelconques édits, ordonnances, mandements, réglements, défenses et lettres à ce contraires, particulièrement à celles faites sur la rénovation des anoblissements aux quelles Sa Majesté auroit expressément dérogé, lettres de relief, de surannation de celles ci-dessus du 27me mars dernier du dit Tricaud, à ce que ses dites lettres de relief de noblesse fussent vérifiées; copie des dites lettres du 18me novembre 1649, contenant relief de noblesse en faveur du dit Philibert Tricaud, arrêt de confirmation d'icelles du 11me janvier 1651, ce qui a esté dit sur les dites lettres et requestes, par les conseillers et sindiqs, tant du pays de Bugey que de la ville de Belley, contenant leur déclaration que le dit Jean Tricaud étoit frère germain du dit Philibert Tricaud, et tous deux fils du dit Jean Tricaud, conclusions du procureur général du roi.

La Cour a vérifié et entériné, vérifie et entérine les dites lettres de relief de noblesse; ordonne qu'elles seront registrées ez registres de la dite Cour, pour jouir par le dit Jean Tricaud et sa postérité, née et à naitre en loyal mariage, de l'effet d'icelles, selon leur forme et teneur, tant et si longuement qu'ils ne feront acte dérogeant à la noblesse.

Fait à Dijon, en Parlement, le 4me d'aoust. — Signé Joly.

L'arrest ci-dessus a esté par moi, secrétaire de la Noblesse, enregistré en suite de la délibération ci-devant, ce requérant le dit **Tricaud**, qui a retiré l'original à Belley, ce premier décembre, année susdite. — Signé Reydellet.

Présents à l'Assemblée et signataires au registre :

MM.

Lafond de Saint-Apollinard.
De Cordon Saint-Benoît.
De Nerciat.
De Bussy.
De Montferrand.
De Beauretour.
De Dortan-Chatonod.
Du Plastre de Vieuget.
De Montgrillet.
D'Ambléon.
Chastelet de Bordes.
De Léaz.
De Tricaud.
Du Glas.

MM.

Des Échelles.
De Seyssel.
Seyssel d'Artemare.
De Lucinge.
De Corcelles.
D'Anglefort de Maillans.
D'Arcollières.
De Courtines.
Bugniet.
De Rossillon-Beauretour.
De Bouvens.
De Reydellet.
De Montfalcon.

Du 16 octobre 1659.

Assemblée tenue en l'hôtel de messire Victor-Amédée de Lafond, **écuyer, sieur de Saint-Apollinard, bailli du Bugey et gouverneur de la ville de Belley.**

Election des syndics : MM. le comte **Ducros de Grolée; d'Entremont,** baron de Nattage ; **de Montferrand.**

Conseillers : MM. **de Croyson; de la Balme; de Carron.**

Secrétaire : M. **de Reydellet.**

ANOBLISSEMENT DE M. BOZON.

Plusieurs nouveaux anoblis ayant représenté à l'Assemblée des lettres de noblesse pour y avoir l'entrée et y délibérer comme les autres nobles;

A esté délibéré qu'ils les communiqueront à MM. les sindiqs, qui seront assistés à la vision et examen d'icelles par MM. **d'Angeville, de la Balme** et **de Carron,** aux frais toutefois de ceux qui les représenteront.

Et au regard de celles de M. **Bozon,** ouï sur ce M. **de Grolée,** sindiq, et MM. les conseillers, a esté délibéré qu'il jouira d'ores en avant de l'effet et privilége d'icelles, lui et les siens, tout ainsi que les autres nobles du corps.

Présents à l'Assemblée et signataires au registre :

MM.	MM.
De Saint-Apollinard.	*De Beauretour.*
Ducros de Grolée.	*De Bussy.*
D'Entremont.	*D'Angeville.*
De Montferrand.	*De Longecombe.*

MM.	MM.
Seyssel de Cressieu.	*Bruyset.*
De Belly des Echelles.	*Doncin.*
D'Arloz de la Servette.	*De Vieuget.*
D'Oncieu.	*De Montfalcon.*
De Tricaud.	*De Rossillon.*
De Croyson.	*Bugniet.*
Du Breul Sacconay.	*J. de Tricaud.*
De Léaz.	*De Macognin.*
De Conzié.	*De Bouvens.*
De Baptendier.	*De Migieu d'Izellet.*
J.-B. de Migieu.	*D'Arcollières.*
De Maillans d'Anglefort.	*De Reydellet*, secrétaire.

Du 18 juillet 1662.

Assemblée teuue par devant messire François de Tricaud, **écuyer, conseiller du roi en ses Conseils, lieutenant général civil et criminel au Bailliage du Bugey, en suite des ordres de S. A. Sérén. Mgr** Louis de Bourbon, **prince de Condé.**

Syndics nommés : MM. le comte **de Grolée; de Montferrand; de la Balme-Bochet.**

Conseiliers : MM. le baron **de Nattage; d'Angeville; du Breul de Sacconay.**

Secrétaire-conseiller : M. **de Reydellet.**

ANOBLISSEMENT DE M. PASSERAT.

Ont esté représentées par M. le baron de Nattage les lettres de noblesse accordées par Sa Majesté à M. **Passerat**, vérifiées au Parlement, les quelles veues, a esté délibéré qu'elles sortiront leur effet pour jouir d'ores en avant du titre et qualité de noble, ainsi que tous ceux du corps, et avoir entrée dans les Assemblées, à l'effet de quoi elles seront enregistrées ez registres de la Noblesse du Bugey.

RÉHABILITATION DE NOBLESSE DE M. SUDUYRAUD.

Ont esté produites et présentées par M. le comte **de Grolée** les lettres de réhabilitation obtenues de S. M. pour M. **Suduyraud**, afin de jouir de l'effet d'icelles; de quoi et au rapport de M. le comte **de Grolée** et MM. les autres sindiqs,

A esté délibéré qu'il jouira aussi de l'effet des dites lettres, selon leur forme et teneur, prendra séance d'ores en avant, ainsi que les autres nobles, et fera enregistrer ses dites lettres.

TENEUR DES LETTRES DE RÉHABILITATION DE M. DE SUDUYRAUD, ENREGISTRÉES SUIVANT LA DÉLIBÉRATION QUI PRÉCÈDE.

LOUYS, par la grâce de Dieu, etc.

Nostre cher et bien aimé PIERRE DE SUDUYRAUD, picqueur au vol de nostre grande fauconnerie, demeurant ordinairement en nostre ville de Lyon, nous a fait remonstrer que quoiqu'il soit issu, extrait et descendu de noble et ancienne race de père, ayeul et bisayeul, et autres ses prédécesseurs, pour estre fils de JEAN DE SUDUYRAUD, qui étoit fils de PIERRE DE SUDUYRAUD, conseiller et mort doyen du Parlement de Bordeaux, le quel PIERRE estoit fils de LÉONARD, aussi conseiller au dit Parlement, portant même nom et mêmes armes. Néanmoins, vu que le dit exposant soit en la dite qualité de picqueur au vol de nostre grande fauconnerie, commensal de nostre maison et couché sur l'estat d'icelle, et par conséquent exempt de toutes tailles, subsides et autres contributions, il craint que voulant se prévaloir de sa noblesse, l'on lui objecte que JEAN DE SUDUYRAUD, son père, et lui, ont fait traficq de marchandises et de banque et tenu quelques fermes par leurs mains, et que par ce moyen ils auroient dérogé en quelque façon à leur noblesse. Pour à quoi obvier et lever icelle difficulté qu'on pourroit faire sur ce sujet, il nous auroit requis nos lettres à ce favorables.

A ces causes, Nous, désirant favorablement traiter en cet endroit le dit exposant, vous mandons, ordonnons et très-expressément exigeons par ces présentes, que s'il vous appert, par titres valables, l'exposant estre issu, né et extrait de nobles de ancienne race ou lignée, que ses père, ayeul, bisayeul et autres ses prédécesseurs ayent vécu noblement, sans avoir fait aucun acte dérogeant à cette qualité, que son dit père et lui, ou d'autres choses tant que suffire doivent, vous le fassiez jouir et user pleinement et paisiblement des mêmes privilèges et exemptions, franchises et libertés de noblesse dont jouissent et usent les nobles et gentilshommes de cettuy notre royaume, nonobstant et sans vous arrêter à ce que le dit exposant et son dit père ayent tenu des fermes et fait traffieq de marchandises et de banque, dont l'avons relevé et relevons, et en tant que besoin seroit, de notre grâce spéciale, pleine puissance et autorité royale, l'avons par ces dites présentes anobli et anoblissons, à la charge par le dit exposant de vivre noblement et de ne déroger à l'avenir à la dite qualité de noble.

Si donnons en mandement, etc.

Suit l'arrêt de vérification desdites lettres.

ANOBLISSEMENT DE M BARET.

Louys, par la grâce de Dieu, etc.

Voulant, à l'exemple des rois nos prédécesseurs, récompenser les actions généreuses et fidèles de ceux qui témoignent, au péril de leur vie, le zèle et affection qu'ils ont pour le service de leur prince, et comme les marques d'honneur et qui passent à la postérité sont les plus favorables qu'on puisse donner en reconnaissance des services rendus dans la guerre, estant bien informés des bons et fidèles services qui ont esté rendus au feu roi, notre très-honoré seigneur et père, de glorieuse mémoire, que Dieu absolve, et à nous, par notre cher et bien aimé Marc de Baret, natif de Belley, capitaine d'une compagnie de chevau-légers pour notre service dans le régiment de Créqui depuis vingt années, sçavoir : dans les gardes françoises et autres de notre infanterie, ayant servi au siége de Nancy, Philisbourg, la Motte, en la marche de l'armée du feu roi en Flandres, lors de la déclaration de la présente guerre contre la couronne d'Espagne. Et depuis, estant passé dans la cavalerie, il a servi aux siéges et en la reprise de Corbie et celui de Landrecies; au combat de Maubeuve où il fut blessé d'un coup de pistolet, aux siéges de Saint-Omer, Renty, Thionville où il fut blessé; au siége de Turin où il fut blessé d'un coup de mousquet au bras gauche, dont il est demeuré estropié; à ceux de Cony, Collioure, Mousson, à la première bataille de Lérida; au siége de Train, de Gravelines; au second siége de la Motte, à ceux de Béthune, Armentières et autres places que nous avons acquises de ce côté-là; au voyage et en l'attaque d'Orbitella, au siége de Lérida et de Tortose, à la bataille de Rhétel et en toutes les occasions qui se sont depuis présentées, où il a donné des preuves signalées de sa fidélité et affection à notre service; ce qui nous oblige à le reconnoître et lui témoigner la satisfaction qui nous en demeure, et lui donner moyen de nous continuer ses services de plus en plus.

A ces causes et autres à ce nous mouvant, nous avons de notre grâce spéciale, pleine puissance et autorité royale, par ces présentes signées de notre main, anobly et anoblissons le dit Marc de Baret, et du titre et qualité de noble et gentilhomme décoré et décorons, voulons et nous plait qu'il soit tenu et réputé pour tel, ensemble ses enfants et postérité tant mâles que femelles, nés et à naitre en loyal mariage, tout ainsi que s'il estoit issu de noble et ancienne race, et qu'il jouisse des mesmes honneurs, prérogatives et priviléges dont jouissent les autres nobles de notre royaume, et, comme tel, il puisse parvenir au degré de chevalerie et autres réservés à notre Noblesse. pourvu qu'il vive noblement.

Si donnons en mandement, etc.

Suit l'arrêt de vérification donné au Parlement de Dijon.

ANOBLISSEMENT DE M. DESGRANGES.

Sur la remontrance qu'a fait M. **de Croyson**, que M. **Jean Desgranges** a obtenu des lettres de noblesse de Sa Majesté pour récompenser ses services, les quelles il a fait vérifier au Parlement, tout ainsi que les précédentes, les quelles il a ici produites, requérant qu'il plaise à MM. du corps de la Noblesse faire jouir le dit sieur **Desgranges** de l'effet d'icelles.

Suivant quoi a esté délibéré qu'il jouira de l'effet d'icelles à la séance présente et à l'avenir aux Assemblées tout ainsi que les autres du corps, et fera enregistrer.

TENEUR DES LETTRES DE NOBLESSE DE M. DESGRANGES, ENREGISTRÉES SUIVANT LA DÉLIBÉRATION CI-DESSUS.

Louys, par la grâce de Dieu, etc.

Sçavoir faisons que nous désirant relever les vertus, mérites et bonnes qualités qui sont en la personne de notre cher et bien aimé Jean Desgranges, l'un de nos écuyers de notre grande écurie, résidant à Seyssel, dans le pays de Bugey, et reconnoitre les bons services qu'il a rendus à cet Etat en plusieurs emplois importants, depuis vingt-cinq ans en ça, dans les guerres de Flandres, Hollande et autres lieux, sans avoir discontinué, dont il s'est dignement acquitté, et spécialement en qualité de volontaire dans le régiment du baron de Chon à la prise de Tirlemont, siége de Louvain, et blocus du fort d'Elchim en l'armée commandée par notre cousin le maréchal de Châtillon, et en Italie en qualité de gendarme dans la compagnie du marquis de Thianges, pour lors notre lieutenant général au gouvernement de Bresse, Bugey et Gex; à la bataille du Tésin et au secours de Montlegrand dans le comté de Bourgogne; à la prise de Chavannes, de Martignat et de Dortan, et au combat de Cornod. En Italie, à la bataille de Montbaldon.

Depuis, le dit Desgranges ayant été cornette et continué ses services à l'attaque des lignes de secours de .... à la défense de Turin, assiégé par feu notre cousin le prince Thomas, où le dit Desgranges fut blessé d'un coup de pistolet, commandant la garde avancée au siége de Chivasse et combat des lignes; au siége et prise de Bene, et celui de Coni, commandé par notre cousin le duc de Longueville et cardinal de la Valette; au siége et à la prise de Quiers, à la bataille et à la retraite de Quiers, au siége et à la prise de Turin, au siége et combat d'Ivrée, commandé par notre cousin le comte d'Harcourt; après toutes les quelles occasions ledit sieur Desgranges fut envoyé en ôtage au comté de Bourgogne pour la sûreté du traité de neutralité entre les deux Bourgognes, et leva une compagnie de gens de pied dans le régiment du baron de Caufer, et servit pendant trois ans en Allemagne, aux siéges et prises des villes sur le Rhin et dans la citadelle de Mayence sous notre cousin le maréchal de Turenne; en suite de quoi il fut establi gouverneur au château de Corleon par le sieur comte de Montrevel, notre lieutenant général en Bresse et Bugey, place importante du comté de Bourgogne, la quelle il a gardé avec beaucoup de soin et de fidélité, et fait plusieurs autres choses remarquables par les ordres du dit comte de Montrevel pour le bien de nos provinces de Bresse et de Bugey, dans toutes les quelles occasions s'estant signalé, et continue encore présentement à nous rendre service et au public en qualité d'écuyer, tenant académie, tant à Bourg en Bresse qu'au dit lieu de Seyssel, pour instruire et apprendre les exercices de la vertu à la jeunesse. Désirant d'ailleurs reconnaître en sa personne les services que Nicolas Desgranges, son frère, nous a rendus en qualité de volontaire au siége de la Rochelle, dans le régiment de Rambure, au premier secours de Casal, et au siége et prise de Pignerol en qualité de lieutenant du baron de Rogles, au régiment d'infanterie de Blacons, et de là en Lorraine, aux approches de Saint-Miel, où il a reçu une mousquetade étant écuyer du marquis de Thianges dont il mourut quatre jours après à Bar-le-Duc, comme aussi au sieur Jacques Desgranges, son autre frère, enseigne au régiment de Saint-Luc, au siége et prise de Perpignan, depuis lieutenant au régiment de Conty en Allemagne, où il reçut trois mousquetades et en mourut trois jours après.

A ces causes...... de notre grâce spéciale, puissance et autorité royale, avons anobly et anoblissons le dit Jean Desgranges, ensemble ses enfants, nés et à naître en légitime mariage, tant mâles que femelles, et du titre et qualité de noblesse, décoré et décorons par ces présentes signées de notre main, etc.

Suivent l'arrêt du Parlement et vérification desdites lettres de noblesse.

RÉHABILITATION DE NOBLESSE DE M. LOUVEL.

Ont été représentées par M. **de Saint-Apollinard** les lettres de réhabilitation de noblesse de M. **Louvel,** obtenues de S. M., les arrêts par lui obtenus au Parlement de Bourgogne, par les quels il est ordonné qu'il jouira des priviléges à lui accordés par les dites lettres, au moyen des quels arrêts le dit sieur **Louvel** prie l'Assemblée le vouloir recevoir et lui donner entrée et séance avec voix, tout ainsi que tous ceux du corps de la Noblesse.

Ce que ouï par la dite Assemblée, et vus les dits arrêts, a été délibéré que le dit sieur **Louvel** jouira des priviléges des nobles et les siens à l'avenir, nés en loyal mariage, et seront ses dites lettres enregistrées.

Etaient présents à l'Assemblée et ont signé au registre :

MM.

Lafond de Saint-Apollinard.
Ducros de Grolée.
De Montferrand.
De Dortan.
De Tricaud.
De Briord.
De Châtillonnet.
De Rogles.
D'Ambléon.
Cressieu de Seyssel.
De Seyssel d'Artemare.
Du Plastre de Vieuget.
De Migieu.
De Macognin.

MM.

Drujon de Beaulieu.
De Nerciat.
De Lucinge.
De Maillans d'Anglefort.
Bruyset.
Bozon.
Baret.
Du Glas.
Passerat du Parc.
Passerat de Bougne.
Bugniet.
Desgranges.
De Rossillon.
De Reydellet, conseiller-secrét.

Du 28 décembre 1664.

Assemblée extraordinaire tenue en la ville de Lagnieu, par-devant messire FRANÇOIS DE TRICAUD, **écuyer, conseiller du roi, élu, lieutenant général civil et criminel au Bailliage du Bugey, suivant les ordres du roi, à l'effet de recevoir communication d'une lettre de Sa Majesté, écrite à Monseigneur le comte de Montrevel, lieutenant du roi dans ses provinces de Bresse, Bugey, pays de Gex et Charolais, en date du 30 septembre 1664, à l'effet de s'intéresser dans le commerce des Indes orientales.**

TENEUR DE LADITE LETTRE.

Monsieur le comte de Montrevel,

Par mes lettres et déclarations du mois d'aoust dernier, ayant créé et établi en mon royaume une grande compagnie pour faire le commerce des Indes orientales, et à elle concédé en toute propriété, seigneurie et justice, toutes les terres qui sont ou ont été ci-devant occupées par mes sujets en l'étendue des dits pays, avec plusieurs priviléges et exemptions; et, en outre, permis à toutes personnes, de quelle qualité et condition qu'elles soient, de prendre intérêt en la dite compagnie, sans, pour ce, déroger en aucune façon à leurs naissance, qualité et priviléges. Ce dessein de former cette compagnie ayant esté reconnu très-avantageux au royaume, la reine, madame ma mère, la reine mon épouse, mon fils le dauphin, mon frère le duc d'Orléans, mes cousins les princes de Condé, duc d'Anjou et prince de Conty, les officiers de ma couronne, et la plus grande partie des personnes de qualité de ma cour, les compagnies souveraines de Paris et de Rouen, et tous les principaux bourgeois et marchands des deux villes se sont intéressés à la dite compagnie; et comme je me promets de votre zèle et de votre affection pour le bien du public, que vous serez bien aise de contribuer au succès d'un dessein qui lui est si utile et si avantageux, je vous fais cette lettre pour vous convier, autant qu'il m'est possible, d'entrer dans la dite compagnie, et d'exciter par votre exemple les officiers de justice et finances, les nobles, les bourgeois, et les autres principaux habitants des villes et lieux de l'étendue de votre charge, de s'intéresser dans ce commerce, vous recommandant d'employer pour cela le crédit que vous avez par delà et de n'y obmettre aucun soin, comme pour une affaire très-avantageuse au public, et que j'ai particulièrement à cœur.

Sur ce, je prie Dieu, monsieur le comte de Montrevel, qu'il vous aye en sa sainte garde.

Ecrit à Vincennes, le 30me jour de septembre 1664.

Signé Louys.

Et plus bas : Phélippeaux.

Après lecture de la lettre ci-dessus faite à l'Assemblée par M. **de Reydellet**, conseiller-secrétaire de la Noblesse,

A esté délibéré que M. le comte de Montrevel sera prié par MM. les sindiqs du corps de la Noblesse de faire très-humbles remontrances à Sa Majesté, que la plus grande part des gentilshommes ont employé aux guerres dernières les plus assurés de leurs biens, s'étant engagés à des particuliers des villes voisines à des sommes immenses.

Qu'ils ont esté nécessités pour s'empêcher des ennemis voisins à faire de grandes dépenses, ayant esté incendiés et brûlés, et presque toutes les maisons des gentilshommes, notamment sur la frontière du Comté, les quelles il leur a esté encore impossible à la plupart de rétablir.

Qu'ils sont dans un Bailliage si petit qu'ils n'ont pour tous biens que fort peu de fonds, qui ne leur rendent que quelques grains et quelques vins qui ne peuvent fournir qu'à la subsistance de leurs familles, sans aucun pouvoir de commerce.

Qu'il n'y a dans l'étendue du Bailliage qu'environ soixante familles de personnes nobles, les quelles se trouvent engagées presque au delà de leurs revenus, et que le dit corps de Noblesse du Bugey est composé d'un si petit nombre de familles, qu'il ne peut faire aucune offre pour entrer dans le parti des Indes orientales.

Au moyen des quelles remontrances, Sa Majesté sera très-humblement suppliée les vouloir excuser s'ils ne sont en pouvoir d'entrer dans le dit commerce, se soumettant en toutes sortes d'occasions d'employer leurs vies, leurs personnes et leurs biens pour son service.

PRÉSENTATION DES TITRES DE NOBLESSE DE M. MAURICE FRÈRE, SIEUR DE CHAMBURCY, BARON DE GRÉA ET DE SILANS.

Sur la déclaration faite par M. le comte **de Grolée**, qualité de sindiq du corps de la Noblesse, qu'il a eu communication des titres de noblesse de M. **Maurice Frère**, sieur de Chamburcy, baron de Gréa et Silans, au moyen des quels il a reconnu ses prédécesseurs et ayeux avoir toujours joui du titre de noblesse. Il prie de sa part le corps de la Noblesse lui vouloir donner entrée dans toutes ses Assemblées, et le faire jouir, lui et les siens, de tous priviléges ainsi que les autres nobles.

A esté deliberé qu'il jouira de la dite qualité et seront ses titres enregistrés.

TENEUR DE SENTENCE CONTENANT LES TITRES DE NOBLESSE DE M. MAURICE FRÈRE, SIEUR DE CHAMBURCY.

(*Extrait des actes et registres de l'Election de Beaujolais.*)

Entre Maurice Frère, demandeur en rayement comme noble, pour estre issu des eschevins de la ville de Lyon, d'une part; et les consuls, manants et habitants de la paroisse de Saint-Jullien, défendeurs, d'autre;

Vu la requête du dit demandeur, du 16me novembre dernier 1654, signifiée aux dits défendeurs; de notre ordonnance, le 18me du dit mois; le contrat de mariage de feu noble Geraud Frère, citoyen de Lyon, avec demoiselle Constance de Rouvière, où le dit Geraud est nommé fils naturel et légitime de feu noble Pierre Frère, bourgeois de Lyon, du 28me mars 1583, reçu *du Soyer,* notaire royal; la sentence rendue en l'Election de Lyon entre les héritiers du dit Pierre Frère, demandeur en révocation de cotisation et exécution contre les consuls, manants et habitants de Bessenay, défendeurs, portant révocation de leur cotisation et exécution, et défenses aux dits habitants de les imposer en leurs rôles, tant qu'ils ne feront acte dérogeant à la qualité de noblesse à eux acquise par le dit Frère, père, du 4me mars 1594, signée *Bernoud,* greffier; le contrat de partage des biens immeubles délaissés, communs et indivis, par le dit feu Pierre Frère et Simon Frère, fait et passé entre nobles hommes, messires Geraud Frère, lieutenant général au Bailliage de Dombes;

Pierre Frère, avocat au Parlement de Paris, frères, enfants et héritiers *ab intestat* du dit feu noble Pierre Frère et demoiselle Françoise Frère, fille et héritière du dit Simon Frère, du 2me novembre 1598, reçu *Garnier,* et par extraits, *Noyel,* notaire au dit Bailliage de Dombes; le contrat de mariage de noble Nicolas Frère, lieutenant particulier au dit Bailliage de Dombes; le contrat de mariage de noble Nicolas Frère, lieutenant particulier au Bailliage de Dombes, avec demoiselle Françoise Heuret, où il est nommé fils naturel et légitime du dit Geraud Frère, lieutenant général au dit Bailliage du 22me mai 1615, reçu *Mortier,* notaire royal; le certificat des prévost des marchands et échevins de la ville de Lyon, du 10me février 1632, signé *Neyret, Bernicon, de Silvecame, Rovières,* et par *Gajan,* commis secrétaire, portant que noble Pierre Frère, bourgeois de Lyon, fut par la voix et suffrages des terriers et maitres des métiers de la dite ville, élu et depuis publié échevin d'icelle, le jour et fête de saint Thomas de l'année 1567; notre sentence de révocation de l'impôt qui avoit été fait du dit messire Nicolas Frère aux rôles de Villefranche de l'année 1632, du 8 avril 1633, signé *Damiron,* greffier; l'acte de baptême du dit Maurice Frère, en l'esglise Saint-Paul du dit Lyon, du 3me janvier 1633, où il est nommé fils du dit Nicolas Frère, lieutenant particulier au dit Bailliage de Dombes, et de demoiselle Anne Royer, signé par extrait *Crozat,* vicaire en la paroisse du dit Saint-Paul; le contrat d'acquisition fait par le demandeur de l'universalité des biens de Benoît et Benoît Perraut, père et fils, situés en la dite paroisse de Saint-Jullien, du 14me du dit mois de novembre dernier, reçu *Tarret,* notaire royal; les actes d'affirmation par-devant nous, par lui et par les dits Perraut, que la dite vente n'est en fraude de tailles; l'extrait de la cote des dits vendeurs aux rôles de Saint-Jullien, de l'année dernière, montant trente-une livres seize sols six deniers de principal de taille et des autres à rate, signée *Chagnard,* notaire royal; les défenses des dits défendeurs, signées par copie *Cusin;* les conclusions du procureur du roi, signées *de Bussière;* et tout considéré, il est dit, ayant égard à la qualité de noble du demandeur, que défenses sont faites aux consuls, manants et habitants de la dite paroisse de Saint-Jullien, de l'imposer pour les dits biens, à peine de révocation de cotisation, restitution de deniers et de tous dépens, dommages et intérêts, tant et si longuement qu'il vivra noblement et ne fera acte dérogeant. En conséquence de ce, la cote des dits père et fils Perraut sera diminuée de la somme de vingt-une livres seize sols six deniers de principal de taille et pourvu, pour raison de ce, à la décharge de la dite paroisse, ainsi qu'il appartiendra, le surplus de la dite cote, montant à dix livres demeurant sur les dits Perraut, à cause du revenu des cinq cents livres qui leur restent du prix de la dite vente, à la charge que le dit demandeur baillera les dits biens à ferme au grangeage, pour être le granger ou fermier imposé.

Signé : Gudin, du Sausey, Deschamps, du Mollard, P. Bessier, Gravillon et Bergeron. — Epices, cinquante livres.

ANOBLISSEMENT DE M. FABRY.

Sur la remontrance faite par M. **de Montferrand** que le sieur **Fabry** a obtenu de Sa Majesté des lettres de noblesse, vérifiées au Parlement et Chambre des Comptes, au moyen des quelles, icelles par lui vues et reconnues, il prie l'Assemblée le vouloir recevoir, et jouir, lui et les siens, de la qualité à lui accordée par Sa Majesté.

Ce que, ouy par la dite Assemblée, et vu sur ce la lettre de Son Altesse, a esté délibéré que lui et les siens, hoirs et successeurs, à l'avenir jouiront de l'effet des dites lettres et arrêts, tout ainsi que les autres nobles, et seront les dites lettres enregistrées.

Fait à Lagnieu, en la dite Assemblée, les dits an et jour.

Etaient présents à l'Assemblée et ont signé au registre :

MM.

De Tricaud.
Ducros de Grolée.
De Montferrand.
De Luyset.
D'Entremont.
D'Angeville.
G. de Dortan.
De Longecombe.
D'Arloz de la Servette.
Drujon de Beaulieu.
De Belly des Echelles.
Desbordes du Châtelet.
Passerat de Bougne.

MM.

De Baret.
De Suduyraud.
Desgranges.
D'Ambléon.
De Courtines.
Passerat du Parc.
De Baptendier.
De Frère de Silans.
Fabry.
Du Plastre.
Doncin Belmont.
De Reydellet.

Du 4me *juin* 1666.

Assemblée tenue par devant M. François de Tricaud, **lieutenant général civil et criminel au Bailliage du Bugey, dans le réfectoire des RR. PP. Cordeliers de Belley.**

Syndics : MM. le comte **de Grolée; d'Angeville; du Breul de Sacconay.**

Conseillers : MM. **d'Entremont,** baron de Nattage; **de Montferrand; de la Balme de Bochet.**

Secrétaire : M. **de Reydellet.**

ANOBLISSEMENT DE M. PIERRE DE MILLIERS,

ET RÉHABILITATION DE NOBLESSE POUR M. JEAN-LOUIS DUPORT.

Par M. **de la Balme de Bochet** ont esté présentés à l'Assemblée les lettres de noblesse accordées par Sa Majesté au sieur **Pierre de Milliers,** pour ses services, avec prière de le vouloir recevoir dans nos Assemblées et consentir qu'il jouisse des priviléges de noble, à la forme de la dernière délibération.

Requête de **Pierre de Milliers**, originaire de Belley, pour l'enregistrement de ses lettres de noblesse à lui accordées par le roi au mois de juillet 1658. Est jointe l'information des vie et mœurs, et les témoins qui en déposent sont: noble **Jean Bozon,** âgé d'environ soixante ans; noble **Marc Baret,** gentilhomme ordinaire de la Chambre du roi, âgé de quarante-huit ans; noble **Balthazar Bruyset,** écuyer, âgé de quarante-trois ans; noble **Claude Bruyset,** écuyer, âgé de trente ans; noble **Jacob de Tricaud,** âgé de vingt-cinq ans, et noble **Anthelme-Philibert de Tricaud,** écuyer, âgé de vingt-quatre ans, tous de Belley;

déposent que le dit sieur **Pierre de Milliers,** fils de feu **Joseph de Milliers,** avocat du roi au Bailliage de Belley, et de demoiselle **Barbe Reydellet,** a servi dans les armées en Italie en qualité de lieutenant des chevau-légers de M. le marquis de Ville, et qui depuis deux ans est marié avec demoiselle **Fabry,** fille de noble **Antoine Fabry** et de demoiselle **Jeanne de Luns,** du quel mariage est issue une fille âgée d'un an.

Et par le même M. **de la Balme** ont été présentées les lettres de réhabilitation de sieur **Jean-Louis Duport,** vérifiées au Parlement de Dijon, en suite de lettres par lui obtenues de S. M., avec prière de souffrir qu'il jouisse des privilèges, tout ainsi que les autres nobles; ce qui lui a esté accordé à la forme sus dite et fait appeler, ainsi que le sieur **Milliers,** pour entrer en l'Assemblée, ainsi qu'à l'avenir, suivant les dernières délibérations, et fera enregistrer.

Etaient présents et ont signé au registre :

MM.
De Tricaud.
Ducros de Grolée.
De Montferrand.
Du Breul de Sacconay.
D'Angeville.
Drujon de Beaulieu.
De Bussy.
De Macognin.
De Courtines.
De Villette La Coux.
De Bouvens-Châtillon.
Cressieu de Seyssel.
Passerat de Bougne.
De Suduyrand.
De Léaz.
De Rossillon.
De Baptendier.
De Reydellet.

MM.
De Seyssel-Châtillonet.
De Seyssel d'Artemare.
Doncin.
D'Eschallon.
De Moyria.
De Maillans-Anglefort.
De Bozon.
Fabry.
Bugniet.
Passerat du Parc.
Duport.
De Milliers.
De Belmont.
Desgranges.
De Chapelle.
De Longecombe.
De Reydellet, conseiller-secrét.

Du 22me jour du mois d'octobre 1669.

Assemblée tenue par devant M. François de Tricaud, **écuyer, conseiller du roi en ses Conseils, lieutenant général civil et criminel au Bailliage du Bugey.**

SYNDICS DE LA TRIENNALITÉ.

Ont esté donnés des billets à un chacun des membres présents, et il s'est trouvé que M. **d'Angeville** a eu trente-une voix; M. **du Breul de Sacconay** trente voix; M. **de Longecombe** vingt-cinq voix.

Syndics : MM. **d'Angeville, du Breul de Sacconay, de Longecombe.**

Conseillers : MM. le comte **Ducros de Grolée; de Montferrand; Grenaud de Rougemont.**

Secrétaire : M. **de Reydellet.**

Aucune présentation dans cette Assemblée.

Etaient présents et ont signé au registre :

MM.

De Tricaud.
Ducros de Grolée.
D'Angeville de Luyrieux.
Du Breul de Sacconay.
De Longecombe.
Grenaud de Rougemont.
De Macognin.
De Conzié.
De Gerbais.

MM.

Passerat de Bougne.
Seyssel d'Artemare.
Thoy de Peyzieux.
De Corcelles.
De Forest.
Des Roys.
Bugniet.
Passerat du Parc.
Desgranges.

MM.

De Lucinge.
F. de Tricaud.
Fabry.
De Milliers.
Frère de Chamburcy.
De Maillans d'Anglefort.
Duport.

MM.

De Chapelle.
De Bourgeois.
Cressieu de Seyssel.
De Léaz.
De Bozon.
De Reydellet.

Du 3me aoust 1674.

Assemblée générale par devant M. VICTOR-AMÉDÉE DE LA FOND, **sieur de Saint-Apollinard, bailli du Bugey et gouverneur de la ville de Belley.**

Syndics : MM. **de Mareste-Rochefort; d'Oncieu de Douvres; Lyobard de Brion.**

Conseillers : MM. **d'Angeville; Moyria d'Izenave; Baret de Mirignet.**

Secrétaire : M. **de Reydellet.**

Du 10me septembre 1674.

RÉCEPTION DANS L'ASSEMBLÉE DE M. CYPRIEN DE MARRON.

Assemblé par devant nous **François de Tricaud,** écuyer, conseiller du roi en ses Conseils, lieutenant général civil et criminel au Bailliage du Bugey, en l'absence de M. **de Saint-Apollinard,** le corps de la Noblesse du Bugey, en suite des ordres de Sa Majesté pour le sujet de la convocation du ban et de l'arrière-ban, a comparu noble **Cyprien de Marron,** le quel nous a remonstré qu'ayant, par patentes de Sa Majesté, esté naturalisé François, pour estre naturel Piémontais, et fait gentilhomme par Son Altesse de Piémont; faisant à présent sa résidence dans la ville d'Ambronay, il a désiré se faire admettre en la dite qualité de gentilhomme dans le corps de la Noblesse du Bugey, pour à quoi parvenir, il a fait la proposition à MM. les sindiqs modernes et conseillers de la Noblesse du Bugey, les quels lui ont fait connoître que pour y parvenir il étoit obligé, en suite des délibérations sur ce prises aux Assemblées dernières, de leur communiquer ses titres de noblesse et de naturalité, à quoi il a satisfait; en sorte que les ayant, à ce qu'il estime, reconnu légitimes et suffisants, il prie Messieurs de l'Assemblée lui vouloir accorder l'effet de sa demande.

Suivant la quelle proposition, après que le dit sieur **de Marron** est sorti de l'Assemblée, ouys MM. les sindiqs et conseillers qui ont dit et rapporté avoir vu et examiné les titres de noblesse et de naturalité du dit sieur **de Marron**, ils n'ont rien reconnu en iceux qui puisse empêcher Messieurs de l'Assemblée de lui accorder l'effet de sa demande.

Ce que ouy, a esté délibéré que le dit sieur **Cyprien de Marron** sera appelé dans notre présente Assemblée, et à lui déclaré qu'il jouira par ci-après, lui et les siens, à l'avenir, de la qualité de noble, et prendra par ci-après séance dans nos Assemblées et jouira de tous les priviléges dont jouissent les nobles de cette province, à l'effet de quoi seront enregistrés les dits titres de noblesse et de naturalité pour y avoir recours ainsi que besoin fera.

ANOBLISSEMENT DE CLAUDE COLLIER, SIEUR DE RICHEMONT.

A aussi comparu **Claude Collier,** sieur de Richemont, le quel a remontré qu'il a obtenu des lettres de noblesse de Sa Majesté, sur lesquelles il a esté encore obligé d'obtenir de sa dite Majesté des lettres de confirmation, les quelles ont esté vues, revues et vérifiées par M. l'intendant de cette province, en suite des ordres et pouvoirs à lui donnés par le roi, de l'effet des quelles désirant jouir à présent, il en a fait la proposition à MM. les sindiqs et conseillers modernes, les quels lui ayant fait dire, qu'en suite des délibérations dernières, il estoit obligé de leur communiquer préalablement ses titres de noblesse et confirmation d'iceux, à quoi il a satisfait. Au moyen de quoi les ayant examinés, ils sont priés en vouloir faire leur rapport à l'Assemblée pour, en après, lui accorder l'entrée en icelle, sous l'offre même qu'il fait de venir présentement, ou par personne capable, en bon et dû équipage à l'arrière-ban ordonné par Sa Majesté.

Après quoi, s'étant retirés de l'Assemblée, MM. les sindiqs et conseillers, ouys sur la proposition du dit sieur **de Richemont,** ont rapporté avoir vu les registres de l'Election, dans lesquels il a fait enregistrer ses dits titres de noblesse, confirmation d'icelle et vérification de M. l'intendant et sous l'offre de les rapporter, et le tout remettre en original pour être enregistrés, ils estiment n'y avoir lieu de lui refuser sa demande.

Ce que ouy, a esté délibéré et déterminé par l'Assemblée, que le dit sieur **Collier** jouira dores en avant, lui et les siens, de la qualité de noble ci-après, prendra séance dans les Assemblées et rapportera les dits titres, pour être vus par les dits sieurs sindiqs et conseillers, et enregistrés dans les registres des Assemblées du dit corps de la Noblesse.

EXTRAIT DES LETTRES DE NOBLESSE DE CLAUDE COLLIER, SIEUR DE RICHEMONT.

Louys, par la grâce de Dieu, etc.,

Ayant en particulière recommandation les rares vertus, bonne vie, mœurs et honorables qualités qui sont en la personne de notre cher et bien aimé Claude Collier, sieur du Pont, habitant d'Injoux, dans notre province de Bugey, et les services qu'il nous a rendus en plusieurs importantes occasions durant nos guerres de Savoie et de Piémont, et particulièrement en celles du comté de Bourgogne où il a servi comme volontaire en toutes les attaques, combats et siéges les plus remarquables; et ayant égard encore à ceux que nous a rendus Claude Collier de Richemont, son fils, tant en nos armées durant trois campagnes en Allemagne, dans la compagnie de cavalerie que commandoit le sieur baron de Langes, capitaine au régiment d'Enghien, le quel fut grièvement blessé à la bataille de Norlinghen, et depuis en la première guerre de Paris, et en Catalogne volontaire près de notre très-cher et bien aimé cousin le maréchal de la Motte-Haudancourt, et encore présentement volontaire au siége de Stenay, et encore en l'armée que commande notre très-cher et bien aimé cousin le maréchal de Turenne, que près de notre personne en qualité de l'un de nos gentilshommes servant, en toutes les quelles occasions le dit sieur Collier, et son dit fils, à l'imitation de son père, poussés d'un noble désir, nous ont donné de grandes preuves de leur courage et de leur fidélité. Nous, de notre grâce, pleine puissance et autorité royale, avons le dit Claude Collier père, et ses enfants, anobly et anoblissons par ces présentes signées de notre main, et icelluy sieur Collier décoré et décorons du titre et honneur d'écuyer, l'avons déclaré et déclarons gentilhomme. Voulons et nous plait que lui, sa postérité et lignée soient, en tous lieux, faits et actes publics et particuliers, tenus, censés et réputés nobles, et qu'ils jouissent de tous honneurs, autorités, priviléges, franchises et libertés, prérogatives et prééminences dont jouissent et ont accoutumé de jouir et user les autres nobles de ce royaume extraits de nobles et anciennes familles et lignées, et, comme tels, qu'ils puissent parvenir à tous degrés de chevalerie, acquérir, tenir et posséder toutes sortes de fiefs, terres, seigneuries, possessions et héritages nobles, de quelque qualité et en quelques lieux qu'ils puissent être assis. Voulons aussi que le dit sieur Collier et sa postérité jouissent et leur soit permis et loisible d'avoir et porter en tous lieux et endroits où bon leur semblera les armoiries timbrées et blasonnées, telles qu'elles sont cy empreintes, sans que pour raison de nos présentes grâces le dit Collier soit tenu nous payer, ni à nos successeurs rois, indemnité ni finance quelconque.

Si donnons en mandement, etc.

Etaient présents et ont signé au registre :

MM.
De Lafont Saint-Apollinard.
De Mareste Saint-Agnieu.
De Lyobard-Brion.
D'Angeville.
De Moyria-Mérignat.
De Baret.
De Tricaud.
D'Arestel.
D'Artemare de Seyssel.
De Reydellet.
D'Arloz la Servette.
De Corcelles.
De Dortan-Chatonod.
Cressieu de Seyssel.
Passerat de Bougne.
De Conzié.
De Suduyrand.

MM.
De Roys.
De Seyssel-Choisel.
De Champollon.
Duport.
De Montfalcon.
Bouvens de Châtillon.
De Belly des Echelles.
Fabry.
De Macognin.
De Grolée d'Anton.
De Milliers.
De Luyset.
De Bruyset.
D'Oncieu.
De Migieu d'Izelet.
De Lucinge.

Du 24 aoust 1678.

Par devant messire **Victor-Amédée de la Font,** chevalier, seigneur de Saint-Apollinard, conseiller du roi en ses Conseils, bailli de la province du Bugey, capitaine et gouverneur de la ville de Belley.

Le corps de la Noblesse assemblé dans l'hostel de M. le bailli, a esté représenté par M. le comte **de Mareste Saint-Agnieu,** que la triennalité de MM. les sindiqs nommés par la dernière Assemblée étant finie, il a supplié S. A. S. Mgr le duc **de Bourbon** de leur vouloir accorder une Assemblée générale de la Noblesse du Bugey, pour nommer et choisir de nouveaux sindiqs et traiter de leurs affaires particulières, ce que S. A. a eu la bonté de leur accorder par son ordre du 29 janvier 1678, signé *Jules de Bourbon.*

NOMINATION DES NOUVEAUX SYNDICS.

MM. le marquis **d'Entremont;** le comte **de Mareste Saint-Agnieu; de Bouvens-Châtillon.**

Conseillers : MM. **d'Angeville; Lyobard de Brion, Seyssel de Cressieu.**

Conseiller-secrétaire : M. **de Reydellet.**

Dans la présente Assemblée ne fut faite aucune présentation.
Etaient présents à l'Assemblée et ont signé au registre :

MM.
De Mareste Saint-Agnieu.
De Lafont Saint-Apollinard.
Marquis *d'Entremont.*
De Bouvens-Châtillon.

MM.
D'Angeville-Montvérand.
De Lyobard-Brion.
Cressieu de Seyssel.
De Reydellet.

MM.

De Tricaud.
De Seyssel d'Artemare.
De Résinans.
Du Plastre de Vieuget.
Frère de Chamburcy.
De Grolée d'Anton.
Duport.
Vignod de Dorche.

MM.

De Bozon.
Passerat du Parc.
De Suduyrand.
De Migieu.
Fabry.
De Milliers.
Collier de Richemont.

Du 18 *novembre* 1679.

Assemblée extraordinaire tenue par devant messire VICTOR-AMÉDÉE DE LAFONT, **en son hostel, par suite d'affaires importantes pour le corps de la Noblesse.**

NOMINATION DE NOUVEAUX SYNDICS ET CONSEILLERS.

Il s'agissait d'un débat et d'une mésintelligence très-vive entre la Noblesse de Bresse et du Bugey avec la Chambre des Comptes de Dijon, au sujet des frais exigés pour les reprises de fiefs. Le prince de Condé **Henri-Jules de Bourbon** s'interposa et fit adopter un traité qui concilia les parties. Le député de la Noblesse du Bugey, chargé par l'Assemblée de provoquer l'intervention du prince-gouverneur et en même temps de s'entendre avec la Noblesse de Bresse, fut M. **de Grenaud**, marquis de Rougemont, élu premier syndic en cette année 1679.

Syndics élus : MM. **de Grenaud,** marquis de Rougemont; **Dortan des Marches; Bouvens-Châtillon.**

Conseillers : MM. **de Mareste Saint-Agnieu; Lyobard de Brion; Seyssel de Cressieu.**

Conseiller-secrétaire : M. **de Reydellet.**

Il n'y eut pas de présentation dans l'Assemblée.
Etaient présents et ont signé au registre :

MM.	MM.
De Lafont Saint-Apollinard.	*De Dortan.*
De Grenaud de Rougemont.	*De Bouvens.*
De Mareste de Saint-Agnieu.	*D'Angeville de Montvérand.*
Cressieu de Seyssel.	*Bruyset.*

MM.
De Lyobard de Brion.
De Reydellet.
De Bozon.
De Peyzieux, archidiacre.
De Courtines.
D'Angeville de Lompnes.
De Suduyrand.
D'Arloz de la Servette.
De Malyvert de Conflans.
De Baret.
De Seyssel d'Artemare.
Passerat de Bougne.
De Montgrillet.
De Vieuget.
Bourgeois de Billiat.
De Macognin.
De Migieu.
Bugniet.
De Grolée-Doncin.
Frère de Chamburcy.
De Marron.
De Corcelles.
De Tricaud.

MM.
De Gerbais.
D'Eschallon.
De Villette-Lacoux.
De Luyset.
De Conzié.
De Papillon de Chapelle.
Pingon de Prangin.
De Lucey.
De Belly des Echelles.
Du Plastre d'Ambléon.
De Seyssel Sothonod.
De Résinans.
De Montfalcon.
Passerat du Parc.
Collier de Richemont.
Fabry.
Reydellet, conseiller-secrétaire.
Vignod de Dorche.
De Migieu d'Izelet.
De Longecombe.
D'Arestel.
Duport.

Du 15me *octobre* 1686.

Assemblée tenue dans l'hôtel de messire Victor-Amédée de Lafont, **sieur de Saint-Apollinard, bailli du Bugey et gouverneur de la ville de Belley.**

M. **de Rougemont,** sindiq, a dit qu'il estimoit nécessaire de prier un gentilhomme de ladite Assemblée de se charger de l'emploi de secrétaire du corps de la Noblesse qui étoit vacant par le décès de M. **de Reydellet,** qui l'avoit exercé pendant plusieurs années avec beaucoup d'application, de droiture et de soins.

Sur quoi la dite Assemblée a choisi unanimement pour secrétaire M. **de Reydellet,** baron de la Vélière.

A esté de plus proposé de procéder à la nomination de nouveaux sindiqs et conseillers, d'autant que M. **de Dortan,** l'un des dits sindiqs, est décédé, que parce que M. **de Rougemont** ne peut plus donner ses soins en la qualité de sindiq, tant à cause de son emploi de conseiller au Parlement de Dijon, qu'à cause de plusieurs affaires domestiques qui l'occupent hors de cette province, en sorte qu'il a très-humblement supplié l'Assemblée de nommer un autre sindiq en sa place, avec d'autant plus de raison qu'il y a neuf ans qu'il a l'honneur d'être dans cet emploi.

Ce que ouy par la dite Assemblée, tous les gentilshommes qui la composent ont unanimement prié le dit sieur **de Rougemont** d'accepter encore pour une triennalité la charge de sindiq, d'autant qu'il est parfaitement instruit des affaires du corps, et qu'il est difficile qu'il se puisse tirer de l'embarras dans lequel ses affaires sont depuis longtemps, sans les lumières et le secours du dit sieur **de Rougemont.**

Le dit sieur **de Rougemont,** déférant à la prière de l'Assemblée, l'a remercié de l'honneur qu'elle lui faisoit et a accepté l'emploi de sindiq pour la triennalité prochaine.

Après quoi a esté procédé à la nomination des deux autres sindiqs et conseillers par billet, à la manière accoutumée, les quels billets ayant été examinés par le soussigné secrétaire de l'Assemblée, il s'est trouvé que M. **de Longecombe de Thouy,** colonel du régiment d'Angoumois, et M. le baron **de Brion,** ont eu le plus de voix pour être sindiqs. Ces trois sindiqs nommés sont :

MM. **de Grenaud,** marquis de Rougemont; **Longecombe de Thouy; de Lyobard,** baron de Brion.

Conseillers : MM. **de Bouvens-Châtillon; Seyssel de Cressieu; Duport de la Balme.**

Dans cette Assemblée il n'y eut pas de présentation.

Etaient présents et ont signé au registre :

MM.

De Lafont de Saint-Apollinard.
De Grenaud-Rougemont.
Thouy de Peyzieux.
De Bouvens-Châtillon.
De Lyobard-Brion.
Seyssel de Beauretour.
Des Roys.
De Bozon.
De Montferrand.
De Maillans.
De Suduyrand des Alymes.
Fabry.
J. de Tricaud.
De Dortan.
De Montgrillet.
De Cordon.
De Tricaud.
Seyssel d'Artemare.
Passerat du Parc.
Desbordes du Châtelet.
De Conzié.
De Belly des Echelles.
Michon de Chenavel.

MM.

De Migieu.
De Villette-la-Coux.
Desgranges.
Papillon de Chapelle.
De Milliers.
De Baptendier.
De Longecombe.
Marin de Conzié.
De Courtines.
De Moyria-Maillat.
De Bourgeois-Billiat.
De Macognin.
Mussel de Gerbais.
De Seyssel-Sothonod.
D'Angeville.
De Marron.
De Grolée-Doncin.
De Livron.
De Mareste-Rochefort.
De Luyset.
D'Arestel.
De Reydellet de la Vélière.

Du 1er mars 1692.

Assemblée tenue par devant messire Joseph-Anthelme de Tricaud, **écuyer, conseiller du roi en ses Conseils, lieutenant général civil et criminel au Bailliage de Bugey et seigneur de la Moutonière.**

NOMINATION DES SYNDICS ET CONSEILLERS.

Syndics : MM. **de Thouy,** brigadier des armées de Sa Majesté; **de Rougemont,** conseiller au Parlement de Dijon; **de Baret,** gouverneur de la ville de Seyssel.

Conseillers : MM. **de Rogles,** seigneur de Périeu, colonel du régiment d'Aligny; **Duport,** seigneur de la Balme; **Cressieu de Seyssel,** seigneur de Beauretour.

Conseiller-secrétaire : M. **de Reydellet,** seigneur de la Vélière.

ANOBLISSEMENT DE M. BOUILLET.

M. **de Rougemont,** l'un des élus de la Noblesse, a fait lecture d'une requête présentée au dit corps de la Noblesse par noble **Guillaume Bouillet,** conseiller du roi, maître auditeur dans la Chambre des Comptes de Savoie, par la quelle il expose qu'il auroit plu à Sa Majesté de lui donner des lettres-patentes du dit office, qu'en conséquence il avoit esté reçu dans la dite charge et en fait actuellement le service; que la dite charge, donnant de plein droit la qualité de noble et le droit de jouir de tous les priviléges accordés à tous les anciens nobles d'extraction, eux et leur postérité, nés et à naître, dont il justifie par une déclaration de la dite Chambre des Comptes de Savoye, jointe à sa requête;

que d'ailleurs la qualité de noble lui est acquise par le moyen des charges de conseiller du roi, maître ordinaire de la Chambre des Comptes de Dijon que ses ayeux, tant du côté paternel que maternel, ont possédées et dont ils sont morts revêtus et saisis depuis plus de deux siècles, ce dont il justifie par plusieurs actes joints à sa requête, sans que les descendants des dits officiers ayent fait aucun acte de dérogeance à la dite qualité de noble qui leur étoit acquise par le moyen des dites charges; que d'ailleurs il avoit des biens considérables dans la dite province. Il supplie, en conséquence, Messieurs du corps de la Noblesse d'ordonner l'enregistrement de ses provisions et le faire jouir des honneurs et priviléges accordés aux gentilshommes de la dite province, tant pour lui que pour sa postérité, nés et à naître, provenus en légitime mariage et ne faisant acte de dérogeance, et de lui donner voix active et passive dans les Assemblées du dit corps de Noblesse.

Après lecture faite par le secrétaire de l'Assemblée des actes énoncés dans la requête qui précède, a esté délibéré que les dites provisions seront écrites et insérées dans les registres du corps de la Noblesse et que le dit sieur **Bouillet** jouira des droits, honneurs et priviléges dont jouissent les autres gentilshommes, et qu'il aura entrée et voix délibérative, active et passive dans les Assemblées du dit corps de Noblesse.

En suite de quoi M. **de Seyssel-Cressieu**, l'un des conseillers, par ordre de la dite Assemblée, a fait entrer le dit sieur **Bouillet**, le quel a pris séance dans l'Assemblée et a promis d'observer et d'exécuter les délibérations qui ont été prises et le seront à l'avenir.

ADMISSION DE M. PIERRE COTTIN,

ET ENREGISTREMENT DE SES LETTRES DE NOBLESSE.

Supplie humblement **Pierre Cottin**, écuyer, conseiller-secrétaire du roi, maison, couronne de France,. contrôleur en la grande Chancellerie près le Parlement de Dijon, et dit qu'il auroit plu à Sa Majesté de lui accorder les provisions du dit office le 11me mai 1690, au quel il fut installé et reçu le 30me du dit mois, par M. **Fiot**, seigneur de la Marche, conseiller du roi au Parlement de Dijon, garde des sceaux de la dite Chancellerie, en suite de la subdélégation qui lui en avait été donnée par Mgr **de Boucherat**, chancelier de France, les quelles provisions furent depuis enregistrées en la Chambre des Comptes, au Bureau des finances et en l'Election de Belley, le 21me aoust suivant.

Or, comme par l'édit du roi Louis XI du mois de novembre 1482, confirmé par les rois qui lui ont succédé et par le roi Louis XIIII, heureusement régnant, par sa déclaration du 1er décembre 1672, les possesseurs de semblables charges sont anoblis du jour de leur réception et tous leurs enfants, nés et à naître en légitime mariage, avec pouvoir de prendre la qualité de noble et d'écuyer, en toutes sortes d'actes, même de jouir de tous les priviléges dont jouissent les autres gentilshommes du royaume pendant qu'ils sont en charge. Le suppliant, désirant être inscrit dans le catalogue de la Noblesse de Bugey où il fait sa principale résidence, pour lui servir en temps et lieu ce qu'il appartiendra, il recourt à ce qu'il vous plaise, Messieurs, vu les dites provisions, actes d'installation en la dite charge de conseiller et secrétaire du roi, maison, couronne de France, contrôleur en la Chancellerie près le Parlement de Dijon, ordonner que son nom sera inscrit dans le catalogue de la Noblesse du dit pays, que les dites provisions et actes de réception seront registrées ez registres ordinaires de la Noblesse du dit pays, afin qu'il puisse avoir voix délibérative et assister aux Assemblées de la Noblesse, pour lui servir et à ses enfants ce qu'il appartiendra, tant qu'ils vivront noblement et ne feront aucun acte de dérogeance.

Vu par nous sindiqs et conseillers du corps de la Noblesse de Bugey, les provisions de l'état et office de conseiller, secrétaire du roi, maison, couronne de France, contrôleur de la grande Chancellerie près le Parlement de Dijon, accordées au suppliant par Sa Majesté le 11me mai 1690, ensemble son installation et réception au dit office du 30me du dit mois, les édits et déclarations de Sa Majesté et des rois ses prédécesseurs, énoncés dans la présente requête;

Disons et délibérons, suivant le pouvoir à nous donné par la dernière Assemblée générale, que les provisions du suppliant, installation et réception en ladite charge seront écrites et insérées dans le registre du corps de la Noblesse par le secrétaire, pour y avoir recours en tant que de besoin, et que le dit suppliant jouira des droits et honneurs dont jouissent les autres gentilshommes de la dite province, et que son nom sera inscrit dans le catalogue des gentilshommes de cette province.

Fait à Belley ce 13me mars 1692.

Signé DE GRENAUD, marquis de Rougemont; THOUY DE PÉSIEU; DE ROGLES; DUPORT DE LA BALME; CRESSIEU DE SEYSSEL.

Enregistré par moi soussigné, conseiller-secrétaire de la Noblesse de Bugey, à Belley ce 18 mars 1692, le sieur **Cottin** ayant retiré l'original de sa requête et ses provisions enregistrées avec l'acte de sa réception.

Signé COTTIN, DE REYDELLET LA VÉLIÈRE, conseiller-secrétaire.

NOBLESSE DE MM. TROCU DE LA CROZE.

Supplient humblement **Albert-Guillaume** et **Philibert Trocu**, écuyers, disant qu'il auroit plu à Sa Majesté d'accorder à **Etienne Trocu**, écuyer, seigneur de la Croze, leur père, l'état et office de conseiller, secrétaire du roi, maison, couronne de France, en la grande Chancellerie près le Parlement de Dijon, par ses lettres-patentes du 6me novembre 1684, au quel office il fut installé et reçu le 17me du dit mois par M. **de Harlay**, conseiller du roi au dit Parlement, garde des sceaux de la dite Chancellerie près le dit Parlement, en suite de la subdélégation qui lui avoit été donnée par Mgr **de Boucherat**, chancelier de France; les quelles provisions furent depuis enregistrées en la Chambre des Comptes et au Bureau des finances, et depuis a joui du dit office jusques au jour de son décès. Et comme par les édits et déclarations de Sa Majesté, les possesseurs de semblables charges sont anoblis du jour de leur réception, et tous leurs enfants, nés et à naitre en légitime mariage, avec pouvoir de prendre la qualité de noble et d'écuyer, en toutes sortes d'actes, même de jouir de tous les autres priviléges dont les autres gentilshommes du royaume jouissent, et encore de plusieurs autres pendant qu'ils sont en charge. Les suppliants, désirant être inscrits dans le catalogue de la Noblesse de Bugey où ils font leur résidence, recourent à ce qu'il vous plaise, Messieurs, vu les dites provisions, l'acte d'installation et réception du dit feu sieur **Etienne Trocu,** leur père, en la dite charge de conseiller, secrétaire du roi, ordonner que les noms des suppliants seront inscrits dans le catalogue de la Noblesse du dit pays, et que les dites provisions et acte de réception seront registrés ez registres de la Noblesse, afin qu'ils puissent avoir voix délibératives dans les Assemblées de la Noblesse, tant qu'ils vivront noblement et ne feront aucun acte de dérogeance et sera justice.

Vu par nous sindiqs et conseillers de la Noblesse du Bugey, les provisions de l'état et office de conseiller, secrétaire du roi, maison et couronne de France, et contrôleur de la grande Chancellerie près le Parlement de Dijon, accordés au dit sieur **Etienne Trocu,** père des suppliants, par Sa Majesté, le 6me novembre 1684, ensemble son installation et réception du dit office, du 17me du dit mois, les édits et déclarations de Sa Majesté et des rois ses prédécesseurs, énoncés dans la présente requête;

Disons et délibérons, suivant le pouvoir à nous donné par la dernière Assemblée du corps de la Noblesse et sous le bon plaisir de la première Assemblée générale, que les provisions du dit sieur **Trocu,** installation et réception à la dite charge, seront inscrites et insérées dans les registres du dit corps de la Noblesse par le sieur secrétaire de la Noblesse, et ce pendant que les suppliants jouiront des droits et honneurs dont jouissent les autres gentilshommes de la province, conformément à ses provisions et aux édits et déclarations de Sa Majesté à cet effet, que leurs noms seront inscrits dans le catalogue des gentilshommes de cette province.

Fait à Belley ce 12me aoust 1692.

Signé Baret, Duport de la Balme.

Enregistré par moi secrétaire de la Noblesse, les lettres-patentes de Sa Majesté, délivrées au sieur **Etienne Trocu**, ainsi que les actes de son installation et réception, et à l'instant ai rendu l'original de la requête et des provisions.

A Belley, ce 15me aoust 1692.

Signé Trocu, de Reydellet la Vélière.

Etaient présents et ont signé au registre :

MM.

J. de Tricaud.
De Grenaud-Rougemont.
Thouy de Pésieu.
Baret.
De Rogles.
Cressieu de Seyssel.
Duport de la Balme.
D'Arloz la Servette.
D'Angeville de Lompnes.
De Bozon.
De Tricaud.
De Mussel.
Fabry.
Bourgeois de Billiat.
Seyssel d'Artemarc.

MM.

Le chevalier *Ducros de Grolés.*
De Tricaud.
Passerat du Parc.
De Vignod.
Du Rollet de Condière.
De Maillans.
Du Rollet-Conflans.
Du Rollet de Boimont.
De Longecombe.
Du Plastre d'Ambléon.
De Résinans.
Bouillet.
Trocu de Termand.
De Reydellet la Vélière

Du 21me novembre 1695.

Assemblée tenue par devant messire JOSEPH-ANTHELME DE TRICAUD, **écuyer, conseiller du roi en ses Conseils, lieutenant général civil et criminel au Bailliage de Belley, seigneur de la Moutonnière.**

ÉLECTION DES OFFICIERS DU CORPS DE LA NOBLESSE.

Syndics : MM. le marquis **de Rougemont,** conseiller honoraire au Parlement de Bourgogne; le marquis **de Thouy,** brigadier des armées du roi; **de Baret,** gouverneur de la ville de Seyssel.

Conseillers : MM. **de Seyssel-Cressieu; Duport de la Balme; de Mornieu.**

Conseiller-secrétaire : M. **de Reydellet la Vélière.**

Dans cette Assemblée il n'y eut pas de présentation.

Etaient présents et ont signé au registre :

MM.	MM.
De Grenaud-Rougemont.	*De Bavoz.*
De Baret, syndic.	*Bouillet.*
Cressieu de Seyssel, conseiller.	*De Tricaud,* puiné.
Duport de la Balme, conseiller.	*Trocu de la Croze.*
De Mornieu, conseiller.	*De la Croze,* le cadet.
De Reydellet la Vélière, consr-sre	*De Résinans.*
De Montgrillet.	*D'Arloz de la Servette.*
De Bozon.	*Cottin.*
Passerat du Parc.	*Seyssel de Beauretour.*
De Luyset.	*De Dortan.*
De Montferrand.	*De Milleret.*

Du 21me novembre 1698.

Assemblée tenue dans l'hôtel et par devant messire Jean-Louis de Grenaud, chevalier et baron de Saint-Jullien, capitaine de cavalerie dans le régiment de Mgr le Dauphin, grand bailli du Bugey.

RÉCEPTION DE M. GUY DE MONTILLET, CONSEILLER AU PARLEMENT DE DOMBES, DANS L'ASSEMBLÉE DE LA NOBLESSE DU BUGEY.

M. le marquis **de Rougemont,** sindiq, a dit qu'on lui avoit remis une requête présentée à l'Assemblée de la Noblesse de la part de M. **Guy de Montillet,** seigneur de Champdor et du Châtelard, conseiller au Parlement de Dombes, par la quelle il expose qu'ayant l'honneur d'être pourvu d'une charge de conseiller au Parlement de Dombes, la quelle par plusieurs déclarations des princes souverains de Dombes, confirmées par plusieurs déclarations de nos rois, François Ier, Henry III, Henry IV, Louis XIII et du roi à présent régnant, les charges du dit Parlement acquièrent de plein droit le titre de noblesse à ceux qui en sont actuellement pourvus, et comme il est à présent dans l'exercice actuel de sa dite charge, il supplie l'Assemblée de délibérer qu'il seroit inscrit dans le rôle et catalogue des gentilshommes du dit pays, qu'il auroit entrée dans les Assemblées avec voix active et passive, offrant de contribuer aux charges communes de la Noblesse.

De la quelle requête, ensemble des pièces qui y sont énoncées, vérification de leur contenu et lecture en ayant été faite, il a esté délibéré que la dite requête et les titres qui y sont joints, seront inscrits dans les registres de la Noblesse, pour y avoir recours en tant que de besoin, et que le dit sieur **de Montillet** jouira des droits qu'il a plu à Sa Majesté d'accorder à MM. les officiers du Parlement de Dombes; à cet effet, que le dit sieur **de Montillet** sera inscrit dans le rôle et catalogue des gentilshommes du dit pays de Bugey, pour jouir des mêmes droits, honneurs et avantages que les autres gentilshommes du pays, avoir entrée dans leurs Assemblées et voix délibérative active et passive, à la charge néantmoins qu'il contribuera, pour sa part et portion, aux charges du dit corps de Noblesse, suivant les cas et les taxes qui sont faites et pourraient être faites à l'avenir, tant pour raison de la personne que des biens.

ANOBLISSEMENT DE M. ANDRÉ BALME DE SAINTE-JULIE, LIEUTENANT GÉNÉRAL DU BAILLIAGE DU BUGEY.

Supplie humblement **André Balme de Sainte-Julie,** conseiller du roi, lieutenant au Bailliage, et dit qu'il a plu au roi de le dispenser d'un second service dans un office des compagnies supérieures, faisant souche de noblesse, que son fils auroit dû posséder pendant vingt ans pour acquérir la noblesse à sa postérité, Sa Majesté ayant, dès à présent, anobli le suppliant comme si le dit service avoit été fait, en considération de ses services, par ses lettres-patentes ci-jointes, registrées où besoin a été. C'est pourquoi il recourt à ce, Messieurs, qu'il vous plaise lui accorder l'entrée de l'Assemblée du corps de la Noblesse, et ce faisant, ordonner que les lettres-patentes seront enregistrées dans le registre du dit corps pour y avoir recours quand besoin sera.

LETTRES D'ANOBLISSEMENT DU SIEUR ANDRÉ BALME.

Louys, par la grâce de Dieu, etc.

Comme plusieurs de nos sujets se sont distingués par les bonnes qualités qu'ils ont fait paroitre dans les emplois qu'ils ont exercés, nous avons cru devoir récompenser leur vertu et leur mérite par des marques d'honneur, telles que donne l'anoblissement. Par cette considération, nous avons, par notre édit du mois de mars 1696, anobli cinq cents de nos sujets aux quels nous ferons expédier nos lettres d'anoblissement. Et quoique nous eussions voulu leur donner cette marque d'honneur sans nous payer aucune finance, les besoins de nos Etats ne l'ayant pas permis, nous l'avons très-modérément évalué. Sur quoi, notre cher et bien amé André Balme, notre conseiller, lieutenant général au Bailliage de Bugey, nous ayant fait supplier de lui accorder nos lettres d'anoblissement, nous avons été informés qu'il s'est acquitté avec beaucoup d'honneur et de probité de tous ses emplois comme conseiller, notaire et secrétaire de notre Cour de Parlement de Metz pendant vingt-deux ans, dont il a obtenu nos lettres de vétérance le 1er juillet 1680, comme aussi de l'emploi de premier sindiq général du pays de Bugey pendant plusieurs années avec l'approbation générale de toute la province, et en diverses occasions où il a été employé pour notre service par notre très-cher et très-amé cousin le prince de Condé, prince de notre sang et gouverneur pour nous de notre duché de Bourgogne, pays de Bresse et de Bugey, suivant les attestations qu'il nous en a représentées qui justifient le zèle et la bonne conduite qu'il a eue dans les affaires publiques, qui l'ayant fait connoitre de nos amés et féaux conseillers, intendants de la province de Bourgogne et Bresse, ils l'ont chargé de leur subdélégation dans la vérification des dettes des communautés, reconnoissances des abus qui se commettoient au pays de Gex, tant pour la distribution des sels que pour les franchises des tailles, ainsi qu'il est justifié par l'ordonnance du sieur *Bouchu,* conseiller en nos Conseils, commissaire départi pour l'exécution de nos ordres aux pays de Bresse, Bugey et Gex et province de Bourgogne, et par celle du sieur *de Harlay,* notre conseiller d'Etat ordinaire, alors maître des Requêtes ordinaires de notre hôtel, ayant succédé au sieur *Bouchu,* qui lui donna des commissions importantes pour le logement des gens de guerre dans le pays de Bugey et Gex et à Meximieux en Bresse, les 16 aoust et 24 octobre 1684, et pour aller au pays de Gex faire restituer aux catholiques les temples de Moens et de Bossin, en exécution de l'arrêt de notre Conseil d'Etat du 18 juin 1685, et de l'ordonnance du sieur *de Harlay,* notre conseiller d'Etat ordinaire, du 21 septembre de la même année.

Nous avons pareillement été informés qu'après la révocation de l'édit de Nantes, il s'étoit employé par les ordres du sieur *de Harlay,* à la conversion des prétendus réformés dans le pays de Gex, et que pendant le mois de novembre 1685, Dieu secondant nos bonnes intentions, il fit heureusement abjurer la religion prétendue réformée à plus de cinq mille personnes, comme il se voit par le procès-verbal du 7 décembre 1685 qui contient le nombre des anciens catholiques de chaque paroisse des pays de Bugey et Gex, celui des nouveaux convertis, le nombre de ceux qui étoient restés dans l'erreur et de ceux qui avoient déserté, dont notre très-cher et bien aimé cousin le prince de Condé, gouverneur de cette province, nous a informés, aussi bien que la délibération des habitants de la ville de Gex du 4 décembre 1685, homologuée par l'évêque diocésain, portant que chaque année il seroit fait une procession générale le premier dimanche des Avents en mémoire de cette conversion et qu'il en seroit inséré un acte dans les archives de l'église.

Il a encore esté employé dans la même Généralité pour faire observer nos ordonnances aux troupes qui ont campé ou séjourné dans le pays de Gex, au commencement de la guerre de Savoye, dont il s'est fort bien acquitté, tant pour la subsistance des troupes que pour le soulagement du pays, ce qui a esté certifié par le sieur marquis de Vins qui commandoit alors dans le pays. De tous les quels services, quoique très-importants, il n'a demandé ni reçu aucune récompense; et comme il nous a déjà servis en notre Parlement de Metz pendant plus de vingt années en qualité de notre conseiller, notaire et secrétaire du Parlement, et qu'une pareille charge, possédée par son fils unique, auroit pu transmettre la noblesse à sa postérité, il auroit pu espérer d'obtenir de nous sans aucune finance l'anoblissement que nous lui accordons. Cependant, ayant préféré de nous marquer le zèle qu'il a pour notre service, il a payé à notre trésor royal la même somme que les autres anoblis en vertu de notre édit, qui n'ont pas rendu de semblables services, et par ces considérations nous a fait supplier de le vouloir dispenser du service que son fils auroit été obligé de rendre pour acquérir la noblesse *a patre et avo,* et de lui accorder nos lettres d'anoblissement comme si ce service avoit été achevé.

A ces causes, et autres à ce nous mouvant, après qu'il nous est apparu qu'il a payé la finance de six mille livres que nous avons fixé par l'arrêt de notre Conseil du 3 avril 1696, voulant lui témoigner la satisfaction que nous en avons et laisser à sa postérité des marques de l'estime que nous faisons de sa vertu en l'honorant du titre de noblesse dès à présent, sans nous arrêter au service qui n'a pas été parachevé dans une charge du corps d'une compagnie supérieure dont nous l'avons dispensé et dispensons, nous avons, par ces présentes signées de notre main, de notre grâce spéciale, pleine puissance et autorité royale, anobli et anoblissons André Balme, notre conseiller, lieutenant général au Bailliage de Bugey, ensemble ses enfants et sa postérité, nés et à naitre en légitime mariage, et du titre de noblesse l'avons décoré et décorons, comme si son fils avoit rendu le même service que lui dans une Cour supérieure......... Et afin que ce soit chose ferme et stable à toujours, nous avons fait mettre notre scel à ces présentes données à Versailles au mois de mars l'an de grâce 1698 et de notre règne le cinquante-cinquième. Signé Louys.

Et plus bas sur le repli : par le roi, signé Phélippaux, et scellé en cire verte pendant par lac de soie rouge et verte.

Après que la lecture a esté faite à l'Assemblée de la dite requête du sieur **André Balme de Sainte-Julie**, ensemble des lettres-patentes d'anoblissement et autres titres énoncés et joints à icelles,

Il a été délibéré qu'elles seront transcrites dans les registres du corps de la Noblesse, et que le dit sieur **Balme** seroit inscrit dans le rôle et catalogue des gentilshommes du dit pays, pour jouir des droits, honneurs et priviléges communs à la dite Noblesse ; qu'il auroit entrée dans les Assemblées du corps avec voix délibérative, active et passive. Le dit sieur **Balme** étant entré dans l'Assemblée, il a pris séance parmi les autres gentilshommes du corps.

Finalement, il a été procédé à la nomination des officiers du corps de la Noblesse.

A la pluralité des voix ont été nommés :

Syndics : MM. le marquis **de Thouy**; le comte **de Rogles**; **de Seyssel-Cressieu.**

Conseillers : MM. **de Reydellet la Vélière**; le comte **Ducros de Grolée; de Luyset.**

Secrétaire : M. **Bouillet.**

Etaient présents et ont signé au registre :

MM.	MM.
De Grenaud-Rougemont.	*Cressieu de Seyssel.*
De Mornieu.	*Reydellet de la Vélière.*
De Bouvens.	*De Silans.*
De Bozon.	*Seyssel d'Artemare.*
Seyssel de Beauretour.	*De Tricaud*, puîné.
Trocu de la Croze.	*J. de Tricaud.*
D'Arloz de la Servette.	*Du Breul.*
Malyvert de Conflans.	*De Riccé.*
De Courtines.	*Des Roys.*
Fabry.	*De Milleret.*
Trocu de Termand.	*Du Breul de Sacconay.*
Balme de Sainte-Julie.	*Du Parc.*
Trocu du Bessey.	*Cottin.*
De Migieu.	*De Montferrand.*
Ducros de Grolée.	*De Résinans.*
De Luyset, conseiller.	*De Rogles*, syndic.
Bouillet, secrétaire.	*De Grenaud-Rougemont*, bailli.

Du 25me *avril* 1702.

Assemblée tenue en l'hôtel et sous la présidence de messire André Balme, écuyer, seigneur de Ste-Julie, conseiller du roi, lieutenant général au Bailliage de Bugey, en l'absence de M. le grand bailli, en conséquence de la permission qui auroit été accordée par Mgr le prince de Condé, Henri-Jules de Bourbon, gouverneur de Bourgogne.

Il a été procédé au choix et élection de MM. les sindiqs, conseillers et secrétaire du corps de la Noblesse qui serviront la triennalité prochaine, à la pluralité des suffrages de tous MM. les gentilshommes présents à la dite Assemblée.

Syndics : MM. le marquis **de Rougemont**; le comte **Ducros de Grolée**; **de Reydellet la Vélière.**

Conseillers : MM. **de Beauretour**; **Trocu de la Croze**; **J. de Tricaud.**

Secrétaire : M. **Bouillet.**

Aucune présentation de candidats à la Noblesse n'eut lieu dans cette Assemblée, où étaient présents :

MM.
Balme de Sainte-Julie.
De Moyria-Maillat.
Fabry.
Du Glas.
Montferrand de Rogles.
D'Angeville.
De Seyssel.

MM.
Passerat du Parc.
De Brion.
De Milleret.
De Vignod.
De Longecombe.
D'Arloz la Servette.
Passerat de Silans.

MM.
Des Roys.
D'Angeville de Montvérand.
De la Chapelle.
Trocu de la Croze.
Trocu du Bessey.
De Reydellet la Vélière.
Bouillet, secrétaire.

MM.
Passerat de Bougne.
De Courtines.
Ducros de Grolée.
J. de Tricaud.
Seyssel de Beauretour.
Balme, lieutenant général.

Du 8me mars 1708.

Assemblée tenue dans l'hôtel et sous la présidence de messire JEAN-LOUIS DE GRENAUD, **marquis de Rougemont, baron de Saint-Jullien, capitaine de cavalerie dans le régiment de Mgr le Dauphin.**

NOMINATION DE M. PASSERAT DU PARC A L'OFFICE DE CONSEILLER DU ROI ET LIEUTENANT GÉNÉRAL D'ÉPÉE EN BUGEY.

M. **de Reydellet la Vélière** a dit qu'il a plû au roi de pourvoir M. **du Parc** de l'office de conseiller du roi et lieutenant général d'épée au Bailliage du Bugey. Ce gentilhomme a par devers lui beaucoup de mérite et de service, il remplira donc dignement les devoirs de sa charge. Il estime qu'en conséquence de la requête qu'il nous a présentée, l'Assemblée générale doit délibérer que l'édit de création du dit office et les provisions qui lui ont été accordées seront lues à l'Assemblée et ensuite transcrites dans les registres du corps de la Noblesse de ce pays, pour y avoir recours et servir ce que de raison.

A esté délibéré que la présente proposition sera exécutée.

Ce fait, il a esté procédé au choix et élection de MM. les sindiqs, conseillers et secrétaire du corps de la Noblesse qui serviront la triennalité prochaine en ces qualités. A la pluralité des suffrages de tous MM. les gentilshommes qui ont assisté à la dite Assemblée, ont été nommés :

Syndics : MM. le comte **de Maillat; de Tricaud; Trocu de la Croze**, baron du Bourg.

Conseillers : MM. **de Beauretour-Seyssel; de Seyssel de la Balme; Balme de Sainte-Julie.**

Conseiller-secrétaire : M. **Bouillet.**

Ayant esté dit par M. **Balme de Sainte-Julie**, l'un des conseillers, qu'il accepte l'honneur que lui ont fait MM. de la

Noblesse, s'il plait à S. A. S. Mgr le prince de Condé de l'ordonner ainsi, à la quelle il aura l'honneur de représenter ses raisons, et jusqu'à ce qu'il lui ait plu d'en décider, il fera les fonctions du dit emploi de conseiller.

A quoi MM. de l'Assemblée générale ont dit qu'ils souhaitent d'avoir M. **Balme de Sainte-Julie** pour conseiller, au cas qu'il ne soit pas obligé de présider aux Assemblées; mais que dans le cas où S. A. S. jugeroit qu'il y doive présider, et que par conséquent il ne puisse remplir la place de conseiller, M. **de Grenaud**, par la pluralité des voix et du scrutin, a été nommé pour remplir sa place.

Etaient présents et ont signé au registre :

MM.	MM.
Ducros de Grolée.	*Bouvens-Châtillon.*
De Reydellet la Vélière.	*D'Eschallon.*
De Billiat.	*Fabry.*
Des Roys.	*De Mornieu.*
De Vignod.	*Mornieu de Gramont.*
De Courtines.	*Seyssel d'Artemare.*
De Longecombe.	*De Vieuget.*
Desbordes du Châtelet.	*Passerat du Parc.*
De Montferrand.	*De Motz.*
Trocu du Bessey.	*De Résinans.*
De Bozon.	*De Milleret.*
De Chastelard.	*Trocu de la Croze*, syndic.
Moyria de Maillat, syndic.	*Beauretour de Seyssel*, conseiller.
J. de Tricaud, syndic.	*Balme de Sainte-Julie*, conseiller.
La Balme de Seyssel, conseiller.	*Bouillet*, conseiller-secrétaire.
De Grenaud-Rougemont, bailli.	

Du 15me *juillet* 1711.

Assemblée tenue par devant messire Jean-Pierre de Grenaud, **chevalier de Rougemont, conseiller du roi, lieutenant général de Bresse.**

CHOIX ET ÉLECTION DE MM. LES SYNDICS, CONSEILLERS ET DU SECRÉTAIRE DU CORPS DE LA NOBLESSE.

Syndics : MM. le comte **de Moyria-Maillat; Seyssel de Beauretour; de Tricaud.**

Conseillers : MM. le comte **de Rochefort; Mornieu de Gramont; Seyssel de la Balme.**

Conseiller-secrétaire : M. **Passerat du Parc.**

MM. les officiers du corps de la Noblesse ont dit qu'ayant esté chargés par l'Assemblée générale d'examiner les titres de noblesse de M. **de Montillet-Chatelard,** ce qu'ils ont exécuté le 17me juillet 1711, ayant reconnu les dits titres conformes au renvoi de M. **Ferrand,** intendant de Bourgogne, ils en ont ordonné l'enregistrement par M. **du Parc,** conseiller, secrétaire du corps.

NOBLESSE DE M. DE MONTILLET.

Vue par nous **Joseph de Passerat,** écuyer, seigneur du Parc, la requête présentée par **Guy de Montillet** à MM. de la Noblesse, la déclaration par eux faite le 5me juillet 1711 en suite de la dite requête, l'ordonnance de MM. les sindiqs et conseillers du corps de la dite Noblesse, en exécution de la commission qui leur auroit esté donnée et icelle exécutant, nous avons enregistré la dite requête dans tout son contenu et dont la teneur est ci-après, et celle du jugement de M. **Ferrand**, pour lors intendant en Bourgogne, du 6me août 1700.

A MM. DE LA NOBLESSE DU PAYS DU BUGEY, ASSEMBLÉS EN CORPS DANS LA VILLE DE BELLEY, PAR LA PERMISSION DE MONSEIGNEUR LE DUC DE BOURBON, PRINCE DE CONDÉ.

Supplie humblement **Guy de Montillet,** écuyer, seigneur de Champdor et de Châtelard, et vous remontre :

Que quoique ses ayeux eussent pris fort légitimement le titre de nobles et d'écuyers depuis l'année 1469, et eussent vécu noblement sans aucune dérogeance, néanmoins M. **George Forastier,** chargé par Sa Majesté du recouvrement des amendes qui devoient être payées par les usurpateurs des titres de noblesse, en exécution de sa déclaration du 4me septembre 1696 et arrêt du Conseil du 26me février 1697 rendu en conséquence, lui fit instance par devant M. **Ferrand,** intendant en Bourgogne et commissaire départi pour le jugement des contestations qui pourroient arriver à ce sujet, le 3me aoust 1699.

Le suppliant n'a pas eu peine à faire voir que ni lui ni ses ayeux n'étoient pas usurpateurs du titre de noblesse, et que s'ils avoient pris ce titre, c'est qu'il leur étoit légitimement dû.

En effet, il a prouvé que **Jacques de Montillet,** qui vivoit avant l'année 1469, avoit pris la qualité de noble; qu'il avoit eu pour fils **Louis de Montillet,** marié avec noble **Catherine de Châtillon;** qu'ils eurent pour fils noble **Claude de Montillet,** qui épousa noble **Jeanne Bachod;** que de ce mariage sortit noble **Antoine de Montillet,** marié avec dame **Jacqueline Vugier;** qu'ils eurent pour fils noble **Emmanuel de Montillet,** qui épousa dame **Catherine de Michaud,** dame de Champdor; que de ce mariage sortit noble **Bertrand de Montillet,** marié avec dame **Barbe Rosetain,** père et mère du suppliant, qui a aussi épousé dame **Hippolyte de Revol.**

Sur les pièces qui ont parfaitement prouvé cette descendance, la qualité de noble toujours prise dans cette famille **de Montillet,** leurs alliances dans les maisons nobles et connues pour telles dans le pays du Bugey, M. **Ferrand** a renvoyé le suppliant par un jugement des plus contradictoires du 6me avril 1700, de la mauvaise demande et prétention du dit **Forastier,** l'a maintenu dans sa noblesse, ordonné qu'il jouiroit de tous les droits, honneurs, prérogatives, prééminences, franchises et libertés dont jouissent les anciens nobles du royaume, lui et sa postérité, née et à naître, et ce faisant, ordonner qu'il seroit inscrit au catalogue des gentilshommes du département du Bugey.

Le suppliant espère, Messieurs, qu'à la vue du jugement et des pièces sur les quelles il a été rendu, et qu'il a l'honneur de vous faire présenter, il vous plaira d'ordonner à M. le secrétaire de votre corps d'en faire l'enregistrement dans vos registres.

MM. les sindiqs ont dit qu'ils avoient été chargés d'examiner avec MM. les conseillers le renvoi de M. **Montillet du Châtelard** de la recherche de sa noblesse faite par **George Forastier,** qui en étoit chargé par Sa Majesté, avec les titres sur les quels M. **Ferrand,** lors intendant, avoit accordé le renvoi à M. **de Montillet du Châtelard,** et d'en ordonner l'enregistrement, ce qu'ils ont exécuté, ayant trouvé les titres conformes au dit renvoi.

Approuvé par l'Assemblée générale.

PROVISIONS DE LA CHARGE DE GRAND BAILLI D'ÉPÉE DU BUGEY, EN FAVEUR DE MESSIRE JEAN-PIERRE DE GRENAUD, SUCCESSEUR EN LA DITE CHARGE DE MESSIRE JEAN-LOUIS DE GRENAUD, MARQUIS DE ROUGEMONT, SON FRÈRE, DÉCÉDÉ.

Louys, par la grâce de Dieu, etc.,

Savoir faisons, que pour la pleine et entière confiance que nous avons en la personne de notre cher et bien aimé Jean-Pierre de Grenaud, marquis de Rougemont, lieutenant général d'épée en Bugey, et en ses sens, suffisance, loyauté et prudhomie, capacité et expérience, fidélité et affection à notre service, et voulant lui donner des marques de notre satisfaction pour la bonne conduite qu'il a eue jusques à présent dans l'exercice de la dite charge de lieutenant général d'épée, nous lui avons donné et octroyé, donnons et octroyons, par ces présentes, l'office de grand bailli au Bailliage de Bugey et Valromey, que tenoit et exerçoit défunt Jean-Louis de Grenaud, dernier et paisible possesseur, décédé le 15me d'aoust dernier, le quel en avoit disposé en faveur de Jean-Pierre de Grenaud de Rougemont, par son testament ci-attaché, sous le contresel de notre Chancellerie, en conséquence de l'hérédité attribuée au dit office, au moyen des augmentations de gages par lui levés, en exécution de notre esdit du mois d'octobre 1693, pour le dit office avoir, tenir et d'ores en avant exercer, en jouir et user par le dit sieur DE ROUGEMONT, à titre de survivance, en vertu de notre esdit du mois de décembre 1709, et en conséquence du droit de survivance par lui payé, ainsi qu'il appert par la quittance du trésorier de nos revenus casuels dont l'ampliation est ci-attachée, et en outre aux honneurs, autorité, prérogatives, prééminences, franchises, libertés, exemptions, gages, droits, fonction, fruit, profit, revenu, émolument accoutumé, ou qui ont été attribués au dit office par notre esdit du mois d'octobre 1693, tels et semblables qu'en a joui ou dû jouir le dit feu sieur JEAN-LOUIS DE GRENAUD, son frère.

Si donnons en mandement, etc.

EXTRAIT DE L'ARRÊT DE LA COUR DU PARLEMENT DE DIJON.

Vu les lettres de provisions du roi, obtenues le 25me septembre 1712 par **Jean-Pierre de Grenaud**, marquis de Rougemont, lieutenant général d'épée au Bailliage de Belley, de l'office et charge de grand bailli de Bugey et Valromey que tenoit et exerçoit défunt **Jean-Louis de Grenaud**, son frère, etc.;

La Cour a reçu et reçoit le dit **Jean-Pierre de Grenaud** au dit état et office de grand bailli de Bugey et Valromey, en faisant par lui le serment accoutumé et profession de foi, et à la charge de faire sa résidence actuelle dans l'étendue du dit Bailliage, et ordonne qu'il sera mis en possession du dit office par le premier juge royal du dit Bailliage, et reconnu pour grand bailli de Bugey et Valromey, et en cette qualité obéi en tout ce qui concerne le service du roi et le bien de la justice.

Fait en Parlement à Dijon, le 16me juin 1713.

Et à l'instant le dit sieur **de Grenaud**, mandé en la Chambre du Conseil, en manteau, habit noir, et sans épée, a prêté serment et fait profession de foi, ainsi qu'il est contenu au registre. — Signé GUYTON.

Par extrait inséré au registre de la Noblesse du Bugey. — Signé PASSERAT DU PARC, conseiller-secrétaire.

Etaient présents à l'Assemblée et ont signé au registre :

MM.	MM.
D'Angeville.	Le chevalier *de Rochefort.*

MM.

La Croze du Bessey.
De Longecombe.
Latard de Marces.
La Saugée d'Arestel.
De Motz.
Desbordes du Châtelet.
De Seyssel, conseiller.
De Rochefort, conseiller.
De Rogles.
Malyvert de Conflans.
Bouillet.
De la Chapelle.
Seyssel de Beauretour, syndic.
Chevalier *de Rougemont*, lieutenant général d'épée.

MM.

D'Arloz de la Servette.
D'Angeville de Montvérand.
De Grillet.
De Seyssel-Sothonod.
De Bozon.
D'Oncieu.
De Gramont, conseiller.
Douglas.
De Migieu d'Izelet.
De Milliers.
De Courtines.
De Tricaud, syndic.
De Moyria-Maillat, syndic.
Du Parc, conseiller-secrétaire.

Du 20me *aoust* 1714.

Assemblée tenue en l'hôtel et par devant messire Jean-Pierre de Grenaud, **marquis de Rougemont, grand bailli d'épée de Bugey, en conséquence de la permission qui en auroit été accordée par Mgr le duc de Bourbon, prince de Condé, gouverneur en Bourgogne, Bresse, Bugey et Gex.**

Il a été procédé au choix et élection de MM. les sindiqs, conseillers et secrétaire du corps de la Noblesse, et par le scrutin ont été nommés :

Syndics : MM. **de Tricaud,** brigadier ez armées du roi; **Seyssel de Beauretour; de Seyssel de la Balme.**

Conseillers : MM. **Douglas;** le marquis **de Montferrand; La Croze du Bessey.**

Conseiller-secrétaire : M. **de Passerat du Parc.**

Nulle présentation à la Noblesse.
Présents et signataires au registre :

MM.	MM.
Ducros de Grolée.	*Moyria de Maillat.*
D'Angeville de Montvérand.	*J. de Tricaud.*
De Bozon.	*Des Roys.*
Mornieu de Gramont.	*De Milliers.*
De Longecombe.	*Savarin.*
Latard de Marces.	*D'Arestel.*
Migieu d'Izelet.	*D'Artemare de Seyssel.*
De Grillet.	*De Suduyraud des Alymes.*
Dunand.	*De Bouvens.*
Desbordes du Châtelet.	*Trocu de Termand.*

MM.

De Courtines.

De Tricaud, syndic.

Seyssel de la Balme, syndic.

Montferrand, conseiller.

De Rougemont, grand bailli.

MM.

Malyvert de Conflans.

Seyssel de Beauretour, syndic.

Douglas, conseiller.

La Croze du Bessey, conseiller.

Du Parc, conseiller-secrétaire.

Du 15me aoust 1717.

Assemblée générale tenue par devant messire Jean-Pierre de Grenaud, chevalier, marquis de Rougemont, baron de Corcelles et de Saint-Jullien, seigneur des terres de Roche, la Balme, Mortaray, Champagne, Chavornay et autres lieux, conseiller du roi, grand bailli d'épée du Bugey et Valromey, maître des requêtes ordinaires dans le Conseil de S. A. R. Mgr le duc d'Orléans, régent du royaume.

ÉLECTION DES OFFICIERS DE LA NOBLESSE.

Syndics : MM. **Seyssel de Beauretour; Seyssel de la Balme; de Montferrand.**

Conseillers : MM. **Trocu du Bessey; de Billiat; de Suduyraud des Alymes.**

Conseiller-secrétaire : M. **de Courtines.**

Aucune présentation ou demande d'entrée dans les assemblées de la Noblesse n'eut lieu dans cette triennalité.

Etaient présents et ont signé au registre :

MM.
Douglas.
De Tricaud.
Du Parc.
Mornieu d'Apremont.
Passerat de Greix.
D'Angeville.
De Luyset.
Passerat de Termand.

MM.
Des Roys.
De Conflans.
Desbordes du Châtelet.
Seyssel d'Artemare.
Latard de Marces.
D'Oncieu.
De Champollon.
Du Breul.

MM.

Montillet de Châtelard.
Migieu d'Izelet.
Bouillet.
De Bozon.
Savarin, chanoine.
Gauteran la Saugée.
Seyssel de la Balme, syndic.
La Croze du Bessey, conseiller.
De Courtines, conseiller-secrét.
De Rougemont, grand bailli.

MM.

Château-Gaillard.
De Grillet.
Dunand.
De Milleret, doyen de Belley.
De Résinans.
Seyssel de Beauretour, syndic.
Montferrand, syndic.
De Billiat.
De Suduyraud des Alymes, conseiller.

Du 21me *avril* 1721.

Assemblée générale tenue par devant messire Jean-Pierre de Grenaud, **marquis de Rougemont, etc., grand bailli d'épée du Bugey.**

ÉLECTION DES OFFICIERS DE LA NOBLESSE.

Syndics : MM. **Beauretour de Seyssel;** marquis **de Montferrand;** le chevalier **de Suduyraud.**

Conseillers : MM. le baron **de Luyset; de Passerat du Parc; Bouillet.**

Conseiller-secrétaire : M. **de Courtines.**

Il n'y eut pas de présentation à l'Assemblée de candidats à la noblesse.

Etaient présents et ont signé au registre :

MM.
J. de Tricaud.
De Seyssel-Sothonod.
De Château-Gaillard.
De Grolée.
Latard de Marces.
Trocu du Bessey.
Du Breul.
De Moyria.
De Bozon.
Mornieu de Gramont.
De Courtines, conseiller-secrét.

MM.
Migieu d'Izelet.
De Seyssel d'Artemare.
Dunand.
Seyssel de Beauretour, syndic.
De Montferrand.
De Suduyraud des Alymes.
De Luyset.
Passerat du Parc, fils.
Bouillet.
De Grenaud de Rougemont, grand bailli.

Dn 1er aoust 1724.

Assemblée générale tenue en l'hôtel de ville de Belley, par devant Jean-Baptiste Moyne, **conseiller au Bailliage, tenant le siége par suite du décès de M. le lieutenant général civil, et en l'absence de messire le grand bailli.**

ÉLECTION DES OFFICIERS DE LA NOBLESSE.

Syndics : MM. **Seyssel de Beauretour; de Suduyraud; de Luyset.**

Conseillers : MM. **de Passerat du Parc; d'Angeville; Douglas.**

Conseiller-secrétaire : M. **de Courtines.**

LETTRES DE NOBLESSE ACCORDÉES PAR LE ROI A CLAUDE-CHARLES CAPON.

Louys, par la grâce de Dieu, etc.

L'expérience ayant fait connoitre que le plus puissant motif pour porter les hommes aux actions vertueuses et aux travaux utiles au public, est l'espérance entre les dignités et honorables prérogatives, celles principalement qui, attachées au sang, passent aux enfants et les invitent sans cesse à se rendre semblables à leurs pères. Nous avons eu, à l'exemple des rois nos prédécesseurs, une attention particulière à nous faire instruire des bonnes qualités et du mérite de ceux de nos sujets qui se sont distingués, soit dans la profession des armes, soit dans l'étude des lois, soit dans l'exercice des beaux-arts, ce qui nous a donné lieu d'être informé que la famille de Claude-Charles Capon, avocat au Parlement, notre conseiller, lecteur-professeur royal en droit canon et censeur royal des livres, établi à Pignerol et des plus considérables de sa province, comme il paroit par une charte de l'empereur Charles IV, donnée en présence des électeurs de l'empire et de plusieurs princes et seigneurs, en faveur de Jean et Louis Capon, frères, et de leur postérité. Cette charte n'étant pas tant un anoblissement qu'une reconnoissance authentique de la noblesse de cette famille à qui l'empereur accorde le droit de joindre l'aigle impérial dans ses armoiries dans un seul et même écu, ainsi qu'il est représenté et blasonné dans le corps des dites lettres. Que de Jean Capon se sont formés deux branches, dont l'une étant demeurée à Pignerol s'est éteinte en la personne de Jean-Baptiste Capon, chevalier de notre ordre, lieutenant général pour le roi Henri III, au gouvernement de Pignerol, mort sans enfants en 1579. La deuxième branche a passé en Languedoc, où elle a produit des sujets qui se sont également signalés dans les armes et dans la magistrature et subsiste encore aujourd'hui à Montpellier, avec dignité. Des descendants de Louis Capon qui s'étoient établis à Nantua en Bugey, il ne reste que le dit Claude-Charles Capon, fils de Guy Capon, mort capitaine de milice au service du feu roi, notre très-honoré seigneur et bisayeul, en l'année 1690. Claude-Marin Capon, son frère, ayant suivi la profession des armes, fut cornette, ensuite lieutenant dans le régiment de Condé-cavalerie, se distingua par sa valeur à la bataille de Sénef. Etant réformé après la bataille de Nimègue, il entra dans les chevau-légers de notre garde, fut aide-major, ensuite maréchal des logis, eut un cheval tué sous lui au combat de Lens, reçut à Nerwinde un coup qui, entrant dans le menton, lui perça le col et cassa le gosier d'où suivit une extinction de voix qu'il a eue jusques à la mort. Le feu roi, dont il avoit l'honneur d'être connu, l'avoit fait chevalier de l'ordre de St-Louis dès la première promotion, avec une pension de quinze cents livres. Demeuré doyen des maréchaux des logis de la compagnie, il avoit demandé la confirmation de la charte de l'empereur Charles IV, tant pour lui que pour le dit Claude-Charles Capon, son neveu, et avoit obtenu une réponse favorable; mais sa mort, arrivée en l'année 1710, l'empêcha d'en recueillir le fruit. Cet accident, au lieu de décourager le dit Claude-Charles Capon, a augmenté en lui l'application aux devoirs de sa profession et le désir de mériter nos bienfaits. Nous avons appris avec satisfaction le progrès qu'il a fait dans l'étude de la jurisprudence civile et canonique qui, depuis trente ans qu'il s'est adonné au barreau, l'a rendu capable de traiter les matières les plus importantes, autant pour la conservation de nos droits, que pour la sûreté et repos de la fortune des particuliers. Et, comme le grand savoir et les bonnes lettres contribuent autant à la gloire des souverains qu'à l'avantage du public, et ne méritent pas de moindres récompenses que les actions de valeur à la guerre, nous avons résolu, en considération de ses talents et des services de son oncle, de lui donner les marques les plus honorables de notre bienveillance, en l'élevant au degré de noblesse, non seulement pour l'exciter à travailler de plus en plus, mais encore pour entretenir dans ses descendants une louable émulation de l'imiter.

A ces causes, et autres bonnes considérations à ce mouvant, voulant favorablement traiter le dit sieur CLAUDE-CHARLES CAPON, de l'avis de notre très-cher et amé oncle le duc d'Orléans, régent de notre royaume, et de notre grâce spéciale, pleine puissance, autorité royale, nous avons, par ces présentes signées de notre main, le dit sieur CLAUDE-CHARLES CAPON, ses enfants et sa postérité, nés et à naitre en légitime mariage, maintenu, conservé et confirmé, maintenons, conservons et confirmons dans tous les droits et prérogatives reconnus et attribués par la charte de l'empereur Charles IV, du 1er aoust 1372, ci-devant mentionnée, dont copie collationnée est ci-attachée sous le contre-scel de notre Chancellerie, sans que le dit sieur CAPON soit obligé de rapporter d'autres titres, dont nous l'avons dispensé et dispensons; et, en tant que besoin seroit, les avons de nouveau anoblis et anoblissons, et du titre de gentilhommes décoré et décorons. Voulons et nous plait qu'en tous lieux, tant en jugement que dehors, ils soient tenus et réputés nobles et gentilshommes, et comme tels, ils puissent prendre la qualité d'écuyers, parvenir à tous les degrés de chevalerie et autres dignités, titres et qualités réservés à la Noblesse, jouir et user de tous les priviléges, honneurs, prééminences, franchises et exemptions dont jouissent et ont accoutumé de jouir les anciens nobles de notre royaume, tant qu'ils vivront noblement et ne feront acte de dérogeance. Permettons au dit sieur CLAUDE-CHARLES CAPON, à ses enfants et descendants de porter les mêmes armes que leurs prédécssseurs ont porté d'ancienneté, telles qu'elles seront réglées et blasonnées par le sieur *d'Hozier,* juge des armes de France, et peintes et figurées dans les présentes, avec pouvoir et liberté de les faire graver, peindre et insculper en tels lieux de leurs maisons, terres et seigneuries que bon leur semblera, le tout ainsi que ceux qui sont issus de noble et ancienne race.

Si donnons en mandement....... Et afin que ce soit chose ferme et stable, nous avons fait mettre notre scel à ces présentes.

Donné à Paris au mois de mars, l'an 1720, et de notre règne le cinquième.

Signé LOUYS.

Et sur le repli, par le roi, le duc D'ORLÉANS, présent.

Etaient présents et ont signé au registre :

MM.
Des Roys.
D'Oncieu.
Baron *de Corcelles.*
De Milleret, doyen de Belley.
Seyssel d'Artemare.
Savarin, chanoine.
De la Porte.
Dunand.
Seyssel de la Balme.
De Longecombe.
De Résinans.
Moyne, conseiller.

MM.
De Grolée-Doncin.
De Bozon.
D'Arestel.
De Champollon.
Galien de la Chaux.
Seyssel de Beauretour, syndic.
De Suduyraud des Alymes, synd.
De Luyset, syndic.
Du Parc, conseiller.
D'Angeville, conseiller.
Douglas, conseiller.
De Courtines, conseiller-secrét.

Du 1er mai 1727.

Assemblée tenue en l'hôtel de ville de Belley, par devant M. Jean-Baptiste Moyne, conseiller au Bailliage de Bugey, par suite du décès de M. le lieutenant civil et en l'absence de messire le grand bailli.

ÉLECTION DES OFFICIERS DE LA NOBLESSE.

Syndics : MM. **de Suduyraud des Alymes;** le baron **de Luyset;** le comte **d'Angeville.**

Conseillers : MM. **Douglas; d'Arestel; Seyssel de Cressieu.**

Conseiller-secrétaire : M. **de Courtines.**

Nulle présentation de sujets pour entrer dans le corps de la Noblesse.

Présents à l'Assemblée et signataires au registre :

MM.
D'Arloz de la Servette.
D'Oncieu.
Migieu d'Izelet.
De Milleret.
De Grenaud-Royère.
Montferrand de la Bastie.
De la Porte.
Bouillet.
Trocu du Bessey.
Malyvert de Conflans.
De Billiat.
De Seyssel.
De Champollon.
De Courtines, conseiller-secrét.

MM.
De Longecombe, chanoine.
De Bozon.
Des Roys.
De Grolée-Doncin.
De Forcrand de Coyselet.
Mornieu de Gramont.
De Marron.
De Suduyraud des Alymes, synd.
De Luyset, syndic.
D'Angeville, syndic.
Douglas, conseiller.
D'Arestel, conseiller.
Seyssel de Cressieu, conseiller.
Moyne, conseiller au Bailliage.

Du 25me *juin* 1730.

Assemblée générale tenue en l'hôtel de ville de Belley, par devant M. ANTHELME BALME, **conseiller du roi, lieutenant civil et criminel, en l'absence de messire le grand bailli.**

ÉLECTION DES OFFICIERS DE LA NOBLESSE.

Syndics : MM. **de Suduyraud des Alymes**; le baron **de Luyset**; le comte **d'Angeville.**

Conseillers : MM. **d'Arestel**; **Seyssel de Cressieu**; le comte **de Moyria-Maillat.**

Conseiller-secrétaire : M. **de Courtines.**

ANOBLISSEMENT DE M. REVERDY.

Supplie humblement **Louis Reverdy,** écuyer, disant : qu'il auroit plu à Sa Majesté d'accorder à **Jean-Baptiste Reverdy,** son père, l'état et office de conseiller-secrétaire du roi, maison et couronne de France, en la Chancellerie près le Parlement de Besançon, par ses lettres-patentes du 25me octobre 1728, au quel office il fut installé et reçu le 25me jour du mois de novembre. Et, comme par les édits et déclarations de Sa Majesté, les possesseurs de semblables charges sont anoblis du jour de leur réception, et tous leurs enfants, nés et à naître en légitime mariage, avec pouvoir de prendre la qualité de noble et d'écuyer en toutes sortes d'actes, même de jouir de tous les priviléges dont les autres gentilshommes du royaume jouissent, et encore de plusieurs autres pendant qu'ils sont en charge; le suppliant, désirant être inscrit dans le catalogue de la Noblesse du Bugey où il fait sa résidence, il recourt :

A ce qu'il vous plaise, Messieurs, vu les dites provisions, l'acte d'installation et réception de son père en la dite charge de conseiller-secrétaire du roi, que le nom du suppliant soit inscrit dans le catalogue de la Noblesse du pays, et que les dites provisions seront enregistrées au registre ordinaire de la Noblesse, afin qu'il puisse avoir voix délibérative dans les dites Assemblées de la Noblesse, tant qu'il vivra noblement et sans aucune dérogeance, et sera justice. — Signé REVERDY.

LETTRES-PATENTES DE CONSEILLER-SECRÉTAIRE MAISON, COURONNE DE FRANCE, CONTRÔLEUR EN LA CHANCELLERIE DU PARLEMENT DE BESANÇON, EN FAVEUR DE JEAN-BAPTISTE REVERDY, PÈRE DU PRÉSENTÉ.

LOUYS, par la grâce de Dieu, etc.,

Savoir faisons, que pour la pleine et entière confiance que nous avons en la personne de notre cher et bien aimé JEAN-BAPTISTE REVERDY, avocat au Parlement, sindiq général du Tiers-Etat de notre province de Bugey et maire de la ville de Saint-Rambert, et en ses sens, suffisance, loyauté, prudhomie, capacité, expérience, fidélité et affection à notre service, nous lui avons, pour ces causes et autres, en agréant et confirmant la nomination qui nous a été faite de sa personne par notre très-cher et féal chevalier, garde des sceaux de France, le sieur *Chauvelin,* donné et et octroyé, donnons et octroyons par ces présentes, l'office de notre conseiller-secrétaire, maison, couronne de France, contrôleur en la Chancellerie établie près notre Parlement de Besançon, que tenoit et exerçoit JEAN CONSTANTIN, dernier possesseur d'icelluy, le quel s'en est volontairement démis, par acte ci-attaché sous notre contre-scel, en faveur du sieur REVERDY, pour le dit office avoir, tenir et exercer, en jouir et user par le dit sieur REVERDY, aux honneurs, pouvoir, autorité, prérogatives, prééminence, privilége de noblesse au premier degré, de l'exemption de tous droits seigneuriaux dans l'étendue de nos domaines, situés dans le ressort de notre Cour de Parlement de Besançon, conformément à notre édit du mois de décembre dernier, au moyen de la finance payée en exécution d'icelluy, pour le rétablissement des priviléges y mentionnés, suivant le récépissé du sieur *du Hallay,* préposé à l'exécution du dit édit, dont copie collationnée est aussi attachée, et autres avantages, franchises, libertés, fonctions, survivance, exemptions, immunités, rang, séance, gages, franc-salé, droits, fruits, profits, revenus et émoluments au dit office appartenant, tels et tout ainsi qu'en a joui ou dû jouir le dit Constantin, et qu'en jouissent ou doivent jouir les pourvus de pareils offices, le tout conformément à nos édits des mois de juin et novembre 1725 et à celui du mois de décembre 1727, arrêts et réglements intervenus en conséquence.

Si, donnons en mandement à notre très-cher et féal chancelier, garde des sceaux de France, le sieur *Chauvelin*, que lui étant apparu des bonnes vie, mœurs, âge compétent, conversation et religion catholique, apostolique et romaine du sieur Reverdy, et qu'ayant pris de lui le serment accoutumé, il le reçoive, mette et institue en possession du dit office et l'en fasse jouir et user...... car tel est notre plaisir; en témoin de quoi nous avons fait mettre notre scel à ces dites présentes.

Donné à Fontainebleau, le 25me jour du mois d'octobre 1728, et de notre règne le quatorzième.

Signé sur le repli, par le roi, Riballier, et scellé du grand sceau de cire jaune.

Etaient présents et ont signé au registre :

MM.

De Suduyraud des Alymes.
De Luyset.
Seyssel de Cressieu.
Dunand.
D'Haraucourt.
Seyssel de la Balme.
De Grenaud-Royère.
Baron *de Corcelles.*
De Grillet.
De la Porte.
De Montferrand la Bastie.
De Bozon, cadet.
Château-Gaillard.
De Malyvert.
De Champollon.
Cremeaux de la Grange.
De Cordon.
De Migieu d'Izelet.
Drujon de Beaulieu.
Bouillet.
De Reverdy.

MM.

D'Angeville.
D'Arestel.
Douglas.
De Moyria-Maillat.
De Forcrand de Coyselet.
Des Roys.
De Bozon.
Seyssel d'Artemare.
D'Angeville de Montvérand.
De Bouvens-Châtillon.
Du Parc.
De Moyria-Volognat.
De Billiat.
Montillet de Champdor.
Du Breul de Sacconay.
De Grolée-Poncin.
Galien de la Chaux.
Trocu du Bessey.
Mornieu de Gramont.
Balme de Sainte-Julie.
De Courtines, conseiller-secrét.

Du 1er juin 1733.

Assemblée générale tenue par devant messire ANTHELME BALME, **conseiller du roi, lieutenant général civil et criminel, en l'absence de messire le grand bailli, dans l'hôtel de ville de Belley.**

Syndics : MM. **de Luyset**; le comte **d'Angeville; d'Arestel.**

Conseillers : MM. le comte **de Maillat; de Grillet; Seyssel de la Balme.**

Secrétaire : M. **Bouillet du Cry.**

M. le comte **de Maillat** présente à l'Assemblée générale des lettres de noblesse accordées par Sa Majesté à M. **de Reydellet,** chevalier militaire de l'ordre de Saint-Louis, et maréchal des logis des chevau-légers de sa garde, et la prie, au nom du sieur **de Reydellet,** qu'elles soient enregistrées.

L'Assemblée générale a délibéré que les lettres de noblesse seraient enregistrées.

LETTRES DE NOBLESSE DE M. DE REYDELLET.

LOUYS, par la grâce de Dieu, etc.,

Comme il est important au bien de l'Etat qu'il y ait des récompenses pour ceux qui contribuent le plus à sa conservation, afin d'exciter les autres à les imiter, nous avons depuis notre avénement à la couronne, et à l'exemple des rois nos prédécesseurs, et particulièrement du feu roi, notre très-honoré seigneur et bisayeul, une attention singulière à reconnoître les services de ceux qui, ayant embrassé la profession des armes, l'ont toujours suivie, et ont généreusement exposé leur vie, en nombre d'occasions périlleuses, pour la défense et la gloire de cette couronne. Et nous avons toujours aussi cru ne pouvoir leur en témoigner notre satisfaction d'une manière qui leur fût plus sensible qu'en les distinguant du commun par une marque d'honneur qui, passant à leur postérité, y transmette l'exemple de leurs vertus et de leurs services, aussi bien que celle de notre attention à les récompenser. Et comme nous sommes bien informés que notre cher et bien aimé Claude-Charles de Reydellet, sieur de Chavagnat, chevalier de notre ordre militaire de Saint-Louis, l'un des brigadiers de la compagnie de chevau-légers de la garde ordinaire de notre personne, sert sans discontinuation, depuis plus de trente années dans ladite compagnie, dans laquelle il est entré en qualité de l'un des chevau-légers d'icelle dès l'année 1692, et que dans toutes les occasions où elle a été employée pendant les dernières guerres, il a donné des preuves de toute la valeur, la fermeté, le courage, l'expérience et la conduite que l'on peut désirer dans un homme de guerre, particulièrement au siége de Namur, en la dite année 1692, et à la bataille de Steinkerque, la même campagne; et ensuite, savoir, en 1693, aux siéges d'Huy et de Charleroy, et à la bataille de Nerwinde; en 1694, au pont des Pierres, pour empêcher aux alliés le passage de la rivière de l'Escaut; en 1695, au bombardement de Bruxelles et à l'affaire des Dunes; en 1697, au siége d'Ath; en 1702, à l'affaire de Nimègue et à la canonnade de Pers; en 1708, au combat d'Oudenarde; en 1709, à la bataille de Malplaquet, où il reçut quatre dangereuses blessures : une à la tête, une autre à la gorge, une autre dans les reins et une autre au bras droit dont il fut estropié; en 1712, à l'affaire de Denain et aux siéges de Douay, du Quesnoi et de Bouchain qui en furent les suites; enfin, en 1713, aux siéges de Landau et de Fribourg. Sachant, d'ailleurs, que le dit Charles-Claude de Reydellet est issu d'une bonne et ancienne famille de notre pays de Bugey, qui a toujours vécu noblement, et que plusieurs de ses ancêtres ont pareillement servi dans les troupes et s'y sont distingués dans leur temps, particulièrement son ayeul dans la compagnie des chevau-légers de la garde ordinaire du feu roi Louis XIII, notre trisayeul, nous nous trouvons suffisamment invités par toutes ces considérations à donner au dit Claude-Charles de Reydellet des marques de la satisfaction particulière qui nous demeure des services qu'il nous a rendus et qu'il continue encore de nous rendre actuellement avec le même zèle en la dite qualité de brigadier dans notre compagnie des chevau-légers, et nous avons, par cet effet, résolu de l'élever au degré de noblesse; à quoi nous nous portons d'autant plus volontiers, que nous savons aussi qu'il a les sentiments et les autres qualités qu'elle exige.

Savoir faisons, que pour ces causes et autres bonnes considérations à ce nous mouvant, de l'avis de notre Conseil et de notre grâce spéciale, pleine puissance et autorité royale, nous avons, par ces présentes, signées de notre main, anobli et anoblissons le dit Claude-Charles de Reydellet, sieur de Chavagnat, et du titre et qualité de noble et gentilhomme, décoré et décorons; voulons et nous plait qu'il soit tenu, censé et réputé pour tel, ensemble ses enfants et postérité, tant mâles que femelles, nés et à naître en légitime mariage, de même que ceux qui sont issus de noble et ancienne race, et que le dit sieur Claude-Charles de Reydellet et sa postérité soient en tous lieux, tant en jugement que dehors le jugement, tenus, censés et réputés nobles et gentilshommes, et comme tels qu'ils puissent prendre la qualité d'écuyers et parvenir au degré de chevalerie et tous autres réservés à notre Noblesse, jouir et user de tous honneurs, priviléges, prééminence, franchises et exemptions dont jouissent les autres nobles de notre royaume, comme aussi qu'ils puissent acquérir, tenir et posséder toutes sortes de fiefs, terres et seigneuries, de quelque nature et qualité qu'ils soient, en jouir et disposer noblement; et, en outre, avons permis au dit Claude-Charles de Reydellet, sieur de Chavagnat, et à ses enfants et postérité, de porter les armoiries timbrées, telles qu'elles seront réglées et blasonnées par le sieur *d'Hozier*, juge d'armes de France, et qu'elles seront peintes et figurées dans ces présentes, aux quelles son acte de réglement sera attaché dans le contre-scel de notre Chancellerie, avec pouvoir de les faire peindre, graver et insculper en tels endroits de leur maison que bon leur semblera, sans que pour raison du présent anoblissement le dit Claude-Charles de Reydellet, sieur de Chavagnat, et ses descendants, soient tenus de nous payer, ni à nos successeurs rois, aucune finance ni indemnité, dont à quelque somme qu'elles puissent monter, nous leur avons fait et faisons don, par ces présentes, à la charge toutefois de vivre noblement et sans déroger à la dite qualité.

Si donnons en mandement.......

Donné à Versailles, au mois de mai, l'an de grâce 1723, et de notre règne le huitième. Signé Louys.

Et sur le repli : par le roi, Le Blanc.

RÉCEPTION DE M. LOUIS MEUNIER DE BOULIEU.

A MM. LES SINDIQS ET CONSEILLERS DU CORPS DE LA NOBLESSE DU BUGEY.

Supplie humblement **Louis Meunier de Boulieu**, écuyer, fils de feu noble **François de Boulieu**, conseiller, auditeur des Comptes de Dauphiné.

Disant : que s'étant établi dans cette province de Bugey, au lieu de Saint-Jean-le-Vieux, en contractant mariage avec demoiselle **Louise Bernard**, fille de feu maistre **Bertrand Bernard**, avocat à la Cour, il a fait, en sa qualité de noble, faire le rejet de la taille et rayer la cote au rôle de Saint-Jean-le-Vieux, de la dame, sa femme, sur le consentement des sindiqs généraux du Tiers-Etat de cette province, et sur la présentation qu'il fit de ses titres duement authentiqués, désirant de faire le tout enregistrer dans les registres de MM. du corps de la Noblesse, pour que personne n'en prétende cause d'ignorance.

Vu la délibération de l'Assemblée générale et les titres du suppliant nous ayant paru suffisants pour, par lui, jouyr des priviléges de la Noblesse, nous consentons à leur enregistrement, pour le dit sieur **de Boulieu** y avoir recours en cas de besoin.

A Belley, le 18me juillet 1733.

Signé DE LUYSET, D'ANGEVILLE, DE MOYRIA-MAILLAT, DE GRILLET, SEYSSEL DE LA BALME, BOUILLET DU CRY.

En conséquence de la délibération ci-dessus, copiée en marge de la requête de M. **de Boulieu**, nous **Antoine-Jean-Baptiste Bouillet du Cry**, écuyer, conseiller et secrétaire de la Noblesse de Bugey, avons enregistré la dite requête et les pièces énoncées en icelle. — Signé BOUILLET DU CRY, conseiller-secrétaire de la Noblesse du Bugey.

PROVISION DE L'OFFICE DE CONSEILLER-AUDITEUR EN LA CHAMBRE DES COMPTES DE GRENOBLE, ACCORDÉES PAR S. M. A M. FRANÇOIS MEUNIER DE BOULIEU, DU 10me JUIN 1693.

LOUYS, par la grâce de Dieu, etc.,

Par notre édit du mois d'aoust 1692, vérifié où besoin a esté, pour les causes et considérations y contenues, nous aurions créé six offices de nos conseillers-auditeurs en la Chambre des Comptes de Grenoble; et étant nécessaire de revêtir les dits offices de personnes capables qui s'en puissent dignement acquitter, nous aurions, pour cet effet, agréé notre cher et bien aimé FRANÇOIS MEUNIER, sieur de Boulieu, espérant que dans cette charge il nous rendra ses services avec le même attachement qu'il a ci-devant fait dans les différents emplois qui lui ont été confiés, notamment dans l'office de capitaine-châtelain royal de la Balme et son mandement, et encore de capitaine au régiment Lyonnais, où il nous a donné des marques de sa valeur et bonne conduite, dont il nous reste une entière satisfaction.

Pour ces causes et autres à ce nous mouvant, et pour l'entière confiance que nous avons en sa personne et en ses sens, suffisance, loyauté, prudhomie, capacité et expérience en fait de nos comptes, fidélité et affection à notre service, nous lui avons donné et octroyé, donnons et octroyons par ces présentes, un des six offices de nos conseillers-auditeurs en notre Chambre des Comptes de Grenoble, créé par le dit édit du mois d'aoust dernier, au quel office n'a encore été pourvu, pour iceluy avoir, tenir et d'ores en avant exercer, en jouir et user par le dit MEUNIER, aux mêmes honneurs, libertés et privilèges, franchises et exemptions dont jouissent les autres officiers de la dite Chambre, faculté de rapporter tous les comptes qui seront rendus en toutes les requêtes tendantes à décharge et appurement d'iceux, dans le jugement des quels, lorsque le dit MEUNIER les rapportera, aura voix délibérative, recueillera les dits jugements et les mettra sur les dits comptes et requêtes dans la forme prescrite par nos ordonnances et réglements, ainsi qu'il se pratique en notre Chambre des Comptes de Paris, avec pareille finance en notre Chambre des Comptes de Grenoble, qu'ont les auditeurs en celle de Paris, gages de 1,000 livres pour chacun an dont sera fait fonds de 750 livres pour trois quartiers dans l'état des gabelles de notre province de Dauphiné avec ceux des autres officiers de la dite Chambre, de 277 livres 16 sols pour sa part aux épices des comptes qui seront rendus, ensemble de 47 livres 16 sols, aussi pour sa part aux nécessités menues de quatre minots et demi pour droit de franc-salé. Des quelles épices, menues nécessités et franc-salé, le fonds fait pour les officiers de la dite Chambre sera d'autant augmenté dans nos états à proportion, pour être payés et distribués aux nouveaux pourvus des dits offices, qui jouiront comme tous nos autres officiers, le tout ainsi qu'il est plus au long porté par l'édit et arrêt du 5me aoust dernier, pourvu toutefois que le dit MEUNIER ait atteint l'âge de vingt-cinq ans accomplis, requis par nos ordonnances, suivant son extrait baptistaire du 18me septembre 1644, délivré par le sieur *Perenot*, curé de la Balme, le 14 juillet dernier, et légalisé le même jour par le sieur *Rigot*, vice-châtelain royal de la Balme; que parmi les officiers de la dite Chambre des Comptes, il n'ait aucuns parents ni alliés au degré prohibé par nos ordonnances, conformément au certificat du sieur *Claudy*, notre procureur général en icelle, en date du 13me juillet dernier, dont copie collationnée est cy-attachée sous le contre-scel de notre Chancellerie, à peine de nullité des présentes, de sa réception et perte du dit office.

Si donnons en mandement......

Donné à Versailles, le quatrième jour de septembre, l'an de grâce 1692, et de notre règne le cinquantième.

Signé Louys.

Et sur le repli : par le roi Dauphin, signé Revol.

A cette pièce est jointe la déclaration du roi donnée à Versailles le 10me avril 1706, portant que les officiers de la Cour des Comptes de Grenoble qui ont eu ou qui auront père ou ayeul exerçant les dits offices, ou qui auront servi vingt années en iceux, acquerront titre de noblesse à eux et à leurs enfants.

Etaient présents à l'Assemblée et ont signé au registre :

MM.

De Luyset.
D'Arestel.
De Grillet.
Des Roys.
De Corcelles.
De Bozon.
De Cordon.
Seyssel de Cressieu.
De Chapelle.
De Courtines.
De Résinans.
De Forcrand.
De Longecombe.
De Marron.
Thoy Longecombe.
Lyobard.
Drujon de Beaulieu.
Bouillet du Cry, conseiller-secr.

MM.

D'Angeville.
De Moyria-Maillat.
Seyssel de la Balme.
De la Porte.
De Milleret.
Montillet de Champdor.
De Grolée-Doncin.
Montferrand de Château-Gaillard.
De Malyvert.
Reverdy.
De Champollon.
Galien de la Chaux.
De Forcrand de Coiselet.
Dunand.
De Boulieu.
De Greix-Silans.
Balme de Sainte-Julie.

Du 25me aoust 1736.

Assemblée générale tenue en l'hôtel de ville, par devant M. Anthelme Balme de Sainte-Julie, conseiller du roi, lieutenant général civil et criminel, en l'absence de M. le marquis de Rougemont, grand bailli d'épée du Bugey.

ÉLECTION DES OFFICIERS DE LA NOBLESSE.

Syndics : MM. **de Luyset**; **de Moyria-Maillat**; **de Seyssel de la Balme.**

Conseillers : MM. **Bouillet du Cry**; le comte **de Rogles**; **de Forest.**

Conseiller-secrétaire : M. **Constantin.**

M. **Constantin** prie MM. les officiers de vouloir consentir à l'enregistrement des provisions de la charge de conseiller-secrétaire du roi dont étoit revêtu feu **Antoine Constantin**, son père, afin qu'il puisse jouir des priviléges qui y sont attachés et y avoir recours en cas de besoin, de même que MM. ses frères et Mlles ses sœurs.

A esté délibéré conformément à la présente proposition.

Louys, par la grâce de Dieu, etc.,

Savoir faisons, que pour la pleine et entière confiance que nous avons en la personne de notre cher et bien amé Antoine Constantin, et en ses sens, capacité, prudhomie, expérience, fidélité et affection à notre service, pour ces causes en agréant et confirmant la nomination de notre très-cher et féal chevalier, garde des sceaux de France, sieur *de Noyer de Paulmy,* marquis d'Argenson, grand croix, chancelier, garde des sceaux, de notre ordre militaire de Saint-Louis, nous lui avons donné et octroyé, donnons et octroyons par ces présentes, l'office de notre conseiller-secrétaire, maison et couronne de France, contrôleur en la chancellerie près notre Parlement de Besançon, créé par notre édit du mois de juin 1713 que tenoit et exerçoit Jacques Le Mulier, dernier paisible possesseur d'iceluy, qui en jouissoit à titre de survivance, au moyen de laquelle il s'en seroit volontairement démis en faveur du dit Constantin, par acte attaché aux autres pièces sous le contre-scel de notre Chancellerie, pour le dit office avoir, tenir et duement exercer, en jouir en survivance, en payant aux receveurs casuels de notre garde des sceaux la finance pour ce due, et aux honneurs, autorité, prérogatives, prééminences, franchises, libertés, priviléges, exemptions, gages effectifs, ensemble du privilége de noblesse au premier degré, exemption de tous droits seigneuriaux dans l'étendue de notre domaine situé dans le ressort du dit Parlement de Besançon, du droit de committimus aux requêtes du même Parlement, de la portion colonique et de l'exemption de toutes impositions de tutelle, curatelle, logement de gens de guerre et autres charges publiques et autres droits, profits, avantages et émoluments au dit office appartenants, tels et tout ainsi qu'en a joui le dit Le Mulier, et conformément à nos édits des mois de juin et décembre 1715, et par les déclarations des 20 novembre 1716 et 20 mars 1717.

Si donnons en mandement, etc.

Donné à Paris le 5me jour de juillet, l'an de grâce 1719, de notre règne le quatrième.

Signé sur le repli : Noblet, et scellé du grand sceau de cire jaune.

Nota. Après la mort d'**Antoine Constantin, Jean-Baptiste Constantin,** son fils, fut pourvu du dit office et s'en démit en faveur de sieur **Jean-Baptiste Reverdy de St-Rambert,** qui en obtint des provisions le 25 octobre 1728. (Voir *Assemblée du 25 juin* 1730.)

NOBLESSE DE M. ROBIN D'APREMONT.

Louys, par la grâce de Dieu, etc.

Notre amé et féal Jean-Louis Robin, notre conseiller élu en l'Election du Bugey, nous a fait remontrer qu'ayant acquis l'un des offices de notre conseiller-secrétaire créés en la Chancellerie établie près notre Parlement de Dijon, par édit du mois de juin 1715, il en auroit obtenu des provisions le 16 décembre 1723, en vertu des quelles il auroit joui du dit office jusqu'au 28 août dernier; que, par arrêt de notre Conseil du même jour, nous avons ordonné qu'il n'y auroit à l'avenir dans chacune des Chancelleries pour nos Cours supérieures que douze secrétaires, et nous aurions en même temps réglé, par le dit arrêt, que dans les Chancelleries où il y en avoit un plus grand nombre, les surnuméraires demeureroient supprimés, à commencer par les derniers pourvus. L'exposant s'est trouvé dans le cas de la suppression, attendu qu'il y avoit dans la Chancellerie de Dijon vingt secrétaires au lieu de douze portés par l'édit de juin 1715. Et d'autant qu'il n'a rien tant à cœur que de nous continuer ses services, il a cru ne pouvoir mieux faire que de lever en nos revenus casuels l'un des quatre offices de nos conseillers secrétaires contrôleurs en la Chancellerie établie près notre Cour des Monnaies de Lyon, créés par l'édit du mois de juin 1715, pour la finance du quel il a payé au sieur *Bertin*, trésorier de nos revenus casuels, la somme de trente mille livres, suivant sa quittance du 10 mars dernier, en exécution de la quelle il nous a très-humblement fait supplier de lui accorder nos lettres sur ce nécessaires.

A ces causes, lui avons donné et octroyé, donnons et octroyons par ces présentes, l'un des quatre offices de nos conseillers-secrétaires, maison et couronne de France, contrôleurs en la Chancellerie établie près notre Cour des Monnaies de Lyon, auquel il n'a encore été pourvu, ainsi qu'il appert par la dite quittance de finances, nomination et autres pièces attachées sous le contre-scel de notre Chancellerie pour le dit office tenir et posséder et d'ores en avant exercer, jouir et user par le dit sieur Robin, à titre de survivance, du payement du droit de la quelle il est dispensé, attendu celui ci-devant payé pour l'office de secrétaire à Dijon, dont il étoit pourvu; aux honneurs, avantages, autorité, prérogatives, prééminences, franchises, libertés, rang, séance, immunités, pouvoir, fonctions, gages effectifs de mille livres pour chacun an, avec distribution de deux minots de sel de franc-salé qui lui seront délivrés en la manière accoutumée, en payant seulement les droits dus par les privilégiés du privilége de noblesse, à l'effet de quoi le temps qu'il a possédé l'office de secrétaire à Dijon sera joint à celui pendant le quel il exercera ce nouvel office.

Si donnons en mandement, etc.

Donné à Paris le 12me jour du mois d'avril, l'an de grâce 1725, et de notre règne le dixième. Signé Louys.

Et par le roi : Pommier.

Etaient présents et ont signé au registre :

MM.
De Luyset.
De Moyria-Volognat.
De Rogles.
De Marron.
De Milleret.
De Courtines.
Des Roys.
De Malyvert.
Douglas.
De Grolée-Doncin.
De Cordon.
De Forcrand de Coyselet.
Bouillet de Noiron.
De Billiat.
De Seyssel-Sothonod.
De Riccé.
Reverdy.
Balme de Sainte-Julie.

MM.
De Moyria-Maillat.
Seyssel de la Balme.
Bouillet du Cry.
De Forest.
Seyssel de Cressieu.
La Croze du Bessey.
Passerat de Silans.
D'Arestel.
De la Porte.
Clermont de Flaxieu.
De Bozon.
D'Angeville.
De Maillans.
De Résinans.
De Migieu d'Izelet.
Montanier.
Seyssel de Beauretour.
Constantin, conseiller-secrétaire.

Du 23me *aoust* 1739.

Assemblée générale tenue en l'hôtel de ville de Belley, par devant messire Jean-Baptiste Moyne, **conseiller au Bailliage de Bugey, en l'absence de M. le grand bailli d'épée et de M. le lieutenant général civil.**

ÉLECTION DES OFFICIERS DE LA NOBLESSE.

Syndics : MM. le baron **de Luyset; de Moyria-Maillat; Seyssel de la Balme.**

Conseillers : MM. **Bouillet du Cry; de Rogles; Mornieu de Gramont.**

Secrétaire-conseiller : M. **Constantin.**

Dans cette Assemblée il n'y eut pas de présentation.
Etaient présents et ont signé au registre :

MM.
De Bruyset.
De Moyria-Maillat.
Seyssel de la Balme.
Bouillet du Cry.
De Rogles.
Mornieu de Gramont.
De Milleret, doyen de Belley.
De Courtines.
Le comte *de Clermont.*
De Malyvert.
De Forest.
Montanier.
Constantin, conseiller-secrétaire.

MM.
De la Porte.
Seyssel de Cressieu.
Galien de la Chaux.
De Montillet-Châtelard.
De la Grange.
Migieu d'Izelet.
De Grolée-Doncin.
De Bozon.
D'Angeville.
Bouillet de Noiron.
Reverdy.
Moyne.

Du 29me *aoust* 1742.

Assemblée générale tenue par devant messire Pierre-Anthelme de Montillet, **chevalier, seigneur de l'ordre, conseiller du roi en ses Conseils, grand bailli d'épée du Bugey et Valromey, en son hôtel, à Belley.**

L'Assemblée générale a procédé à l'élection des officiers, tant sindiqs, conseillers, que conseiller-secrétaire, les quels ont été nommés à la pluralité des voix de la susdite Assemblée générale, ainsi qu'il suit ; savoir :

Syndics : MM. **de Seyssel-Cressieu; de la Forest-Bertrier; Douglas.**

Conseillers : MM. **Constantin de Chanay**; le marquis **de Crémaux de la Grange; Bouillet de Noiron.**

Conseiller-secrétaire : M. **de Cordon**.

L'Assemblée générale a délibéré qu'aux Etats prochains, M. **de Seyssel de Cressieu**, premier sindiq, fera le voyage d'honneur auprès de Mgr **de Saint-Aignan**, gouverneur de la province, pour l'assurer des très-humbles respects du corps de la Noblesse du Bugey, et lui demander la continuation de sa protection.

PROVISIONS DE L'OFFICE DE GRAND BAILLI D'ÉPÉE DU BUGEY, DÉLIVRÉES PAR LE ROI EN FAVEUR DE SIEUR PIERRE-ANTHELME DE MONTILLET DE CHAMPDOR.

Louys, par la grâce de Dieu, etc.

L'état et charge de bailli du Bugey étant vacante par le décès du sieur Pierre de Grenaud, marquis de Rougemont, nous avons estimé ne pouvoir faire un meilleur choix pour la remplir que de la personne de sieur Pierre-Anthelme de Montillet de Champdor, étant d'ailleurs bien informé de son zèle, fidélité et affection pour notre service.

A ces causes et autres à ce nous mouvant, nous avons au dit sieur de Montillet de Champdor donné et octroyé, donnons et octroyons par ces présentes signées de notre main, le dit état et charge de bailli du Bugey et Valromey, pour l'avoir, tenir et exercer, et dores en avant en jouir et user, aux honneurs, autorité, prérogatives, prééminences, franchises, libertés, droits, fruits, profits, revenus et émoluments accoutumés, et qui appartiennent tels et semblables que les avoit et prenoit le dit sieur de Rougemont, tant qu'il nous plaira.

Si donnons en mandement, etc.

Donné à Versailles le 29me jour du mois d'aoust, l'an de grâce 1740, et de notre règne le vingt-cinquième.

Signé Louys.

Et sur le repli : par le roi, Phélippaux.

Le 9 décembre suivant, les lettres-patentes royales qui conféraient à messire **Pierre-Anthelme de Montillet** l'état et charge de bailli du Bugey, furent enregistrées au Parlement de Bourgogne. Cette nomination semble ne pas avoir été accueillie favorablement par quelques membres de la Noblesse du Bugey, et notamment par les syndics et conseillers de la Noblesse en exercice durant la triennalité de 1739 à 1742. Ces Messieurs, chargés de recevoir et d'apprécier les titres de M. **de Montillet,** le firent avec une mauvaise grâce et une partialité qui leur attira de la part de M. **de Saint-Florentin,** ministre de Louis XV, la mercuriale qui suit, adressée personnellement à M. **de Luyset,** remplissant les fonctions de premier syndic pendant cette triennalité.

Monsieur,

J'ai reçu les deux lettres que vous avez eu agréable de m'écrire le 6 de ce mois pour m'informer que les provisions de bailli d'épée de M. de Montillet avoient été enregistrées, en conséquence des intentions de Sa Majesté. M. de Montillet n'a fait aucune plainte de ce qu'après l'enregistrement on n'a point porté les registres chez lui, il a seulement représenté qu'ayant demandé un extrait du procès-verbal d'enregistrement des ordres contenus dans ma lettre du 26 aoust dernier, il lui avoit été refusé. Si cela est, le Conseil ou conseiller-secrétaire a eu tort. Il ne doit pas se dessaisir de ses registres, mais il n'a pas droit d'en refuser des extraits. Ainsi, si M. DE MONTILLET souhaite d'avoir un extrait du procés-verbal d'enregistrement de ses titres, il convient qu'il lui soit donné sans aucune difficulté. C'est de quoi vous prendrez la peine d'avertir le conseiller-secrétaire, afin qu'il s'y conforme.

Au surplus, je ne puis vous dissimuler que Sa Majesté a fort désapprouvé les recherches qui ont été faites par les officiers de la Noblesse du Bugey sur la noblesse de M. DE MONTILLET, et qu'elle m'a témoigné qu'ils ne devoient point s'y engager, sans avoir préalablement obtenu sa permission; d'autant qu'ils n'ont ni titre ni caractère pour rechercher sur sa noblesse un homme qui en est en possession et à qui elle a jugé à propos d'accorder une place qui ne peut être remplie que par un gentilhomme. Son intention est qu'ils cessent toutes poursuites à cet égard. C'est de quoi vous aurez pour agréable de les prévenir, en faisant, pour cet effet, enregistrer la présente sur leurs registres.

Je suis très-véritablement, Monsieur, votre très-humble et très-affectionné serviteur.

A Versailles, le 18 septembre 1741. Signé : SAINT-FLORENTIN.

TITRES ET LETTRES DE NOBLESSE DE M. DE BRUNO.

Supplie humblement **Antoine de Bruno,** écuyer, demeurant à Belley depuis quelques années, et dit :

Qu'**Antoine de Bruno,** son pére, ayant été pourvu de l'office de conseiller-correcteur en la Chambre des Comptes du Dauphiné, et l'ayant exercée longues années, a par ce moyen acquis à ses enfants et descendants le privilége de noblesse, en sorte qu'ils ont droit d'en jouir dans tout le royaume, suivant le certificat de MM. les gens du roi en la dite Chambre du 4me aoust 1740. MM. les officiers du corps de la Noblesse ont déjà suffisamment reconnu que le suppliant est dans ce cas, puisqu'en procédant au rôle du dernier dixiesme, ils lui ont fait une cote; il doit donc avoir entrée et voix délibérative dans votre Assemblée, puisqu'il réside dans la province et contribue aux charges. En conséquence, il recourt :

A ce, Messieurs, qu'il vous plaise, vu les provisions de conseiller-correcteur accordées par Sa Majesté à son pére, son acte de baptême et le dit certificat ci-joint, ordonner que le tout sera enregistré par le secrétaire de l'Assemblée dans les registres ordinaires, qu'il sera reçu en qualité de gentilhomme et qu'il aura voix délibérative dans les Assemblées générales de la Noblesse, et vous lui rendrez justice. — Signé DE BRUNO.

LOUYS, par la grâce de Dieu, etc.

Savoir faisons, que pour la pleine et entière confiance que nous avons en la personne de notre cher et bien amé ANTOINE DE BRUNO, avocat en Parlement, en ses sens, suffisance, loyauté, prudhomie, expérience, fidélité et affection à notre service.

Pour ces causes et autres à ce nous mouvant, nous lui avons donné et octroyé, donnons et octroyons par ces présentes, l'office de notre conseiller-correcteur en notre Chambre des Comptes de Grenoble, que tenoit et exerçoit maitre ANTOINE CHOSSON, dernier paisible possesseur d'icelui, décédé le 1er octobre 1693, qu'il avoit payé le droit annuel, au moyen de quoi Me FRANÇOIS CHOSSON DU COLOMBIER, son fils, et héritier testamentaire, en avoit disposé au profit du dit DE BRUNO, ainsi qu'il appert par sa procuration ci, avec autres pièces concernant le dit office, attachée sous le contre-scel de notre Chancellerie, pour iceluy avoir tenir et dores en avant exercer, en jouir et user par le dit DE BRUNO, aux honneurs, autorité, prérogatives, prééminences, privilèges, exemptions, franchises, libertés, gages, droits, fonction, pouvoir, fruits, profits, revenus et émoluments au dit office appartenants et y attribués, tels et semblables, et tout ainsi qu'en a bien et duement joui ou dû jouir le dit CHOSSON, et qu'en jouissent les pourvus de pareils offices, tant qu'il nous plaira, encore que le dit feu CHOSSON n'ait vécu les quarante jours portés par nos réglements, dont, attendu le droit annuel pour ce par lui payé, nous en avons relevé et relevons et dispensons par ces présentes le dit DE BRUNO, pourvu toutefois qu'il ait atteint l'âge de vingt-cinq ans accomplis, requis par nos ordonnances, suivant son extrait baptistaire du 11 décembre 1658, délivré par le sieur *Rey,* curé de Naulnavois, le 24 septembre 1681, et légalisé le 24 février dernier par Me *Ennemond Musy,* juge royal de la Cour commune de Grenoble; que, parmi les officiers de la dite Chambre, il n'ait aucun parent ni allié aux degrés prohibés par nos ordonnances, conformément au certificat de notre amé et féal le sieur *Flaudy,* notre procureur général en icelle, en date du 23 février dernier, l'un et l'autre cy-attaché, sous notre-scel, à peine de nullité des présentes, de sa réception et perte du dit office.

Si donnons en mandement, etc.

Donné à Versailles le 19me jour d'avril, l'an de grâce 1693, et de notre règne le cinquantième. — Par le roi, signé LEFÈVRE.

Nous *Jean-Claude de Flaudy, Gaspard Morel* et *Darcy,* conseillers du roi en ses Conseils, ses procureur et avocats généraux en la Chambre des Comptes de Dauphiné, après avoir vu l'ordonnance de la dite Chambre en date de ce jour, rendue sur la requête de noble ANTOINE DE BRUNO, résidant à Belley en Bugey, certifions et attestons à tous qu'il appartiendra, que par les registres de la dite Chambre, il appert que défunt noble ANTOINE DE BRUNO, avoçat en Parlement, père du sieur DE BRUNO, suppliant, fut reçu et installé par la dite Chambre en l'état et office de conseiller du roi, correcteur de la dite Chambre le 7 mai 1693, et qu'il a rempli et exercé avec assiduité sans discontinuation les fonctions du dit office jusques à son décès, arrivé le 3 février 1719, au moyen de quoi le dit noble ANTOINE DE BRUNO, suppliant, et les autres enfants du dit sieur correcteur DE BRUNO, doivent jouir des priviléges de noblesse, immunités, exemptions et autres droits dont jouissent et ont droit de jouir les personnes nobles de la province. En témoin de quoi nous lui avons fait expédier les présentes, de nous signées, de notre secrétaire, et fait apposer le cachet de nos armes.

Donné à Grenoble, dans le parquet, le 4 aoust 1740.

Signé FLAUDY, procureur général; MARET D'ARCY, avocat général; et MOREL, secrétaire.

EXTRAIT DES REGISTRES DE LA PAROISSE DE SAINT HUGUES DE GRENOBLE.

Le 8 avril 1704, j'ai baptisé noble ANTOINE, né de deux jours, fils de noble ANTOINE DE BRUNO, conseiller du roi, maître correcteur en la Chambre des Comptes de cette province, et de dame CATHERINE AUBERT, mariés; étant parrain noble *Antoine de la Combe Malot;* marraine, demoiselle *Claire de Saint-Pierre,* femme de maître *Claude Aubert,* notaire en cette ville; le père signé. Le tout en présence des soussignés.

Ainsi signé à l'original: DE BRUNO, LA COMBE, CLAIRE DE ST-PIERRE, BODONY-BUISSON, prêtre-vicaire.

NOBLESSE DE M. DE LA PORTE D'ANGLEFORT.

MM. les syndics généraux et conseil de la Noblesse, assemblés pour les affaires particulières du corps, M. **Constantin,** l'un des dits conseillers, a représenté que **François-Joseph de la Porte**, écuyer, seigneur d'Anglefort, n'ayant pu se rendre en cette ville, il l'a prié de se charger des provisions de la charge de secrétaire du roi, dont a joui pendant vingt ans **Pierre-Joseph de la Porte**, son père, tant dans la Chambre des Comptes et des Finances de Dôle, que dans la Chancellerie établie près le Conseil supérieur d'Alsace, et de vous supplier de consentir à l'enregistrement des dites provisions, afin que le dit **François-Joseph de la Porte**, son frère et ses sœurs, tous enfants de **Pierre-Joseph de la Porte**, puissent jouir des privilèges de noblesse et autres attachés aux dites charges, et y avoir recours en cas de besoin.

Vu, etc., consentons à l'enregistrement des provisions énoncées ci-dessus.

La dite Assemblée faite en notre hôtel et par devant nous **Pierre-Anthelme de Montillet**, chevalier, seigneur de l'ordre, conseiller du roi en ses Conseils, grand bailli d'épée du Bugey et Valromey.

Signé Seyssel de Cressieu, de Forest-Bertrier, Douglas, Constantin, Cremeaux de la Grange, Bouillet de Noiron, de Cordon, de Montillet, grand bailli.

PROVISIONS DE PIERRE-JOSEPH DE LA PORTE.

Louys, par la grâce de Dieu, etc.

Notre amé et féal Pierre-Joseph de la Porte nous ayant remontré qu'ayant acquis l'un des offices de nos conseillers-secrétaires créé en la Chancellerie près notre Cour des Comptes, aides et finances de Dôle, par édit du mois de juin 1715, il en auroit obtenu des provisions le 18 mars 1723, en vertu des quelles il auroit joui du dit office jusques au 28 aoust 1724, que par arrêt de notre Conseil du même jour, nous avons ordonné qu'il n'y auroit à l'avenir, dans chacune des Chancelleries près nos Cours supérieures, que douze secrétaires; et nous aurions en même temps réglé, par le dit arrêt, que dans les dites Chancelleries où il y auroit un plus grand nombre de secrétaires, les surnuméraires demeureroient supprimés, à commencer par les derniers pourvus. L'exposant s'est trouvé dans le cas de la dite suppression, attendu qu'il y avoit en la dite Chancellerie de Dôle dix-sept secrétaires au lieu de douze portés par le dit édit de juin 1715 et arrêt du 28 aoust 1724. Et, d'autant qu'il n'a rien tant à cœur que de nous continuer ses services, il a cru ne pouvoir mieux faire que de lever en nos revenus casuels l'un des offices de nos conseillers-secrétaires en la Chancellerie près notre Conseil supérieur d'Alsace, créé par le dit édit de 1715, pour la finance du quel il a payé au sieur *Bertin*, trésorier de nos revenus casuels, la somme de vingt mille livres, suivant la quittance du 10 du présent mois, en exécution de la quelle il nous a très-humblement fait supplier de lui accorder nos lettres de provisions sur ce nécessaires.

A ces causes, et pour l'entière confiance que nous avons en la personne du dit Pierre-Joseph de la Porte, et de ses sens, suffisance, loyauté, prudhomie, capacité, expérience, fidélité et affection à notre service, nous, en agréant et confirmant la nomination qui nous en a été faite par notre cher et féal chancelier, garde des sceaux de France, commandeur de nos ordres, le sieur *Flurian Armenonville*, lui avons donné et octroyé, donnons et octroyons par les présentes, l'un des douze offices de nos conseillers-secrétaires, maison et couronne de France en la Chancellerie établie près notre Conseil supérieur d'Alsace, créé par le dit édit du mois de juin 1715, au quel n'a encore été pourvu, ainsi qu'il appert par la dite quittance de finance, nomination et autres pièces attachées sous le contre-scel de notre Chancellerie, pour le dit office avoir, tenir et dorénavant exercer, jouir et user par le dit sieur de la Porte, à titre de survivance, du payement du droit de la quelle il est dispensé, conformément à la dite nomination, attendu celui ci-devant payé pour l'office de secrétaire à Dôle, supprimé, dont il s'étoit pourvu, et aux honneurs, avantages, autorités, prérogatives, prééminences, franchises, libertés, rang, séance, immunités, pouvoir, fonctions, gages effectifs de six cent soixante-six livres treize sols quatre deniers par chacun an, dont le fond sera fait dans les états de la recette générale des domaines de la province d'Alsace, à commencer du jour et date de sa quittance de finance, comme aussi de sa part dans les deux cents livres attribuées par chaque quartier sur les émoluments de sceau aux audienciers, contrôleurs et secrétaires de service, dont la part des absents accroit aux présents, *ensemble du privilége de noblesse*, porté par notre édit du mois de juillet 1724, à l'effet de quoi, le temps qu'il a possédé le dit office de secrétaire à Dôle sera joint à celui pendant le quel il exercera le dit nouvel office, sans que la suppression portée par le dit arrêt puisse y apporter aucune interruption du droit de committimus en la Chancellerie près notre Parlement de Metz, de l'exemption de toutes impositions, tailles, logement des gens de guerre, subside, contribution, ban, arrière-ban, franc-fief, tutelle, curatelle, nomination à icelle, guet et garde et autres charges publiques, tels et de la même manière qu'en jouissent et ont droit de jouir nos autres conseillers-secrétaires, en la dite Chancellerie d'Alsace, de toutes les quelles exemptions et privilèges personnels attachés à la Noblesse et au dit office, et généralement de tous autres; le dit sieur DE LA PORTE en jouira dans le lieu de sa demeure, encore qu'il ne fasse pas sa résidence dans le ressort de notre dit Conseil supérieur d'Alsace, ainsi qu'il est plus au long porté par les édits des mois de juin et décembre 1715, juillet 1724 et arrêt du 28 août suivant.

Si donnons en mandement, etc.

Donné à Fontainebleau le 16me jour du mois de septembre, l'an de grâce 1725, et de notre règne le onzième.

Signé sur le repli, par le roi : POMMIER.

Etaient présents et ont signé au registre :

MM.	MM.
De Seyssel-Cressieu.	*De Grenaud.*
De Forest-Bertrier.	*De Forcrand de Coyselet.*
Douglas.	*Montanier de Belmont.*
Cremeaux de la Grange.	*Montanier de Génissiat.*
Constantin de Chanay.	*De Bozon*, l'aîné.
Bouillet de Noiron.	*De Bozon*, cadet.
La Croze du Bessey.	*Maréchal de la Vavre.*
De Seyssel de Sothonod.	*De Bruno.*
Reverdy.	*De Migieu d'Izelet.*
Passerat du Parc.	*De Courtines.*
Du Breul de Sacconay.	*De Cordon*, conseiller-secrétaire.
De Moyria-Volognat.	*De Montillet*, grand bailli d'épée.

Du 28me aoust 1745.

Assemblée générale tenue en l'hôtel et par devant messire Pierre-Anthelme de Montillet, **grand bailli d'épée du Bugey et Valromey.**

L'Assemblée a procédé à l'élection de ses nouveaux sindiqs et conseillers comme il suit :

Syndics : MM. le marquis **Cremeaux de la Grange; de Forest-Bertrier; Bouillet du Cry.**

Conseillers : MM. **Bouillet de Noiron; de Cordon; de Billiat.**

Conseiller-secrétaire : M. **de Courtines.**

PRÉSENTATION DE M. LE CLERC,

ÉCUYER, SECRÉTAIRE DU ROI, SEIGNEUR DE SAINT-DENIS.

M. le premier sindiq présente au Conseil M. **Le Clerc,** seigneur de Nicudey, fils de **Jacques Le Clerc,** écuyer, secrétaire du roi, décédé dans la dite charge, le quel supplie MM. les officiers de la Noblesse de vouloir ordonner l'enregistrement des provisions de son dit père.

Le Conseil, aprés avoir vu, lu et vérifié les provisions et autres titres produits et présentés par M. **Le Clerc**, en a ordonné l'enregistrement.

PROVISIONS DE L'OFFICE DE SECRÉTAIRE DU ROI DE M. JACQUES LE CLERC, SEIGNEUR DE SAINT-DENIS-LE-CHOSSON.

Louys, par la grâce de Dieu, etc.

Le feu roi, de glorieuse mémoire, notre très-honoré seigneur et bisayeul, ayant supprimé, par édit du mois de juin 1715, tous offices, audienciers, contrôleurs et secrétaires des Chancelleries près les Cours et siéges présidiaux de notre royaume, créa par le même édit de semblables offices au nombre seulement qu'il jugea nécessaire pour le service des dites Chancelleries, avec faculté aux officiers supprimés d'acquérir les dits nouveaux offices. Nous avons depuis, par autre édit du mois de décembre de la même année, permis aux pourvus et propriétaires des offices, audienciers, contrôleurs et secrétaires créés avant l'année 1672, de les conserver, en payant un supplément de finance, en exécution du quel édit le sieur Julien Lambert, pourvu d'un office de notre Cour souveraine, maison, couronne de France, en la Chancellerie établie près notre Cour de Parlement de Dijon, créé avant l'année 1672, a payé en nos revenus casuels le supplément de finance ordonné pour le dit office, à l'effet d'être conservé et de jouir des honneurs, avantages et priviléges dont il jouissait avant la dite suppression, et pour avoir la faculté d'en disposer au profit de qui il jugeroit à propos.

En conséquence de quoi, le sieur Julien Lambert a fait sa résignation du dit office, par acte du 14 janvier dernier, en faveur du sieur Jacques Le Clerc, élu en l'Election de Belley, le quel, désirant se faire pourvoir du dit office, savoir faisons que, pour la pleine et entière confiance que nous avons en la personne du dit sieur Jacques Le Clerc, et en ses sens, suffisance, loyauté, prudhomie, capacité, expérience, fidélité et affection à notre service, nous lui avons, pour ces causes et autres, et en agréant et confirmant la nomination qui nous a été faite de sa personne par notre très-cher et féal le sieur *d'Aguesseau*, chevalier, chancelier de France, commandeur de nos ordres, donné et octroyé, donnons et octroyons par ces présentes, l'office de notre conseiller-secrétaire, maison, couronne de France, en la Chancellerie établie près notre Cour de Parlement à Dijon, que tenoit et exerçoit le sieur Julien Lambert, qui en jouissoit à titre de survivance, suivant les lettres qu'il avoit pour cet effet, et qui avoit été conservé dans le dit office, au moyen du supplément de finance, payé en conséquence du dit édit du mois de décembre 1715, du quel office le sieur Lambert a fait sa résignation en faveur du dit sieur Jacques Le Clerc, par acte du 14 janvier dernier, ainsi que du tout appert par les pièces ci-attachées, sous le contre-scel de notre Chancellerie, pour le dit office tenir et exercer et jouir, et user par le dit Le Clerc aux honneurs, priviléges, libertés, fonctions, autorités, droits, survivance, priviléges de la Noblesse au premier degré, de l'exemption de tous droits seigneuriaux dans l'étendue de notre domaine situé dans le ressort de notre Cour de Parlement de Dijon, du droit de committimus, de l'exemption de toute imposition, de tutelle, curatelle, logement des gens de guerre et autres charges publiques, et généralement de tous les priviléges, exemptions, franchises, immunités, prérogatives, franc-salé et autres droits, attributions, fruits, profits, revenus et émoluments attribués au dit office, tels, et tout ainsi qu'en a joui ou dû jouir le dit sieur Lambert, et qu'en jouissent ou doivent jouir les autres pourvus de pareils offices, conformément aux édits des mois de juin et décembre 1715, et décembre 1727, et autres édits, déclarations, arrêts et réglements rendus en leur faveur, à la charge que le dit office demeurera hypothéqué et affecté à l'exécution de la transaction passée entre nos amés et féaux les officiers de notre grande Chancellerie, nos conseillers-secrétaires, maison, couronne de France et de nos finances, et les audienciers, conseillers et secrétaires de Chancellerie établis par notre dite Cour du Parlement à Dijon, et donnons en mandement à notre très-cher amé et féal le sieur *d'Aguesseau*, que lui étant apparu des bonnes vie, mœurs, âge compétent, conversation et religion catholique, apostolique et romaine du dit sieur Le Clerc, et ayant pris de lui le serment requis et accoutumé, il le reçoive, mette et institue de par nous en possession du dit office, et l'en faire jouir et user pleinement et paisiblement aux honneurs et pouvoir, liberté, fonctions et autorité, priviléges, droits, exemptions, franchises, immunités, prérogatives, prééminences, gages, tant anciens que nouveaux..... car tel est notre plaisir. En témoin de quoi nous avons fait mettre notre scel aux présentes.

Donné à Versailles le 28me jour de février, l'an de grâce 1738, et de notre règne le vingt-troisième.

Sur le repli est écrit, par le roi : signé Sainson.

EXTRAIT DES REGISTRES DE L'ÉGLISE PAROISSIALE DE SAINT-GERMAIN ET SAINT-SYMPHORIEN D'AMBÉRIEU EN BUGEY, DIOCÈSE DE LYON, GÉNÉRALITÉ DE BOURGOGNE.

Jacques Le Clerc, écuyer, secrétaire du roi, maison, couronne de France, décédé d'hier, âgé de soixante-trois ans, a été inhumé ce jour d'hui, 9 décembre 1746, en présence de MM. Claude Le Clerc, écuyer, seigneur de Nicudey, et d'Isaac Le Clerc, écuyer, capitaine au régiment de Nice-infanterie, ses deux fils, qui ont signé avec plusieurs autres.

Ainsi signé : Le Clerc de Nicudey; Le Clerc de Nicudey, capitaine d'infanterie; De Forest-Bertrier; Etienne de Gy; Jacquier, curé de Torcieu; Philibert Grumet; Billiard, curé.

MM. les sindiqs et conseillers ont dit que, sur la réquisition de M. **Le Clerc**, écuyer, seigneur de Saint-Denis, ils ont examiné les titres qu'il a produits pour établir sa noblesse, en qualité de fils de M. **Jacques Le Clerc,** conseiller-secrétaire du roi en la Chancellerie près le Parlement de Bourgogne, les quels ayant trouvés en bonne et due forme, ils en ont fait faire l'enregistrement; le dit sieur **Le Clerc** désirant être reçu au nombre des gentilshommes de sa province, se présente à l'Assemblée, la priant de l'admettre et de lui accorder voix délibérative et la jouissance de tous les priviléges accordés à la Noblesse; sur quoi MM. les officiers prient l'Assemblée de délibérer.

L'Assemblée générale, sur le rapport de MM. les officiers et l'examen des titres du dit feu **Jacques Le Clerc,** a reçu son fils au nombre des nobles de la province, et a consenti qu'il ait voix délibérative et participe à tous les priviléges dont jouit la Noblesse du Bugey.

NOBLESSE DE M. DOMINIQUE DUJAT.

M. **de Cremeaux** dit qu'il a été prié par Mme **Dujat,** veuve de M. **Dominique Dujat,** conseiller-secrétaire du roi en la Chancellerie près la Cour des Monnaies de Lyon, de présenter à l'Assemblée les provisions du dit sieur, son mari, et de la supplier d'en ordonner l'enregistrement, afin que, tant la dite dame que ses enfants, puissent jouir des priviléges de la Noblesse de cette province. Mon dit sieur **de Cremeaux** représente les dites provisions et prie l'Assemblée de délibérer sur la demande énoncée en la présente proposition.

PROVISIONS DE SECRÉTAIRE DU ROI AUDIENCIER EN LA CHANCELLERIE PRÈS LA COUR DES MONNAIES DE LYON POUR M. DOMINIQUE DUJAT, DU 30 DÉCEMBRE 1739.

LOUYS, par la grâce de Dieu, etc.

Savoir faisons que pour la pleine et entière confiance que nous avons en la personne de notre cher et bien amé DOMINIQUE DUJAT et en ses sens, suffisance, loyauté, prudhomie, capacité et expérience, fidélité et affection à notre service; pour ces causes et autres considérations, en agréant et confirmant la nomination qui nous a été faite dudit DUJAT par notre très-cher et féal, le sieur *d'Aguesseau,* chevalier, chancelier de France, commandeur de nos ordres, nous lui avons donné et octroyé, donnons et octroyons par ces présentes, l'office de notre conseiller-secrétaire, Maison, Couronne de France, audiencier en la Chancellerie près notre Cour des Monnoies de Lyon, créé par notre édit du mois de juin 1715, que tenoit et exerçoit notre amé et féal Léonard Despiney, dernier possesseur d'icelluy, le quel nous ayant payé le supplément de finance ordonné par notre édit du mois de décembre 1727, suivant la quittance du sieur *Bertin,* trésorier de nos revenus casuels, du 26 octobre 1728, s'en seroit volontairement démis en faveur du sieur Dujat, par sa procuration du 16 décembre présent mois, passée par devant *Guyot* et *Garde,* notaires royaux à Lyon, ci avec la dite nomination, la dite quittance de finance et autres pièces attachées sous le contrescel de notre Chancellerie, pour le dit office avoir, tenir et dores en avant exercer, en jouir et user par le sieur Dujat, à titre de survivance, et aux honneurs, autorité, prérogatives, prééminence, franchise, liberté, pouvoir, fonctions, dignité, rang, gages; de deux minots de sel de franc-salé, ensemble du privilége de noblesse au premier degré; tout ainsi qu'en jouissoit le dit sieur Despiney, et qu'en jouissent et doivent jouir les autres pourvus de pareils offices.

Donné à Paris, le 30me jour de décembre, l'an de grâce 1739, et de notre règne le vingt-cinquième.

Par le roi : signé Noel.

Le 22 janvier 1740 le sieur **Dominique Dujat** a été reçu, et ses provisions et autres pièces ont été enregistrées en la Chancellerie de la Cour des Monnaies de Lyon, après serment par lui prêté, à la forme du registre tenu par la Compagnie. — Signé Régny et Aulaz.

L'Assemblée générale a ordonné que les provisions présentées au nom de Mme **Dujat** par M. **de Cremeaux,** seroient enregistrées pour y avoir recours en cas de besoin, et que, tant la dite dame que ses enfants, jouiront des priviléges attachés à la Noblesse.

NOBLESSE DE M. GUINET DE MONTVERT.

M. **Guinet de Montvert** a présenté requête à l'Assemblée, et lui a exposé qu'étant fils de feu M. **Antoine Guinet de Montvert,** pourvu de la charge de secrétaire du roi près le

Parlement de Grenoble, le quel feu **Antoine** avoit acquis la vétérance, et par là la noblesse à lui et à sa postérité; il prie l'Assemblée générale, sur la représentation des provisions de feu son père, aux quelles sont jointes des lettres de vétérance, de le recevoir au nombre des gentilshommes de la province, et lui accorder voix délibérative, de même que l'enregistrement des lettres royales par lui produites.

L'Assemblée générale, vu la dite requête et les titres y joints, en a consenti les fins, et délibéré en conséquence que les dits titres seroient enregistrés.

Etaient présents et ont signé au registre :

MM.
Constantin.
Montfaucon de Rogles.
De Forest-Bertrier.
De Mareste de Rochefort.
D'Arloz de la Servette.
Montanier de Vens.
Montanier de Belmont.
Le Clerc de Saint-Denis.
D'Arestel.
De la Porte.
De Luyset.
D'Oncieu.

MM.
Guinet de Montvert.
Cremeaux de la Grange.
Bouillet du Cry.
Bouillet de Noiron.
De Billiat.
Seyssel de Cressieu.
Passerat de Silans.
De Longecombe.
De Vignod.
Balme de Sainte-Julie.
De Courtines, conseiller-secrétaire.

Du 29me *aoust* 1748.

Assemblée générale tenue à Belley, en l'hôtel de messire Pierre - Anthelme de Montillet, **chevalier, baron de Rochefort, seigneur d'Ecrivieux, Charbonod, Château-Bochard et l'Ordre, grand bailli d'Epée du Bugey et Valromey.**

SYNDICS, CONSEILLERS ET SECRÉTAIRE DE LA NOBLESSE POUR CETTE TRIENNALITÉ.

Syndics : MM. le marquis **de la Grange; Bouillet du Cry; de Cordon.**

Conseillers : MM. **Bouillet de Noiron; de Billiat; de Forest,** le cadet.

Secrétaire : M. **de Courtines.**

NOBLESSE DE M. ESTIENNE.

M. **de Cremeaux** présente à l'Assemblée générale un acte consulaire de la ville de Lyon, par lequel il appert que le sieur **Raymond Estienne,** ayant été échevin de la dite ville pendant les années 1720 et 1721, il a acquis pour lui et sa postérité la noblesse, conformément aux priviléges accordés par nos rois à ceux qui sont revêtus de ces charges. Les héritiers du dit sieur **Estienne,** qui font leur résidence en cette province, désirant jouir des priviléges attribués à la Noblesse du pays, se sont adressés à mon dit sieur **de Cremeaux,** et l'ont prié de requérir en leur nom l'enregistrement du dit acte consulaire, sur quoi l'Assemblée est priée de délibérer.

L'Assemblée générale, avant d'ordonner l'enregistrement du

dit acte consulaire, dit que les sieurs **Estienne** justifieront qu'ils sont issus de M. **Raymond Estienne**, et feront légaliser le dit acte; après quoi ils se pourvoiront au Conseil particulier au quel l'Assemblée générale les renvoie.

PROVISIONS DE M. CLAUDE MONTANIER, GARDE DES SCEAUX EN LA CHANCELLERIE PRÈS LA CHAMBRE DES COMPTES, AIDES, DOMAINE ET FINANCES DE DÔLE.

Louys, par la grâce de Dieu, etc.

Savoir faisons que pour la pleine et entière confiance que nous avons en la personne du sieur Claude Montanier et en ses sens, suffisance, prudhomie, expérience, fidélité et affection à notre service, nous lui avons, en agréant et confirmant la nomination qui nous a été faite de sa personne par notre très-cher chevalier, garde des sceaux de France, le sieur *de Noyer de Paulmy,* marquis d'Argenson, donné et octroyé, donnons et octroyons par les présentes l'office de notre conseiller, garde des sceaux en la chancellerie près notre Chambre et Cour des Comptes, Aides, Domaine et Finances de notre comté de Bourgogne, établie à Dôle, que tenoit et exerçoit le sieur Charles de Monnier, qui en a fait sa résignation en faveur du dit sieur Montanier, par acte du 15 mai dernier, pour le dit office avoir tenir et dores en avant exercer, en jouir et user à titre de survivance par le dit sieur Montanier, aux anciens gages attribués au dit office, aux honneurs, autorité, pouvoir, prérogatives, prééminence, rang, séance, franchise, libertés, fonction, privilége de noblesse, droit de committimus aux requêtes de notre palais, à Paris; faculté de connoitre et de juger de la discipline de la dite chancellerie et généralement des autres droits, priviléges, facultés, prééminence, fruits, profits, revenus et émoluments attribués au dit office, tels et tout ainsi qu'en a joui ou dû jouir le dit sieur de Monnier, et qu'en jouissent ou doivent jouir les pourvus de pareils offices dans les chancelleries établies près nos autres Cours, pourvu toutefois que le dit sieur Claude Montanier ait atteint l'âge de 25 ans accomplis, suivant son extrait baptistaire du 30 décembre 1642, dûment légalisé et ci-joint à la dite nomination,... car tel est notre plaisir; en témoin de quoi nous avons fait mestre notre scel à ces présentes.

Donné à Paris, le 18me jour de mai, l'an de grâce 1719 et de notre règne le quatrième.

Par le roi : Sainson.

Etaient présents et ont signé au registre :

MM.

De Crémeaux.

Bouillet du Cry.

Bouillet de Noiron.

De Forest-Bertrier.

De Forest, le cadet.

Passerat de Silans.

De Longecombe.

Montfaucon de Rogles.

Montanier de Belmont.

Le Clerc de Saint-Denis.

Guinet de Montvert.

Balme de Sainte-Julie.

MM.

De la Porte.

Constantin.

De Luyset.

Seyssel de Cressieu.

De Cordon.

D'Arestel.

De Vignod.

Montanier de Vens.

D'Arloz de la Servette.

De Mareste de Rochefort.

De Courtines.

Des 30me *et* 31me *aoust* 1751.

Assemblée générale tenue à Belley, par devant messire Pierre-Anthelme de Montillet, chevalier de Rochefort, grand bailli du Bugey et Valromey.

ÉLECTION DES OFFICIERS DU CORPS DE LA NOBLESSE.

Syndics : MM. le marquis **Cremeaux de la Grange; Bouillet du Cry; de Cordon.**

Conseillers : MM. **de Billiat; de Forest; de Seyssel d'Artemare.**

Conseiller-secrétaire : M. **de Courtines.**

NOBLESSE DE M. DE LA GUETTE D'HEYRIAZ.

Sur la requête présentée par M. **de la Guette d'Heyriaz**, tendante à ce qu'il plaise à l'Assemblée de le recevoir au nombre des gentilshommes de la province, lui accorder entrée et voix délibérative dans les Assemblées générales de la Noblesse, et ordonner l'enregistrement des titres par lui produits, les quels établissent qu'il est fils de **Pierre-Antoine de la Guette**, pourvu en 1745 de l'office de conseiller-contrôleur-secrétaire du roi en la Chancellerie près le Parlement de Bourgogne.

PROVISIONS DE SECRÉTAIRE DU ROI DE M. LA GUETTE.

Louys, par la grâce de Dieu, etc.

Notre amé et féal, le sieur Pierre-Antoine Laguette, pourvu, par nos lettres du 15 du courant mois et an, de l'office de notre conseiller-secrétaire Maison Couronne de France, contrôleur en la Chancellerie établie près notre Cour de Parlement de Bourgogne à Dijon, nous a très-humblement supplié de lui en accorder nos lettres nécessaires. A ces causes, voulant traiter favorablement le dit sieur LAGUETTE et le faire jouir du bénéfice de nos édits et déclarations; de l'avis de notre Conseil, qui a vu la quittance du droit de survivance ci-attachée sous le contre-scel de notre Chancellerie, et de notre grâce spéciale, pleine puissance et autorité royale, nous avons au dit sieur LAGUETTE permis et accordé, permettons et accordons par ces présentes, de jouir et disposer à l'avenir du dit office de notre conseiller-secrétaire, Maison, Couronne de France, contrôleur en la Chancellerie établie près notre dite Cour de Parlement de Bourgogne à Dijon, à condition des droits et privilége de survivance. Ce faisant, voulons qu'il puisse le résigner quand et en faveur de telle personne capable qu'il avisera. Et en cas qu'il vienne à décéder sans l'avoir fait, nous entendons que ses veuve, enfants, héritiers ou ayant-cause, puissent vendre le dit office et s'en démettre au profit de qui bon leur semblera et que, sur leur démission et nomination de notre très-cher et féal chevalier, garde des sceaux de France, toutes lettres de provision en soient expédiées et délivrées, sans qu'il soit besoin d'être payé d'autre finance que celle qui a été payée par le dit sieur LAGUETTE, au quel nous permettons de résigner les dites présentes à tel de ses fils ou gendre qu'il voudra. Et en cas que celui en faveur du quel il en aurait fait sa résignation vint à décéder avant lui, après même avoir joui du dit office, voulons que le dit sieur LAGUETTE puisse rentrer en possession et jouissance d'iceluy, sans être tenu de prendre de nous autres lettres de provisions que celles qu'il a ci-devant obtenues, ni de nous prêter de nouveau serment de fidélité, et que de rechef il puisse disposer du dit office en faveur de qui bon lui semblera. Et, s'il venoit à décéder sans l'avoir fait, nous accordons à ses veuve, enfants, héritiers ou ayant-cause, la faculté de nommer et présenter au dit office telle personne qu'ils aviseront, ainsi qu'ils auroient pu faire avant la dite résignation, de père à fils, ou de beau-père à gendre, le tout conformément à nos déclarations, arrêts et réglements rendus en faveur de nos conseillers-secrétaires.

Si, donnons en mandement,... car tel est notre plaisir, en témoin de quoi nous avons fait mettre notre scel à ces présentes.

Donné à Versailles le 30me jour d'avril, l'an de grâce 1745, et de notre règne le trentième.

Signé sur le registre, par le roi : SAINSON.

A été délibéré que les lettres-patentes et autres pièces produites par le suppliant seront inscrites dans les registres du corps de la

Noblesse du Bugey, et que le dit sieur **Laguette** jouira à l'avenir des droits, honneurs et priviléges dont jouissent les autres gentilshommes de la province, au nombre desquels l'Assemblée l'a reçu, et qu'il aura entrée et voix délibérative dans les Assemblées de la Noblesse.

LETTRES DE NOBLESSE DE M. ESTIENNE.

M. **de Cremeaux,** marquis de la Grange, a dit qu'ayant été prié, lors de l'Assemblée générale du 29 aoust 1748, de requérir aux noms de MM. **Estienne** l'enregistrement des lettres de noblesse de leur père, aux fins de jouir des priviléges accordés à la noblesse de cette province et d'avoir entrée et voix délibérative dans les Assemblées générales, il lui fut remis un acte consulaire par le quel il appert que M. **Raymond Estienne,** ayant été échevin de la ville de Lyon pendant les années 1720 et 1721, il a acquis, pour lui et sa postérité, la noblesse, suivant les priviléges accordés par nos rois à ceux qui sont revêtus de ces charges. Mon dit sieur **de Cremeaux** communiqua à l'Assemblée générale le dit acte, le quel ayant été lu et examiné, il fut délibéré que les dits sieurs **Estienne** justifieroient qu'ils étoient issus du dit **Raymond Estienne** et feroient légaliser les actes, après quoi ils se pourvoiroient au Conseil particulier au quel l'Assemblée les renvoyoit. Ils ont satisfait à cette délibération, étant remis les dits actes à M. **de Cremeaux,** qui prie le Conseil de les examiner et d'en ordonner l'enregistrement.

Du mardi 23 décembre 1721 après midi, en l'hôtel commun de la ville de Lyon, y étant messire Pierre Chollier, chevalier, comte de Cibeins, baron d'Albigny, seigneur de Bully, Montromant, Layeux, le Breuil, Misérieux et Sainte-Euphémie, conseiller du roi, président en les Cours des Monnaies, Sénéchaussée et Présidial de Lyon, lieutenant particulier et assesseur criminel, prévôt des marchands;

Noble Jacques Bourg, seigneur de la Faverge, avocat en Parlement et ez Cours de Lyon; Raymond Estienne; messire Léonard Michon, chevalier, conseiller, avocat du roi au Bureau des Finances de cette Généralité, et Jean-Baptiste Michel, écuyer, échevins de la ville et communauté de Lyon.

Le dit sieur Estienne a dit qu'ayant été honoré de la dignité consulaire pendant l'année dernière 1720 et la présente 1721, il a tâché d'y rendre tous les devoirs possibles pour le service du roi, de la ville et du public, et désirant, à la sortie de son échevinage, jouir des priviléges, prééminence et prérogatives de noblesse accordés par nos rois à ceux qui ont été honorés des dits emplois, et transmettre la dite noblesse à sa postérité née et à naître, il a déclaré, pour satisfaire à la volonté de Sa Majesté, portée par ses déclarations et arrêts, qu'il entend de continuer à vivre noblement et jouir des dits priviléges attribués à la Noblesse, dont il a requis acte pour lui servir et valoir, et aux siens, ce que de raison.

Extrait des registres des Actes consulaires de la ville de Lyon, par nous secrétaire de la dite ville. — Signé Perrichon.

Nous prévôt des marchands et échevins de la ville de Lyon, certifions à tous qu'il appartiendra, que l'extrait ci-devant écrit, contenant les lettres de noblesse de noble Raymond Estienne, sont dans la forme qu'elles se délivrent ordinairement, et que foi doit être ajoutée à la signature du sieur Perrichon, secrétaire de cette ville, qui a été sincère et véritable. En témoin de quoi nous avons signé la présente légalisation et y avons fait apposer le sceau des armes de cette ville.

A Lyon, le 7me septembre 1751.

Signé Dugas, Garnier, Jantrier fils, Bona, Dupleix, et par le consulat : Perrichon.

Le 3me mai 1701, j'ai baptisé Dominique, né aujourd'hui, fils de Raymond Estienne, marchand, et de demoiselle Françoise Guillet, sa femme. Parrain, sieur *Dominique Birouste,* marchand; marraine, *Françoise Estienne.*

Signé au registre : Raymond Estienne, Françoise Estienne, Dominique Birouste, Charton.

Collationné sur les registres de l'église collégiale et paroissiale de Saint-Nizier. Expédié par moi soussigné, chanoine, député du Chapitre.

A Lyon, le 25me septembre 1751.

Signé Desgoutes.

Vu le dit acte consulaire en date du 23 décembre 1721, et l'extrait baptistaire du 5 mai 1701, duement légalisé, le Conseil, suivant les pouvoirs de l'Assemblée générale, a ordonné que les dits titres et pièces seroient enregistrés, et les dits sieurs **Estienne** reçus au nombre des gentilshommes de la province; a consenti qu'ils eussent entrée et voix délibératives dans les Assemblées générales, et qu'ils jouissent de tous les priviléges accordés à la Noblesse du pays.

De toutes les quelles propositions, délibérations et nominations, nous grand bailli susdit, avons donné acte à Belley, dans notre hôtel, les jour et an que dessus.

Etaient présents et ont signé au registre :

MM.	MM.
Thoy Longecombe.	*Laguette d'Hériaz.*
De Grolée d'Oncin.	*Bouillet du Cry.*
De Luyset.	*Seyssel d'Artemare.*
Seyssel de Cressieu.	*De Billiat.*
Bouillet de Noiron.	*De Forest*, cadet.
De Migieu de Bion.	*Montanier de Belmont.*
De Forest-Bertrier.	*De Bruno.*
Trocu de la Croze du Bessey.	*De Cordon.*
Constantin de Chanay.	*De Courtines*, conseil[r]-secrétaire.
Le Clerc de Saint-Denis.	*De Montillet*, grand bailli d'épée.

Des 14me *et 15*[me] *novembre* 1754.

Assemblée générale tenue par devant messire PIERRE-ANTHELME DE MONTILLET, **chevalier, baron de Rochefort, seigneur d'Ecrivieux, Charbonod, Château-Bochard et l'Ordre, conseiller du roi dans ses Conseils, grand bailli d'épée du Bugey et Valromey.**

ÉLECTION DES SYNDICS ET OFFICIERS DU CORPS DE LA NOBLESSE.

Syndics : MM. le marquis **Cremeaux de la Grange; Bouillet du Cry; de Cordon.**

Conseillers : MM. **de Billiat; de Forest; de Seyssel d'Artemare.**

Secrétaire : M. **de Courtines.**

Il n'y eut pas de présentation à la noblesse dans cette Assemblée, à la quelle assistèrent et signèrent au registre :

MM.
De Luyset.
Bouillet de Noiron.
Thoy de Longecombe.
De Grolée d'Oncin.
Montanier de Vens.
Cremeaux de la Grange.
Bouillet du Cry.
De Forest.
Montillet, grand bailli.

MM.
Estienne du Tiret.
Malyvert.
De Bruno.
Douglas.
De Cordon.
De Billiat.
Seyssel d'Artemare.
De Courtines, conseil[r]-secrétaire.

Des 20me et 21me février 1758.

Assemblée générale tenue dans la ville de Belley, par devant messire PIERRE DE MONTILLET, **chevalier, etc., grand bailli du Bugey et Valromey.**

ÉLECTION DES SYNDICS ET OFFICIERS DU CORPS DE LA NOBLESSE PENDANT LA PRÉSENTE TRIENNALITÉ.

Syndics : MM. le marquis **de Cremeaux; Bouillet du Cry; de Cordon.**

Conseillers : MM. **de Billiat; de Seyssel; Douglas.**

Conseiller-secrétaire : M. **de Courtines.**

ADMISSION DANS LE CORPS DE LA NOBLESSE DE M. MAURIER, ÉCUYER, DEMEURANT A NANTUA.

M. **de Cremeaux** a dit que M. **Maurier,** écuyer, demeurant à Nantua, a présenté requête à l'Assemblée et lui a exposé que M. **Jean-Baptiste Maurier,** son père, fut pourvu de la charge de conseiller au Parlement de Dombes, ainsi qu'il en conste par ses provisions ci-jointes en date du 9 mars 1730, et qu'il fut reçu et installé en la dite charge le 24 avril de la même année, et qu'il est mort en l'exercice d'icelle le 30 août 1748. Et d'autant que Sa Majesté, par son arrêt du Conseil du 8 décembre 1714 et lettres-patentes confirmatives du 5 mai 1716, a accordé le privilége de noblesse, transmissible au premier degré aux enfants des officiers du Parlement de Dombes, le dit sieur **Maurier,** son fils, a supplié l'Assemblée d'ordonner l'enregistrement des dites provisions, acte de réception, arrêt du Conseil et lettres-patentes ci-dessus relatées, l'extrait mortuaire de son dit père et son acte baptistaire en date du 17 septembre 1734, de le recevoir, après l'examen des titres par lui produits, au nombre des gentilshommes de la province, et le faire jouir de tous les priviléges attribués à la Noblesse du pays.

M. le premier syndic a dit encore : que M. **Jean-François Compagnon de Leyment**, écuyer, fils de messire **Jean-Claude Compagnon**, seigneur de la Servette et Leyment, a présenté requête à l'Assemblée et lui a exposé que le dit sieur son père, par acte du 21 juillet 1735, acquit l'office de secrétaire du roi, contrôleur en la Chancellerie près la Cour des Comptes, Aides, Domaine et Finances à Dôle, qu'il en obtint ensuite des provisions le 10 septembre de la même année, et finalement, qu'après vingt-deux ans d'exercice, il obtint des lettres d'honneur du dit office en date du 2 juillet 1757. Le suppliant a joint à sa requête toutes les dites lettres en bonne et due forme, et a supplié l'Assemblée d'en ordonner l'enregistrement, de le recevoir au nombre des gentilshommes de la province et de lui accorder la jouissance de tous les priviléges attribués à la Noblesse de ce pays.

LETTRES DE NOBLESSE DE CLAUDE-LOUIS MAURIER, ÉCUYER, DEMEURANT A NANTUA.

Louys-Auguste, par la grâce de Dieu, prince souverain de Dombes, à tous ceux qui ces présentes lettres verront, salut;

Savoir faisons, que sur le bon et louable rapport qui nous a été fait de notre cher et bien amé Jean-Baptiste Maurier, avocat en Parlement, de ses sens, suffisance, prudhomie, capacité, expérience en fait de la judicature.....

A ces causes et autres considérations à ce nous mouvant, nous lui avons donné et octroyé, donnons et octroyons par ces présentes, signées de notre main, l'état et office de conseiller en notre Cour de Parlement, que tenoit et exerçoit le sieur Charles-Joseph Mathieu, dernier possesseur d'iceluy, vacant par sa résignation faite en nos mains, en faveur du dit sieur Maurier, ci-attachées sous le contre-scel de notre Chancellerie, pour le dit office avoir, tenir et dores en avant exercer, en jouir et user par le dit sieur Maurier, tant qu'il nous plaira, aux honneurs, autorité, prérogatives, prééminence, priviléges, franchises, immunités, droits, gages, fruits, profits et émoluments y appartenant, tels et semblables qu'en a joui ou dû jouir le dit sieur MATHIEU, encore qu'il ne vive pas les quarante jours portés par nos ordonnances, de la rigueur des quelles nous l'avons dispensé et dispensons par ces présentes, attendu le payement fait du droit annuel, pourvû qu'il n'ait en notre Cour de Parlement aucuns parents ni alliés au degré prohibé par nos ordonnances, à peine de nullité des présentes et de sa réception.

Si donnons en mandement à nos amés et féaux les conseillers, les gens tenant notre Cour de Parlement, que leur étant apparu des bonnes vie et mœurs, religion catholique, apostolique et romaine du dit sieur MAURIER, et après avoir pris et reçu de lui le serment en tel cas requis et accoutumé, ils le reçoivent, mettent et instituent, fassent mettre et instituer de par nous, en possession et jouissance du dit office, et d'iceluy, ensemble des honneurs, autorité, prérogatives, priviléges, franchises, immunités, droits, profits et émoluments sus dits, le fassent, souffrent et laissent jouir et user pleinement et paisiblement ainsi qu'il appartiendra, et choses concernant le dit office; en témoin de quoi nous avons fait mettre notre scel à ces présentes.

Donné à Paris le 9me jour, de l'an de grâce 1730, et de notre souveraineté le trente-septième.

Signé LOUYS-AUGUSTE.

Par Son Altesse Sérénissime : signé DE TORPANNE.

EXTRAIT DES REGISTRES DES SÉPULTURES DE L'ÉGLISE PAROISSIALE SAINT-MICHEL DE NANTUA, EN BUGEY, AU DIOCÈSE DE LYON.

En l'année 1748 et le 1er septembre, a été inhumé en la chapelle de Saint-Nicolas, dans l'église paroissiale Saint-Michel de Nantua, messire JEAN-BAPTISTE MAURIER, conseiller au Parlement de Trévoux, âgé d'environ cinquante-six ans; présents : sieurs *Jacques Ramel* et *Antoine-François Maretau*, qui ont signé.

Signé à l'original : RAMEL, vicaire; MARETAU, vicaire; GOIFFON, curé.

A MM. LES SYNDICS GÉNÉRAUX ET CONSEILLERS DE LA NOBLESSE DU BUGEY.

Supplie humblement messire **Jean-Baptiste Compagnon**, écuyer, fils de messire **Jean-Claude Compagnon**, seigneur de la Servette et Leyment, et a l'honneur de vous exposer que le dit messire **Jean-Claude Compagnon**, son père, par acte du 21 juillet 1735, acquit l'office de secrétaire du roi, contrôleur en la Chancellerie près la Cour des Comptes, Aides, Domaine et Finances à Dôle; il en obtint ensuite des provisions le 10 septembre de la même année.

Le dit sieur **Compagnon** a obtenu des lettres d'honneur du dit office le 2 juillet de l'année dernière 1757. Le suppliant a l'honneur de vous représenter tous les dits titres qui sont revêtus de toutes les formalités, et recourt :

A ce, Messieurs, qu'il vous plaise, après l'examen que vous voudrez bien faire des titres ci-devant énoncés et ci-joints, en ordonner l'enregistrement dans les registres du corps, pour y avoir recours en cas de besoin, et recevoir le suppliant au nombre des gentilshommes de la province, pour qu'il puisse jouir de tous les priviléges attribués à la Noblesse, et ferez justice. — Signé Compagnon de Lépieu.

LETTRES DE NOBLESSE DE MESSIRE JEAN-FRANÇOIS COMPAGNON DE LÉPIEU, SEIGNEUR DE LA SERVETTE ET LEYMENT.

Louys, par la grâce de Dieu, etc.,

Savoir faisons, que pour la pleine et entière confiance que nous avons en la personne de notre cher et bien amé Jean-Claude Compagnon, sieur de Lépieu, et en ses sens, suffisance, loyauté, prudhomie, capacité, expérience, fidélité et affection à notre personne, nous lui avons, pour ces causes et autres, en agréant et confirmant la nomination qui nous a été faite de sa personne par notre très-cher et féal le sieur *Chauvelin*, chevalier, garde des sceaux de France, donné et octroyé, donnons et octroyons par ces présentes, l'office de notre conseiller-secrétaire, maison, couronne de France, en la Chancellerie près notre Cour des Comptes, Aides, Domaine et Finances à Dôle, que tenoit et exerçoit le sieur Claude Jarcelat, qui en jouissoit à titre de survivance, et après le décès du quel, les sieurs Claude-Alexis Basset de Monchat et Antoine-Jean-Baptiste Bouillet du Cry, nous ont, ez noms et qualités qu'ils procèdent, nommés et présentés au dit office le dit sieur Compagnon de Lépieu, par acte du 21 juillet dernier ci-attaché, pour le dit office avoir, tenir et, dores en avant exercer, en jouir et user par le dit sieur Compagnon de Lépieu, conformément à l'édit du mois de décembre 1727, au moyen de la finance payée en exécution du dit édit, pour le rétablissement des priviléges y mentionnés, suivant la quittance du sieur

Bertin, du 20 octobre ci-attachée, et aux honneurs, droit de survivance et pouvoirs, libertés, fonctions, autorité, gages de 666 livres 14 sols, 4 deniers, dont le fonds sera fait dans les états des salines et domaine de notre comté de Bourgogne; ensemble du privilége de la noblesse au premier degré, de l'exemption de tous droits seigneuriaux dans l'étendue de nos domaines situés dans le ressort de notre dite Cour des Comptes, Aides, Domaine et Finances à Dôle, du droit de committimus aux requêtes de notre palais à Besançon, de la portion colonique, de l'exemption de toutes impositions, de tutelle, curatelle, logement des gens de guerre et autres charges publiques, et généralement de tous priviléges, exemptions, franchises, immunités, prérogatives, prééminence, franc-salé et autres droits, attributions, fruits, profits, revenus et émoluments attribués au dit office; tels et tout ainsi qu'en a joui ou dû jouir le feu sieur Jarcelat, et qu'en jouissent ou doivent jouir les autres pourvus de pareils offices, conformément aux édits des mois de juin et décembre 1715 et décembre 1727, et autres édits, déclarations, arrêts et réglements rendus en leur faveur.

Si donnons en mandement, etc.; car tel est notre plaisir; en témoin de quoi nous avons fait mettre notre scel à ces présentes.

Donné à Versailles le 10me jour de septembre, l'an de grâce 1735, et de notre règne le vingt-unième.

Signé sur le repli, par le roi : Sainson, avec griffe et paraphe, et scellé en double queue du grand sceau de cire jaune.

LETTRES D'HONNEUR ET DE VÉTÉRANCE ACCORDÉES A JEAN-CLAUDE COMPAGNON DE LÉPIEU.

Louis, par la grâce de Dieu, roi de France et de Navarre,

A nos amés et féaux les sieurs *Feydeau de Brou*, doyen de notre Conseil, *d'Aguesseau de Barnage*, *d'Aguesseau de Fresne*, *Trudaine et Poulletier*, nos conseillers d'État ordinaires, par nous commis par le réglement du 20 février 1737, et nos lettres patentes en forme de commission du 16 juin dernier, et à nos amés et féaux conseillers, les gens tenant notre grand Conseil, salut.

Les services que nous a rendus pendant vingt-et-un ans et plus notre cher et bien amé le sieur Jean-Claude Compagnon de Lépieu dans l'état et office de notre conseiller-secrétaire, maison, couronne de France, contrôleur en la Chancellerie près notre Cour des Comptes, Aides, Domaines et Finances à Dôle, dont il a rempli les fonctions avec zèle et distinction depuis le 23 novembre 1735, jour de sa réception au dit office, jusques au 11 février dernier, que le sieur JEAN GUIGUE DE MONTPLAISIR y a été reçu en son lieu et place, et sur sa résignation, nous engagent à donner au dit sieur COMPAGNON DE LÉPIEU des témoignages de la satisfaction que nous en avons; et nous croyons ne pouvoir le faire plus dignement qu'en lui conservant les priviléges et les avantages attachés à la dite charge, et dont il jouissoit avant sa démission.

A ces causes et autres considérations, nous avons permis et accordé au dit sieur JEAN-CLAUDE COMPAGNON DE LÉPIEU, et de notre grâce spéciale, pleine puissance et autorité royale, lui permettons et accordons par ces présentes signées de notre main, voulons et nous plait que, nonobstant la résignation qu'il a faite du dit office, il puisse continuer de se dire et qualifier en tous actes et en toutes occasions: notre conseiller-secrétaire, maison, couronne de France, contrôleur en la Chancellerie près notre Cour des Comptes, Aides, Domaine et Finances à Dôle, et qu'en cette qualité, il jouisse de tous les honneurs, autorité, prérogatives, prééminences, franchises, immunités, exemptions et priviléges dont il a joui ou dû jouir avant sa résignation, et dont jouissent ou doivent jouir nos autres conseillers-secrétaires honoraires, et qu'après son décès: sa veuve, pendant sa viduité, et ses enfants nés et à naître en légitime mariage, jouissent aussi des mêmes priviléges dont jouissent les veuves et enfants de nos conseillers-secrétaires, sans toutefois qu'il puisse, en vertu des présentes, faire fonctions aucunes du dit office, ni prétendre à aucuns gages, droits et émoluments y appartenant.

Si vous mandons que les présentes ayez à faire registrer, et de leur contenu vous fassiez jouir et user le dit sieur JEAN-CLAUDE COMPAGNON DE LÉPIEU, pleinement et paisiblement, cessant et faisant cesser tous troubles et empêchements contraires. Mandons, en outre, à nos amés et féaux conseillers, les grands audienciers de France et contrôleurs généraux de l'audience de notre grande Chancellerie, qu'ils ayent à faire registrer les présentes ez registres de l'audience de France, ainsi qu'il est accoutumé; car tel est notre plaisir.

Donné à Versailles, le deuxième jour de juillet, l'an de grâce 1757 et de notre règne le quarante-deuxième.

Signé LOUYS.

Et par le roi: PHÉLIPPEAUX.

L'Assemblée générale, qui a vu et examiné les titres produits par le suppliant, sieur **Jean-François Compagnon de Leyment**, a délibéré qu'ils seroient enregistrés dans les registres du corps, a reçu les dits sieurs **Maurice** et **Compagnon de**

Leyment au nombre des gentilshommes du pays, et leur a accordé entrée et voix délibérative dans les Assemblées générales de la Noblesse, ainsi que la jouissance de tous les droits et priviléges attribués à ceux de la dite qualité dans cette province.

M. DERVIEU DU VILLARS, SEIGNEUR DE VAREY.

M. le premier sindiq remet encore à l'Assemblée la requête présentée par **Jean Dervieu du Villars**, fils de noble **François Dervieu**, ancien échevin de la ville de Lyon, seigneur de Varey, le quel expose : que le dit sieur son père fut pourvu de la place d'échevin de la ville de Lyon le 22 décembre 1705, et qu'il a plu à nos rois d'accorder les priviléges de la Noblesse à ceux qui ont passé dans les charges et dignités consulaires de la dite ville. Sur ce fondement, le suppliant prie l'Assemblée générale de le recevoir au nombre des gentilshommes de la province et de le faire jouir de tous les privilèges attribués à ceux de cette qualité ez dits pays.

LETTRES DE NOBLESSE DE M. DERVIEU DU VILLARS, SEIGNEUR DE VAREY.

Les prévôts des marchands et échevins de la ville de Lyon, certifient à tous qu'il appartiendra, que noble François Dervieu, conseiller du roi, ancien président en l'Election de Lyon, fut par les voix et suffrages des terriers et maîtres des métiers, élu et nommé, et ensuite publié le jour et fête de saint Thomas de l'année 1705, l'un des sieurs échevins de la dite ville pour l'année dernière 1706 et la présente 1707, la quelle charge d'échevin il a bien et dignement remplie et exercée pendant les dites deux années, comme il fait encore à présent, et en icelle très-bien mérité du service du roi et du public de la dite ville, et contribué utilement au repos et à la tranquillité d'icelle. Au moyen de quoi, le dit sieur Dervieu et ses descendants doivent jouir de tous les priviléges de noblesse et autres concédés par nos rois à ceux qui ont passé par les charges et dignités consulaires de la dite ville, prient tous ceux qu'il appartiendra de les en faire et laisser jouir sans difficulté. En témoin de quoi, nous *Benoît Cachet de Montézan*, chevalier, comte de Garnerans, seigneur de Balmont et autres lieux, ancien président au Parlement de Dombes, prévôt des marchands, *Pierre Bourgelat, Pierre Trollier* et *André Aussel,* échevins susdits, avons fait expédier les présentes, les quelles nous avons signées, fait contresigner par *Camille Perrichon*, secrétaire de la dite ville et communauté de Lyon et du commerce, écuyer, avocat en Parlement, et sceller des armes authentiques de la ville, le 22 décembre 1707.

Signé DE MONTÉZAN, BOURGELAT, TROLLIER, AUSSEL, et par le consulat, PERRICHON.

Le 11 juin 1714, j'ai baptisé JEAN, né hier de noble FRANÇOIS DERVIEU, ancien président en l'Election et ancien échevin de cette ville, et de demoiselle ANNE HENRY, sa femme. Parrain, sieur *Jean Henry,* bourgeois de Lyon; marraine, dame *Anne de Remillier,* femme de sieur *Thomas Henry,* aussi bourgeois.

Signé DERVIEU, T. HENRY, ANNE DE REMILLIER et JAUBERT, vicaire.

Extrait pris et collationné à son original trouvé dans le registre de la paroisse et église collégiale de Saint-Nizier de Lyon, par moi prêtre et chanoine en la dite église, député du Chapitre à l'expédition des actes baptistaires. En foi de quoi j'ai signé au dit Lyon, le 20me aoust 1757.

Signé DEFORE, chanoine.

Nous *Barthélemy-Jean-Claude Pupil,* chevalier, seigneur de Mions, Courbat et Saint-Symphorien, conseiller du roi en ses Conseils, premier président en la Cour des Monnoyes, Sénéchaussée et Présidial de Lyon, certifions que M. *Defore* qui a signé le présent extrait, est chanoine de la paroisse de Saint-Nizier de cette ville, et que foi doit être ajoutée aux actes qu'il signe en cette qualité; en foi de quoi nous avons signé le présent extrait et nous y avons fait apposer le sceau de nos armes.

A Lyon le 21me aoust 1757.

Signé PUPIL.

Le Conseil qui a vu et examiné les titres produits par le sieur **Dervieu**, a ordonné qu'ils seroient inscrits aux registres du corps, l'a reçu au nombre des gentilshommes de la province, consent qu'il ait entrée et voix délibérative dans les Assemblées générales, et qu'il jouisse des priviléges attribués à la Noblesse du Bugey.

Etaient présents et ont signé au registre les gentilshommes du Bugey dont suivent les noms :

MM.

De Cremeaux, marquis de Lagrange.
Bouillet du Cry.
De Cordon.
Thoy de Longecombe.
De Mornieu de Gramont.
Bouillet de Noiron.
De Bouvens-Châtillon.
De Migieu de Bion.
Montanier de Belmont.
De Vignod de Dorches.
Leclerc de Saint-Denis.
De Lyset.
Maurier.

MM.

Bourgeois de Billiat.
De Seyssel-Sothonod.
Douglas de Montréal.
De Courtines, conseiller-secrét.
De Grenaud.
De Tricaud.
Conzié de Bollomier.
De Grolée-d'Oncin.
Reverdy de Montbérard.
Drujon de Beaulieu.
De Reydellet.
Montanier de Genissiat.
Compagnon de Leyment.
Montillet, grand bailli d'épée.

Des 30me et 31me mars 1761.

Assemblée générale tenue par devant messire Anthelme Balme, **baron de la Vellière, seigneur de Sainte-Julie, conseiller du roi, lieutenant général civil et criminel au Bailliage du Bugey, en l'absence de M. le grand bailli.**

ÉLECTION DES OFFICIERS DE LA NOBLESSE.

Syndics · MM. **de Cremeaux**; **Bouillet**, baron d'Arlod; le chevalier **de Forest.**

Conseillers : MM. **Bourgeois de Billiat; Douglas; de Châtillon de Bouvens.**

Secrétaire-conseiller : M. **de Courtines.**

A esté délibéré par l'Assemblée générale que M. **de Cremeaux,** premier sindiq, fera le voyage de Dijon aux Etats prochains; et, dans le cas où le dit premier sindiq ne pourra faire le voyage, elle députe M. le second sindiq, et ainsi du troisième.

LETTRES DE NOBLESSE DE M. GARIN.

M. **de Cremeaux** a remis à l'Assemblée la requête présentée par M. **Garin** à MM. les sindiqs du corps de la Noblsse, par la quelle le dit sieur **Garin** expose: qu'**Anthelme Garin,** son père, ayant exercé pendant plus de vingt années la charge de secrétaire du roi en la Chancellerie près le Conseil supérieur d'Alsace, il obtint du roi, le 2 septembre 1743, des lettres d'honneur et de vétérance, par les quelles il plut à Sa Majesté lui accorder la noblesse et les priviléges y attachés pour lui et sa postérité. Le suppliant, désirant se faire recevoir au nombre des gentilshommes de la province, supplie MM. de l'Assemblée de prendre lecture des lettres d'honneur et autres titres par lui produits, d'en ordonner l'enregistrement, et de le recevoir au nombre des gentilshommes du pays, en sorte qu'il puisse jouir de tous les priviléges attachés au corps de la Noblesse du Bugey; sur quoi M. de Cremeaux prie l'Assemblée de délibérer.

Louis, par la grâce de Dieu, etc.

Notre amé et féal Anthelme Garin nous a fait remontrer qu'ayant acquis l'un des offices de nos conseillers-secrétaires créés en la Chancellerie établie près notre Cour des Comptes, Aides et Finances du comté de Bourgogne, à Dole, par édit du mois de juin 1714, il auroit obtenu des provisions le 3 mai 1723, en vertu des quelles il auroit joui du dit office jusques au 24 aoust dernier; que par arrêt de notre Conseil du même jour, nous aurions ordonné qu'il n'y auroit à l'avenir, dans chacune des Chancelleries près nos Cours supérieures, que douze secrétaires. Nous aurions en même temps réglé, par le dit arrêt, que dans les Chancelleries où il y avoit un plus grand nombre de secrétaires, les surnuméraires demeureroient supprimés, à commencer par les derniers pourvus. L'exposant s'est trouvé dans le cas de la dite suppression, attendu qu'il y avoit en la dite Chancellerie de Dôle dix-sept secrétaires au lieu de douze portés par l'édit du mois de juin 1715 et l'arrêt du 28 aoust dernier. Et d'autant qu'il n'a rien tant à cœur que de nous continuer ses services, il a cru ne pouvoir mieux faire que de lever en nos revenus casuels l'un des douze offices de conseiller-secrétaire en la Chancellerie près notre Conseil supérieur d'Alsace, créés par le dit édit, pour la finance du quel il a payé au sieur *Bertin,* trésorier de nos revenus casuels, la somme de 20,000 livres, suivant sa quittance du 10 du dit mois, en exécution de la quelle il nous a très-humblement fait supplier de lui accorder nos lettres sur ce nécessaires.

A ces causes, et pour l'entière confiance que nous avons en la personne du sieur Anthelme Garin, et en ses sens, suffisance, loyauté, prudhomie, capacité, expérience, fidélité et affection à notre service, et confirmant la nomination qui nous a été faite par notre très-cher et féal chevalier, garde des sceaux de France, commandeur de nos ordres, le sieur *Fleuriau d'Armenonville,* lui avons donné et octroyé, donnons et octroyons, par ces présentes, l'un des douze offices de nos conseillers-secrétaires, maison, couronne de France, en la Chancellerie établie près notre Conseil supérieur d'Alsace, au quel n'a encore été pourvu, pour le dit office avoir, tenir, et dorénavant en jouir, exercer et user par le dit sieur Garin à titre de survivance, du payement du droit de la quelle il est dispensé, attendu le droit ci-devant payé pour l'office de secrétaire à Dôle, dont il étoit pourvu avant, et aux honneurs, avantages, autorité, prérogatives, prééminence, franchises, libertés, rang, priviléges de noblesse, conformément à notre édit du mois de juillet dernier, au moyen de quoi le temps qu'il a possédé le dit office de secrétaire à Dôle sera joint à celui pendant le quel il exercera le nouvel office, sans que la suppression portée par le dit arrêt du 28 aoust dernier puisse y apporter aucune interruption, du droit de committimus en la Chancellerie près notre Parlement de Metz, de l'exemption de taille, imposition, logement de gens de guerre, subside, contribution à l'arrière-ban, francs-fiefs, tutelle, curatelle, guet et garde, et autres charges publiques, tels et de la même manière qu'en jouissent et ont dû jouir nos autres conseillers-secrétaires, maison, couronne de France, en la dite Chancellerie d'Alsace et autres de notre royaume. De toutes les quelles exemptions et priviléges attachés à la Noblesse et au dit office, le sieur Garin en jouira dans le lieu de sa demeure, encore qu'il ne fasse point sa résidence dans le ressort de notre Conseil supérieur d'Alsace.....

Donné à Paris le 19me jour du mois d'avril, l'an de grâce 1724, et de notre règne le dixième. — Par le roi : signé Pommier.

LETTRES D'HONNEUR ET DE VÉTÉRANCE ACCORDÉES A M. GARIN.

Louys, par la grâce de Dieu, roi de France et de Navarre,

A notre très-cher et féal chevalier, chancelier de France, le sieur *d'Aguesseau*, commandeur de nos ordres, et à nos amés et féaux conseillers, les gens tenant notre grand Conseil à Paris, salut.

Une des plus essentielles prérogatives des charges de conseillers-secrétaires des Chancelleries établies près nos Cours et Conseils supérieurs est de pourvoir, par ceux qui en ont été pourvus pendant vingt années, après s'en être démis, d'obtenir de nous des lettres d'honneur et de vétérance, au moyen des quelles ils puissent, eux et leur postérité, être réputés nobles, et, comme tels, jouir de tous les priviléges attribués à la Noblesse de notre royaume. Les différents édits qui ont été successivement rendus, tant par le feu roi, notre très-honoré seigneur et bisayeul, que par nous, à l'occasion des dites charges, et notamment ceux des mois de juin et décembre 1715 et mai 1716, les ont maintenus dans ces avantages, et nous l'avons même encore depuis confirmé par notre dernier édit du mois de décembre 1727.

C'est par ces considérations qu'ayant égard aux services que nous a rendus notre amé et féal Anthelme Garin, pendant plus de vingt années, tant dans la charge de notre conseiller-secrétaire de notre maison, couronne de France, en la Chancellerie établie près notre Chambre des Comptes de Dôle qu'il a exercée à notre satisfaction, depuis le 17 mai 1723 jusqu'au 28 août 1724, qu'il fut supprimé comme surnuméraire dans cette Chancellerie, que dans un pareil office de notre conseiller-secrétaire, maison, couronne de France, en la Chancellerie établie près notre Cour supérieure d'Alsace, du quel il fut pourvu successivement le 19 avril 1725, en conséquence de la finance par lui payée pour l'acquisition de ce nouvel office, en exécution de nos dits édits des mois de juin et décembre 1715, suivant la quittance et les provisions du dit office, pour tout le temps qu'il a possédé la dite charge supprimée à Dôle, sera joint à celui pendant le quel il exercera le dit nouvel office, sans que la suppression portée par notre arrêt du 28 août 1724 puisse y apporter aucune interruption, et sans être tenu de prêter un nouveau serment, et dont il a joui jusqu'au 15 juin dernier que, sur la démission volontaire du dit office en nos mains. Nous avons résolu de lui donner des marques de la satisfaction qui nous reste de ses services, en lui conservant les honneurs, droits et priviléges attribués au dit office.

A ces causes, de notre grâce spéciale, pleine puissance et autorité royale, nous avons permis et accordé, et par ces présentes signées de notre main, permettons et accordons au dit sieur Anthelme Garin que, nonobstant la résignation qu'il a faite de son office au profit du dit sieur Desdouets, il puisse continuer à se dire et qualifier, tant en jugement que dehors notre conseiller-secrétaire, maison, couronne de France, honoraire, en la Chancellerie établie près notre Conseil supérieur d'Alsace, et que, en cette qualité, il ait entrée en la dite Chancellerie, et qu'il jouisse des mêmes honneurs, rang, droit, priviléges, exemptions, avantages, immunités, franchises dont il a joui ou dû jouir avant sa résignation, et dont jouissent nos autres conseillers-secrétaires honoraires. Voulons qu'après le décès du dit sieur Garin, sa veuve pendant sa viduité, et ses enfants nés et à naître en légitime mariage, jouissent aussi des mêmes priviléges, exemptions, droits, franchises et immunités dont jouissent et doivent jouir les autres veuves, enfants et postérité de nos conseillers-secrétaires de nos Chancelleries établies près nos Cours et Conseils supérieurs, en conséquence des édits, déclarations et arrêts sur ce intervenus, sauf toutefois que le dit sieur Garin ne puisse exercer aucunes fonctions du dit office, ni prétendre à aucuns gages ou autre émolument.

Si vous mandons que les présentes vous ayez à faire registrer, et du contenu en icelles faire jouir et user le dit sieur Garin, sa veuve pendant sa viduité, et ses enfants et postérité, pleinement et paisiblement, cessant et faisant cesser tous empêchements et troubles, et nonobstant tous édits, ordonnances et réglements à ce contraires, aux quels nous avons, pour ce regard seulement, dérogé et dérogeons par ces dites présentes. Mandons, en outre, à nos amés et féaux conseillers, les grands audienciers et contrôleurs généraux de l'audience de notre grande Chancellerie, que ces présentes ils ayent à faire enregistrer ez registres de l'audience de France, et ainsi qu'il est accoutumé; car tel est notre plaisir.

Donné à Versailles, le quatrième jour de décembre, l'an de grâce 1743, et de notre règne le vingt-neuvième.

Signé Louis.

Et par le roi : signé Voyer d'Argenson.

L'Assemblée qui a vu et examiné les titres ci-dessus produits par le sieur **Garin**, le reçoit au nombre des gentilshommes de la province, et consent qu'il jouisse de tous les priviléges attribués à la Noblesse de cette province.

SUPPLIQUE DE M. CHAPPE DE BRION.

M. de Cremeaux dit encore que M. **Chappe de Brion** lui a adressé la requête qu'il remet à l'Assemblée, par la quelle il expose qu'il est fils de noble **Marc-Antoine Chappe**, le quel fut nommé éhevin de la ville de Lyon en l'année 1739, la quelle place il remplit pendant quatre années; au moyen de quoi il a acquis, pour lui et sa postérité, la noblesse accordée par nos rois à ceux qui ont passé par ces sortes de charges. Le suppliant produit le certificat qui lui en a été donné par MM. les prévôts des marchands et échevins de la ville de Lyon, en date du 8 mai de l'année dernière, et prie MM. de l'Assemblée d'en prendre lecture, d'ordonner qu'il sera enregistré, et finalement de le recevoir au nombre des gentilshommes de la province et de lui accorder la jouissance de tous les priviléges attribués à la Noblesse du Bugey.

L'Assemblée générale a chargé les officiers du corps de la Noblesse d'examiner les titres produits par le sieur **Chappe de Brion**, relativement aux instructions qu'elle leur donnera à ce sujet, et dans le cas où elle les trouvera en bonne et due forme, elle leur donne pouvoir de le recevoir dans le corps, et de lui accorder la jouissance de tous les priviléges dont jouit la Noblesse du Bugey.

Il a été, en outre, délibéré que pour conserver la dignité du corps, aucun gentilhomme ne pourroit à l'avenir avoir voix délibérative dans les Assemblées et être nommé officier, s'il n'est en état de justifier de soixante années de noblesse à la date des lettres d'honneur qu'il aura obtenues.

Etoient présents à l'Assemblée, et ont signé au registre des délibérations les gentilshommes dont suivent les noms :

MM.
De Cremeaux.
Bouillet d'Arlod.
Bourgeois de Billiat.
De Cordon.
Douglas.
Bouillet de Noiron.
Montfaucon de Rogles.
De Borde du Châtelet.
Conzié de Bollomier.
Malyvert de Conflans.
Dervieu du Villars.
Compagnon de Leyment.
De Maillans.
Maurier.
Montanier de Vens.
Garin.

MM.
De Bouvens-Châtillon.
De Forest.
De Courtines.
Le chevalier *de Douglas.*
Thoy de Longecombe.
Seyssel de Sothonod.
Le chevalier *de Seyssel.*
La Croze du Bessey.
De Luyset.
De Motz.
De Riccé de Saint-Germain.
Migieu d'Izelet.
De Vignod de Dorches.
Montanier de Belmont.
De Grenaud.
Balme de la Vellière.

Des 12me et 13me septembre 1764.

Assemblée générale tenue par devant messire ANTHELME BALME, **baron de la Vélière, seigneur de Sainte-Julie, conseiller du roi, lieutenant général civil et criminel au Bailliage du Bugey, en l'absence de M. le grand bailli.**

ÉLECTION DES OFFICIERS DE LA NOBLESSE.

Syndics : MM. **de Cremeaux,** marquis de la Grange; **de Châtillon de Bouvens.**

Conseillers : MM. **Bourgeois de Billiat; Douglas de Montréal; Montanier de Belmont.**

Conseiller-secrétaire : M. **de Courtines.**

RÉCEPTION DE M. DE QUINSON.

MM. les officiers ont dit que, par délibération de la dernière Assemblée, ils furent chargés de vérifier tous les titres originaux qui furent alors présentés par M. **de Quinson,** pour être reçu et installé dans le corps de la Noblesse, la dite Assemblée générale leur ayant donné pouvoir, dans le cas où les dits titres se trouveroient suffisants et en bonne et due forme, d'en faire faire l'enregistrement et de recevoir le dit sieur **de Quinson** au nombre des gentilshommes de la province, de lui accorder l'entrée et voix délibérative aux Assemblées générales, et généralement tous les droits et priviléges attribués à la Noblesse du pays.

LETTRES DE NOBLESSE DE M. DE QUINSON, BARON DE PONCIN.

Actes et autres titres qui justifient parfaitement la généalogie et descendance de messire GASPARD-ROCH DE QUINSON, *chevalier, conseiller du roi, trésorier général de France au Bureau des Finances de la Généralité de Lyon, d'un* LANCELOT DE QUINSON *qui vivoit en l'année* 1330.

LANCELOT DE QUINSON, premier du nom, fut compris et mis au rang des personnes nobles dans le dénombrement des nobles du Grésivaudan, fait en l'année 1339. Il fut marié avec BÉRAUDE DE SASSENAGE, du quel mariage est issu:

GODEFROY DE QUINSON, qualifié noble dans des actes des 3 et 17 juillet 1360, où il fut présent comme témoin; il eut pour femme JULIENNE.... et de leur mariage naquit:

LANCELOT DE QUINSON, deuxième du nom, qui fit hommage à Amé VI, comte de Savoie, de la maison-forte de Quinson, ainsi qu'il est justifié par acte du 17 février 1381. De son mariage avec JULIE DE CANDIE est issu:

AMÉ OU AMÉDÉE DE QUINSON, le quel, tant en considération de ses services dans les guerres contre les Valaisans que du combat singulier qu'il soutint, par la permission de son prince, contre le baron d'Argis, dont il fut le vainqueur, fut fait capitaine des gardes du corps d'Amédée VIII, duc de Savoie, et obtint la permission, pour lui et ses descendants mâles, de porter les armes d'Argis qui sont: *d'hermine sans nombre,* comme étant la dite permission une condition expresse que le vainqueur prendroit les armes du vaincu. Ce prince lui accorda aussi l'exemption de tous tributs et des laods pour raison des terres dont il feroit l'acquisition dans l'étendue de la directe de ce prince, comme il paroit par les lettres-patentes du 22 février 1440, dans les quelles il est qualifié: *noble* AMÉDÉE, *fils de noble* LANCELOT DE QUINSON, *seigneur du dit lieu, et issu de la noble famille* DE SASSENAGE. Il épousa JEANNE DE CLERMONT, fille d'ANTOINE DE CLERMONT, seigneur de la Bastie d'Albanais, et de Guigone de Montmayeur. Ils eurent de leur mariage:

CLAUDE DE QUINSON, au quel Louis, duc de Savoie, accorda le 12 mai 1445 des lettres-patentes, confirmatives de celles du 22 février 1440, pour jouir, par lui et ses descendants mâles, de l'effet du contenu en icelles. Il y est qualifié de *noble* CLAUDE DE QUINSON, *licencié ez droits, fils de noble* AMÉDÉE. Sa femme fut CATHERINE OZAC DE LA BURLATIÈRE, fille de JULES OZAC sieur DE LA BURLATIÈRE, et de ce mariage naquit:

Luce de Quinson qui obtint, conjointement avec Vincent et Claude de Quinson, ses frères, de Charles, duc de Savoie, des lettres-patentes du 27 mars 1511, confirmatives des sus dites des 22 février 1440 et 12 mai 1445, pour jouir, par eux et leurs successeurs, du bénéfice d'icelles. Ils y sont qualifiés : *nobles* Luce, Vincent *et* Claude de Quinson, *seigneurs du dit lieu, fils de noble* Claude de Quinson, *qui étoit fils de noble* Amédée de Quinson.

Luce de Quinson fut marié avec Françoise de Naturel, et ils eurent de leur mariage, entr'autres enfants, Claude et Antoine de Quinson.

Claude de Quinson, que noble Antoine de Quinson, son frère, nomma son exécuteur testamentaire, par son testament du 14 octobre 1590, reçu par maistre *Charles de la Charpine,* notaire ducal, par le quel le dit Antoine de Quinson est qualifié fils de feu Luce de Quinson. Claude de Quinson fit son testament le 9 août 1593, par devant maistre *Ducrost,* notaire royal à Mâcon, par le quel, après avoir expellé Abel et Philibert de Quinson, ses petits-fils et enfants de Philibert de Quinson, son fils, mari d'Augustine Guérin, à condition de ne pouvoir rechercher son héritier pour raison des biens de dame Louise Colin, femme du dit testateur, leur ayeule ; il institue son héritier universel Pierre de Quinson, son autre fils, capitaine-enseigne de la ville de Mâcon, qui fut surnommé *capitaine Paradis,* comme il paroit par l'extrait signé : *Bourdon,* secrétaire de la ville de Mâcon ; de trois actes trouvés en l'hôtel commun de la dite ville, où il est fait mention que les échevins s'emploient à la délivrance du dit capitaine *Paradis,* détenu prisonnier de guerre à Verdun, et où il est déclaré que le général et le particulier de la ville prendront la rançon pour leur compte, attendu les services importants que le dit capitaine *Paradis* a rendus à la ville. Le roi Henri IV le qualifie ainsi par la lettre qu'il lui fit l'honneur de lui écrire, dont la teneur suit:

« Capitaine Paradis,

« Ayant esté adverty par le sieur de Rochebaron du zèle et affection « que vous portez à mon service, je vous ay bien voulu tesmoigner par « cette lettre que j'en ay reçu tout contentement, vous priant d'y « continuer et vous employer en tout ce qui vous sera possible à la « conservation de ma ville de Mâcon en mon obéissance, et vous opposer « à ceulx qui sont soupçonnez d'avoir des pratiques et intelligences « secrètes avec mes ennemys, vous asseurant que je le reconnoitrai à « vostre gré et que vos services ne vous demeureront point inutiles.

« Escript à Pontoise, le 28 novembre 1594.

Signé Henry.

« Et plus bas : DE NEUFVILLE. — Et au dos est escript : au capitaine Paradis. »

L'original de la quelle lettre est entre les mains du dit messire GASPARD-ROCH-AUGUSTIN DE QUINSON, de même que le portrait en original du dit DE QUINSON, capitaine Paradis.

PHILIBERT DE QUINSON, fils de CLAUDE DE QUINSON et de dame LOUISE COLIN, avoit épousé dame AUGUSTINE GUÉRIN. Il prédécéda ses dits père et mère après avoir fait son testament, le 25 juin 1596, reçu par maistre *Carmet,* notaire royal à Mâcon, par le quel il institua pour ses héritiers les dits ABEL et PHILIBERT DE QUINSON, ses enfants, légua à la dite dame GUÉRIN, sa femme, l'usufruit de ses biens, et nomma pour ses exécuteurs testamentaires les dits CLAUDE et PIERRE DE QUINSON, capitaine Paradis, ses père et frère.

PHILIBERT DE QUINSON, deuxième du nom, partagea avec ABEL DE QUINSON, son frère, les biens des dits PHILIBERT DE QUINSON et AUGUSTINE GUÉRIN, leur père et mère, par acte du 22 mai 1608, reçu par maistre *Perrier,* notaire royal. Il avoit épousé en premières noces une D'AIGUEPERSE DE BEAUJEU, et prit pour seconde femme dame PERNETTE ROUILLIET, suivant les promesses de mariage contenues dans l'acte du 10 mars 1617, reçu par maistre *Bruga,* notaire à Mâcon, où ABEL DE QUINSON, son frère, fut témoin. Il assista au contrat de mariage de ce dernier, reçu par maistre *Perrier* en mai 1699, par le quel il paroit qu'ils étoient tous deux fils du dit PHILIBERT DE QUINSON, premier du nom, et de la dite dame AUGUSTINE GUÉRIN. Il paraît aussi que les dits ABEL et PHILIBERT DE QUINSON, frères, neveux de PIERRE DE QUINSON (capitaine Paradis), firent un contrat de constitution de rente de 56 livres 5 sols, au profit du Chapitre de l'église de Mâcon, le 5 aoust 1606, reçu par *Ducrost,* notaire royal. Du mariage de PHILIBERT DE QUINSON et de PERNETTE ROUILLIET est issu :

NICOLAS DE QUINSON, ainsi qu'il est prouvé par son contrat de mariage avec dame MARIE DE VINS, en 1646, passé par devant maistre *Loïalson,* notaire royal à Lyon.

Le dit NICOLAS DE QUINSON et MARIE DE VINS ont eu pour enfants AUGUSTIN DE QUINSON; son contrat de mariage avec dame MARGUERITE FAYARD, du 24 février 1688, reçu par maistre *Perrichon,* notaire à Lyon, établit sa filiation.

ROCH DE QUINSON et dame MARGUERITE FAYARD ont eu de leur mariage le dit messire GASPARD-ROCH-AUGUSTIN DE QUINSON, douzième du nom, chevalier, conseiller du roi, trésorier de France au Bureau des Finances de la Généralité de Lyon, suivant son acte baptistaire du 28 aoust 1770, expédié par messire *Chausse*, curé de l'église paroissiale de Saint-Pierre et Saint-Saturnin de Lyon.

En sorte qu'après les preuves évidentes rapportées ci-dessus, il est constant et solidement établi que le sieur trésorier DE QUINSON descend en ligne directe de LANCELOT DE QUINSON, premier du nom, qui vivoit en l'année 1330, et se trouve aujourd'hui douzième du nom de la maison DE QUINSON.

Les prévost des marchands et échevins de la ville de Lyon, certifions à tous qu'il appartiendra, que noble ROCH DE QUINSON fut, par les voix et suffrages des tuteurs et maitres des métiers, élu et nommé et ensuite publié le jour et fête de saint Thomas de l'année 1728, l'un des sieurs échevins de la dite ville pour l'année 1729 et la présente 1730, la quelle charge d'échevin il a bien exercé pendant les dites deux années, comme il fait encore à présent, et en icelle très-bien mérité du service du roi et du public de la dite ville, et contribué utilement au repos et à la tranquillité d'icelle; au moyen de quoi le dit sieur DE QUINSON et ses descendants doivent jouir de tous les priviléges de Noblesse et autres concédés par nos rois à ceux qui ont passé par les charges et dignités consulaires de la dite ville, priant tous ceux qu'il appartiendra de l'en laisser et faire jouir sans difficulté. En témoin de quoi, nous *Camille Perrichon*, chevalier de l'ordre du roi, prévôt des marchands; *Laurent Guichard*, avocat en Parlement et ez Cours de Lyon; *Claude Brossette*, aussi avocat en Parlement et ez dites Cours, et *Charles Palerne*, échevins susdits, avons fait expédier les présentes, icelles signées, fait contresigner par *André Perrichon*, chevalier de l'ordre du roi, secrétaire de la ville de Lyon et du commerce, et scellées des armes authentiques de la dite ville, le 19 décembre 1730.

Signé PERRICHON, GUICHARD, BROSSETTE, PALERNE.

Et par le consulat : PERRICHON.

L'Assemblée, qui a vu et examiné les titres produits par M. **Gaspard-Roch-Augustin de Quinson**, ordonne qu'ils seront inscrits sur les registres du corps, le reçoit au nombre des gentilshommes de la province et consent qu'il jouisse de tous les priviléges attribués à la Noblesse du Bugey.

ADMISSION DE M. COMPAGNON DE MONTPLAISANT.

Sur la requête présentée par le sieur **François-Guillaume Compagnon de Montplaisant**, par la quelle il a exposé qu'il étoit fils de **François Compagnon de Voreppe,** le quel a obtenu de Sa Majesté des lettres d'honneur dès le 27 octobre 1762, ces dites lettres enregistrées au grand Conseil le 10 novembre suivant à la Chancellerie près le Parlement de Dijon; il requéroit qu'il plût à Messieurs de l'Assemblée de le recevoir dans le corps de la Noblesse du pays, lui accorder entrée et voix délibérative dans les Assemblées générales et d'ordonner l'enregistrement des dites lettres d'honneur par lui produites.

LETTRES D'HONNEUR DE SECRÉTAIRE DU ROI, MAISON, COURONNE DE FRANCE, EN LA CHANCELLERIE PRÈS LE PARLEMENT DE DIJON, POUR LE SIEUR FRANÇOIS COMPAGNON DE VOREPPE.

Louys, par la grâce de Dieu, roi de France et de Navarre,

A notre très-cher et féal chevalier, garde des sceaux de France, le sieur *Feydeau de Brou*, doyen de notre Conseil, et à nos amés et féaux conseillers, les gens tenant notre grand Conseil, salut.

Les services que nous a rendus pendant vingt années, deux mois et plus, notre très-cher et bien amé le sieur Compagnon de Voreppe dans l'état et office de notre conseiller-secrétaire, maison, couronne de France, en la Chancellerie établie près notre Cour de Parlement à Dijon, dont il a rempli les fonctions avec zèle et distinction, savoir : depuis le 14 mars 1742, jour de sa réception au dit office, en vertu des provisions qu'il en avoit obtenues le 23 février précédent, jusqu'au 8 mai de la présente année que le sieur Paul Sain y a été reçu en son lieu et place et sur sa résignation, en conséquence des provisions qu'il avoit obtenues le 21 avril précédent, nous engagent à donner au dit sieur Compagnon de Voreppe des témoignages de la satisfaction que nous en avons, et nous croyons ne pouvoir le faire plus dignement, qu'en lui conservant les priviléges et les avantages attachés à la dite charge et dont il jouissoit avant sa démission.

A ces causes et autres considérations, nous avons permis et accordé au dit sieur Compagnon de Voreppe, et de notre grâce spéciale, pleine puissance et autorité royale, lui permettons et accordons par ces présentes signées de notre main, voulons et nous plait que, nonobstant la résignation qu'il a faite du dit office, il puisse continuer de se dire et qualifier, en tous actes et en toutes occasions, notre conseiller-secrétaire, maison, couronne de France, en la Chancellerie établie près notre Cour de Parlement à Dijon, et, qu'en cette qualité, il jouisse de tous les honneurs, autorité, prérogatives, prééminences, franchises, immunités, exemptions et priviléges dont il a joui ou dû jouir avant sa résignation et dont jouissent ou doivent jouir nos autres conseillers-secrétaires honoraires, et qu'après son décès, sa veuve pendant sa viduité, et ses enfants nés et à naître en légitime mariage, jouissent aussi des mêmes priviléges dont jouissent les veuves et enfants de nos dits conseillers-secrétaires, sans toutefois qu'il puisse faire, en vertu des présentes, aucunes fonctions du dit office, ni prétendre aucuns gages, droits et émoluments y appartenant.

Si vous mandons que les présentes vous ayez à faire registrer, et de leur contenu vous fassiez jouir et user le dit sieur Compagnon de Voreppe pleinement et paisiblement, cessant et faisant cesser tous troubles et empêchements à ce contraires. Mandons, en outre, à nos amés et féaux conseillers, les grands audienciers de France et contrôleurs généraux de notre grande Chancellerie, qu'ils ayent à faire registrer les présentes ez registres de l'audience de France, ainsi qu'il est accoutumé; car tel est notre plaisir.

Donné à Fontainebleau le 27me jour d'octobre, l'an de grâce 1762, et de notre règne le quarante-huitième.

Signé Louys.

Et par le roi : Phélippaux.

L'Assemblée, en considération des services de son père, a reçu le dit sieur **François-Guillaume Compagnon de Montplaisant** au nombre des nobles de la province, lui a accordé entrée et voix délibérative dans les Assemblées générales, et ordonné que les titres, par lui produits, seroient inscrits ez registres du corps, et généralement qu'il jouiroit de tous les priviléges attribués à la Noblesse du Bugey.

De toutes les quelles propositions, délibérations et nominations, nous, lieutenant général sus dit, avons donné acte dans la salle destinée aux Assemblées générales de la Noblesse, ce 13 septembre 1764.

Etaient présents et ont signé au registre :

MM.	MM.
Durand de la Buissonnière.	*Lyobard.*
Thoy de Longecombe.	*De Tricaud.*
De Vignod de Bioléaz.	*Leclerc de Saint-Denis.*
De Migieu	*Du Parc.*

MM.

De Vignod de Dorches.
De Forcrand de Coyselet.
Le chevalier *de Courtines.*
Quinson de Ponçin-Vallier.
De Seyssel.
Montanier de Belmont.
Douglas de Montréal.
Bouillet d'Arlod.
De Cremeaux.

MM.

Compagnon de Lépieu de Leyment.
Constantin de Surjoux.
Compagnon de Montplaisant.
Guinet de Montvert, fils.
De Courtines.
Bourgeois de Billiat.
De Bouvens-Châtillon.
Balme.

Des 15me et 16me septembre 1767.

Assemblée générale tenue en la ville de Belley, par devant messire Anthelme Balme, **seigneur de Ste-Julie, baron de la Vellière, conseiller du roi et lieutenant général civil et criminel au Bailliage de Bugey, par le décès de M. le grand bailli.**

ÉLECTION DES OFFICIERS DE LA NOBLESSE.

Syndics : MM. **de Bouvens-Châtillon; de Courtines; Seyssel-Sothonod.**

Conseillers : MM. **Compagnon de Leyment; Constantin de Surjoux; Drujon de Beaulieu.**

Conseiller-secrétaire · M. **du Parc.**

TITRES DE NOBLESSE DE M. JORDAIN DE SAINT-JEAN-LE-VIEUX.

Louys, par la grâce de Dieu, roi de France et de Navarre, etc.,

Savoir faisons que pour la pleine et entière confiance que nous avons en la personne de notre cher et bien amé Joseph Jordain, en ses sens, suffisance, loyauté, prudhomie, capacité, expérience, fidélité et affection à notre service, à icellui, par ces causes avons donné et octroyé, donnons et octroyons par ces présentes l'office de notre Conseiller au Bailliage de Bourg-en-Bresse que tenoit et exerçoit Etienne Bachet, dernier pourvu d'icellui, le quel s'en seroit volontairement démis au profit du dit sieur Jordain, par sa procuration ci attachée sous le contre-scel de notre Chancellerie, pour le dit office avoir, tenir et dores en avant exercer par le dit sieur Jordain, aux honneurs, autorité, prérogative, prééminences, franchises, liberté, exemption de tailles et logement de gens de guerre et autres charges publiques, attribuées au dit office par notre édit du mois de juillet 1690, et quittance d'augmentation de gages expédiée en conséquence, gages anciens, droits, fruits, profits, revenus, émoluments y appartenant, tels et semblables qu'en a joui ou dû jouir et user le dit sieur BACHET, tant qu'il nous plaira, encore qu'il ne vive les quarante jours portés par nos règlements, de la règle des quels, attendu l'annuel payé par le dit BACHET, nous avons relevé et dispensé, relevons et dispensons le dit sieur JORDAIN, par les dites présentes, pourvu toutefois qu'il ait atteint l'âge de vingt-cinq ans requis par nos ordonnances, suivant son extrait baptistaire du 25 juillet 1663, à lui délivré le 25 juin 1692, par le sieur *Godard*, curé de Loyettes, légalisé le même jour par le sieur *Sobrier*, substitut du Châtelain de Loyettes, à peine de perte du dit office, nullité des présentes et de sa réception, sans néanmoins que le dit sieur JORDAIN puisse, en conséquence du dit office de garde des sceaux, conseiller du roi au Bailliage et siège présidial de Bourg-en-Bresse, faire aucunes fonctions, conformément à l'arrêt du Parlement de Dijon, du 11 août 1627.

Si, donnons en mandement à notre très-cher et féal chevalier, chancelier de France et commandeur de nos ordres, le sieur *Boucherat*, que pris et reçu le serment du dit sieur JORDAIN, et à nos amés et féaux conseillers, les gens tenant notre Cour de Parlement, aides et finances à Dijon, qu'après leur être apparu des bonnes vie et mœurs, âge susdit de vingt-cinq ans accomplis, conversation, religion catholique, apostolique et romaine du dit sieur JORDAIN, et de lui reçu le serment en tel cas requis et accoutumé, ils le reçoivent, mettent et instituent de par nous en possession et jouissance du dit office, sans difficulté..... car tel est notre plaisir. En témoin de quoi nous avons fait mettre notre scel à ces dites présentes.

Donné à Paris, le 9me jour du mois de mai, l'an de grâce 1693 et de notre règne le cinquantième.

Par le roi : signé DE SAINT-HILAIRE.

L'an 1725 et le 4e jour du mois de janvier, après midi, par-devant moi, notaire royal soussigné, réservé par Sa Majesté au village de Saint-Jean-le-Vieux, et en présence des témoins ci-bas nommés, établi en sa personne, messire JOSEPH JORDAIN, écuyer, conseiller du roi, garde des sceaux près le Présidial de Bresse, le quel, détenu dans son lit de maladie corporelle, néanmoins libre de ses sens, esprit, mémoire et entendement, réfléchissant sur l'incertitude de la vie, étant d'un bon chrétien de prévenir la mort, bien mieux que d'en être prévenu, après avoir reçu les sacrements de confession et Eucharistie, fait le signe de la croix sur sa poitrine en disant : Au nom du Père, du Fils et du Saint-Esprit, recommandé son âme à Dieu, à la bienheureuse Vierge, à saint Joseph, son bon patron, par l'intercession du quel il espère que Dieu lui fera miséricorde; et pour éviter toutes difficultés, procès et contestations qui pourroient naître dans sa famille au sujet des biens qu'il a plu au Seigneur lui donner, a d'iceux testé et disposé ainsi que s'ensuit :

Veut et entend le dit sieur testateur qu'incontinent après son décès il soit célébré cent messes dans sa chapelle du Purgatoire, par les sieurs curé et vicaire de Saint-Jean-le-Vieux, dans la quelle il élit sa sépulture, laissant le surplus de ses frais funéraires et aumônes à la volonté et discrétion de son héritière universelle ci-après nommée.

Item. Donne et lègue le sieur testateur, à sieur Claude-Joseph Jordain, son cher fils, étudiant présentement aux pensionnaires des RR. PP. Jésuites de Lyon, à titre d'institution particulière et pour sa légitime, la somme de 3,000 livres, et par préciput l'office de conseiller, garde-des-sceaux près le Présidial de Bresse, dont le dit testateur est pourvu.

Item. Donne et lègue à demoiselle Anne Jordain, sa fille, pareille somme de 3,000 livres, aussi pour institution particulière et pour légitime.

Item. Et au résidu de tous et un chacun, ses autres biens, meubles, immeubles, droits, noms, raisons et action dont le dit sieur testateur n'a ci-dessus disposé, il a fait, créé, institué et nommé de sa propre bouche son héritière universelle, qu'il veut être de plein droit, vivant en viduité, la dite dame Anne de la Cour, sa très-chère épouse, par laquelle icellui sieur testateur veut que ses dettes, légats, frais funéraires et autres œuvres pies, avec les légitimes et préciputs, soient payés, satisfaits et accomplis, sans figure de procès, et que ses dits enfants soient nourris, entretenus et éduqués, suivant leur état et condition, par la dite dame, son héritière.....

Fait, lu et relu au dit Saint-Jean-le-Vieux, dans la maison du dit sieur testateur, au devant de son lit, en présence de *Pierre-Emmanuel Calamard,* écuyer, seigneur d'Ardignet; *Nicolas Calamard,* sieur de Laumont, chevalier de l'ordre militaire de Saint-Louis; *François Galien,* écuyer, seigneur de la Chaux; *Pierre Madacet,* marchand en chanvre du dit lieu; *Joseph Avignon,* marchand chapelier; *Jean-Claude Charlin,* aussi marchand en chanvre du dit lieu, *Joseph Compère,* maréchal du dit lieu, et *Claude Poncet,* d'Hauterive, témoins requis, qui ont signé, sauf les dits *Compère* et *Avignon,* qui n'ont su signer de ce enquis, pour être illitérés, quoique de ce interpellés ; non plus que le dit sieur testateur, à cause de son extrême faiblesse.

Signé : Mathieu, notaire royal

EXTRAIT MORTUAIRE DE NOBLE JOSEPH JORDAIN.

Noble JOSEPH JORDAIN, garde-des-sceaux près le Présidial de Bourg, âgé d'environ soixante-trois ans, après avoir reçu les Sacrements de l'Eglise, est mort le 6 janvier de l'année 1725 et a été enterré le lendemain dans l'église de Saint-Jean-le-Vieux, en présence de MM. les prêtres soussignés.

Signé à l'original : CRÉTIN, prêtre ; CHAUDET, prêtre ; BERCHET, prêtre et vicaire, et DUGLAS, curé.

EXTRAIT BAPTISTAIRE DE CLAUDE JOSEPH JORDAIN, FILS DE JOSEPH JORDAIN.

CLAUDE-JOSEPH JORDAIN, fils de JOSEPH JORDAIN, conseiller du roi et garde-des-sceaux en la Chancellerie de Bresse, et de dame ANNE DE LA COUR, son épouse, est né hier et a été baptisé aujourd'hui, 8 octobre 1708, dans l'église de Saint-Jean-le-Vieux. Son parrain a été *Claude-Philibert Monin,* avocat en Parlement, et sa marraine demoiselle MARIE-FRANÇOISE JORDAIN, qui ont signé à l'original avec M. *de Grilliet*, écuyer, Me *Bernard,* avocat à la Cour, et *Fornier,* prêtre-vicaire.

EXTRAIT DES REGISTRES DU PARLEMENT.

Vu les lettres-patentes du roi, données à Versailles le 13 mai 1725, signées LOUYS ; par le roi : PHILIPPEAUX, et scellées en cire jaune, par les quelles, en cas que CLAUDE-JOSEPH JORDAIN se fasse pourvoir de l'office de conseiller, garde-scel en la Chancellerie présidiale de Bourg-en-Bresse, dont JOSEPH JORDAIN, son père, dernier titulaire, l'a avantagé par son testament du 4 janvier 1725, Sa Majesté désire qu'il y soit reçu nonobstant qu'il lui manque sept années, quatre mois et quelques jours qu'il n'ait atteint les vingt-cinq années requises par les ordonnances, dont Sa Majesté le dispense, à condition toutefois de n'avoir entrée au Présidial qu'après qu'il aura été reçu au serment d'avocat, et qu'il n'aura voix délibérative qu'à l'âge requis par les ordonnances ; vu aussi la requête du dit JORDAIN, à ce qu'il plaise à la Cour d'ordonner l'enregistrement des dites lettres, l'extrait baptistaire du dit CLAUDE-JOSEPH JORDAIN, du 8 octobre, délivré par le curé de Saint-Jean-le-Vieux ; conclusions du procureur général du roi et ouï le rapport de Me *Hector Bernard,* greffier, plus ancien conseiller de la Cour, a ordonné et ordonne que les dites lettres de dispense d'âge seront régistrées, pour être exécutées suivant leur forme et teneur.

Fait en Parlement, à Dijon, le 7 août 1727.

Signé : GUITON.

L'Assemblée générale de la Noblesse du Bugey, qui a pris lecture de toutes les pièces présentées par le dit sieur **Jordain**, a ordonné l'enregistrement de ses titres, lui a accordé l'entrée dans les Assemblées et donné voix délibérative, sans tirer à conséquence.

NOBLESSE DE MM. CHARCOT.

M. **de Châtillon** a dit que les sieurs **Charcot** avoient présenté une requête à la dernière Assemblée générale, par la quelle ils avoient demandé qu'il lui plût d'ordonner que les lettres et provisions de secrétaire du roi dont feu sieur **Anthelme Charcot**, leur père, est mort revêtu, fussent enregistrées, et les recevoir, en conséquence, dans le corps de la Noblesse; que l'Assemblée générale ayant renvoyé au nouveau Conseil l'examen des dits titres avec pouvoir d'y statuer, ainsi qu'il le jugeroit à propos, Mon dit sieur **de Châtillon**, à qui les dits sieurs **Charcot** ont remis leurs titres, a l'honneur de les présenter au Conseil pour, après un mûr examen d'iceux, être statué sur la demande des dits sieurs **Charcot**.

LETTRES DE NOBLESSE DE MM. JEAN ET CLAUDE CHARCOT, DE BELLEY.

LOUYS, par la grâce de Dieu, etc.

Savoir faisons, que pour la pleine et entière confiance que nous avons en la personne de notre cher et bien amé le sieur CLAUDE-ANTHELME CHARCOT, et sur le témoignage que nous avons reçu de ses bonnes qualités, de ses talents et de son attachement à notre service, nous lui avons, pour ces causes et autres, et en agréant et confirmant la nomination qui nous a été faite de sa personne par notre très-cher et féal le sieur *de Machaut,* chancelier, garde des sceaux de France, ministre d'Etat, contrôleur général de nos finances, commandeur de nos ordres, donné et octroyé, donnons et octroyons par ces présentes, l'office de notre conseiller-secrétaire, Maison, Couronne de France, contrôleur en la Chancellerie près notre Cour des Comptes, Aides, Domaine et Finances à Dôle, que tenoit et exerçoit le sieur Louis-César Tessier, qui en jouissoit à titre de survivance, et en vertu de la procuration du quel le sieur *François-Gabriel Le Blanc* nous a nommé et présenté au dit office le sieur Charcot, par acte du 5 des présents mois et an, pour le dit office avoir, en jouir et exercer, conformément à l'édit du mois de décembre 1727, au moyen de la finance payée en exécution du dit édit, pour le rétablissement des priviléges y mentionnés et conformément à autre édit du mois de décembre 1743, au moyen de l'augmentation de finance payée en conséquence, et aux honneurs, droits de survivance, pouvoirs, libertés, franchises, fonctions, autorité, gages dont le fond sera fait chaque année dans nos Etats, ensemble des nouveaux gages établis et attribués par notre édit du mois de décembre 1743, privilége de la Noblesse au premier degré, exemption de tous droits seigneuriaux dans l'étendue de nos domaines situés dans le ressort de notre dite Cour des Comptes de Dôle, droit de franc-salé et de committimus, exemption de franc-fief, de tailles et autres impositions, de tutelle, curatelle, logement des gens de guerre et autres charges publiques, et généralement de tous les priviléges, exemptions, franchises, immunités, prérogatives, prééminence et autres droits, attributions, fruits, profits, revenus et émoluments appartenant au dit office, tels et tout ainsi qu'en a joui ou dû jouir le dit sieur Tessier et qu'en jouissent ou doivent jouir les autres pourvus de pareils offices, conformément aux édits des mois de juin et décembre 1715, 1727 et 1743, et autres édits et déclarations rendus en leur faveur..... car tel est notre plaisir. En témoin de quoi nous avons fait mettre notre scel à ces présentes.

Donné à Versailles le 26me jour de mai, l'an de grâce 1751, et de notre règne le trente-sixième.

Signé sur le repli, par le roi : Sainson.

Le Conseil ayant examiné avec toute l'attention possible les titres dont s'agit, les trouve revêtus de toutes les formalités usitées en pareil cas. En conséquence il en a ordonné l'enregistrement, afin que les sieurs **Charcot** soient à même de jouir de tous les priviléges qui y sont attachés. En conséquence du pouvoir qui a été donné par l'Assemblée générale au Conseil, ils les ont reçus au corps de la Noblesse.

Etaient présents à l'Assemblée et ont signé au registre :

MM.

Bouillet d'Arlod.
Thoy de Longecombe.
Leclerc de Saint-Denis.
Conzié de Bollomier.
Louvat de Champollon.
Reverdy de Montbérard.
De Vignod de Dorches.
Constantin de Surjoux.
Drujon de Beaulieu.
De Bouvens-Châtillon.
De Courtines.
Balme.

MM.

De Cordon.
De Vignod de Bioléaz.
De Luyset.
Le chevalier *de Courtines.*
Garin.
Jordain.
Compagnon de Leyment.
Compagnon de Ruffieu.
Le Clerc de Saint-Denis.
Seyssel de Cressieu.
Du Parc.

Des 17me et 18me septembre 1770.

Assemblée générale tenue en la ville de Belley, par devant messire ANTHELME BALME, seigneur de Ste-Julie, baron de la Vellière, conseiller du roi et lieutenant général civil et criminel au Bailliage de Bugey, par le décès de M. le grand bailli.

ÉLECTION DES OFFICIERS DE LA NOBLESSE.

Syndics : MM. **de Bouvens-Châtillon ; de Seyssel-Sothonod ; Douglas de Montréal.**

Conseillers : MM. **Compagnon de Leyment ; Drujon de Beaulieu ; de Tricaud.**

Conseiller-secrétaire : M. **du Parc.**

TITRES DE NOBLESSE DE M. PASSERAT DE LA CHAPELLE

ET SON ADMISSION DANS LE CORPS DE LA NOBLESSE.

M. **de Châtillon,** premier sindiq, a dit qu'il lui a été remis par M. **Claude-François Passerat de la Chapelle,** écuyer, médecin en chef des armées du roi en Corse, des lettres de noblesse qu'il a plu à Sa Majesté lui accorder en récompense de ses services dont il demande à l'Assemblée l'enregistrement, et qu'il lui plaise le recevoir au nombre des gentilshommes de la province, pour qu'il puisse jouir à l'avenir de tous les privilèges, honneurs et prérogatives attachés à la Noblesse de cette province.

LETTRES DE NOBLESSE DE SIEUR CLAUDE-FRANÇOIS PASSERAT DE LA CHAPELLE, MÉDECIN EN CHEF DES ARMÉES DU ROI EN CORSE.

Louys, par la grâce de Dieu, etc.,

Il n'est aucun art dont il nous importe plus d'encourager le progrès par des récompenses que ceux qui, comme la médecine, n'ont pour objet que le soulagement de l'humanité. C'est dans cette vue que nous avons résolu d'anoblir notre cher et bien amé Claude-François Passerat de la Chapelle, médecin en chef de nos troupes dans l'île de Corse, persuadé que cette grâce, en même temps qu'elle sera le prix de son mérite et de ses travaux, excitera l'émulation la plus vive parmi tous ceux qui courant la carrière si utile et si pénible où il a su se distinguer, sera pour eux une exhortation à se rendre propres les talents et le zèle qui la lui ont méritée. Issu d'une famille ancienne du Bugey dont plusieurs branches jouissent même déjà de la Noblesse, il n'a fait que marcher sur les traces de la plupart de ses ancêtres en se dévouant au service de sa patrie. Les applaudissements et la confiance du public ont été le fruit des preuves réitérées d'habileté et de supériorité qu'il a données dans l'exercice des fonctions de médecin de nos troupes, soit pendant la guerre d'Italie de 1733, soit à Minorque, considération qui nous a déterminé à lui confier en dernier lieu l'emploi de médecin en chef de nos troupes dans l'île de Corse, emploi important dans le quel il répond à l'idée avantageuse qu'il avoit précédemment inspirée de lui; il ne s'est pas moins acquis de réputation par le désintéressement qui l'a caractérisé en toutes occasions, et le zèle qui l'a toujours animé pour le bien de notre service et la conservation de nos sujets. C'est par un motif si louable que, touché des suites funestes qu'entrainoit dans les armées l'impéritie des jeunes chirurgiens employés au pansement des blessés, il eut la générosité de sacrifier gratuitement à leur instruction le peu de moments que lui laissoient les fonctions dont il étoit chargé pendant la guerre d'Italie; que de retour dans sa province il ne craignit point d'altérer sa santé et sa fortune pour arrêter, par de prompts secours, le ravage que faisoit, surtout parmi le peuple, une épidémie cruelle occasionnée par le vice des aliments, et que durant l'occupation de l'île Minorque, loin de s'y borner aux soins du quartier général dont il étoit seulement chargé, il voulut se livrer à son activité naturelle qui l'entrainoit partout également, soit qu'il fût question de troupes de terre ou de troupes de mer, ne se permettant pas plus de relâche ni de ménagements qu'en Italie, et consacrant de même tous ses instants de loisir à des études et à des recherches avantageuses au public. Le même zèle lui a dicté plusieurs ouvrages qui ont excité nombre d'Académies savantes à s'empresser de le recevoir parmi elles, et qui transmettant à la postérité les connoissances qu'il s'est acquises, feront recueillir aux jeunes praticiens le fruit de ses expériences et de ses observations, et serviront encore, même après sa mort, au soulagement de ses concitoyens, qui a fait le principal objet de sa vie. Telles sont les considérations qui nous portent à lui conférer la Noblesse, dans la confiance qu'un témoignage aussi précieux de notre estime ne fera que l'exciter à continuer de s'en rendre digne de plus en plus.

A ces causes et autres à ce nous mouvant, et de notre grâce spéciale, pleine puissance et autorité royale, nous avons anobli, et par ces présentes signées de notre main anoblissons le sus dit CLAUDE-FRANÇOIS PASSERAT DE LA CHAPELLE, et du titre et qualité de noble et d'écuyer l'avons décoré et décorons. Voulons et nous plait qu'il soit tenu, censé et réputé, comme nous le tenons, censons et réputons pour tel, ensemble ses enfants et postérité, tant mâles que femelles, nés et à naître en légitime mariage, de même que ceux qui sont issus de noble et ancienne race; et que le dit sieur PASSERAT DE LA CHAPELLE et sa postérité, soient en tous lieux et endroits, tant en jugement que hors de jugement, tenus, censés et réputés pour nobles et gentilshommes, et, comme tels, qu'ils puissent prendre en tous lieux et en tous actes la qualité d'écuyers, parvenir à tous degrés de chevalerie et autres dignités, titres et qualités réservés à notre Noblesse, qu'ils soient inscrits dans le catalogue des nobles, et qu'ils jouissent et usent de tous leurs droits, prérogatives, priviléges, franchises, libertés, prééminences, exemptions et immunités dont jouissent et ont accoutumé de jouir les autres nobles de notre royaume. Comme aussi qu'ils puissent acquérir, tenir et posséder toutes sortes de fiefs, terres et seigneuries, de quelque nature, titre et qualité qu'elles soient. Et, en outre, avons permis au sieur CLAUDE-FRANÇOIS PASSERAT DE LA CHAPELLE et à ses enfants, postérité et descendants, de porter les armoiries timbrées, telles qu'elles seront réglées et blasonnées par le sieur *d'Hozier de Sérigny,* juge d'armes de France, et qu'elles seront pointées et figurées dans ces présentes, aux quelles son acte de réglement sera attaché sous le contre-scel de notre Chancellerie, avec pouvoir de les faire peindre, graver et insculper, en tels endroits de leurs maisons, terres et seigneuries que bon leur semblera, sans que pour raison du dit anoblissement le sieur CLAUDE-FRANÇOIS PASSERAT DE LA CHAPELLE, ses enfants, postérité et descendants, soient tenus de nous payer, ni à nos successeurs rois, aucune finance ni indemnité dont, à quelles sommes qu'elles puissent monter, nous leur avons fait et faisons don par ces présentes, à la charge toutefois, par eux, de vivre noblement et sans déroger à la dite qualité.

Si donnons en mandement à nos amés et féaux conseillers, les gens tenant notre Cour de Parlement et notre Chambre des Comptes de Dijon, présidents et trésoriers généraux de France au Bureau des Finances établi en la dite ville, et à tous autres nos officiers et justiciers qu'il appartiendra, que les présentes ils aient à faire enregistrer, et du contenu en icelles faire jouir et user le dit sieur CLAUDE-FRANÇOIS PASSERAT DE LA CHAPELLE, ensemble ses dits enfants, postérité et lignée mâle et femelle, nés et à naître en légitime mariage, pleinement, paisiblement et perpétuellement; cessant et faisant cesser tous troubles et empêchements quelconques, nonobstant tous édits, déclarations, réglements, ordonnances, arrêts, aux quels nous avons expressément dérogé et dérogeons par les dites présentes, et sans tirer à conséquence; car tel est notre plaisir. Et afin que ce soit chose ferme et stable à toujours, nous avons fait mettre notre scel à ces présentes.

Donné à Versailles au mois de janvier, l'an de grâce 1769, de notre règne le cinquante-quatrième. Signé LOUYS.

Par le roi : le duc DE CHOISEUL. — Visa : DE MEAUPOU.

ARMES DE NOBLE PASSERAT DE LA CHAPELLE.

Nous, en vertu de la clause énoncée en les dites lettres qui permet au dit sieur PASSERAT DE LA CHAPELLE et à ses enfants, postérité et descendants, de porter des armoiries timbrées, telles qu'elles seront réglées par nous, comme juge d'armes de la Noblesse de France, et ainsi qu'elles seront figurées dans les dites lettres, aux quelles notre acte de réglement sera attaché sous le contre-scel de la Chancellerie, conformément à l'arrêt du Conseil du 9 mars 1706, avons réglé pour ses armoiries : un écu d'azur à une fasce d'or, chargé d'un lion passant, de gueule, et accompagné en pointe de deux vols aussi d'or; cet écu, timbré d'un casque de profil, orné de ses lambrequins d'azur, d'or et de gueules. Et afin que le présent réglement d'armoiries puisse servir au dit sieur PASSERAT DE LA CHAPELLE, et à ses enfants et postérité, nés et à naître en légitime mariage, tant qu'ils vivront noblement et ne faisant aucun acte de dérogeance, nous l'avons compris par ces lettres aux registres des anoblissements, après avoir signé et fait contresigner par notre secrétaire, et avoir fait apposer le sceau de nos armes.

A Paris, le jeudi 23me jour du mois de février 1769.

Signé D'HOZIER DE SÉRIGNY.

Par M. le juge d'armes de la Noblesse de France : signé DUPLESSIS.

L'Assemblée qui a pris lecture de la requête présentée par le sieur **Passerat de la Chapelle** et de ses titres de noblesse y joints, les ayant trouvés revêtus de toutes les formalités nécessaires, en a ordonné l'enregistrement, et lui a accordé, en conséquence, la jouissance de tous les priviléges attachés à la Noblesse de cette province, ainsi que voix délibérative dans ses Assemblées.

Etoient présents et ont signé au registre les gentilshommes de la Noblesse dont suivent les noms :

MM.
Constantin de Chanay.
De Bouvens-Châtillon.
Douglas de Montréal.
Compagnon de Leyment.
Charcot.
Malyvert de Conflans.
Dervieu de Villars.
Le chevalier *de Courtines.*
Compagnon de Ruffieu.
De Vignod de Dorches.

MM.
Passerat de Silans.
De Seyssel.
Le Clerc de Saint-Denis.
Du Parc.
Garin.
Drujon de Beaulieu.
De Tricaud.
Galien de la Chaux.
Dujast d'Ambérieu.
Balme de Sainte-Julie.

Des 20me et 21me septembre 1773.

Assemblée générale tenue à Belley, par devant messire Anthelme Balme, **seigneur de Sainte-Julie, baron de la Vellière, conseiller du roi, lieutenant général civil et criminel, par suite du décès de M. le grand bailli.**

ÉLECTION DES OFFICIERS DE LA NOBLESSE.

Syndics : MM. **de Bouvens,** comte de Châtillon ; **de Seyssel ; Douglas,** comte de Montréal.

Conseillers : MM. **Compagnon de Leyment ; Dujast d'Ambérieu ; Compagnon de Ruffieu.**

Secrétaire : M. **Charcot.**

Dans cette triennalité, il n'y eut aucune demande d'admission dans le corps de la Noblesse du Bugey.

SUPPRESSION DE LA CHARGE DE LIEUTENANT GÉNÉRAL D'ÉPÉE, PAR ÉDIT DE FÉVRIER 1753.

M. **Dujast d'Ambérieu** a dit qu'il fut prié par l'Assemblée particulière du 17 novembre de l'année dernière, de vérifier si la charge de lieutenant général d'épée de la province étoit restée aux parties casuelles, pour en pareil cas être pris les mêmes arrangements pris par la Noblesse de Bresse. Il a représenté au Conseil que, sur les informations qu'il a prises au Bureau des parties casuelles, il a été vérifié que la dite charge ne subsistoit plus et avoit été supprimée par édit du mois de février 1753 ; et comme il est question de le faire créer de nouveau, il paroît convenable d'avoir, à cet effet, une délibération de l'Assemblée générale.

Sur quoi il a été délibéré de s'en rapporter à la décision de la prochaine Assemblée générale.

Etoient présents et ont signé au registre :

MM.

De Bouvens-Châtillon.
Malyvert de Conflans.
De Maillans.
Le Clerc de Saint-Denis.
De Seyssel.
Galien de la Chaux.
De Tricaud.
Compagnon de Leyment.
Du Parc.
Le chevalier *de Courtines.*
Dujast d'Ambérieu.
Constantin de Chanay.
Conzié de Bollomier.

MM.

De Vignod de Dorches.
Reverdy de Montbérard.
Drujon de Beaulieu.
Jordain.
Compagnon de Ruffieu.
Le chevalier *de Louvat de Champollon.*
Le comte *de Montfaucon de Rogles.*
Le comte *de Moyria.*
La Guette de Mornay.
Le chevalier *de Douglas.*
Balme de Sainte-Julie.
Montanier de Belmont.

Des 24me et 25me septembre 1776.

Assemblée générale tenue à Belley, par devant messire CHARLES-MARIE BALME DE SAINTE-JULIE, **lieutenant général civil et criminel au Bailliage du Bugey, par le décès de M. le grand bailli.**

ÉLECTION DES OFFICIERS DE LA NOBLESSE.

Syndics : MM. **de Seyssel; Douglas de Montréal; Dujast d'Ambérieu.**

Conseillers : MM. **Compagnon de Leyment;** le chevalier **de Champollon;** le chevalier **de Courtines.**

Conseiller-secrétaire : M. **Charcot.**

TITRES DE NOBLESSE ET ADMISSION DE M. GAUTIER DU FAL, SEIGNEUR DE DORTAN.

M. **de Seyssel** a représenté au Conseil que M. **Gautier du Fal,** seigneur de Dortan, présenta requête à la dernière Assemblée générale, par la quelle il lui demanda qu'à la vue des titres joints à sa requête, elle voulût bien le recevoir au nombre des gentilshommes de la province, et qu'il pût jouir des privilèges attachés à la Noblesse; mais que l'Assemblée n'ayant pas trouvé les titres représentés suffisants pour lui accorder sa demande, elle ne jugea pas à propos de répondre à sa requête; cependant elle chargea ses nouveaux officiers et leur donna pouvoir de recevoir le sieur **Gautier,** dans le cas où il leur représenteroit des titres capables d'établir sa prétention; qu'à cet effet, le dit seigneur de Dortan lui auroit envoyé les titres ci-après, savoir: les provisions de conseiller-secrétaire, Maison, Couronne de France, audiencier en la Cour des Monnoyes de Lyon, données à **Pierre Gautier,** en date du 23 avril 1705. L'extrait de la réception du sieur **Gautier** par MM. les conseillers du roi, grands audienciers. L'extrait de la prestation de serment fait par le dit sieur **Gautier** entre les mains de M. *de Trudaine,* intendant de Lyon, le 5 septembre 1705. Une quittance de la somme de 25,000 livres payées par le dit sieur **Gautier** au Trésor pour la finance du dit office de conseiller-secrétaire du roi, Maison, Couronne de France, en la Chancellerie près la Cour des Monnoyes de Lyon, en date du 10 octobre 1716. L'extrait mortuaire du dit sieur **Pierre Gautier,** en date du 23 novembre 1733. L'extrait baptistaire du dit seigneur de Dortan, du 13 novembre 1706. Finalement, la vente du dit office par **Gaspard,** fils et héritier du dit feu **Pierre Gautier,** le 20 décembre 1733. Tous les quels titres, en bonne forme, il a mis sous les yeux du Conseil, l'a prié de les examiner et de prendre la détermination convenable à ce sujet.

Sur quoi, Messieurs du Conseil ayant mûrement examiné les titres représentés par le sieur **Gautier,** et les ayant reconnus suffisants pour établir sa demande, ont, en exécution du pouvoir qui leur a été donné par l'Assemblée générale, reçu le dit sieur **Gautier** au nombre des gentilshommes de cette province. En conséquence de quoi il aura entrée et voix délibérative dans les Assemblées, et jouira de tous les priviléges dont jouissent les autres gentilshommes ; et, au surplus, ont ordonné que tous les dits titres seront transcripts dans le registre pour y avoir recours au besoin.

Louys, par la grâce de Dieu, etc.

Par notre édit du mois de juin 1704, registré en notre Cour de Parlement le 11 juin de la même année, nous avons créé et érigé dans notre ville de Lyon, une Cour des Monnoies à l'instar de celle de Paris, à l'effet d'autoriser l'exécution des arrêts, mandements et autres actes émanés de la dite Cour. Nous avons créé par le même édit une Chancellerie en la quelle seront scellées les commissions, reliefs d'appels, arrêts, requêtes civiles et autres actes concernant la juridiction de la dite Cour, à l'instar des autres Chancelleries établies près nos Cours de Parlement; nous avons en outre créé les officiers qui la devoient former. A ces causes, voulant pourvoir à l'exercice de ces offices de personnes de probité et de capacité, savoir faisons que : pour l'entière confiance que nous avons en la personne de notre cher et bien amé Pierre Gautier et en sa capacité et expérience, bonne conduite, fidélité et affection à notre service, nous lui avons donné et octroyé, donnons et octroyons par ces présentes l'office de notre conseiller-secrétaire, maison, couronne de France, audiencier, au quel n'a encore été pourvu, pour l'avoir, tenir, et dores en avant exercer, en jouir et user à titre de survivance, et aux honneurs, priviléges et exemptions, droits, revenus y attribués.....

Si, donnons en mandement à notre très-cher et féal chevalier, chancelier de France, le sieur *Phelippeaux,* comte de Ponchartrin, commandeur de nos ordres, qu'après lui être apparu des bonnes vie, mœurs, âge requis par nos ordonnances, conversation, religion catholique, apostolique et romaine du dit Gautier, et de lui pris et reçu le serment en tel cas requis et accoutumé, il le reçoive, mette et institue de par nous en possession du dit office, en l'en faisant jouir aux mêmes honneurs, autorité, prérogatives, prééminence, franchises, liberté, gages et droits de franc-salé, de committimus, de survivance et autres y appartenant, pleinement et paisiblement.....

Donné à Versailles, le 23 août, l'an de grâce 1705, et de notre règne le soixante-troisième.

Par le roi : signé Berry.

EXTRAIT DES REGISTRES DE L'ÉGLISE COLLÉGIALE ET PAROISSIALE DE SAINT-MARTIN ET SAINT-MICHEL D'AINAY DE LA VILLE DE LYON.

Le lundi 23 novembre 1735, a été inhumé avec grande procession, dans une fosse, par moi, prévôt soussigné, messire Pierre Gautier, écuyer, seigneur de Prasignan et ancien échevin de la ville de Lyon, âgé d'environ soixante-trois ans, décédé le 21me du même mois, après avoir reçu avec beaucoup de piété les Sacrements de notre Mère sainte Eglise, en présence de messire Gaspard Gautier, écuyer, seigneur de Dortan, Arbent et autres places, conseiller en la Cour des Monnoies, sénéchaussée et siége présidial de Lyon; de messire Léonard Gautier, chevalier, conseiller du roi, trésorier général de France et de ses finances en la généralité de Lyon; de messires Pierre, Artus et Timoléon Gautier, ses trois fils, et de messire Jacques-Annibal Claret de la Tourette, chevalier, seigneur du dit lieu et de Fleurieux, conseiller du roi en ses conseils, président en la Cour des Monnoies, lieutenant général criminel en la sénéchaussée et présidial de Lyon, gendre du défunt, qui ont signé avec plusieurs autres parents présents à l'inhumation, ainsi signé à la minute : Gautier; Gautier-Dutal;

Claret-Latourette; Gautier; G. Gautier, supérieur de l'ordre de Saint-Antoine; Claret-Latourette; Bathéon de Vertrieux; Quinson; Michon; Vertrieux; Michon; Bathéon-Rochefort; Pravost, vicaire-général.

Je soussigné, curé de l'église d'Ainay, certifie l'extrait ci-dessus conforme à l'original. En foi de quoi j'ai signé à Lyon, le 26 août 1757. Signé : De Tocquet de Montgeffon, prévôt, curé d'Ainay.

Etoient présents à l'Assemblée et ont signé au registre des délibérations les gentilshommes du Bugey dont suivent les noms, savoir :

MM.

De Seyssel.
Douglas de Montréal.
Dujast d'Ambérieu.
Compagnon de Leyment.
Le chevalier *de Louvat de Champollon.*
Le chevalier *de Courtines.*
De Bouvens-Châtillon.
Conzié de Bollomier.
Passerat du Parc.
Montfaucon de Rogles.
De Grolée-Doncin.
Le Clerc de Saint-Denis.
Galien de la Chaux.

MM.

Reverdy de Montbérard.
Passerat de la Chapelle.
De Courtines.
De Vignod de Dorches.
Montanier de Génissiat.
Jordain.
De Forest.
Compagnon de Ruffieu.
De Forcrand de Coysellet.
La Guette Mornay.
Garin.
Charcot.
Balme.

Des 27me et 28me septembre 1779.

Assemblée générale tenue à Belley, en l'hôtel de province, par devant CHARLES-MARIE BALME, **conseiller du roi, lieutenant général civil et criminel au Bailliage du Bugey, par le décès de M. le grand bailli.**

ÉLECTION DES OFFICIERS DU CORPS DE LA NOBLESSE.

Syndics : MM. le comte **de Seyssel**; le comte **de Douglas; Dujast d'Ambérieu.**

Conseillers : MM. **Compagnon de Leyment**; le chevalier **de Champollon**; le chevalier **de Courtines.**

Conseiller-secrétaire : M. **Charcot.**

NOBLESSE DE M. CLAUDE SAUVAGE DES MARCHES.

M. **de Seyssel** a représenté au Conseil que M. **Claude Sauvage**, seigneur des Marches, ancien conseiller-maitre en la Chambre des Comptes, Cour des Aides, Domaines et Finances du comté de Bourgogne, présenta requète à la dernière Assemblée générale, par la quelle il lui demanda, qu'à la vue des titres joints à sa requète, elle voulût bien le recevoir au nombre des gentilshommes de la province et qu'il pût jouir des priviléges attachés à la Noblesse, mais que l'Assemblée n'ayant pas trouvé les titres représentés suffisants pour lui accorder l'objet de sa demande, elle ne jugea pas à propos de répondre à sa requète. Cependant elle chargea ses nouveaux officiers et leur donna pouvoir de recevoir le dit sieur **Sauvage**, dans le cas où il leur représenteroit des titres capables d'établir sa prétention; qu'à cet effet, le dit sieur **Sauvage** lui avoit envoyé les titres ci-après, savoir :

1° Une copie de l'édit du mois d'aoust, confirmatif de précédents édits, déclarations et autres actes concernant les priviléges, et particulièrement la noblesse au premier degré aux officiers de la Cour des Comptes, Aides, Domaines et Finances du comté de Bourgogne ; le tout collationné par M. *Legras*, secrétaire du roi du grand sceau.

2° Des provisions de la charge de conseiller-maître en la Chambre des Comptes, Cour des Aides, Domaines et Finances du comté de Bourgogne, accordées par Sa Majesté au sieur **Sauvage**, le 29 juin 1758.

3° L'extrait de réception du sieur **Sauvage**, en parchemin, en date du 21 novembre de la dite année, signé Saget, et par la Cour, Jannin.

4° Les lettres-patentes du 3 juillet 1770, portant établissement d'une troisième Chambre dans la Cour des Aides, dans la quelle on voit que, par l'article premier, le sieur **Sauvage** avoit été désigné par Sa Majesté pour être un des juges de la troisième Chambre.

5° Deux lettres de cachet adressées au sieur **Sauvage**, signées Louys, et plus bas, Monteynard, en date, l'une et l'autre, du 18 novembre 1771. Les dites lettres de cachet ayant rapport à l'enregistrement des lettres-patentes du 27 décembre 1771, publiées en Parlement le 21 janvier 1772.

6° Un extrait imprimé des dites lettres-patentes, au bas des quelles sont : l'état des officiers composant la dite Chambre et Cour des Aides, à la date de la suppression, dans le quel le sieur **Sauvage** se trouve inscrit, et le certificat d'enregistrement qui en a été fait à la requête du sieur **Sauvage**, au greffe de l'Election du Bugey, le 6 mai 1772, le dit certificat signé Berlet.

7° L'extrait collationné par le notaire *Boget*, le 5 mars 1774, de la quittance de finance, délivré au sieur **Sauvage** le 13 janvier 1775 par le garde du Trésor royal, pour le remboursement de sa charge.

Tous les quels titres en bonne forme il a mis sous les yeux du Conseil, l'a prié de les examiner et de prendre la détermination convenable à ce sujet.

Sur quoi Messieurs du Conseil ayant mûrement examiné les titres représentés par le sieur **Sauvage**, et les ayant reconnus suffisants pour établir sa demande ont, en exécution du pouvoir qui leur en a été donné par l'Assemblée générale, reçu le sieur **Sauvage** au nombre des gentilshommes de cette province. En conséquence de quoi il aura entrée et voix délibérative dans les Assemblées et jouira de tous les priviléges dont jouissent les autres gentilshommes. Et au surplus, ont ordonné que tous les dits titres seront transcrits dans le registre, pour y avoir recours au besoin.

Fait à Belley, dans la Chambre des Assemblées particulières de la Noblesse, les dits jour et an.

Signé : DE SEYSSEL ; le chevalier DE COURTINES ; le chevalier LOUVAT DE CHAMPOLLON ; CHARCOT.

PROVISIONS DE L'OFFICE DE CONSEILLER - MAÎTRE ORDINAIRE EN LA CHAMBRE ET COUR DES COMPTES, AIDES, DOMAINES ET FINANCES, A DÔLE, ACCORDÉES PAR LE ROI A CLAUDE SAUVAGE, SEIGNEUR DES MARCHES.

LOUYS, par la grâce de Dieu, etc.

Savoir faisons que sur les témoignages avantageux qui nous ont été rendus de la personne de notre très-cher et bien amé CLAUDE SAUVAGE, avocat en Parlement, et de ses sens, capacité, expérience, fidélité et affection à notre service, nous lui avons, pour ces causes et autres considérations, donné et octroyé, donnons et octroyons par ces présentes l'état et office de notre conseiller-maître ordinaire en notre Chambre et Cour des Comptes, aides, domaines et finances à Dôle, dont était pourvu le sieur JEAN-FRANÇOIS CUINET, dernier possesseur, qui en jouissait à titre de survivance, et après le décès du quel, arrivé le 10 septembre 1757, CLAUDE-FRANÇOIS CUINET, héritier institué par son contrat de mariage du dit feu sieur CUINET, son père, en date du 30 août 1745, contrôlé le 9 septembre suivant, a payé en nos revenus casuels le droit de survivance, en exécution de l'édit du mois de décembre 1709, déclaration du 9 août 1722 et arrêt du conseil du 31 janvier 1723, suivant la quittance qui lui en a été expédiée le 10 mars 1758 par le sieur *Bertin*, trésorier de nos revenus casuels, enregistrée au contrôle général de nos finances le 14 juin de la même année. Et ne désirant, le dit sieur CLAUDE-FRANÇOIS CUINET, se faire pourvoir du dit office, il en a fait sa démission en faveur du dit sieur

Sauvage, par acte du 12 avril dernier, ci avec l'ampliation de la quittance du dit sieur *Bertin* et autres pièces attachées sous le contrescel de notre Chancellerie, pour, le dit état et office, avoir, tenir, et dores en avant exercer, en jouir et user par le dit sieur Sauvage à titre de survivance, et aux honneurs, pouvoirs, libertés, fonctions, autorité, priviléges, droits, exemptions, franchises, immunités, prérogatives, prééminences, entrée, rang, séances, gages et autres droits, attributions, fruits, profits, revenus et émoluments au dit office appartenants et y attribués, tels et semblables qu'en a joui ou dû jouir le feu sieur Cuinet, et qu'en jouissent ou doivent jouir les autres pourvus de pareils offices, conformément à l'édit du mois d'août 1692 et autres rendus en leur faveur, à condition toutefois que le dit sieur Sauvage ait atteint l'âge de vingt-cinq ans accomplis et requis par nos ordonnances, suivant son extrait baptistaire du 22 mars 1700, dûment légalisé, et qu'il n'ait parmi le nombre des officiers de notre Cour aucuns parents ni alliés aux degrés prohibés par nos règlements, ainsi qu'il nous l'est justifié par le certificat avec le dit extrait baptistaire, pareillement attaché sous notre contrescel, à peine de perte du dit office, nullité des présentes et de sa réception.

Si, donnons en mandement, etc..... car tel est notre plaisir. En témoin de quoi nous avons fait mettre notre scel à ces présentes.

Donné à Versailles, le 21 juillet, l'an de grâce 1758, et de notre règne le quarante-troisième.

Signé sur le repli, par le roi : De Saint-Laurent.

LETTRES-PATENTES PORTANT QUE CEUX QUI ÉTOIENT POURVUS D'OFFICES A LA CHAMBRE DES COMPTES DE DÔLE, LORS DE SA SUPPRESSION LE 11 OCTOBRE 1771, JOUIRONT DES PRIVILÉGES ATTACHÉS AUX DITS OFFICES.

Louys, par la grâce de Dieu, etc.,

Le bien de la justice et l'avantage de nos sujets nous ont déterminé à supprimer notre Chambre des Comptes de Dôle; mais la satisfaction que nous avons des services qui nous ont été rendus par les officiers qui composoient notre dite Chambre des Comptes, exige qu'indépendamment du remboursement de la finance de leurs offices, nous leur donnions des marques particulières de notre bonté et de notre protection. A ces causes, et autres à ce nous mouvant, de l'avis de notre Conseil, et de notre certaine science, pleine puissance et autorité royale, nous avons dit, statué et ordonné par ces présentes, signées de notre main, disons, statuons et ordonnons, voulons et nous plait que ceux compris dans l'état annexé sous le contre-scel des présentes, les quels étoient pourvus d'offices en notre dite Chambre des Comptes de Dôle, lors de l'édit de suppression d'icelle, continuent à jouir, leur vie durant, des mêmes droits, immunités, privilèges et prérogatives dont ils jouissoient avant la suppression de leurs offices; comme aussi ceux qui avoient obtenu des lettres d'honneur ou de vétérance avant la dite suppression, jouissent pleinement et paisiblement de l'effet d'icelles, et que les veuves et enfants, tant des dits honoraires que ceux compris dans l'état y annexé, jouissent pareillement de tous les droits, immunités, privilèges et prérogatives dont ils auroient joui si leurs maris et pères étoient morts revêtus des offices dont ils auroient été pourvus; n'entendons néanmoins que les uns et les autres puissent prétendre aucun droit de portion colonique, ni aucune entrée et séance en notre Parlement de Besançon ou ailleurs.

Si donnons en mandement à nos amés et féaux conseillers, les gens tenant notre Cour de Parlement de Besançon, que ces présentes ils fassent lire, publier et registrer, et le contenu en icelles garder, observer et exécuter selon leur forme et teneur, cessant et faisant cesser tous troubles ou empêchements contraires, car tel est notre plaisir. En témoin de quoi nous avons fait mettre notre scel à ces dites présentes.

Donné à Versailles, le 27me jour du mois de décembre, l'an de grâce 1771, et de notre règne le cinquante-septième. Signé : LOUIS.

Et plus bas : par le roi, MONTEYNARD.

ÉTAT DES OFFICIERS QUI COMPOSOIENT LA CHAMBRE DES COMPTES DE DÔLE, SUPPRIMÉE PAR ÉDIT DU MOIS D'OCTOBRE 1771, ET QUI JOUIRONT DE TOUS LES DROITS, IMMUNITÉS, PRIVILÉGES ET PRÉROGATIVES QUI ÉTOIENT ATTRIBUÉS AUX OFFICES DONT ILS ÉTOIENT POURVUS, CONFORMÉMENT AUX LETTRES-PATENTES DU 27 DÉCEMBRE 1771.

PREMIER PRÉSIDENT.

Le sieur : *Claude-François* marquis *de Monnier*.

PRÉSIDENTS.

Les sieurs : *Claude-Pierre Pourcheresse de Vertière.*
Charles-Antoine Gay de Marnoz.

Les sieurs : *Pierre-Joseph-Désiré Richardot de Choisy.*
Claude-François Peting de Pagnoz.
Antoine Marguier d'Aubonne.
Samuel-François Rigolier de Parcey.
Nicolas Perrin de Corbeton.

CHEVALIERS D'HONNEUR.

Les sieurs : *Claude-François* marquis *de Froissard de Bersaillin.*
J. Léger, marquis *de Masson d'Authume.*
Colombe Prothade Mareschal de Sauvagney.
François-Emmanuel Mareschal de Longeville.
Philippe-Emmanuel comte *de Solive.*

CONSEILLER D'HONNEUR.

Le sieur : *Nicolas-Félix de Vaux.*

CONSEILLERS-MAÎTRES.

Les sieurs : *Claude-François Richard Belon d'Alligny.*
Claude-Charles Moréal de Grozon.
Antoine-François-Marie Boisson de Soucia.
Anatole-Joseph Fariney.
François-Léonard Mercier.
Jacques Gombaud.
Jacques-François-Joseph de Montrichard.
Etienne-François Bourges de Maillat.
Léonard Ballay.
Joseph-Augustin Bolozon.
Claude Sauvage des Marches.
Jean-François Raillard de Grandvelle.
Claude-Edme Reuillon de Braint.
Jean-Antoine Guyottet.
Pierre-François Guigue.
Antoine-Augustin Farende.
A.-Ignace Pajot de Vaux, chevalier de Saint-Louis.
Ignace-Louis-Xavier Nélaton.
Charles-François Magdelaine.
Pierre de la Perche.
Claude-Joseph-François-Xavier Bachelu.
Jean-Baptiste-Agnus de Rouffanges.

Les sieurs : *Guillaume-François Roussel.*
Claude-Antoine Girod de Miserey.
Pierre-Ambroise-François Montault.
Chrysostôme Philibert.
François Vitte.
Charles-François de Vannoz.
Guillaume Prysie.
Benoît-André-Charles Dubard de Chazan.
Henry de la Grange de Saint-Pierre.
Etienne Darau.
Jacques-Bénigne Quarré de Verneuil.
Jean-Anne Foacier.

CONSEILLERS-CORRECTEURS.

Les sieurs : *Antoine Chaudot.*
Claude Burignot.
Pierre-Germain Guillemin du Pavillon.
Claude Cadoz.
Pierre Bachelu.
Claude-Charles Pinet des Perrins.
Jean-Baptiste Laborier.
Claude Pageot.
Edme Bachey.

CONSEILLERS-AUDITEURS.

Les sieurs : *Antoine-François Birouard de Montille.*
Claude Bouquet.
François Boucheron.
Antoine-Léonard Berthelon.
Jean-Baptiste Le Blanc.
Antoine Ducret de Lange.
Bernard-Claude Nodat.
Jean-Baptiste Alexandre.
Alexis-Louis Bresson.
François Bertaud.
Antoine-Gérard de Charbonière.
Denis Repoux de Chevagny.
Claude-Etienne Guérillot.

GENS DU ROI.

Les sieurs : *Antoine-Anne-Alexandre-Marie-Gabriel-Joseph-François de Mailly, marquis de Châteaurenaud*, avocat général.
Charles-François Bouthelier d'Audelange, procureur général.
Jacques-Félix Monnier de Savigna, avocat général.

SUBSTITUTS.

Les sieurs : *Nicolas-Bonaventure Bouvent.*
Claude-Henri Le Pin.
Philibert Bonamour.

GREFFIER EN CHEF.

Le sieur : *Jean-Baptiste Vienot.*

GREFFIERS AU PLUMITIF.

Les sieurs : *Jean-Claude Badoulier.*
Charles-Ferdinand Colard.

GREFFIERS A LA PEAU.

Les sieurs : *Etienne-Joseph Courvoisier.*
Jean-François Balléraux.

GARDE-LIVRES.

Le sieur : *Jean-François-Xavier Tourel.*

RECEVEUR-PAYEUR DES GAGES.

Le sieur : *Louis-Urbain Baudinier.*

COMMIS A DOUBLER LES COMPTES.

Le sieur : *Charles-Quentin Lachiche.*

RECEVEUR DES AMENDES.

Le sieur : *Georges Piot.*

Fait et arrêté au Conseil d'Etat du roi, Sa Majesté y étant, tenu à Versailles le 27 décembre 1771.

Signé : MONTEYNARD.

Etoient présents et ont signé au registre MM. les gentilshommes du Bugey dont suivent les noms :

MM.

De Seyssel.

Douglas de Montréal.

Dujast d'Ambérieu.

Compagnon de Leyment.

Le chevalier *de Louvat de Champollon.*

Le chevalier *de Courtines.*

Charcot.

De Bouvens-Châtillon.

MM.

Bouillet d'Arloz.

La Guette Mornay.

Galien de la Chaux.

De Migieu.

Drujon de Beaulieu.

De Quinson.

Passerat de la Chapelle.

Garin.

Balme.

Des 27me et 28me septembre 1782.

Assemblée générale tenue dans la ville de Belley, par devant messire ANTIDE RUBAT, écuyer, conseiller du roi, lieutenant particulier, assesseur civil et criminel au Bailliage du Bugey, par suite du décès de M. le le grand bailli.

ÉLECTION DES SYNDICS ET OFFICIERS DU CORPS DE LA NOBLESSE DU BUGEY.

Syndics : MM. le comte **de Seyssel-Sothonod;** le comte **Douglas de Montréal; Dujast d'Ambérieu.**

Conseillers : MM. le chevalier **de Champollon;** le chevalier **de Courtines; de Seyssel de Cressieu.**

Conseiller-secrétaire : M. **Garin de la Morflan.**

ADMISSION DE M. ANTIDE RUBAT.

M. **Antide Rubat** a demandé à l'Assemblée d'être reçu dans le corps de la Noblesse et inscrit dans ses registres; à l'effet de quoi il a présenté les titres qui établissent la noblesse de sa famille, au nombre des quels est un arrêt du Conseil du 5 aoust 1779, dans le quel sont visés les actes probants portant que le dit sieur **Rubat** est descendant en ligne directe de **Claude Rubat**, maître-auditeur ordinaire en la Chambre des Comptes de Savoie, maintenu en sa qualité de noble par arrêt du Parlement de Bourgogne du 22 décembre 1605.

L'Assemblée a délibéré sur cette demande qu'il est de principe que les gentilshommes, prétendant être inscrits comme tels au registre de la Noblesse, doivent produire leurs titres originaux, ou des extraits authentiques d'iceux, et que l'arrêt du Conseil, dans le quel sont visés les actes qui établissent la généalogie du dit sieur **Rubat,** ne sauroit suppléer aux dits actes. En conséquence elle a arrêté que M. **Rubat** produira les dits actes originaux ou copies en bonne forme d'iceux, et a autorisé MM. les officiers du nouveau Conseil à les vérifier et à recevoir le dit sieur **Rubat** au nombre des gentilshommes de cette province, s'ils jugent ses titres en bonne forme, et à faire procéder à leur enregistrement.

Présents et signataires au registre :

MM.

De Seyssel-Sothonod.
Douglas de Montréal.
Dujast d'Ambérieu.
Le chevalier *de Champollon.*
Le chevalier *de Courtines.*
Guinet de Montverd.
Seyssel de Cressieu.
D'Angeville.
Gautier de Dortan.
Le marquis *du Gast.*
Moyria de Volognat.

MM.

La Guette Mornay.
Duparc.
Louvat de Champollon.
Maurier de Pradon.
Douglas.
Des Bordes du Châtelet.
Falcoz d'Harraucourt.
Garin, officier.
Rubat.
Garin, conseiller-secrétaire.

Des 9me et 10me septembre 1785.

Assemblée générale tenue à Belley par devant messire Charles-Marie Balme de Sainte-Julie, **écuyer, conseiller du roi, lieutenant général civil et criminel au Bailliage de Belley, par suite du décès de messire Claude-Honoré de Montillet, grand bailli d'épée du Bugey.**

ÉLECTION DES OFFICIERS DE LA NOBLESSE.

Syndics : MM. le comte **de Seyssel-Sothonod; Dujast d'Ambérieu;** le chevalier **de Champollon.**

Conseillers : MM. **Seyssel de Cressieu; de La Guette-Mornay; de Courtines.**

Conseiller-secrétaire : M. **Garin.**

ENREGISTREMENT DE L'ARRÊT DU CONSEIL CONFIRMATIF DE LA NOBLESSE DE M. RUBAT.

Le 3 mai 1783 il y eut une Assemblée particulière de MM. les officiers de la Noblesse dans la quelle, en vertu de la commission à eux donnée par la dernière Assemblée générale, après avoir examiné l'extrait original en parchemin de l'arrêt du Conseil, rendu le 5 aoust 1779 en faveur de M. **Jean-Baptiste-Marie Rubat,** conseiller au Parlement de Paris, et confirmatif de la noblesse du dit sieur **Rubat,** et présenté par M. **Antide Rubat,** son frère, lieutenant particulier au Bailliage du Bugey, à l'effet d'être enregistré sur les registres du corps de la Noblesse, pour jouir, par le dit sieur **Antide Rubat,** des droits attachés à la Noblesse du pays; après avoir encore vérifié le testament de

M. **Jean-François Rubat**, père des dits sieurs **Jean-Baptiste-Marie** et **Antide Rubat**, par le quel la descendance du dit sieur **Antide Rubat** étoit établie, il fut délibéré que le dit arrêt du Conseil du 5 aoust 1779 et le sus dit testament du 23 mars 1761, seroient enregistrés pour, par les dits sieurs **Rubat**, jouir des prérogatives attribuées à la Noblesse de cette province.

Approuvé par l'Assemblée générale.

ENREGISTREMENT DES LETTRES DE NOBLESSE DE M. BALME DE SAINTE-JULIE, LIEUTENANT GÉNÉRAL AU BAILLIAGE.

Le 25 avril 1784, il y eut une Assemblée de MM. les officiers de la Noblesse, dans la quelle présentation fut faite par M. **Anthelme Balme de Sainte-Julie**, lieutenant général honoraire au Bailliage du Bugey, des lettres obtenues de Sa Majesté au mois de mai 1781, en récompense de ses services et de ceux de ses ancêtres dans la dite charge, duement vérifiées, tant au Parlement qu'à la Chambre des Comptes de Bourgogne; il fut délibéré, sous le bon plaisir de l'Assemblée générale, que les dites lettres seroient enregistrées avec leurs pièces justificatives sur les registres des anoblissements, et que le dit M. **Balme de Sainte - Julie** jouiroit des honneurs et prérogatives attachées à cette province.

MM. les syndics font observer à cet égard à l'Assemblée générale, que M. **Balme de Sainte-Julie** avoit d'autant plus de titres à cette déclaration que, indépendamment des fonctions honorables qu'il a remplies si longtemps avec l'applaudissement universel, ses pères avoient déjà obtenu au siècle dernier des lettres de noblesse particulières et très-distinguées qu'ils avoient laissé tomber en caducité, faute d'avoir rempli les formalités nécessaires.

Approuvé par l'Assemblée générale.

Etaient présents et ont signé au registre :

MM.	MM.
De Seyssel-Sothonod.	*De Grolée d'Oncin.*
Dujast d'Ambérieu.	*Guinet de Montverd.*
Le chevalier *de Champollon.*	*De Forcrand.*

MM.

La Guette Mornay.

Douglas de Montréal.

De Courtines.

De Quinson.

Duparc.

Montfaucon de Rogles.

Des Bordes du Châtelet.

De Luyset.

MM.

Galien de la Chaux.

Le chevalier *d'Angeville.*

Garin, officier.

De Cordon.

Douglas.

Garin, conseiller-secrétaire.

Balme de Sainte-Julie.

ÉTAT ET DÉNOMBREMENT

DES GENTILSHOMMES DU BUGEY

REÇUS ET ENREGISTRÉS DANS LES REGISTRES DE LA CHAMBRE DE LA NOBLESSE, QUI DOIVENT ÊTRE CONVOQUÉS A L'ASSEMBLÉE GÉNÉRALE DEVANT SE TENIR A BELLEY, AU MOIS DE SEPTEMBRE 1788. — EXTRAIT DU RÔLE ALPHABÉTIQUE DE LA CAPITATION DE LA DITE ANNÉE.

Savoir :

Messires *De Bouvens de Châtillon.*
De Bourgeois de Billiat.
Bouillet d'Arloz.
De Cremeaux de Chazey.
Constantin de Chanay.
De Courtines de Montgonod.
De Courtines de Bons.
De Conzié de Bollomier.
De Clermont de Valromey.
Compagnon de la Servette.
Compagnon de Ruffieu.
Charcot de Chatonod.
Douglas de Montréal.
Dujast d'Ambérieu.
Desforest de Saint-Denis.
Desforest d'Ambronay.
D'Angeville de Lompnes.
Durand de Loyettes.
Des Bordes du Châtelet.
Du Gast de Villars.
Dervieu de Varey.
Du Breul de Sacconay.
De Forcrand de Coyselet.
De Falcoz d'Harraucourt.

Messires *Garin de la Morflan.*
De Grolée-d'Oncin.
De Grenaud de la Forêt.
De Grenaud de Royère.
Gauthier de Dortan.
Guinet de Montverd.
Gallien de la Chaux.
Jordain de Saint-Jean-le-Vieux.
De Louvat de Champollon.
De La Porte de La Pierre.
De La Porte d'Anglefort.
De La Porte de Boursin.
De Luyset de Lompnas.
De Longecombe de Thoy.
De Lombard de Montgrillet.
De Laguette de Mornay.
De Montillet de Rougemont.
De Montillet de Champdor.
De Moyria de Maillat.
De Moyria de Volognat.
De Moyria de Brion.
De Montfaucon de Peyrieu.
De Mornieu de Gramont.
De Maillans de Seyssel.
De Malyvert de Bossieu.
De Migieu d'Izelet.
Montanier de Belmont.
Montanier de Genissiat.
Montanier de Vens.
Maurier de Pradon.
De Passerat de Silans.
De Passerat de Bougnes.
De Passerat du Parc.
De Passerat La Chapelle Mussel.
De Pingon de Prangin.
De Quinson de Poncin.
Reydellet d'Izernore.
Reverdy de Montbérard.

Messires *De Seyssel-Sothonod.*
De Seyssel de La Balme.
De Seyssel de Cressieu.
Sauvage des Marches.
De Tricaud de Vognes.
De Vallier de Vaux.
De Vignod de Dorches.
D'Arloz de la Servette.

Fait et arrêté par nous sindiqs et Conseil, pour être le présent état annexé à la minute du procès-verbal de l'Assemblée générale prochaine, à l'hôtel de la Noblesse à Belley, le 6 juillet 1788.

Signé à la minute : DUJAST D'AMBÉRIEU, SEYSSEL DE SOTHONOD, le chevalier LOUVAT DE CHAMPOLLON, SEYSSEL DE CRESSIEU.

Du 9me septembre 1788.

Assemblée générale tenue à Belley par devant messire Balme, lieutenant général, en l'absence de messire le grand bailli d'épée.

MM. les sindiqs récédés, après avoir mis sur le bureau les décisions et délibérations du corps, ont proposé de procéder à la nomination des sindiqs et officiers qui doivent composer le Conseil de la prochaine triennalité, et comme les gentilshommes présents et éligibles sont au nombre de vingt-huit, compris M. **de Murat de Montferrand**, reçu ce jourd'hui, il a été distribué pareil nombre de billets, sur les quels chacun ayant fait et écrit sa nomination, les dits billets ont été successivement tirés du scrutin par MM. **de Malyvert** et **de Leyment**, nommés par l'Assemblée pour la vérification des suffrages, et ayant ensuite été ouverts et lus à haute voix et inscrits, il s'est trouvé que la pluralité a élu :

Syndics : MM. le comte **de Seyssel-Sothonod; Dujast d'Ambérieu**; le comte **Louvat de Champollon.**

Conseillers : MM. **Seyssel de Cressieu; de La Guette-Mornay; de Courtines de Montgonod.**

Conseiller-secrétaire : M. **Quinson de Poncin.**

L'Assemblée a de plus délibéré que M. le premier sindiq seroit député aux Etats de Bourgogne prochains, relativement aux affaires communes.

ADMISSION DE M. VICTOR-HENRI DE MURAT DE MONTFERRAND.

Sur la requête présentée à l'Assemblée générale par M. **Victor-Henri de Murat**, seigneur de Montferrand, contenant :

qu'étant propriétaire de la dite terre de Montferrand et autres lieux et domaines situés dans le Bugey, du chef de dame **Marie de Valernod**, sa mère, héritière, en cette part, de la dame comtesse **de Montferrand**, son ayeule, il désiroit, à ce titre, être reçu dans le corps de la Noblesse du Bugey, et pour justifier de sa noblesse et remplir les preuves exigées par l'usage, le produisant a remis à M. le comte **de Seyssel**, premier syndic, l'inventaire de sa production, avec les titres originaux qui en sont la preuve.

Le premier est l'extrait de baptême du produisant, signé du sieur *Hélie*, curé de la paroisse de Saint-Hugues de Grenoble, le 31 mai 1780, duement collationné par le sieur *Sadin*, écuyer, vice-bailli du Viennois, lieutenant général au siége présidial de Grésivaudan, séant à Grenoble, et scellé du scel royal du dit siége, signé *Forret*, substitut-greffier, du 6 juin 1780. Le quel acte justifie que **Victor-Henri de Murat** est né à Grenoble le 13 janvier 1764, fils légitime de messire **Victor de Murat**, président à mortier au Parlement de Dauphiné, et de dame **Marie de Valernod.**

Le second titre produit est une provision de président à mortier en la Cour du Parlement et des Finances du Dauphiné, séant à Grenoble, en faveur de sieur **Victor de Murat de Lestang**, donné par le roi à Versailles le 11 mai 1754, enregistrée au Parlement, à la Chambre des Comptes, Bureau des Finances et Chambre du Domaine du Dauphiné, la dite année.

Les dits titres ayant été reconnus suffisants pour la preuve exigée par l'usage, l'Assemblée n'a voulu examiner le surplus de la généalogie de M. **de Murat**, et l'a unanimement reçu au nombre des gentilshommes de la province du Bugey, pour jouir des honneurs, priviléges et prérogatives dont jouit la Noblesse de cette province, et en supporter les charges, avec voix délibérative aux Assemblées aux quelles il sera dorénavant convoqué comme les autres gentilshommes de cette province, et à charge par M. **de Murat** de faire enregistrer les titres ci-dessus sur les registres du corps.

Etaient présents à la dite Assemblée et ont signé au registre :

MM.

Le comte *de Seyssel.*
Dujast d'Ambérieu.
Le chevalier *de Champollon.*
Seyssel de Cressieu.
La Guette-Mornay.
Le chevalier *de Courtines.*
De Quinson.
Le comte *de Pingon.*
Du Parc.
Malyvert.
De Luyset.
Galien de la Chaux.
Moyria de Volognat.
De Groléc d'Oncin.
D'Arloz.

MM.

Montanier de Belmont.
De Forcrand.
De Courtines.
Du Châtelet.
De Reydellet.
Sauvage des Marches.
Le chevalier *de Vallier.*
Reverdy de Montbérard.
D'Angeville.
Falcoz dHarraucourt.
Murat Lestang Montferrand.
Compagnon de Leyment.
Compagnon de la Servette.
Balme.

PROCÈS-VERBAL DES PROCURATIONS,

VUES, LUES ET VÉRIFIÉES LES 17 ET 18 MARS 1789, A BELLEY, DANS L'ÉGLISE DE SAINT-JEAN, PAR HAUT ET PUISSANT SEIGNEUR JACQUES MARQUIS DE CLERMONT-MONT-SAINT-JEAN, MARQUIS DE LA BATIE, BARON DE FLAXIEU ET AUTRES LIEUX, COLONEL ATTACHÉ AU RÉGIMENT DE CHAMPAGNE; MESSIRE CHARLES-JOSEPH COMTE DE BOUVENS, SEIGNEUR DE CHATILLON-DE-MICHAILLE, ANCIEN PREMIER SYNDIC DE LA NOBLESSE DU BUGEY, ET MESSIRE JOSEPH-ÉTIENNE DE LOUVAT DE CHAMPOLLON, CHEVALIER DE LA SACRÉE RELIGION DE SAINT-MAURICE ET DE SAINT-LAZARE, SYNDIC DE LA NOBLESSE DU BUGEY, COMMISSAIRES NOMMÉS A CET EFFET.

PREMIÈRE ET DEUXIÈME PROCURATIONS.

Dame *Marianne de Grenaud,* veuve de messire *Pierre-Antoine Robin,* dame des terres de Mérignat et d'Apremont.

Messire *Antoine-Suzanne Chappe,* seigneur de Brion, Bussy, Geovreissiat, Saint-Germain-de-Béard.

Les dites deux procurations passées à messire *Claude-Louis-Agnès Maurier de Pradon :* la première, par devant Me *Butavand,* notaire royal, le 8 mars 1789; et la seconde, par devant Mes *Coste* et *Brenat,* notaires royaux à Lyon, le 9 du même mois.

TROISIÈME ET QUATRIÈME.

Messire *Jean-Charles de Conzié,* chevalier, seigneur de Bolomier.

Messire *François Buynand d'Ambérieu,* écuyer, seigneur des Echelles, et en partie du mandement de Saint-Germain d'Ambérieu.

Les dites deux procurations passées à messire *Charles-Joseph* comte *de Bouvens,* seigneur de Châtillon-de-Michaille, ancien premier sindiq de la Noblesse du Bugey : la première, par devant Me *Moyret,* notaire royal, le 11 mars 1789; et la seconde, par devant Me *Sirand,* notaire royal, le 9 du même mois.

CINQUIÈME.

Messire *Hyacinthe de Predevaux*, seigneur de Voirle, chevalier de l'ordre royal et militaire de Saint-Louis.

La dite procuration passée à messire *Louis-Anthelme d'Aprieux*, officier au régiment de Dauphiné, par devant Me *Delilia*, notaire royal, le 8 mars 1789.

SIXIÈME ET SEPTIÈME.

Messire *Jean-Philibert de Constantin*, conseiller au Parlement de Bourgogne, seigneur de Chanay et Surjoux.

Dame, madame *Marie-Joséphine-Jacquette Fardel*, veuve de messire *Pierre-Anthelme Passerat de la Chapelle*, en son vivant conseiller au Parlement de Bourgogne, dame de Mussel.

Les dites deux procurations passées à messire *Marie-François-Joseph de Regard de Perrucard*, marquis de Ballon; toutes deux par devant Mes *Perruchot* et *Menu*, notaires royaux à Dijon, le 19 février 1789.

HUITIÈME ET NEUVIÈME.

Messire *Joseph Orsel*, écuyer, seigneur de la baronnie de Châtillon-de-Corneille, Montgriffon, la Verdatière et la Tour des Echelles de Jujurieux.

Dame, madame *Marguerite Michon*, dame de Chenavel.

Les dites deux procurations passées à messire *Joseph-Etienne de Louvat de Champollon*, chevalier de la sacrée Religion de Saint-Maurice et Saint-Lazare, sindiq de la Noblesse du Bugey; toutes deux par devant Me *Dubreuil*, notaire royal: la première, le 7 mars 1789, et la seconde, le 9 du même mois.

DIXIÈME.

Messire *Joseph de Longecombe*, marquis de Thoy, seigneur de Périeu et autres lieux, officier au régiment de Bourbon-dragon.

La dite procuration passée à messire *Claude-Marie de Passerat*, écuyer, sieur du Parc, par devant Mes *Pointot* et *Biot*, notaires royaux à Paris, le 9 mars 1789.

ONZIÈME ET DOUZIÈME.

Messire *Claude de Collabeau de Régnieux*, chevalier, ancien capitaine au régiment de Boulonnois, ancien lieutenant du roi de Valence, chevalier de l'ordre royal et militaire de Saint-Louis, seigneur de Régnieux.

Messire *Claude-Hélène Compagnon de Ruffieu*, seigneur de Ruffieu, Proulieu et autres lienx.

Les dites procurations passées à messire *Jean-François Compagnon de Leyment*, seigneur de la Servette : la première, par devant Mes *Bourdin* et *Devilliers*, notaires royaux à Lyon, le 17 mars 1789; et la seconde, par devant Me *Blanchy*, notaire royal, le 13 du même mois.

TREIZIÈME.

Messire *François-Abel de Moyria*, comte de Maillat.

La dite procuration passée à messire *Louis-Archambaud de Douglas*, comte de Montréal, seigneur de Saint-Martin-du-Fresne, Condamine et Martignat, chevalier de la sacrée Religion de Saint-Maurice et Saint-Lazare, devant Me *Mercier*, notaire royal à Saint-Claude, le 12 mars 1789.

QUATORZIÈME.

Messire *Pierre Dujast d'Ambérieu*, écuyer, seigneur du mandement de Saint-Germain d'Ambérieu, les Alymes, Luysandre, Cleysieux, Villeneuve et autres lieux, sindiq général de la Noblesse du Bugey.

La dite procuration passée à messire *David-Roch de Quinson*, baron de Poncin et de la Cueille, par devant Mes *Fourhereau* et *Tournillon*, notaires royaux à Lyon, le 9 mars 1789.

QUINZIÈME.

Messire *Joseph-Marie de Barral*, marquis de Montferrand, comte de Grolée, président à mortier du Parlement de Dauphiné.

La dite procuration passée à messire *Louis Sauvage de St-Marc*, seigneur des Marches et de Châtillonnet, par devant Mes *Girard* et *Gauthier*, notaires royaux à Grenoble, le 11 mars 1789.

SEIZIÈME.

Dame, madame *Christine-Thomas de Montillet*, marquise de Billiat, veuve de messire *Jean-Joseph de Bourgeois*, marquis de Billiat.

La dite procuration passée à messire *Antoine* comte *de Moyria*, seigneur de Volognat, chevalier des Saints-Maurice-et-Lazare, par devant Me *Béatrix*, notaire royal à Gex, le 9 mars 1789.

DIX-SEPTIÈME.

Dame, madame *Marguerite de Rigaud de Montjoux*, veuve et héritière de messire *Claude-Josué de Durand de la Molinière*, chevalier, baron de Loyettes, chevalier de Saint-Louis, ancien capitaine commandant au corps royal d'artillerie, seigneur de Loyettes, Saint-Vulbas, Marcilleux et autres places, et encore en qualité de tutrice nommée par justice aux personne et biens de messire *Charles-César de Durand de la Molinière*, son fils et héritier universel du dit feu sieur *Durand de la Molinière*.

La dite procuration passée à messire *Charles-Emmanuel de Cremeaux*, marquis d'Entragues, baron de Chazey, chevalier de Saint-Louis, maréchal des camps et armées du roi, seigneur de Chazey, Blie, Rigneux-le-Désert et autres lieux, par devant Me *Vicaire*, notaire royal, le 9 mars 1789.

DIX-HUITIÈME.

Messire *Trocu de la Croze de Saint-Rambert*, chevalier, officier d'infanterie, seigneur de la ville et marquisat de Saint-Rambert, d'Argil, Tenay, Evoges, Oncieu, Arandas, baron du Bourg-Saint-Christophe et Faramans.

La dite procuration passée à messire *Antoine-François Trocu de la Croze*, chevalier d'Argil, officier de cavalerie au régiment de Royal-Navarre, par devant Me *Chenevière*, notaire royal à Meximieux, le 14 mars 1789.

DIX-NEUVIÈME ET VINGTIÈME.

Messire *Guillaume-Philibert Bouillet*, baron d'Arlod, seigneur de Chevanet et de Chandenu, chevalier, conseiller du roi en ses

Conseils, procureur général de Sa Majesté en la Chambre des Comptes de Bourgogne et Bresse.

Haut et puissant seigneur *Etienne*, comte *de Drée*, chevalier, seigneur de Châteauneuf et autres lieux, capitaine de dragons, en qualité de maître des droits et actions mobilières et possessoires de haute et puissante dame *Charlotte de Clermont-Montoison*, sa femme, dame du marquisat de Valromey en Bugey.

Les dites procurations passées à haut et puissant seigneur *Jacques* marquis de Clermont-Mont-Saint-Jean, marquis de la Bâtie, baron de Flaxieu et autres lieux, colonel attaché au régiment de Champagne, résidant ordinairement dans son château de Flaxieu : la première, par devant Mes *Le Noir* et *Bouché*, notaires royaux à Dijon, le 5 mars 1789; et la seconde, par devant Mes *Edon* et *Deyeux*, notaires royaux à Paris, le dit jour 5 mars 1789.

VINGT-UNIÈME ET VINGT-DEUXIÈME.

Messire *Marc-Antoine-Louis Claret de la Tourette*, conseiller honoraire en la Cour des Monnoies de Lyon, seigneur de Dortan.

Messire *Guy-François-Balthazar de Tocquet de Montgeffon*, chevalier, marquis de Meximieux, lieutenant général d'épée de la Noblesse de Bresse, seigneur de Matafelon, le Planet, Montillet, Izenave, Samognat et Grange.

Les dites deux procurations passées à messire *Jean-Louis Dugas de Bois-Saint-Just*, marquis de Villars, seigneur de Mépillat et autres lieux : la première, par devant Mes *Perrodon* et *Devillard*, notaires royaux à Lyon, le 13 mars 1789; et la seconde, par devant Mes *Bonnevaux* et *Fromental*, aussi notaires royaux à Lyon, le 7 du même mois.

VINGT-TROISIÈME.

Messire *André de Mornieu*, chevalier, seigneur de Gramont et autres lieux.

La dite procuration passée à messire *Claude-Anthelme d'Arloz*, chevalier, par devant Me *Livet*, notaire royal, le 14 mars 1789.

VINGT-QUATRIÈME.

Dame, Madame *Jacqueline-Marie de Grillet de la Platière*, douairière de messire *Pierre-Joseph-Marie de Lombard*, chevalier, seigneur de Montgrillet, chevalier de l'ordre royal et militaire de Saint-Louis.

La dite procuration passée à messire *Victor-Henri de Murat de Lestang*, comte de Montferrand, capitaine au régiment du Colonel-dragon, par devant Me *Auger*, notaire royal, le 11 mars 1789.

VINGT-CINQUIÈME ET VINGT-SIXIÈME.

Dame, madame *Marie d'Angeville*, veuve de messire *Claude-Christine de Montillet*, baron de Champdor, tant en son nom qu'en qualité de mère et tutrice de messire *Auguste de Montillet*.

Dame, madame *Marguerite*, fille de défunt messire *Pierre de Michaud de Corcelles*, veuve de messire *Guillaume d'Angeville*, seigneur et vicomte du vicomté de Lompnes.

Les dites deux procurations passées à messire *Jean-Charles* comte *d'Angeville de Beaumont*, seigneur du comté et mandement de Lompnes : la première, par devant Mes *Perruchot* et *Menu*, notaires royaux à Dijon, le 17 mars 1789 ; et la seconde, par devant Me *Louis Desgeorge*, notaire royal à Chambéry, le 12 du même mois.

VINGT-SEPTIÈME.

Messire *Pierre-Joseph-Denis de Montanier*, écuyer, seigneur de Génissiat.

La dite procuration passée à messire *Etienne-Hyacinthe de Reydellet*, chevalier, seigneur de Chavagnat, par devant Me *Dumarest*, notaire royal, le 13 mars 1789.

VINGT-HUITIÈME ET VINGT-NEUVIÈME.

Messire *Claude-Marie-Anthelme de Seyssel*, seigneur de Cressieu et Beauretour, co-seigneur du comté de Rossillon en Bugey, chevalier de l'ordre royal et militaire de Saint-Louis.

Messire *Antoine-André* baron *de Luyset*, seigneur de la maison-forte de Lompnas.

Les dites deux procurations passées à messire *Louis-Thérèse de Seyssel de Beauretour*, chevalier, capitaine au régiment d'Aunis : la première, par devant Mes *Vouaillet* et *Fournier*, notaires royaux à Gex, le 10 mars 1789; et la seconde, par devant Mes *Guillot* et *Brun*, notaires royaux, le 6 du même mois.

TRENTIÈME.

Messire *Ignace-Joseph Le Roy*, écuyer, seigneur de Basdouille et La Chapelle.

La dite procuration passée à messire *Paul-François* comte *de Maillans*, chevalier, seigneur du dit lieu.

Signé pour état et copie conforme :

Messires DE BOUVENS-CHATILLON ;
Le marquis DE CLERMONT-MONT-SAINT-JEAN ;
Le chevalier DE LOUVAT DE CHAMPOLLON.

PROCÈS-VERBAL

DE L'ASSEMBLÉE DE LA NOBLESSE DU BUGEY,

CONVOQUÉE PAR ORDONNANCE DE M. LE LIEUTENANT DU BAILLIAGE DE BELLEY, CONFORMÉMENT AU RÉGLEMENT DE SA MAJESTÉ DU 24 JANVIER 1789.

Le 17 mars 1789, après avoir prêté serment en l'Assemblée générale des trois ordres de cette province, MM. de la Noblesse, par ordre de M. le grand bailli, se sont retirés en leur salle de l'hôtel de la province pour y procéder, en vertu du réglement du 24 janvier dernier, à la nomination d'un secrétaire et de huit commissaires pour travailler aux cahiers et à tout ce qui est prescrit par le réglement de Sa Majesté et ses ordonnances pour la prochaine convocation des Etats-Généraux du royaume.

Les membres présents à cette Assemblée, présidée par messire **Louis-Honoré de Montillet,** grand bailli d'épée de cette province, maréchal de camp des armées du roi, marquis de Rougemont, seigneur de Rochefort, etc., étaient :

Syndics généraux : MM. **Joseph de Seyssel,** seigneur de Sothonod ; **Etienne-Joseph Louvat de Champollon.**

Conseillers : MM. **Joseph-François de Laguette,** seigneur de Mornay ; **Louis-André de Courtines de Montgonod ; David-Roch de Quinson,** seigneur de Poncin.

MM. *Claude-Louis-Agnès Maurier de Pradon.*

Marie-François-Joseph de Regard de Perrucard, marquis de Ballon.

Charles-Emmanuel marquis *de Cremeaux d'Entragues,* maréchal des camps et armées du roi, seigneur de Chazey.

Antoine Guinet de Montvert.

Louis Sauvage, seigneur des Marches.

Jérôme-François Galien de la Chaux.

Alexis Dujast de Vareille.

Marc de Migieu, seigneur d'Izelet.

Paul-François de Maillans, seigneur du dit lieu.

François-Joseph Reverdy de Montbérard.

Jean-Marie Garin.

Jean-François Compagnon, seigneur de Leyment et de la Servette.

Jean-Charles comte *d'Angeville de Beaumont*, seigneur de Lompnes.

Claude-Jean-Marie Dervieu, seigneur de Varey.

Jean-Pierre-Louis de Bordes du Châtelet.

Victor-Henri de Murat-Lestang, marquis de Montferrand.

Marin de la Porte de Magnieu.

Jacques de Clermont-Mont-Saint-Jean, baron de Flaxieu.

Jean-Louis Dugas de Bois Saint-Just, seigneur de Mépillat.

Jean-Marie de Tricaud.

Joseph Montanier de Belmont.

François-Guillaume de Seyssel, chevalier *de Cressieu.*

Louis-Archambaud de Douglas, comte de Montréal.

Antoine-François de Trocu de la Croze, chevalier d'Argis.

Antoine-Charles de la Porte, seigneur d'Anglefort.

Gaspard-Marie-Hélène de Forest des Vavres, seigneur du fief de la Cour prévôtale d'Ambronay.

Marie-Antoine comte *de Moyria*, seigneur de Volognat.

Charles-Joseph comte *de Bouvens*, seigneur de Châtillon-de-Michaille.

Louis de Seyssel de Beauretour.

Claude-Marie de Passerat du Parc.

Louis-Alphonse-Auguste de Forcrand, seigneur de Coizelet.

Etienne-Hyacinthe de Reydellet, seigneur de Chavagnat.

Antoine-François-Marie comte *de Montfaucon*, seigneur de Peyzieux et Prémeyzel.

Anthelme de Courtines.

Louis-Anthelme d'Apvrieux.

Jean de Falcoz, marquis d'Harraucourt, seigneur de Saint-André-de-Briord.

Joseph de Grôlée-Doncin, seigneur de Viesera.

Gaspard-Adrien de Louvat de Champollon, seigneur de Lacoux.

Claude-Anthelme d'Arloz.

Laurent-Victor Drujon de Beaulieu.

Jacques de Malyvert de Bossieu.

Anthelme-Melchior de Passerat, baron de Silans.

Qui ont nommé pour secrétaire M. **Antoine Guinet de Montvert.**

COMMISSAIRES POUR LA RÉDACTION DES CAHIERS, NOMMÉS PAR L'ASSEMBLÉE.

MM. **Charles-Joseph de Bouvens**, comte de Châtillon-de Michaille.

Jacques marquis **de Clermont-Mont-Saint-Jean**, baron de Flaxieu.

David-Roch de Quinson, baron de Poncin.

Charles-Emmanuel de Cremeaux d'Entragues, seigneur de Chazey.

Jacques de Malyvert, seigneur de Bossieu, chevalier de Saint-Louis.

Joseph-François de Laguette de Mornay, seigneur d'Heyriat.

Joseph comte **de Seyssel**, seigneur de Sothonod.

COMMISSAIRES SUPPLÉMENTAIRES.

MM. **Etienne-Joseph de Louvat**, chevalier de Champollon.

Marie-Antoine comte **de Moyria**, seigneur de Volognat.

Qui tous ont signé, ainsi que M. le président.

Signé CREMEAUX D'ENTRAGUES; DE SEYSSEL-SOTHONOD; MURAT-LESTANG-MONTFERRAND; marquis DE CLERMONT-MONT-SAINT-JEAN; DE QUINSON; DE BOUVENS-CHATILLON; DE LAGUETTE-MORNAY; MALYVERT; GUINET DE MONTVERT, secrétaire.

Se sont présentés MM. les députés du Clergé au nombre de deux, M. **de Mesnard de Chousy,** vicaire-général du diocèse de Belley, portant la parole, et ont dit qu'ils étoient chargés par leur ordre de proposer :

1° Si MM. de la Noblesse consentent à faire leurs cahiers conjointement avec MM. du Clergé et du Tiers-Etat.

2° Si MM. du Tiers-Etat s'y refusoient, MM. de la Noblesse consentiroient-ils à faire leurs cahiers conjointement avec les commissaires du Clergé?

M. le président a indiqué la séance suivante à demain neuf heures du matin, et il a signé :

MONTILLET. — GUINET DE MONTVERT, secrétaire.

Le 18 mars 1789, se sont présentés MM. les députés de l'ordre du Tiers-Etat, au nombre de seize, M. **Etienne Parra,** l'un d'eux, portant la parole, et ont dit qu'ils étaient envoyés par leur ordre, à l'effet de témoigner à l'ordre de la Noblesse leurs sentiments de gratitude sur la déclaration qui a été faite hier à l'Assemblée générale des trois ordres, M. le comte **Seyssel de Sothonod** portant la parole, que l'ordre de la Noblesse, pour le bien de l'Etat et le soulagement du peuple, consentait *de renoncer à toutes exemptions et de contribuer aux impôts pour une répartition égale sur toutes les propriétés*, après néanmoins que les dits subsides ou contributions auront été librement octroyés par les députés de son ordre, aux Etats-Généraux du royaume; ont demandé MM. les députés qu'en conséquence de la déclaration faite par ces deux premiers ordres, il soit arrêté, comme un principe de la constitution : que les trois ordres n'ont aucune distinction ni privilége quelconque en matière de contributions, subsides et charges publiques, soit pour l'Etat en général, soit pour les affaires particulières et négotiales de la province, établies ou à établir, et que les rôles qui seront faits à ce sujet seront communs.

Après avoir délibéré sur la demande de Messieurs du clergé du jour d'hier, il a été répondu par députés que, dans le cas où MM. les députés du Tiers-Etat consentiront à accepter la proposition qui leur a été faite par Messieurs du Clergé de rédiger les cahiers en commun, Messieurs de la Noblesse leur donneront leur consentement; que, dans le cas contraire, ils désirent procéder seuls à la rédaction de leurs cahiers, et qu'ils autorisent cependant leurs commissaires à communiquer à ceux des autres ordres le travail qu'ils auront rédigé.

M. le président a renvoyé la séance à quatre heures de relevée de ce jour.

Se sont présentés MM. les députés du Tiers-Etat, au nombre de six, M. **Savarin** prenant la parole, et ont dit qu'ils étoient chargés par leur ordre de venir demander la réponse à la motion proposée ce matin par les seize députés du Tiers-Etat; M. **Etienne Parra** prenant la parole, plusieurs objets ont été discutés et examinés dans l'Assemblée.

M. le président a indiqué la séance suivante à demain, neuf heures du matin, et a signé.

MONTILLET. — GUINET DE MONTVERT, secrétaire.

Le 19 mars 1789, à neuf heures du matin,

L'Assemblée a discuté et délibéré sur la motion faite hier par les seize députés du Tiers-Etat, M. **Etienne Parra** portant la parole.

Il a été arrêté à la pluralité des voix que huit députés seroient envoyés à Messieurs du Tiers-Etat pour leur faire la réponse suivante, avec injonction de la leur laisser par écrit sur leur bureau et de se retirer :

« Messieurs,

« L'ordre de la Noblesse consent volontiers qu'il vous soit donné acte de la déclaration qu'il vous a faite, conjointement avec Messieurs du Clergé, de renoncer à toutes exemptions pécuniaires, et de contribuer aux impôts par une répartition égale sur toutes les propriétés, après néanmoins que les dits subsides et contributions auront été librement octroyés par les députés de son ordre aux Etats-Généraux du Royaume, ainsi que par les députés légitimes des autres ordres.

« Les ordres de cette province n'étant pas assemblés pour changer sa constitution, elle doit en attendre une meilleure des Etats-Généraux, qui connoîtront son vœu par les cahiers des trois ordres; ce n'est qu'après leur tenue et leur décision, tant sur sa constitution que sur le nombre et sur la forme des contributions et des subsides, qu'il sera possible de procéder à des rôles, et par conséquent de déterminer s'ils seront faits séparément ou en commun. »

M. l'abbé **de Mesnard de Chousy,** vicaire général de ce diocèse, député de Messieurs de l'ordre du Clergé, s'est présenté et a dit qu'il était chargé de la part de Messieurs de l'ordre du Clergé de communiquer à Messieurs de l'ordre de la Noblesse la réponse qu'ils ont faite à Messieurs du Tiers-Etat sur la même motion que Messieurs du Tiers-Etat avaient faite à Messieurs du Clergé et de la Noblesse le 18, par seize députés, M. **Parra** portant la parole, et a demandé au nom du clergé que transcription en soit faite sur nos registres.

RÉPONSE DE MESSIEURS DU CLERGÉ A MESSIEURS DU TIERS-ETAT.

« L'ordre du Clergé répond à Messieurs de l'ordre du Tiers-Etat que, suivant la déclaration faite à l'Assemblée générale des trois ordres de cette province, Mgr l'évêque de Belley portant la parole, cet ordre a consenti, pour le bien de l'Etat et le soulagement du peuple, à l'abandon de toutes exemptions pécuniaires dont il a joui ou pu jouir jusqu'à présent, et à payer pour l'avenir les subsides et octrois sur les fonds possédés par son ordre, soit en nature, soit en argent, après néanmoins que les dits subsides auront été librement octroyés par les députés de son ordre aux Etats-Généraux du royaume, conjointement avec les députés légitimes des autres ordres. Consent aussi qu'il soit arrêté comme un principe de la constitution que les trois ordres n'auront aucune distinction ni privilége quelconque en matière de contributions, subsides et charges publiques, soit pour l'Etat en général, soit pour les affaires particulières et négotiales de la province établies ou à établir, et que les rôles qui seront faits à ce sujet seront communs aux trois ordres.

« Comme il est du plus grand intérêt pour les trois ordres de la province que l'ancienne constitution des Etats particuliers, tels qu'ils subsistoient sous la domination des ducs de Savoie, sous François Ier et Henri II, lorsqu'ils ont occupé le pays du Bugey, et dans les temps suivants, avec toutes fonctions d'ordonnateurs pour levée, répartition et emploi des fonds publics, l'ordre du clergé a l'honneur de proposer aux deux autres ordres de se joindre à lui pour faire cette juste répartition, en déclarant que c'est principalement en vue et à condition du rétablissement d'un usage aussi essentiel pour le bien universel de la province que l'ordre du clergé consent à l'abandon de ses exemptions. »

M. le président a indiqué la séance suivante à demain, à neuf heures du matin, et a signé :

MONTILLET. — GUINET DE MONTVERT, secrétaire.

Le 20 mars 1789, à neuf heures du matin, se sont présentés Messieurs les députés de l'ordre du Tiers-Etat, au nombre de six, M. **Savarin** portant la parole, et ont dit :

« Messieurs,

« L'ordre du Tiers-Etat a l'honneur de faire observer à Messieurs de l'ordre de la Noblesse que la réponse qu'ils lui ont faite hier annonce l'intention la plus précise de renoncer à toutes exemptions concernant les impositions de quelque nature qu'elles soient et de contribuer par égalité avec Messieurs de l'ordre du Clergé et du Tiers-Etat, en proportion de leurs propriétés, à toutes charges, subsides et octrois qui seront consentis par les Etats-Généraux.

« Mais comme cette déclaration n'est pas conçue dans les mêmes termes que celle que Messieurs de l'ordre du Clergé ont donnée pour un semblable abandon, il pourrait arriver que par une interprétation arbitraire, l'on troublât l'harmonie qui règnera entre les trois ordres. C'est pourquoi Messieurs de l'ordre de la Noblesse sont priés de vouloir exprimer leur déclaration et abandon dans les mêmes termes que l'ordre du Tiers-Etat vient de présenter à Messieurs de l'ordre du Clergé, ainsi qu'il suit :

« Consentent de supporter leur part des subsides et contributions pour l'Etat, suivant qu'ils seront conservés et établis par les Etats-Généraux du royaume, et leur part des charges publiques et particulières de cette province, quels qu'en soient la constitution et le régime. »

M. le président a répondu verbalement, au nom de l'Assemblée qui l'en avoit chargé :

« Messieurs,

« L'ordre de la Noblesse n'étant point tenu de faire l'offre générale qu'elle a faite au Tiers-Etat dans l'Assemblée générale du 17 courant, y a donné trop de publicité et de clarté pour pouvoir être soupçonné d'y avoir mis ou de vouloir y mettre aucune restriction ni extension. Je suis chargé de vous déclarer, Messieurs, au nom de cette Assemblée, qu'elle a arrêté de s'en tenir littéralement à l'offre qu'elle vous a faite en l'Assemblée générale du 17, et qu'elle vous a confirmée hier par ses députés, ainsi que de la résolution qu'elle a prise de ne plus mettre cet objet en délibération. »

M. le président a indiqué la séance suivante à demain, onze heures du matin, et a signé :

Montillet. — Guinet de Montvert.

Le 21 mars 1789, à onze heures du matin,

PRÉSENTATION DE M. DE LAUZIÈRE.

M. le chevalier **de Malyvert**, membre de cette Assemblée, a proposé de nommer des commissaires pour examiner les titres de M. **de Lauzière**, seigneur d'Hôtel, qui se présente pour être admis dans l'ordre de la Noblesse de cette province.

Ont été nommés commissaires :

MM. **Jean de Falcoz**, marquis d'Harraucourt; **Jean Louis** marquis **Dugas; Louis Sauvage des Marches; Louis-Anthelme d'Apvrieulx.**

Le 23 mars 1789, à neuf heures du matin, on a lu et discuté plusieurs articles des cahiers.

M. le président a renvoyé la séance à quatre heures de relevée de ce jour.

Marie-François-Joseph de Regard de Perrucard, marquis de Ballon, chevalier de la sacrée Religion de Saint-Maurice et de Saint-Lazare, capitaine au service de S. M. le roi de Sardaigne, né Savoyard, domicilié en Savoie, et, comme tel, n'ayant pas cru pouvoir ni voulu concourir de sa voix à l'élection d'un député aux Etats-Généraux, attendu qu'il a déclaré être sujet du roi de Sardaigne, et n'être venu en la présente Assemblée que pour réclamer qu'il n'y soit porté aucune atteinte au traité d'échange de 1601 et à celui du 24 mars 1760, et à tous autres où S. M. le roi de Sardaigne ou ses sujets pourroient être intéressés, a demandé à M. le bailli s'il pourroit faire usage de deux procurations qui lui avoient été remises avant le commencement de cette Assemblée et qui ont été enregistrées dans le procès-verbal de l'Assemblée des trois ordres, le 17 mars courant, au nom de M. **Constantin de Surjoux**, seigneur de Chanay, et de Mme **de la Chapelle.**

M. le bailli, ayant désiré connoître le vœu de l'Assemblée, avant de donner sa décision, a mis l'objet en délibération. La pluralité a déclaré les procurations nulles et non avenues, M. le marquis **de Ballon** ne pouvant avoir de voix ni être chargé de procuration. La quelle décision a été sanctionnée par M. le grand bailli, qui a signé.

M. le président a indiqué la séance suivante à demain, à neuf heures du matin, et a signé :

MONTILLET. — GUINET DE MONTVERT.

Le 24 mars 1789, à neuf heures du matin, MM. les Commissaires ayant demandé de faire la lecture des cahiers, M. le marquis **de Montferrand**, l'un d'eux, en a été chargé.

Après avoir été discutés, ils ont été arrêtés et sanctionnés par l'Assemblée.

M. le président a renvoyé la séance de ce jour à quatre heures de relevée, et a signé : MONTILLET. — GUINET DE MONTVERT.

NOBLESSE DE M. LE PRÉSIDENT DE FLEURIEUX.

M. le comte **de Seyssel de Sothonod,** premier syndic, ayant mis sur le bureau les titres de noblesse de M. le président **de Fleurieux,** pour son agrégation au corps de la Noblesse de cette province, il a été délibéré que les dits titres seroient remis à MM. les officiers de la commission intermédiaire de leur corps, qui s'occuperont de leur vérification et en rendront compte à la première Assemblée générale et triennale, pour être statué ce qu'il appartiendra.

NOBLESSE DE M. DE LAUZIÈRE.

M. le marquis **d'Harraucourt,** commissaire pour la vérification des titres et preuves de M. **de Lauzière,** étant obligé de partir, a donné sa démission. L'Assemblée a nommé pour le remplacer M. **Dervieu de Varey.**

Délibéré sur le traitement que la Noblesse fera à son député aux Etats-Généraux, il a été arrêté de lui donner vingt louis pour ses frais de voyage, tant pour aller que pour le retour, et douze livres par jour à dater de celui pour le quel il aura été convoqué jusqu'à celui de la cessation des Etats-Généraux.

Les cahiers ont été lus et sanctionnés par l'Assemblée et signés des commissaires, en conformité du règlement de Sa Majesté, du 24 janvier dernier, et sans s'écarter de ce qui y est prescrit.

Du 25 mars 1789, à cinq heures du soir.

RAPPORT DES COMMISSAIRES QUI ONT EXAMINÉ LES TITRES DE M. DE LAUZIÈRE.

Nous commissaires soussignés, chargés par l'Assemblée générale de la Noblesse, de l'examen des titres et preuves de noblesse et de filiation que M. **Mathieu de Bernard de Lauzière** a produits sous les yeux de la dite Assemblée, avons reconnu qu'il manque encore quelques pièces justificatives pour pouvoir offrir un rapport assuré; nous croyons, en conséquence, devoir prier Messieurs de la Noblesse de renvoyer à la prochaine Assemblée générale la décision à porter sur cet objet, ainsi que de nommer des commissaires pour nous suppléer en cas d'absence, si mieux n'aime le corps de la Noblesse se décider en conséquence du certificat donné à M. **Bernard de Lauzière**, en date du 8 mars 1789, et signé par six gentilshommes de Provence, dont un est syndic de la dite province.

Fait à Belley, ce 25 mars 1789.

Signé : SAUVAGE DES MARCHES; le marquis DU GAST; DERVIEU DE VAREY; D'APVRIEULX, officier au régiment de Dauphiné.

L'Assemblée a répondu que ce rapport serait joint au procès-verbal et a délibéré :

1° Qu'elle ne peut avoir égard au certificat produit par M. **Bernard de Lauzière**;

2° Que dans le cas néanmoins où M. **Bernard de Lauzière** présenteroit un certificat en règle émané de la commission intermédiaire du corps de la Noblesse de Provence, par le quel la noblesse de sa famille et la sienne seroit constatée, MM. les officiers du corps de la Noblesse du Bugey seront autorisés à admettre le dit sieur **Bernard de Lauzière** dans le corps de cette Noblesse;

3° Dans le cas où M. **de Lauzière** ne produiroit pas le certificat demandé, il sera tenu de produire les titres nécessaires pour terminer l'opération de MM. les commissaires, qui seront remplacés, en cas d'absence, à la nomination de MM. les officiers de la commission intermédiaire, qui en rendront compte à la prochaine Assemblée générale, pour y être statué ce qu'il appartiendra.

M. le président a renvoyé la séance suivante à demain, à neuf heures du matin, et a signé :

MONTILLET.

Le 26 mars 1789, à neuf heures du matin, on a remis à M. le grand bailli le cahier à donner au député, le procès-verbal de son élection et de ses pouvoirs, dûment signés et conformes à ce qui est prescrit par le règlement du 24 janvier dernier.

Il a été résolu que copie du dit cahier et du dit procès-verbal, dûment collationné et signé, resteroit dans les archives de Messieurs de la Noblesse, pour être joint au présent.

Fait à Belley, en l'Assemblée générale de la Noblesse, dans la salle de l'hôtel de Province, ce 26 mars 1789.

Tous les membres de cette Assemblée ont signé, sous la réserve des rangs et préséances :

MM.
De Bouvens-Châtillon.
Dujast de Vareille.
De Migieu d'Izelet.
Compagnon de Leyment.
Le baron *du Châtelet.*
Chevalier *Seyssel de Cressieu.*
D'Arloz.
Le comte *de Moyria-Volognat.*
Sauvage des Marches.
Reverdy de Montbérard.
De Groslée-Doncin.
Maurier de Pradon.
Le comte *Douglas de Montréal.*
Le chevalier *d'Argil.*
Duparc.
De Garin.
Galien de la Chaux.
De Reydellet.
De Forcrand de Coyselet.
Le marquis *du Gast.*
De Quinson.
De Forest des Vavres.
Montanier de Belmont.

MM.
Murat Lestang, comte de Montferrand.
Falcoz d'Harraucourt.
De Malyvert.
Le comte *de Montfaucon.*
Cremeaux d'Entragues.
D'Apvriculx.
Le chevalier *de Louvat de Champollon.*
Seyssel de Sothonod.
De Laguette-Mornay.
Dervieu de Varey.
Le chevalier *de Seyssel de Beauretour.*
Le comte *d'Angeville de Beaumont.*
Drujon de Beaulieu.
De la Porte d'Anglefort.
De Tricaud.
Le marquis *de Clermont Mont-Saint-Jean.*
Montillet.
Guinet de Montvert, secrétaire.

CAHIER

DE MM. DE L'ORDRE DE LA NOBLESSE

DU BUGEY,

POUR ÊTRE PRÉSENTÉ PAR SON DÉPUTÉ

AUX ÉTATS-GÉNÉRAUX DE 1789.

CAHIER

DE MESSIEURS DE L'ORDRE DE LA NOBLESSE

DU BUGEY,

POUR ÊTRE PRÉSENTÉ PAR SON DÉPUTÉ

AUX ÉTATS-GÉNÉRAUX DE 1789.

La Noblesse du Bugey, assemblée dans l'hôtel de la province, convoquée par ordre de Sa Majesté, et pour les causes énoncées par ses lettres du 24 janvier 1789, adressées par M. le grand bailli d'épée de cette province, a résolu, pour se conformer à l'article 44 du réglement, avant de nommer son député aux Etats-Généraux, de rédiger les instructions qui lui seront remises, lorsqu'il sera chargé d'y porter son vœu.

A ces causes,

Considérant que les principaux objets pour les quels les Etats-Généraux ont été convoqués, sont l'ordre constant et invariable à établir dans toutes les parties du gouvernement qui intéressent le bonheur des sujets, la prospérité de l'Etat et la consolidation des dettes du roi, de manière qu'elles deviennent dettes de l'Etat, et que ses revenus soient affectés à leurs hypothèques.

Que la France étant une monarchie composée d'hommes libres, propriétaires de leurs personnes et de leurs biens, c'est à chaque individu, c'est à tous les François qu'appartient essentiellement le droit de consentir les loix civiles et fiscales qui peuvent apporter quelques restrictions à la liberté et à la propriété indéfinie.

Que l'Assemblée des provinces étant une représentation beaucoup plus complette, beaucoup plus immédiate de la nation, en qui seule réside le pouvoir souverain de la législation, que ne peuvent être les Etats-Généraux, chaque province a le droit de donner à ses députés des instructions ou un mandat spécial dont ils ne puissent s'écarter; en un mot, de mettre telle modification qu'elle juge à propos à la partie du pouvoir dont elle se dépouille pour en revêtir son député.

Que ce principe évident la sauvegarde de la liberté qui dérive du droit naturel et qui, cependant, a été mis en question dans des temps modernes, a toujours fait partie du droit public de la nation, et que l'histoire nous représente, presque dès l'origine des Etats-Généraux, des députés ayant souvent recours à leurs commettants et refusant de délibérer des objets sur lesquels ils n'avoient point reçu d'instructions : exemples mémorables et dignes d'éloge qu'ont donné les députés des Etats de 1321, 1350, 1560 et nombre d'autres.

Que la France a une constitution, et que ce principe en est un des fondements.

Que vainement de hardis novateurs répandent dans des écrits repréhensibles et voudroient persuader qu'un Etat qui subsiste avec éclat depuis 1,300 ans, n'a jamais été constitué.

Qu'un principe aussi erronné ne peut trouver grâce aux yeux de la raison et du bon sens; qu'en admettant que les François n'ont connu d'autres loix que celle du caprice, de la volonté arbitraire, ou d'un hasard aveugle.

Que cette erreur, semée à dessein par des factieux et propagée par des ignorants, ne tendroit à rien moins qu'à transformer le peuple François en un vil troupeau d'esclaves, et une longue suite de monarques chéris et respectés, en une dynastie d'exécrables despotes.

Qu'une des plus grandes preuves qu'il y a une constitution en France, c'est qu'il y existe des ordres, des corps et des individus qui possèdent des droits et des prérogatives.

Que plusieurs de ces privilèges tiennent à l'essence de la monarchie qui se corrompt, comme l'a dit l'illustre Montesquieu, lorsqu'on les anéantit.

Que ne pas respecter les droits légitimes et bien établis, c'est amener l'anarchie, c'est-à-dire le despotisme de tous, après lequel le despotisme d'un seul est un bonheur; car, dans le dernier état, un seul homme; dans le premier, tous les individus se mettent au-dessus des loix.

Qu'il s'agit moins de créer ou changer la constitution, que de diminuer les abus qui la minent sourdement; moins de fomenter de dangereuses innovations en établissant de nouveaux principes, que de respecter ceux qui sont anciennement établis, dont l'expérience a confirmé la bonté, et aux quels l'Etat doit sa splendeur et sa prospérité depuis son origine.

Qu'un des plus sacrés de ces principes est que tout homme, même le prince, doit obéissance aux loix.

Que le chef d'une grande nation doit être revêtu d'un grand pouvoir, parce qu'il faut une puissante force motrice pour mettre en mouvement une machine aussi compliquée, et une grande autorité coactive pour empêcher qu'aucun sujet, qu'une partie de la nation, même dans des moments de crise, ne s'élève au-dessus de la loi.

Qu'un roi, n'ayant d'autre intérêt que celui du bonheur de son peuple et de la prospérité de l'Etat, ses fautes doivent être imputées aux perfides conseils des agents subalternes qu'il est forcé d'employer; qu'eux seuls peuvent avoir des intérêts particuliers militant contre l'intérêt public, et favoriser les uns au détriment de l'autre; qu'eux seuls doivent donc être responsables des attentats qui ne sont que trop souvent revêtus du nom sacré du roi.

Que la royauté est un privilége, et le plus grand de tous ceux que la nation peut conférer dans l'Etat monarchique; que tous les autres en sont des dérivations aussi nécessaires que les branches le sont à l'arbre : privé de ses rameaux il périt. De même les priviléges des ordres et des villes anéantis, celui de la royauté ne peut subsister longtemps, et la monarchie doit être écrasée sous les débris de l'autorité royale.

Que, dans la monarchie, le souverain est la nation jointe au monarque et présidée par lui.

Que le pouvoir souverain étant l'exercice de la volonté générale, il ne peut être restreint, limité, ni communiqué, parce qu'on peut bien communiquer le pouvoir, mais non la volonté.

Que les Etats-Généraux n'étant pas la nation, mais son image, ne jouissent pas de la plénitude de sa souveraineté.

Qu'ils sont cependant revêtus du pouvoir exclusif de consentir et accorder les impôts et de faire de nouvelles loix, sans avoir le droit de proscrire celles qui servent de base au contrat social et à la forme du gouvernement, sans le consentement exprès de la nation.

Qu'ils ne peuvent donc, de leur seule autorité, remplacer la monarchie par quelqu'autre institution, telle que l'aristocratie ou la démocratie.

Qu'ils seroient des tyrans s'ils osoient jamais porter une main sacrilége à la liberté individuelle et à la propriété, base superbe sur la quelle repose tout l'immense édifice de la société que les hommes n'inventèrent que pour protéger les biens et la personne de chacun par la force de tous, et non pour y attenter avec cette même force.

Que la diversité des classes, et par conséquent des intérêts, regardée comme utile par les premiers législateurs de la Grèce, est nécessaire dans la monarchie; que c'est donc une constitution très-sage que celle qui assure à chaque classe et au monarque un droit négatif propre à la conserver.

Que chaque ordre doit délibérer à part, pour que cette disposition ne soit pas illusoire.

Que telle est aussi la constitution française, clairement expliquée dans des loix précises, fruit de la sagesse des Etats-Généraux, confirmées par les ordonnances de 1355 et 1356, article 5, d'Orléans, et l'usage constant de près de cinq siècles, espace immense, pendant la durée du quel on ne compte que trois exceptions, motivées par des circonstances particulières.

Que la bonté de cet usage est confirmée par l'expérience constante de tous les siècles, qui prouve qu'une grande multitude sans ordre a toujours été menée par les brigues de quelques intrigants factieux, et que ses délibérations ont été sujettes à la même instabilité que les volontés arbitraires d'un seul homme.

Que les délibérations des Etats-Généraux, prises par tête ou ordres réunis, seraient sujettes à la plus effrayante versatilité, puisque l'absence, le retour ou la corruption d'un seul membre, pourroient faire prendre les plus étranges résolutions et les plus contraires à celles qu'on auroit pu arrêter la veille.

Que l'on pourroit y voir chaque ordre tour-à-tour opprimé ou oppresseur, enflé par ses succès, aigri par ses défaites, donner le scandale de la plus odieuse dissention dans une assemblée de paix et de fraternité.

Que la conservation des ordres et de leurs justes prérogatives n'est point du tout liée à celle des priviléges onéreux dont la Noblesse du Bugey, fidèle à ses principes de désintéressement, d'équité et de dévouement public, a déjà fait un généreux sacrifice.

Que le déficit immense que des ministres prévaricateurs ont occasionné dans les finances du royaume par d'effrayantes dilapidations, aux quelles n'ont pu suffire les concussions les plus exhorbitantes, menacent de détruire la fortune de plusieurs milliers de citoyens qui ont prêté de bonne foi au monarque, comptant prêter à l'Etat, d'anéantir tout crédit public et d'occasionner les plus affreux bouleversements.

Qu'il est dans le cœur d'une nation généreuse et aimante de consacrer les engagements d'un prince qu'elle chérit et respecte, et du devoir de la Noblesse d'en donner l'exemple.

Que le domaine de la Couronne n'étant plus qu'une partie presqu'insensible des revenus du royaume, son aliénation qui fut avec raison défendue dans le temps où il pouvoit suffire aux besoins de l'Etat, doit être permise à présent, et seroit même avantageuse, parce que les biens qui le composent prendroient une plus grande valeur entre les mains des particuliers, et parce que le capital en seroit employé au soulagement de la génération présente, qui est extrêmement foulée par la quantité extraordinaire d'emprunts à rentes viagères qu'elle payera seule, et dont le fardeau ne sera point supporté par les générations futures.

Que la suite des temps a introduit dans la justice des abus graves qu'il est important d'extirper; qu'ils naissent la plupart des innombrables formalités prescrites par la procédure, qui allongent extraordinairement les procès, empêchant aux parties de pouvoir diriger elles-mêmes leurs causes, font rejeter les droits les mieux fondés, par quelques défauts de forme, souvent inévitables, et ne servent qu'à engraisser de la substance du peuple une innombrable armée de harpies, toujours affamées, quoique toujours dévorantes, qui ne peuvent vivre que du désordre qu'elles provoquent.

Que multiplier les tribunaux ne serviroit qu'à multiplier les procès, sans donner l'espoir d'être mieux jugés, puisque les juges étant plus connus des plaideurs, il y auroit encore plus d'acception de personnes. D'ailleurs on ne peut se dissimuler que les Cours souveraines du royaume se composent aussi bien qu'elles peuvent l'être; elles ont droit de choisir dans tous les ordres de citoyens, et écrément (si l'on peut parler ainsi) toute la classe qui se destine aux fonctions judiciaires. S'il se présentoit, pour en remplir les places, des sujets plus vertueux, plus instruits, plus distingués, il n'est pas douteux qu'elles ne les reçussent avec empressement dans leur sein. Il est donc évident que si l'on multiplie davantage les tribunaux, et qu'on affoiblisse leur considération en diminuant l'étendue de leur ressort, ou l'importance de leurs fonctions, ils seront encore plus mal composés; car, d'un côté, on avilira la magistrature, ce qui éloignera beaucoup de sujets de cette honorable profession, tandis que l'on multipliera le nombre des magistrats.

Qu'il ne faut pas attribuer à l'ordre judiciaire établi, mais seulement à l'imperfection inséparable des institutions humaines, les injustices qui se commettent dans les tribunaux suprêmes; qu'elles doivent être imputées en partie à la perte des mœurs et à la dégradation de la magistrature depuis la révolution de 1771.

Que les meilleurs moyens d'y remédier seroient d'obliger les juges, par de bonnes études, à acquérir une plus grande instruction sur les matières dont leurs fonctions les obligent de s'occuper; d'augmenter infiniment leur considération, afin qu'ils fussent plus immédiatement sous la verge de l'opinion publique, et parce qu'on respecte peu les arrêts des juges qui ne sont pas respectés. Enfin, de les borner par des loix précises à n'être que les témoins, les dispensateurs de la loi, et non ses interprètes.

Que porter atteinte aux justices patrimoniales des seigneurs, ou leur laisser à des conditions impossibles à observer, un bien qu'on n'a pas droit de leur enlever, seroit un attentat aussi formel qu'inutile au droit sacré de la propriété.

Que cette intervention même ne présenteroit aucun avantage et fourmilleroit d'inconvénients; qu'il est incontestable qu'il faut divers degrés de juridiction pour réparer les injustices que l'ignorance ou la prévention peuvent faire commettre.

Que les pouvoirs judiciaires en première instance ne peuvent être mieux confiés qu'à des juges qui sont surveillés par les seigneurs, intéressés à ce que leurs vassaux ne soient pas foulés.

Que ces tribunaux subalternes ont le double avantage de maintenir la police dans les campagnes, d'être à portée des justiciables, de rendre la justice, de faire à peu de frais les procédures qui exigent transport sur les lieux, et de terminer la plupart des contestations qui ruineroient les justiciables s'ils étoient obligés de s'éloigner de leur domicile.

Qu'il est notoire qu'en Bugey plus des dix-neuf vingtièmes des procès se terminent en première instance.

Que le temps a dévoilé, dans la jurisprudence criminelle actuellement usitée, divers inconvénients dont on espère la réforme de la sagesse des Etats-Généraux et de la sollicitude paternelle de Sa Majesté.

Qu'un des abus les plus criants de l'ordre judiciaire sont les évocations, aussi fréquentes qu'arbitraires, par les quelles on ôte au foible ses juges naturels pour lui en donner d'étrangers à sa cause, au choix de son adversaire.

Qu'enfin, en ce moment solennel où Sa Majesté appelle tous les cœurs sensibles et tous les bons citoyens à partager sa sollicitude paternelle pour ses peuples, et apprend à tous les François à se regarder comme frères, en se déclarant leur père commun, il est digne des Etats-Généraux de seconder les intentions bienfaisantes de Sa Majesté, en s'occupant de trouver un moyen pour assurer au moins une modique subsistance à tous les enfants de la patrie, même à ceux qui sont le moins favorisés de la fortune.

D'après les considérations et les motifs ci-dessus énoncés qui doivent servir de base à l'opinion du député de la Noblesse du Bugey, elle donne pouvoir à celui de ses membres qui sera élu par le scrutin de la représenter aux Etats-Généraux, et le charge spécialement d'y déclarer que le vœu de cet ordre est que les dits Etats-Généraux statuent dans la forme la plus authentique :

I.

Que le pouvoir législatif réside dans la nation jointe au monarque; que, par conséquent, aucune loi ne peut être formée que par la volonté du peuple et la sanction du roi.

II.

Qu'on ne pourra attenter par la force à la liberté d'aucun citoyen, sous quelque prétexte et pour quelque raison que ce soit, sans le remettre, dans le délai qui sera fixé, aux juges qui doivent connoître du délit dont on l'accuse; que les châteaux-forts, connus sous le nom de prisons d'Etat, seront à l'avenir employés à des objets d'utilité publique qui fassent oublier qu'ils furent des monuments de despotisme et d'esclavage.

III.

Que toutes les contestations, tous les délits auront des juges fixés irrévocablement par une loi précise et claire; que les évocations arbitraires seront à jamais proscrites, et que les juges seront tenus de juger suivant les loix, sans pouvoir les modifier ni les interpréter, demeurant au surplus responsables à la nation de l'exercice de leurs fonctions.

IV.

Qu'aucun emprunt ne sera fait, aucun impôt direct ou indirect ne sera à l'avenir établi ou prorogé sans le consentement libre des Etats-Généraux du Royaume, et, qu'en conséquence, tous ceux qui ont été mis ou prorogés par le gouvernement sans cette condition, ou accordés, hors des Etats-Généraux, par une ou plusieurs provinces, une ou plusieurs villes, une ou plusieurs communautés, seront déclarés nuls ou illégaux; qu'il sera défendu de les répartir, asseoir et lever, sous peine de concussion; réservant seulement aux provinces le droit de s'imposer pour leurs besoins particuliers, en prenant les plus grandes précautions pour que cette réserve même ne devienne pas abusive.

V.

Que le retour des Etats-Généraux sera périodique, si on trouve quelque inconvénient à ce qu'ils soient permanents.

VI.

Que les ministres du roi seront responsables de leurs fonctions et gestions aux Etats-Généraux qui pourront les accuser et les traduire par devant les tribunaux compétents, sans que jamais ils puissent autoriser leurs délits du nom sacré de Sa Majesté, et sans préjudice des droits et du devoir des procureurs généraux des Cours souveraines.

VII.

Que la prérogative royale, dans les justes bornes que lui a fixé la constitution, doit être maintenue dans toute sa force et sa dignité.

VIII.

Que les priviléges des corps, des ordres et des villes, en un mot, tout ce qui touche à la propriété, doit être respecté; et que les Etats-Généraux ne doivent pas souffrir qu'on y porte la plus légère atteinte.

IX.

Que dans ces prérogatives ne sont point comprises les exemptions pécuniaires; mais que la Noblesse du Bugey, ayant fait un généreux sacrifice des siens pour subvenir aux besoins de l'Etat et soulager la partie misérable du peuple, seroit en droit d'exiger que ce sacrifice tourne réellement au profit de la classe indigente et ne serve pas à nourrir, sans l'assouvir, la cupidité des capitalistes et de ceux qui exercent les professions lucratives, et de demander la suppression des exemptions onéreuses au peuple, dont jouissent les corporations, les villes et le nombre immense des privilégiés du Tiers-Etat, dont les priviléges ne peuvent être fondés sur des droits plus sacrés que ceux de la Noblesse qui furent acquis à titre onéreux ou en récompense de services importants rendus à l'Etat par leurs ancêtres.

X.

Que pour conserver à jamais la constitution et les justes prérogatives des ordres, ils doivent délibérer à part; et, si la question de la forme des délibérations vient à être agitée, la Noblesse du Bugey, qui a mûrement examiné la question sous tous les rapports, charge spécialement son député de réclamer la forme des votes par ordre, comme la seule utile et constitutionnelle, et l'astreint formellement à ne pouvoir donner sa voix que pour cette opinion, s'en rapportant ensuite à la délibération prise sur cet article, à la pluralité de son ordre aux Etats-Généraux, à la quelle délibération elle lui enjoint de se conformer.

XI.

Le charge spécialement de demander que les magistrats chargés d'acquitter au nom du roi la dette sainte de la justice, ne puissent être inquiétés dans leurs augustes et pénibles fonctions; que leur état ne puisse leur être enlevé sans un jugement préalable et compétent; que les dégoûts ne soient pas multipliés pour avilir une des plus honorables professions; qu'au contraire, par toutes les distinctions possibles, en leur attribuant le respect du peuple, on les oblige à se respecter eux-mêmes; qu'on les mette trop en vue pour qu'ils puissent prévariquer impunément, afin que, toujours sous les yeux de la nation, inflexibles et impassibles comme la loi dont ils sont l'organe, ils deviennent, comme elle, l'appui du bon, l'effroi du méchant.

XII.

Qu'on renouvelle les ordonnances qui leur défendent d'obéir aux lettres clauses, et aux ordres injustes et arbitraires.

XIII.

Que l'on fixe la durée et la forme des études que doivent faire ceux qui se destinent à cet état; que l'âge, les degrés par les quels ils doivent passer, la forme et le nombre des examens réels, et non illusoires, qu'ils doivent subir, soient déterminés comme dans nombre d'autres professions moins importantes.

XIV.

Qu'il soit statué que les provisions des magistrats seront à vie; mais que le droit de les accorder sera réservé au roi seul, qui, chargé de la dette de la justice, doit choisir ceux qu'il commet pour l'acquitter.

XV.

Qu'il soit statué que toute loi, ordonnance, édit, déclaration émanée du vœu de la nation et revêtue de la sanction du roi, comme il a été dit ci-dessus, sera, avant d'être mise à exécution, adressée aux Cours souveraines qui seront chargées de la faire lire, publier, enregistrer, adresser aux Cours inférieures; en un mot, de lui donner au nom du roi l'authenticité convenable; car il est évident que devant appliquer la loi, il faut qu'elles la connoissent et qu'elle soit inscrite sur leurs registres, afin qu'elles puissent la consulter.

XVI.

Qu'il leur sera fait défense et inhibition de publier et faire exécuter aucune loi civile et fiscale qui ne seroit pas revêtue du double et indispensable caractère du consentement de la nation et de la sanction du monarque, à peine d'en répondre en leurs propres et privés noms.

XVII.

Qu'il sera incessamment procédé, par des commissaires nommés par les Etats-Généraux, à la réforme de la jurisprudence civile et criminelle pour, leur travail rapporté, être statué, par les dits Etats-Généraux et le roi, ce qu'il appartiendra.

XVIII.

Que, cependant, les degrés de juridictions inférieures seront laissés entre les mains des seigneurs qui sont en jouissance de ce droit, confirmé par le traité d'échange de 1601 et toutes les ordonnances des rois.

XIX.

Enfin, lorsque les droits indubitables, imprescriptibles, énoncés dans les articles I, II, III, IV, V et VI, auront été solennellement reconnus, jurés et proclamés par une loi formelle expresse; dans ce cas, et non autrement, la Noblesse du Bugey donne pouvoir à son représentant de consentir pour elle aux impôts qui seront jugés nécessaires pour consolider et hypothéquer la dette du roi, et pour la reconnoître dette de la nation, après que les Etats-Généraux auront pris une connoissance exacte de la situation des finances, de la cause et de l'origine du déficit, et modérer les intérêts usuraires.

XX.

Elle le charge, en outre, de solliciter les Etats-Généraux de nommer une commission pour revoir et examiner les titres, motifs et qualités des pensions; modérer ou supprimer celles qui ne seront pas la récompense de services rendus à l'Etat; car il faut payer ses dettes avant de faire des générosités.

XXI.

Dans le nombre des impôts proposés, de choisir ceux qui seront les plus aisés à répartir également, qui donneront le moins de prise à la fraude, porteront sur le luxe et les capitalistes, et grèveront le moins possible l'agriculture et le commerce.

XXII.

De solliciter les Etats-Généraux de se faire représenter l'état de chaque département, même de celui de la maison du roi, afin d'y établir une règle sévère, invariable, et d'y affecter les fonds qui y seront jugés nécessaires, et de prendre les moyens les plus sûrs pour qu'aucune somme ne puisse être intervertie de l'objet de sa destination.

XXIII.

De stipuler que la masse des subsides ne pourra excéder la somme nécessaire aux besoins indispensables de l'Etat, et ne pourra être consentie pour un temps plus long que six mois après la prochaine convocation des Etats-Généraux qui sera fixée auparavant à un terme très-rapproché.

XXIV.

Que la somme totale des besoins de l'Etat, une fois fixée, les Etats-Généraux s'occupent de répartir à chaque personne la part qu'elle en doit supporter, et d'ordonner qu'à l'avenir chacune répartira, lèvera et versera au Trésor royal les subsides qui lui seront échus pour sa part, sans le ministère d'aucun agent intermédiaire, sauf au trésorier de la province à retenir sur les subsides les diverses sommes qui devront être reversées à la dite province, suivant l'état qui en sera chaque année arrêté au Conseil des Finances.

XXV.

La Noblesse du Bugey donne pouvoir à son représentant de consentir, et en tant que de besoin, proposer l'aliénation des domaines de la couronne, soit par rentes perpétuelles et irrévocables, soit par des inféodations stipulées sous la réserve d'une rente perpétuelle dont la valeur sera déterminée en blé, lui recommandant de prendre toutes les précautions que sa prudence lui suggérera, pour que le produit des ventes ou des introges soit employé sans distraction à la liquidation des dettes de l'Etat.

XXVI.

Elle lui donne également pouvoir de confirmer les aliénations précédemment faites, si le prix en est jugé suffisant.

XXVII.

Le charge de solliciter les Etats-Généraux, en s'occupant de la réforme de divers abus, de ne pas oublier le maintien et la protection qu'ils doivent à la religion catholique, apostolique et romaine, protection très-compatible, cependant, avec une tolérance légitime.

XXVIII.

D'interdire toute résignation de bénéfices à charge d'âmes, comme une plaie faite à la discipline canonique, et par là rendre plus utile à l'Eglise et à l'Etat le choix des ministres de la religion.

XXIX.

Déclarer que les vœux de religion, pour l'un et l'autre sexe, ne pourront être prononcés qu'après l'âge de vingt-cinq ans accomplis.

XXX.

De veiller au maintien des bonnes mœurs, et de travailler à un plan d'éducation nationale.

XXXI.

De s'occuper à établir, par une loi claire et précise, la liberté légitime de la presse, objet essentiel dans le quel a toujours régné la plus odieuse inquisition, ou la plus scandaleuse licence, selon que l'une ou l'autre a pu favoriser les vues perfides des administrateurs.

XXXII.

D'établir, par des réglements sûrs, le service prompt et exact des messageries et postes aux lettres, ainsi que leur fidélité et secret inviolable.

XXXIII.

Demander un réglement pour l'ouverture et l'entretien des chemins royaux en Bugey, et représenter, qu'attendu que le numéraire est rare dans cette province, et que son sol les rend d'un entretien peu dispendieux, la plus grande partie des communautés préféreroit de conserver le régime de la corvée, malgré les abus qui en résultent. Statuer, en conséquence, qu'il sera délibéré chaque année sur l'établissement de l'imposition qui sera jugée nécessaire pour cet objet, la quelle sera répartie sur chaque communauté dans un rapport combiné de sa force et de sa proximité de la grande route, sauf à chaque communauté d'opter de verser au trésor de la province sa quote-part de l'imposition, ou de faire faire par la corvée la tâche qui lui aura été assignée.

XXXIV.

Demander la confection et entretien des chemins vicinaux, sans préjudice des droits de voirie attachés aux hautes justices.

XXXV.

Se mettre au fait de l'état actuel de l'agriculture, du commerce et de l'industrie dans tout le royaume, et solliciter la suppression des entraves multipliées, successivement imaginées par l'avidité du fisc, après avoir toutefois mûrement examiné si, dans la crise actuelle de l'Etat, leur produit étant nécessaire, il peut être remplacé par quelqu'autre subside moins onéreux.

XXXVI.

En conséquence, sous cette condition préliminaire, le charge de demander la suppression de la gabelle, particulièrement à charge à cette province qui, étant en grande partie stérile et montagneuse, n'a d'autre ressource que dans ses pâturages qui lui permettoient anciennement d'élever un grand nombre de troupeaux, branche d'industrie à la quelle elle s'est vue forcée de renoncer depuis que le prix du sel a été successivement porté à un taux exorbitant.

XXXVII.

Demander la suppression du droit sur les papiers, sur les cuirs, sur les fers, huiles et savons, et celle des traites intérieures qui isolent les provinces de ce vaste Empire, et qu'en conséquence les barrières soient reculées aux frontières, le long des quelles ne sera établie que la lisière la plus indispensablement nécessaire à la perception du droit; et en exigeant même, pour les provinces sujettes à cette lisière, un dégrèvement proportionné à la surcharge qui en résultera pour elles: ordonner cependant que les employés de la ferme ne pourront faire aucune visite dans les maisons des particuliers sans être assistés du sindiq du lieu, le quel sera tenu de signer les procès-verbaux qu'ils sera dans le cas de dresser, pour qu'ils puissent faire foi en justice, et que les contestations et délits qui pourroient naître de la contravention au présent réglement, seront portés par devant les juges ordinaires, et en conséquence seront anéantis jusques au nom, ces tribunaux de sang, connus sous la dénomination de *Commissions du Conseil,* en horreur au peuple à qui elles rappellent à chaque instant la rigueur de leur institution et leur impitoyable dévouement à la cupidité de ceux qui les imaginèrent.

XXXVIII.

La suppression du droit de contrôle, droit non moins onéreux par les entraves qu'il met dans le commerce, que par la rigueur et l'arbitraire de sa perception; ou, si les besoins de l'Etat obligent à le conserver, demander au moins qu'il soit fixé par un tarif invariable qui porte sur des bases claires et précises, et perçu en raison de la valeur des actes et non de la qualité des contractants, et proposer de le diriger au moins vers un but d'utilité publique en ordonnant que les actes des parties soient littéralement copiés, comme cela se pratique en Savoie, sur les registres des tabellions qui feroient foi en justice, et seront déposés dans des archives établies à cet effet dans le chef-lieu de chaque province ou arrondissement.

XXXIX.

Demander que pour donner au Bailliage de Belley toute l'importance que doit avoir le premier siége de cette province, il ressortisse dorénavant nuement au Parlement, et qu'aucunes causes quelleconques ne puissent être portées au Présidial de Bourg dont la juridiction sera abolie en Bugey.

XL.

Demander la suppression des tribunaux d'exception et autres offices de judicature dont les fonctions, non moins que les priviléges dont jouissent ceux qui en sont pourvus, sont extrêmement onéreux au peuple, en conséquence demander que les charges des officiers des maîtrises, tables de marbre, élections, greniers à sel, trésoriers de France, ainsi que les huissiers et jurés-priseurs soient supprimées, leurs charges remboursées au taux de la finance, et leurs fonctions attribuées soit aux juges gruyers des seigneurs, soit aux autres tribunaux déjà existants, si on ne trouve à les remplacer par quelque autre voie plus salutaire.

XLI.

Demander que les citoyens ne soient plus troublés dans leurs maisons par l'inquisition des salpêtriers et faiseurs de salin, qu'ils ne puissent en prendre de la terre, et que les communautés ou les propriétaires de bois ne soient obligés de leur fournir quoi que ce soit que de gré à gré, et moyennant salaire.

XLII.

Demander la suppression de l'impôt connu sous le nom d'étape, sauf à être pourvu à son remplacement par les Etats-Généraux, ainsi qu'ils y aviseront.

XLIII.

Mettre en délibération si les maîtrises, jurandes, messageries et autres priviléges exclusifs ne doivent pas être supprimés, comme étant à charge à une partie du peuple dont ils enchainent l'industrie, et au public qui en est servi plus chèrement.

XLIV.

Demander qu'on accorde à chaque province la faculté de racheter de gré à gré, et à un taux légitime, les droits de péage qui gênent partout la libre circulation du Royaume, et qui étant la plupart gratuits, sont bien éloignés de leur première institution, n'ayant été presque tous accordés que pour dédommager des avances que coûtoient l'ouverture et l'entretien des chemins, ou la construction des ponts qui sont partout maintenant à la charge de la province.

XLV.

Demander que les moyens d'acquérir la noblesse, aujourd'hui trop multipliés, soient restreints dans les justes bornes qui seront jugées nécessaires au maintien de cet ordre essentiel dans un Etat monarchique. Que l'état militaire continue à demeurer affecté à la Noblesse, conformément aux dernières ordonnances qui seront renouvelées, si besoin est, sans fermer néanmoins toutes voies d'avancement au mérite qui se seroit distingué dans les postes subalternes et qui, parvenus aux grades supérieurs, pourroient acquérir la noblesse.

Les considérations qui engagent la Noblesse à faire cette demande sont, qu'étant une classe plus spécialement destinée à la défense de l'Etat, l'usage lui a interdit toutes les professions lucratives qui pourroient détourner de cette honorable fonction, et qu'elles sont devenues le partage exclusif du Tiers-Etat.

XLVI.

Solliciter les Etats-Généraux de prendre en considération l'état actuel de l'armée, d'examiner si la nation française, ne voulant point reculer ses frontières, mais seulement les conserver, elle ne pourroit pas rendre à l'agriculture et au commerce une partie des stipendiaires qu'elle entretient, et les remplacer par une milice nationale assez bien exercée pour défendre l'Etat au besoin.

XLVII.

Prescrire aux militaires le serment que les troupes doivent au roi et à la nation.

XLVIII.

Demander que les grades d'officiers généraux ne soient pas multipliés au point de diminuer la considération qui leur est due, en en faisant des êtres sans fonctions; et que la plus sévère économie préside à l'avenir aux traitements qui seront accordés aux grades supérieurs.

XLIX.

Demander pareillement la suppression des gouvernements des châteaux, maisons royales et autres places sans fonctions, dont les appointements contribuent à la surcharge de l'Etat.

L.

Qu'on renouvelle et qu'on fasse exécuter les ordonnances qui défendent le port et le recèlement des armes, en conservant à la Noblesse et aux militaires cette juste prérogative; qu'en conséquence il soit fait très-expresse inhibition et défense à tout roturier, de quelque profession qu'il soit, de porter aucune arme, et notamment l'épée, qui de tout temps fut la marque distinctive de la Noblesse.

LI.

Solliciter les Etats-Généraux de s'occuper, pour l'abolition de la mendicité, d'une loi, non de rigueur, comme celle qui existe maintenant, mais d'une loi de police et d'amour, par la quelle les mendiants valides seront obligés à travailler, et les pauvres, les vieillards et les infirmes, assurés d'être soignés et nourris dans cet esprit de charité si convenable à des chrétiens, et d'humanité si digne de la Noblesse.

LII.

Demander que les Etats-Généraux continuent d'accorder à l'agriculture la protection que mérite le premier des arts dans un Etat agricole, et de renouveler les édits sur les clôtures, de fixer la largeur et la profondeur des fossés nécessaires pour qu'un fonds soit enclos, de mettre en vigueur les loix qui interdisent les défrichements sur les terrains en pente, et tenir la main à l'exécution de ces mesures.

LIII.

Demander également la concordance des loix forestières avec les principes reconnus de l'agriculture avec les quels elles sont en perpétuelle contradiction.

LIV.

Prendre en considération l'état et l'administration des communaux de la France, et particulièrement de ceux de cette province. Représenter qu'étant presque partout coupée par des collines élevées ou hérissée de montagnes, ses seules ressources consistent dans ses pâturages, ses vignes et ses bois; que principalement ces derniers, d'une qualité supérieure, comme l'ont constaté dernièrement les expériences faites à Toulon par ordre du gouvernement, pourroient, avec quelques années d'une bonne administration, devenir une source précieuse pour l'Etat, la cause prochaine de l'opulence de la province, lui fournir des moyens de supporter plus aisément l'onéreux fardeau des charges publiques. Que pour parvenir à ce but si désirable, un des meilleurs moyens seroit la division des communaux qui sont considérables dans la province, presque partout absolument dégradés, et dont le rétablissement paroît impossible tant que cette propriété sera commune; en conséquence, ordonner que les communaux en bois seront divisés et répartis d'après la base qui paroîtra la plus juste et la plus convenable au bien public; sans préjudice des droits des seigneurs, et que la part qui en sera échue à chaque particulier sera régie par le droit commun des propriétés, et conformément aux loix forestières qui seront établies.

LV.

Demander que le royaume soit divisé par les Etats-Généraux en un certain nombre de districts, connus sous le nom de provinces, en respectant les anciennes associations qui ont rapproché les cantons qui ont le plus de rapport et de liaison entr'eux par leur situation, leurs productions et leurs coutumes. Déclarer que dans chacune de ces provinces, et notamment en Bugey, seront établies des administrations particulières sous le nom d'Etats provinciaux.

LVI.

En conséquence, ordonner qu'il sera rendu au Bugey ses Etats, tels qu'ils existoient anciennement, avec tous les droits dont ils jouissoient. Dans le cas néanmoins où les Etats-Généraux établiroient une constitution générale et uniforme dans tout le Royaume, la Noblesse consent que ceux du Bugey soient assimilés à tous les autres sous les conditions énoncées ci-après.

LVII.

D'abord, que les dits Etats ne pourront consentir aucuns subsides ou dons gratuits pour les affaires du Royaume; cette faculté étant exclusivement réservée aux Etats libres et généraux de la France, après qu'il en aura été délibéré par les représentants de la province, librement élus.

LVIII.

Que les Etats provinciaux ne pourront aliéner, hypothéquer ni emprunter pour leurs besoins particuliers, sans avoir préalablement assuré les fonds nécessaires pour l'acquittement des intérêts et le remboursement successif du capital.

LIX.

Que dans tous les cas la province du Bugey aura le droit de s'administrer elle-même sous l'autorité immédiate du roi, et sans le ministère d'aucun agent intermédiaire.

LX.

En conséquence, qu'elle sera délivrée des entraves du commissaire départi, invention moderne qui s'opposeroit constamment au bien et au bonheur de la province.

LXI.

Que les officiers des ponts et chaussées et autres qu'elle pourroit employer pour la confection des chemins et des ouvrages d'art lui seront absolument subordonnés; qu'elle pourra les instituer et destituer à volonté.

LXII.

Que les charges des receveurs généraux et particuliers de la province seront et demeureront supprimées, et leurs fonctions adjugées à un trésorier établi par commission, révocable à la volonté de la province, qui sera tenue de fournir une caution solide et suffisante dans le Bugey, et de verser tous les fonds au Trésor royal, directement et sans intermédiaire.

LXIII.

Que l'administration qui sera rendue ou donnée au Bugey sera distincte, et ne pourra jamais cesser par suspension, suppression, ni corporation ou autrement.

LXIV.

Solliciter des Etats-Généraux de s'occuper d'un réglement qui, déterminant positivement les droits et les fonctions des Bailliages d'épée, leur donne la juste prééminence qu'ils doivent avoir sur leurs lieutenants, leur rende, dans tout ce qui aura rapport à la convocation des Etats-Généraux, et du ban et arrière-ban, la plénitude des fonctions judiciaires, civiles et militaires, pour l'exercice des quelles ces officiers furent institués, et assurer à la Noblesse la juste distinction d'être toujours présidée par un membre de son corps.

LXV.

La Noblesse du Bugey, prévoyant le cas où le premier ordre du Royaume viendroit à être représenté aux Etats-Généraux par la partie de cet ordre qui, n'ayant que peu ou point de propriétés, a des intérêts directement contraires à ceux des hauts décimateurs, ce qui détruiroit absolument dans cet ordre l'équilibre des divers intérêts qui a servi de motif à la plus grande représentation du Tiers-Etat. Dans ce cas, elle charge son député d'appuyer aux Etats-Généraux les représentations que le haut Clergé pourroit se croire en droit de faire contre une innovation qui détruiroit les formes antiques, en éloignant les prélats de l'Assemblée nationale à la quelle ils avoient anciennement le droit d'assister tous en personne. L'esprit général qui semble répandu dans presque tout le Royaume ne confirme que trop les justes appréhensions exprimées dans ce qui précède. La Noblesse du Bugey charge son représentant de demander avec instance que l'on respecte et maintienne les formes antiques du Clergé, et notamment celle qui lui assure de former un ordre distinct et constitutionnel dans l'Etat, et de s'assembler séparément à certaines époques pour s'occuper des affaires de son corps et de tout ce qui peut concerner la religion et le culte sacré confié à son ministère.

LXVI.

Charge son député de demander que toutes les délibérations des Etats-Généraux soient motivées, signées de tous les membres et imprimées; et que, lorsqu'elles ne seront pas prises à l'unanimité, l'avis contraire à celui qui aura eu la pluralité soit aussi motivé et signé de tous ceux qui y auront adhéré.

LXVII.

La Noblesse du Bugey exhorte tous ses membres, et généralement tous ses concitoyens, à adresser à son député, ou à MM. les membres de son Conseil intermédiaire, tous les mémoires qu'ils jugeront convenables sur la législation et l'administration, afin de s'environner de toutes les lumières possibles dans une circonstance aussi importante.

LXVIII.

Elle ordonne à son représentant de prendre tous les moyens possibles pour maintenir à jamais la constitution, fixer positivement les droits du monarque et ceux des sujets, en conciliant la majesté du peuple avec celle du roi, et lui donne généralement pouvoir de proposer, aviser, remontrer et consentir tout ce qu'il croira, en son âme et conscience, être utile à la prospérité de l'Etat, la gloire du monarque, le bonheur de la province et les intérêts de la Noblesse; déclarant que les instructions contenues au présent cahier, ne sont de rigueur que pour les articles I, II, III, IV, V et VI, et ce qui est prescrit par les articles X et XIX. Le chargeant au surplus de présenter à Sa Majesté l'hommage du profond respect, de la fidélité, reconnoissance et dévouement de la Noblesse du Bugey, et de correspondre exactement avec M. le premier sindiq de la Noblesse, au quel il sera tenu de rendre un compte exact de toutes les opérations qui seront faites, ou des questions qui seront agitées aux Etats-Généraux, le quel en fera part à la commission intermédiaire, pour prendre son avis sur les questions délicates où le député de la Noblesse croiroit avoir besoin de s'éclairer de leurs conseils.

Les quelles instructions et pouvoirs ont été lus, approuvés et arrêtés en l'Assemblée particulière de la Noblesse du Bailliage de Bugey, tenue à Belley par devant nous **Louis-Honoré de Montillet de Grenaud,** marquis de Rougemont, seigneur de Rochefort, Champdor et autres lieux, maréchal des camps et armées du roi, grand bailli d'épée du Bugey, afin d'être présentés à l'Assemblée générale des Etats du Royaume, indiquée par Sa Majesté pour le 27 avril prochain.

Signé :

De Bouvens-Chatillon.
Malyvert.
De Quinson.
La Guette-Mornay.
Murard-Lestang, comte de Montferrand.
Cremeaux d'Entragues.
De Seyssel.
Le marquis de Clermont-Mont-Saint-Jean.
De Montillet, grand bailli d'épée.
Guinet de Montverd, secrétaire.

PROCÈS-VERBAL

DE L'ÉLECTION DU DÉPUTÉ DE LA NOBLESSE DU BUGEY

AUX ÉTATS-GÉNÉRAUX.

Le mardi 24 mars 1789, après midi, la Noblesse du Bailliage de Belley, assemblée dans une salle de l'hôtel de la province, et composée des mêmes membres dont les noms sont rapportés en tête du procès-verbal de la séance du 17 du dit mois, désirant se conformer au réglement de Sa Majesté du 24 janvier 1789 et à l'ordonnance rendue en conséquence par M. le lieutenant particulier de ce siége, en l'absence de M. le bailli; après avoir prêté le serment ordinaire et pris la délibération de procéder séparément à la rédaction des cahiers et à l'élection de son député; après avoir nommé, en conformité du dit réglement, un secrétaire et huit commissaires, les quels ont procédé sans délai à la rédaction des dits cahiers, qui ont été lus, relus et définitivement approuvés dans l'Assemblée de l'ordre de la Noblesse, tenue ce jourd'hui matin, et, en suite de l'approbation, clos et signés par M. le président, MM. les commissaires et secrétaire, et remis à M. le bailli, pour être délivrés ensuite au député qui sera élu.

Désirant procéder à l'élection du dit député, ayant fait apporter un vase sur une table au devant du secrétaire de l'Assemblée, et les billets de tous les membres y ayant été ostensiblement déposés pour l'élection des trois scrutateurs, les dits billets ayant été recensés et vérifiés par les trois plus anciens d'âge et le secrétaire, MM. les marquis **de Châtillon**, **de Cremeaux** et le comte **de Seyssel-Sothonod**, ayant réuni le plus de voix, ont été déclarés scrutateurs, et s'étant incontinent placés devant le bureau, ils ont déposé ostensiblement leur billet dans le vase préparé à cet effet; après quoi tous et un chacun des électeurs sont venus l'un après l'autre déposer pareillement les leurs, et ont repris leurs places. Les scrutateurs ont incontinent procédé au compte et recensement des billets d'élection, le quel s'est trouvé le même que celui des membres de l'Assemblée et des procurations dont ils sont porteurs. Le nombre des billets ainsi constaté, ils les ont ouverts et les voix ont été vérifiées à voix basse ; ce qui étant achevé, ils ont déclaré M. le marquis **de Clermont-Mont-Saint-Jean**, légalement élu, comme ayant réuni plus de la moitié des suffrages, le quel a promis de se rendre à l'Assemblée des trois ordres pour y prêter le serment accoutumé et y recevoir les cahiers de son ordre, avec les pouvoirs que l'Assemblée de la Noblesse lui donne dès à présent de proposer, aviser, remontrer et consentir tout ce qui peut concerner les besoins de l'Etat, la réforme des abus, l'établissement d'une forme fixe et durable dans toutes les parties de l'administration, la prospérité générale du Royaume et le bien de tous et de chacun des sujets du roi, lui enjoignant cependant de se conformer à ce qui est prescrit dans les cahiers qui lui seront remis, et lui défendant expressément de s'écarter en aucune manière de ce qui est prescrit par les articles X et XIX des dits cahiers, aux quels il ne pourra déroger en aucune manière.

Le dit procès-verbal sera déposé au greffe de ce siége, et copie duement collationnée d'iceluy sera remise au dit député avec le cahier de la Noblesse du dit Bailliage.

Fait à Belley, en la salle accoutumée, les mêmes jour et an que dessus.

Les quelles instructions et pouvoirs ont été lus, approuvés et arrêtés en l'Assemblée générale du Bailliage, tenue à Belley par devant nous **Louis-Honoré de Montillet de Grenaud**, marquis de Rougemont, seigneur de Rochefort, Champagne et autres lieux, maréchal des camps et armées du roi, grand bailli d'épée du Bugey, afin d'être présentés à l'Assemblée générale des Etats du Royaume, indiquée par Sa Majesté pour le 27 avril prochain, par **Jacques** marquis **de Clermont de Mont-Saint-Jean**, baron de Flaxieu, colonel attaché au régiment de chasseurs de Champagne, au quel avons donné et donnons pouvoir et puissance de faire suivant qu'il a été arrêté entre nous.

En témoin de quoi les dites instructions et pouvoirs ont été délivrés à M. le marquis **de Clermont de Mont-Saint-Jean.**

Signé au pied du procès-verbal :

De Bouvens-Chatillon.
Malyvert.
La Guette-Mornay.
De Quinson.
De Seyssel.
Cremeaux d'Entragues.
Murard-Lestang, comte de Montferrand.
Le marquis de Clermont-Mont-Saint-Jean.
De Montillet.
Guinet de Montverd, secrétaire.

LETTRE DE M. LE MARQUIS DE CLERMONT-MONT-SAINT-JEAN,

ADRESSÉE A SES COLLÉGUES DE L'ASSEMBLÉE NATIONALE.

Paris, ce 18 octobre 1789.

Messieurs,

L'impossibilité d'obtenir la parole, et l'importance que peut avoir dans ce moment le mécontentement général d'une province frontière, me force à user de la voie de l'impression pour vous faire connoître promptement ce qui se passe dans celle du Bugey que j'ai l'honneur de représenter.

Cette province, ainsi que la Bresse, furent échangées en 1601 contre le marquisat de Saluces. Par ce traité et celui de limite fait en 1760, les souverains de France et de Savoie, contractants, ont respectivement garanti les droits, priviléges et immunités des habitants de ces pays échangés.

Dès cette époque, ceux du Bugey, glorieux d'être François, en ont donné des preuves par leur soumission aux loix du Royaume, leur respect et leur attachement sans bornes pour les volontés et la personne du roi.

Ils en ont consigné la preuve la plus éclatante dans les cahiers donnés par les trois ordres de la province à leurs représentants aux Etats-Généraux.

Chacun s'est empressé d'y renoncer aux priviléges particuliers ou pécuniaires; chacun a désiré, demandé et consenti une égalité nécessaire au bonheur public.

La province entière, pour concourir à atteindre ce but, a déclaré qu'elle renonceroit à la forme de son administration, si une nouvelle étoit généralement adoptée par le Royaume.

Mais, en faisant ces sacrifices et en renonçant à ces formes anciennes, elle s'est réservé le droit d'administrer elle-même séparément, et sans division ni réunion.

Ce droit est le plus beau, le plus ancien et le plus cher de ceux dont elle a constamment joui ; et l'on peut dire que sa position, son étendue, quoique circonscrite, l'air, le sol, le caractère de ses habitants, ses productions, et surtout la nature des limites qui la séparent de ses voisins, lui rendent nécessaire son administration distincte et séparée.

Aussi, Messieurs, la crainte seule de se voir réunir au département de Bresse, a excité les plus vives inquiétudes dans les campagnes; des municipalités se sont assemblées, et toutes ont consigné de fortes réclamations dans des délibérations qu'elles ont adressées à la commission intermédiaire, en la priant d'y joindre leur intervention pour prévenir et s'opposer à une pareille décision.

C'est dans cette circonstance, accompagnée d'une misère affreuse, suite des fléaux qui ont ravagé cette année toutes les récoltes de cette province, pauvre même dans les années d'abondance, que M. le premier ministre des finances a adressé à la commission intermédiaire divers décrets relatifs au recouvrement des impositions, et notamment à celui de la contribution patriotique. Il l'invite à employer l'influence qu'elle peut avoir dans la province, pour assurer l'entière et prompte exécution de ces divers décrets, d'où dépend le salut de l'Etat.

Les membres de la commission intermédiaire, dont on peut garantir l'union, le zèle et les efforts pour le bien public, viennent d'adresser à M. le premier ministre des finances, pour le mettre sous les yeux du roi, et à chacun de ses députés, pour vous en donner connoissance, un mémoire qui mérite la plus sérieuse attention, et qui vous sera lu quand vous l'ordonnerez. Il démontre leur zèle, leur bonne volonté pour seconder de tous leurs efforts l'exécution des décrets de l'Assemblée et des ordres du roi, et pour concourir personnellement, par toute sorte de sacrifices, au salut de l'Etat.

Ils assurent qu'il ne s'est fait encore que dix-huit cent livres de recette sur les impositions pour l'année courante, qu'il en est dû vingt-cinq mille d'arrérages de l'année dernière, et que les seuls recouvrements certains à espérer promptement seront ceux des rôles de supplément des privilégiés, sitôt qu'ils seront confectionnés.

Mais, que la misère du peuple est si grande, et ses alarmes si vives sur leur administration, qu'ils craignent que leurs efforts ne soient vains *pour la perception des impositions courantes et celle de la contribution patriotique, qui devra être prise sur le plus étroit nécessaire*, si l'on ne rassure d'avance et promptement les campagnes sur leurs plus justes craintes.

Enfin, Messieurs, ils demandent sur ce point l'intervention de M. le premier ministre des finances auprès de vous, et chargent leurs députés *de vous faire connoître le vœu de la province, et de s'opposer de tous leurs efforts à toute division du Royaume qui tendroit à incorporer ou démembrer l'administration du Bugey.*

En conséquence, je déclare que je ne puis, non plus que mes collègues, y consentir, d'autant qu'il est facile de n'en faire qu'un seul département.

Signé : Le marquis DE CLERMONT-MONT-SAINT-JEAN.

Exposé des principes et de la conduite de M. de Clermont-Mont-Saint-Jean, député du Bugey,

ADRESSÉ A SES COMMETTANTS,

DISTRIBUÉ AUX MEMBRES DE L'ASSEMBLÉE NATIONALE.

---

30 aoust 1790.

Messieurs,

Avant que de m'absenter et de profiter du congé que ma santé et mes affaires me forcent de prendre, permettez-moi de vous rendre un compte fidèle des principes qui ont été la base de ma conduite depuis le moment où j'ai été chargé de vos pouvoirs.

Jamais je ne me suis écarté, jamais je ne m'écarterai *librement* de ces principes renfermés dans l'extrait ci-joint des cahiers qui m'ont été remis par vous; j'ai fait serment de m'y conformer; ils ont motivé et justifié mes opinions, qui ont été constamment opposées à tout ce qui s'est fait de contraire à l'esprit de ces cahiers.

J'ai ardemment désiré que l'on rendît un témoignage éclatant de respect à notre religion, *en la déclarant seule nationale ;* je me suis opposé à toutes les atteintes que je crois avoir été portées à la monarchie; j'ai vu avec une douleur profonde les désastres qui ont désolé et qui désolent encore la France, la misère qui s'y accroît chaque jour, les erreurs qu'on y a semées pour égarer les peuples. J'ai regardé comme le plus grand des malheurs la nullité du pouvoir exécutif pour prévenir ou arrêter tant de maux, ainsi que l'inutilité des tendres sollicitudes du meilleur des rois pour tous ses sujets, surtout pour les malheureux et les opprimés, et celles d'une reine, dont les vertus, le courage et le caractère ne trouvent aucun parallèle dans l'histoire ; j'ai frémi de douleur et d'indignation lorsque j'ai vu que les dangers et les outrages, aux quels ont été exposés le roi, son auguste compagne et toute sa famille, ont été impunis.

Je n'ai protesté que contre le décret du 19 juin, mais je ne l'ai fait que pour ne point me diviser des autres députés de la Noblesse, car je crois cet acte, qu'on n'a pas voulu recevoir, inutile et de bien moindre valeur *que la parole que je vous donne et que je renouvellerai en face de l'univers, de ne m'être jamais écarté librement des limites des pouvoirs que vous m'avez confiés, ni de celles du serment que je vous ai prêté.*

Mon plus ardent désir est de voir ma patrie libre et heureuse, ses peuples soulagés, les calomnies et les systèmes faire place à la vérité et aux vrais principes. Alors, tout homme d'honneur pourra, sans avoir de combats à livrer et de dangers à courir, remplir les engagements qu'il aura contractés pour servir sa patrie et les concitoyens qui l'ont honoré de leur confiance.

Signé : CLERMONT-MONT-SAINT-JEAN,
Député du Bugey.

EXTRAITS DES REGISTRES DES ASSEMBLÉES

DE LA NOBLESSE

DU PAYS DE GEX

PAYS DE GEX

ADMISSIONS DANS LES ASSEMBLÉES

DE LA NOBLESSE

Du 28me *du mois de mai* 1745.

Le corps de la Noblesse du pays de Gex étant assemblé, **M. de Brosses de Tournay**, bailli, a dit qu'il a présenté un placet au roi, pour qu'il plût à Sa Majesté permettre l'Assemblée du corps de la Noblesse pour ce jour d'hui; ce qu'ayant obtenu, il l'a convoqué, conformément aux intentions de Sa Majesté, tant pour le choix des officiers que pour délibérer sur les affaires du corps, ainsi qu'il paroît par l'ordre mis au bas du placet, dont s'ensuit la teneur :

« Sire,

« Le bailli de la Noblesse du pays de Gex vous remontre très-humblement, de la part du corps de la dite Noblesse, qu'il est d'usage de convoquer une Assemblée générale de tous les gentilshommes du pays de Gex à chaque triennalité, pour procéder à la nomination des sindiqs et officiers, et de délibérer sur les affaires qui concernent le corps; ce qui l'engage à prendre la liberté de supplier Votre Majesté de lui permettre de convoquer la dite Assemblée générale pour le 28 du mois de mai prochain, dans la ville de Gex, pour pouvoir délibérer sur les affaires qui concernent la dite Noblesse, qui continuera ses vœux et prières au ciel pour la santé et prospérité de Votre Majesté.

« Signé : DE BROSSES DE TOURNAY. »

LETTRE DE M. DE SAINT-FLORENTIN A M. DE BROSSES DE TOURNAY, DATÉE A VERSAILLES LE 9 AVRIL 1745.

« Monsieur,

« Je vous renvoie la requête que vous m'avez adressée pour la convocation de l'Assemblée générale de tous les gentilshommes du pays de Gex. L'intention de Sa Majesté est qu'elle soit convoquée le 28 du mois de mai prochain. Vous aurez, s'il vous plait, l'attention de m'adresser une copie des délibérations prises dans cette Assemblée, et de m'informer de tout ce qui s'y passera, afin que j'en puisse rendre compte à Sa Majesté.

« Signé : SAINT-FLORENTIN. »

Ensuite, l'Assemblée des gentilshommes de la dite province s'étant mise en délibération pour le choix des officiers, elle a nommé unanimement pour remplir la place de sindiq du corps, en remplacement de M. **de Prez-Crassier**, décédé :

M. **Sauvage de Verny;**

Conseillers : MM. **de la Forêt; de Borssat.**

Etoient présents à cette Assemblée et ont signé au registre les gentilshommes dont suivent les noms :

MM.
De Brosses de Tournay.
Sauvage de Verny.
De la Forêt.
De Borssat.
De la Forêt de Divonne.

MM.
De Gillier de la Frette de Chanas.
Bourgeois de Billiat.
Du Four du Château.
Sédillot de Saint-Genis.

Du 24me avril 1748.

Assemblée des gentilshommes du pays de Gex, tenue par devant messire DE BROSSES DE TOURNAY, **grand bailli du pays de Gex, etc.**

ÉLECTION DU SYNDIC ET DES CONSEILLERS DE LA NOBLESSE.

L'Assemblée des gentilshommes s'étant mise en délibération pour le choix des officiers, elle a nommé unanimement et continué pour remplir la place de syndic du corps :

M. **de Sauvage de Verny.**

Conseillers : MM. **de la Forêt; Sédillot de Saint-Genis.**

Présents à l'Assemblée et signataires au registre :

MM.

De Brosses de Tournay, grand bailli de Gex.
De Sauvage, syndic.
La Forêt de Divonne, conseiller.
Sédillot de Saint-Genis, cons[ller].

MM.

Menthon de Lornay.
Du Four.
De Chassay.
De Prez.

Du 24me septembre 1750.

Assemblée des gentilshommes du pays de Gex, tenue par devant messire DE BROSSES DE TOURNAY, **grand bailli du pays de Gex.**

ÉLECTION DU SYNDIC ET DES CONSEILLERS DE LA NOBLESSE.

L'Assemblée des gentilshommes, s'étant mise en délibération pour le choix de ses officiers, elle a nommé unanimement et continué pour remplir la place de syndic du corps :

M. **de Sauvage de Verny;**

Conseillers : MM. **de la Forêt; Sédillot de Saint-Genis.**

Présents à cette Assemblée et signataires au registre :

MM.	MM.
De Brosses de Tournay.	*De Chassay.*
La Forêt de Divonne.	*De Gillier de la Frette.*
De Pingon, seigneur de Prangin.	*De Sacconay.*
De Sauvage.	*Sédillot.*
Du Four du Château.	*Sédillot de Saint-Genis.*
D'Apvrieulx.	

Du 8me *novembre* 1753.

Assemblée de la Noblesse du pays de Gex, tenue par devant messire DE BROSSES DE TOURNAY, **grand bailli du pays de Gex.**

ÉLECTION DES OFFICIERS DE LA NOBLESSE DE GEX.

L'Assemblée de la Noblesse, s'étant mise en délibération pour le choix de ses officiers, a nommé unanimement et continué pour remplir la place de syndic du corps :

M. **de Sauvage de Verny;**

Conseillers : MM. le comte **de Pingon; Sédillot de Saint-Genis.**

Présents et signataires à cette Assemblée :

MM.
De Sauvage de Verny.
De Pingon.
Sédillot de Saint-Genis.
La Forêt de Divonne.
Sédillot.

MM.
De Chassay.
D'Apvrieulx.
Du Four.
De Chanas.
De Brosses de Tournay.

Du 31me *aoust* 1756.

Assemblée de la Noblesse de Gex, par devant messire de Brosses de Tournay, grand bailli du pays de Gex.

ÉLECTION DES OFFICIERS DU CORPS DE LA NOBLESSE.

L'Assemblée s'étant mise en délibération pour le choix de ses officiers, elle a unanimement nommé et continué :

Pour syndic : M. **de Sauvage de Verny;**

Conseillers : MM. **de Pingon; Sédillot de Saint-Genis.**

Présents et signataires au registre :

MM.
Sauvage de Verny, syndic.
Sédillot de Saint-Genis, consller.
Sédillot de Saint-Genis, fils.
La Forêt de Divonne.
D'Apvrieulx.

MM.
De Gillier de la Frette.
De Pingon.
Du Four.
De Brosses de Tournay, grand bailli.

Du 31me *mai* 1763.

Assemblée de la Noblesse du pays de Gex, par devant messire DE BROSSES DE TOURNAY, **grand bailli d'épée du pays de Gex.**

M. le premier sindiq a représenté que la capitation est devenue un impôt aussi onéreux que les trois vingtièmes par les différentes augmentations, et par les torts que l'on a faits à la Noblesse de ce pays.

MM. du Bugey nous ont ôté les cotes de MM. **de Billiat** et **de Pingon**, qui possèdent des terres considérables dans ce pays où ils ont constamment fixé leur domicile, et même ils n'en ont jamais eu ailleurs.

MM. du Bugey nous ont offert de nous céder la cote de M. **de Pingon**, sous la condition qu'on ne réclameroit point la cote de M. **de Billiat**; il est cependant bien démontré qu'ils ont moins de droit pour ce dernier que pour M. **de Pingon.**

La résidence constante de M. **de Billiat** dans la terre de Challes, au pays de Gex, où il a son ménage, et dont madame son épouse ne s'absente jamais, où il fait ses pâques, est une preuve incontestable que c'est dans le pays de Gex qu'il doit être imposé à la capitation, quoique MM. du Bugey, en nuisant beaucoup à la Noblesse du pays de Gex, ayent eu soin de lui donner une place dans leur cour. Ainsi, MM. de la Noblesse du pays de Gex ont unanimement délibéré que M. le sindiq fera toutes les démarches et diligences nécessaires, soit auprès de M. l'intendant, soit au Conseil, pour obtenir la justice qui lui est due à cet égard; et ils ratifieront et auront pour agréable tout ce qui aura été fait par leur sindiq.

Sur l'instance et les difficultés qui ont été faites à M. **du Four du Château** sur le fait de sa noblesse, il paroît convenable qu'il en justifie suffisamment par la production de ses titres de noblesse par devant deux gentilshommes commissaires nommés pour la vérification d'iceux.

Sur quoi il a été décidé que M. **du Four du Château** seroit tenu, avant l'année, de produire ses titres de noblesse par devant MM. **de Sauvage de Verny** et **de Grenaud de Saint-Christophe**, pour en dresser procès-verbal et voir s'ils sont suffisants, et être ensuite statué ce qu'il appartiendra.

ÉLECTION DES OFFICIERS DU CORPS DE LA NOBLESSE DU PAYS DE GEX.

L'Assemblée de la Noblesse a ensuite unanimement continué M. **de Sauvage de Verny** pour sindiq.

MM. **de Pingon** et **Sédillot de Saint-Genis** pour conseillers.

Présents à l'Assemblée et signataires au registre :

MM.	MM.
Sauvage de Verny, syndic.	*Du Chassay*.
Sédillot de Saint-Genis.	*Dupérit*.
Saint-Christophe de Grenaud.	*De Menthon*.
La Forêt de Divonne.	*De Prez*.
De Gillien.	*Du Four du Château*.
De Prez-Crassier.	*La Forêt*.
De Prez de Bruel.	*Brosses de Tournay*.

Les triennalités de 1769 et 1772 ne présentent aucun intérêt au point de vue de la Noblesse du pays de Gex, si ce n'est qu'en 1772 les fonctions de grand bailli d'épée sont remplies par M. le comte **de la Forêt de Divonne**. Celles de syndics sont maintenues à M. **Sauvage de Verny**, et celles de conseillers sont déférées à MM. **Sédillot de Saint-Genis** et **Guillaume de Menthon**. Les signataires au registre sont les mêmes personnages qui ont figuré aux Assemblées précédentes, toutefois avec l'adjonction de MM. **Grenus** et **Gauthier**.

Du 25me avril 1775.

Assemblée de la Noblesse du pays de Gex, par devant messire le comte DE LA FORÊT, chevalier de l'ordre de Saint-Louis, seigneur de Vesancy et du Haut-Sergy, grand bailli d'épée et chef de la Noblesse du dit pays.

Vu sur le bureau la généalogie, le mémoire, les preuves et titres de l'origine et de l'ancienneté de la noblesse, sans dérogeance quelleconque, de la maison **Perrault d'Allemogne;**

Ouï le rapport de M. **de Sauvage,** seigneur de Verny, syndic, et tout considéré;

Il a été arrêté unanimement que M. **Louis-Gaspard Perrault de Bruel** et M. **Charles-Antoine Perrault de Rutet,** son frère, seront invités à venir prendre séance dans la présente Assemblée; qu'ils seront convoqués à celles qui se tiendront à l'avenir; qu'ils seront désormais compris dans les rôles d'impositions de la Noblesse, et que leur généalogie et leur mémoire, avec copie collationnée de leurs preuves et titres, seront déposés au secrétariat du corps de la Noblesse pour y avoir recours ainsi qu'il appartiendra.

L'Assemblée ayant ensuite délibéré sur le choix des officiers, elle a d'une voix unanime continué,

Pour syndic :

M. **de Sauvage,** seigneur de Verny.

Pour conseillers :

MM. **Sédillot de Saint-Genis; de Menthon de Lornay.**

Présents à cette Assemblée et signataires au registre :

MM.

De Sauvage de Verny.

De Menthon.

Grenus.

Sédillot de Saint-Genis.

Du Four du Château.

Dupuit.

MM.

Gautier.

Pellissari.

Perrault de Rutet.

Perrault de Bruel.

Le comte *de la Forêt.*

Assemblée du 10me septembre 1789, à dix heures du matin.

Le corps de la Noblesse du pays de Gex étant assemblé à la manière accoutumée en la ville de Gex, dans la salle de la Province, sous la présidence de M. **Gaspard-François de Bertrier,** seigneur de la Motte, en l'absence de M. le comte **de la Forêt,** grand bailli d'épée de la Noblesse du dit pays, par lui convoquée, conformément aux ordres de Sa Majesté, datés à Versailles, le 9 aoust dernier, et de M. **de Sauvage de Verny,** sindiq de la Noblesse, pour procéder à la nomination des nouveaux officiers de ce corps, délibérer sur les affaires qui le concernent, et régler avec le concours des sindiqs et conseillers du Clergé et du Tiers-Etat les objets relatifs à la comptabilité du dit pays.

L'Assemblée ayant été prorogée par M. le président **de Bertrier de la Motte** jusques à trois heures du soir; l'ayant attendu jusques à cinq heures, et après avoir appris son départ, les gentilshommes ont continué leur séance sous la présidence de M. **de Sédillot,** seigneur de Saint-Genis, qu'ils ont nommé en remplacement, pour se conformer aux ordres de Sa Majesté et délibérer sur les affaires du corps.

En conséquence :

Ils ont arrêté que les officiers qui seront nommés seront tenus de concourir avec MM. les sindiqs du Clergé et du Tiers-Etat aux objets relatifs à la comptabilité du pays;

De faire présenter par leur député leurs hommages à l'Assemblée nationale, *et leur adhésion à tous ses décrets;*

D'enjoindre au sieur **Fabry,** subdélégué, et premier sindiq du Tiers-Etat de la province, de rendre incessamment les comptes de tous ses exercices, et de les remettre à MM. les officiers des trois ordres, choisis pour les appurer;

D'exiger du sieur **Fabry** bonne et suffisante caution jusques à l'entier appurement de ses comptes.

Défense au receveur de la province de payer les gratifications imposées sur la sus dite province.

Invitation publique sera faite à tous ceux qui auroient des réclamations ou des plaintes légitimes à porter contre l'ancienne administration, de se rendre à volonté par devant l'un des officiers des trois ordres qui les fera décider par le concours unanime.

Seront chargés de faire une vérification de tous ceux qui, par adresse, se seroient soustraits au payement des impositions.

De se concerter, vu la disette des grains, avec MM. les officiers des deux autres ordres pour empêcher l'exportation des bleds des dimes ecclésiastiques, possédées par Messieurs de la république de Genève.

L'Assemblée, ayant ensuite délibéré sur le choix des officiers, elle a d'une voix unanime nommé,

Syndic : M. **François-Joseph de Prez de Bruel,** chevalier de Saint-Louis, ancien capitaine de cavalerie.

Conseillers : MM. **Claude-Antoine de Sédillot,** seigneur de Saint-Genis; **Etienne-Vincent de Sédillot,** chevalier de Saint-Louis, major d'infanterie.

Présents et signataires au registre :

MM.	MM.
De Prez de Bruel.	*De Sédillot*, l'aîné.
De Prez de Vaux.	*De Sédillot.*

CONVOCATION

DES ÉTATS-GÉNÉRAUX DE 1789

PAYS DE GEX

PROCÈS-VERBAL

DE L'ASSEMBLÉE GÉNÉRALE DES TROIS ÉTATS

DU BAILLIAGE DE GEX,

CONTENANT LES PROTESTATIONS DES GENTILS HOMMES FRANÇAIS ET L'ORDONNANCE DE DISSOLUTION DE L'ASSEMBLÉE DE LA NOBLESSE JUSQUES AU 1er AVRIL 1789.

Du lundi 14 *mars* 1789, *à huit heures du matin.*

Nous **Pierre de la Forêt,** chevalier, seigneur de Vesancy, Haut-Sergy et autres lieux, grand bailli d'épée du pays de Gex, séant en l'auditoire royal du Bailliage de Gex, dans le quel les trois ordres du pays se sont assemblés; le Clergé placé à notre droite, la Noblesse à gauche, et le Tiers-Etat en face. Il nous a été remontré par le procureur du roi de ce Bailliage, qu'en vertu des lettres du roi, données à Versailles pour la convocation et assemblée des Etats-Généraux du royaume, du réglement y annexé, et de notre ordonnance rendue en conséquence le 2 du présent mois, il a fait signifier par divers huissiers, les 7 et 10 de ce mois, dont il a laissé les exploits sur le bureau, copie des dites lettres, réglement et ordonnance aux chapitres, corps et communautés ecclésiastiques, réguliers et séculiers, des deux sexes, prieurs, curés, commandeurs; aux nobles âgés de vingt-cinq ans, François et Genevois, possédant fiefs dans l'étendue de notre ressort, avec sommation et assignation aux uns et aux autres de s'y conformer, chacun pour ce qui le concerne, et de comparoître à l'heure sus dite, en cet auditoire, par devant notre lieutenant général, pour assister à l'Assemblée des trois Etats du pays, aux fins et de la manière présente par les dits réglements et ordonnance. Et comme la majeure partie des personnes qui ont été convoquées se trouve ici assemblée, le dit procureur du roi a requis qu'il nous plût leur donner acte de leur comparution et défaut contre les non comparants, ordonner que lecture sera faite à l'Assemblée de la lettre du roi pour la convocation des Etats-Généraux; de celle de Mgr le garde des sceaux, contenant la décision du roi concernant les gentilshommes Genevois; de notre ordonnance du 2 du présent mois, et que conformément à la dite ordonnance, il soit procédé à la vérification des pouvoirs des députés et procureurs fondés, et à la réception du serment que doivent faire tous les ecclésiastiques, nobles et membres du Tiers-Etat, ici présents, de procéder fidèlement à toutes les opérations ordonnées par Sa Majesté par son réglement, et à l'élection des députés, au nombre qu'elle a déterminé; ordonner que les trois Etats, après qu'ils se seront séparés, reprendront dans les chambres qui leur sont destinées leurs opérations, et y travailleront sans interruption chaque jour et pendant le temps qui sera fixé, jusques à l'entière conclusion et clôture de l'Assemblée générale dont le nombre et les noms des membres présents sont ici après inscrits, et a le procureur du roi demandé acte de ses remontrances et réquisitions.

NOMS DES ECCLÉSIASTIQUES ET NOBLES

COMPARANT POUR EUX ET COMME FONDÉS DE PROCURATION,

DES DÉPUTÉS

DES VILLES, BOURGS ET COMMUNAUTÉS VILLAGEOISES, FORMANT L'ASSEMBLÉE DES TROIS ÉTATS DU BAILLIAGE DE GEX, SANS OBSERVATION DE RANG NI DE PRÉSÉANCE.

Clergé.

MM. *Rouph de Varicourt*, en qualité de curé de Gex et procureur spécial des Dames de la Propagation de la Foi, établies à Gex, et celui des chanoines de Saint-Claude.

Narbouillet, procureur spécial des Dames Sainte-Ursule, de Gex.

Guerchet, procureur spécial du prieur de Prévessin et de celui de Saint-Jean-hors-les-Murs, de Genève.

Gaillard, curé de Saint-Jean et procureur spécial du curé de Thoiry.

Martin, curé d'Ornex.

Montanier de Vans, curé de Divonne.

Regard, curé de Grilly.

Reverchon, curé de Sauverny.

Ponard, curé de Cessy.

Ravillet, curé de Versonnex.

Carrier, curé de Bossi.

Clerc, curé de Versoix.

Villiet, curé de Prégny.

Baud, curé de Sacconex.

Hugonnot, curé de Ferney.

Raville, curé de Chevry.

Collavoz, curé de Pouilly.

MM. *Rey*, curé de Crozet.
Bastion, curé de Chalex.
Dor, curé de Pougny.
Passerat, curé de Farges.
Bosson, curé de Péron.
Rolland, curé de Thoiry.
Vauda, curé de Collonges.
Figuet, curé de Prévessin.
Gaillard, curé de Matignin.
Goillat, curé de Meirin.
Gaulet, curé de Verni.
Balleidier, curé de Moëns.
Le R. P. *Guirand*, prieur des Carmes.

Noblesse.

MM. Le marquis *de Florian*, procureur spécial du chevalier *Fabry*.
Le chevalier *Pictet de Sergy*, procureur spécial d'*André de Bons*, et du marquis *de Lullin de Châteauvieux*.
Le chevalier *Dupuit*, procureur spécial d'*Isaac de Pelissari*.
Sédillot, puîné, chevalier et procureur spécial de *Perrault de Rutet*.
Le chevalier *de Prez de Vaux*, procureur spécial de M. *de la Motte*.
Le marquis *de Billiat*, procureur spécial de madame *de Menthon* et de M. *Du Four*.
Perrault de Jotemps, procureur spécial de M. *de Sauvage*.
De Prez de Bruel, procureur spécial de M. *de Grenaud*.
Fabry, fils, de Gex, procureur de mademoiselle *Garron de la Bévière*.
Le chevalier *de Seyssel*, procureur spécial de madame *de Cressieu*.
Le comte *de la Forêt de Divonne*.
De Prez, l'aîné.
De Prez de Crassier.
Le chevalier *de Prez*.
Le chevalier *d'Apvrieulx*.

MM. *De Martines.*
Sédillot, l'aîné.
Le comte *Pictet.*
Perrault, l'aîné.
Le comte *de Gallatin.*
Le chevalier *de Micheli du Crêt.*
Le chevalier *de Gallatin.*
Le baron *de Verny.*
Le chevalier *de Micheli.*
De Candolle.

Députés des Communautés, Villes et Bourgs.

MM. *Martin, Girod, Dulcis, Fournier,* de la ville de Gex.
Bizot, Béatrix, Baud, de la ville de Collonges.
Tardy, Perrachon, Emery de Saint-Martin, de la communauté de Ferney.
Girod, Moine, de la communauté de Thoiry.
Girod, Roch, de la communauté de Chevry.
Perrier, Odet, de la communauté de Chalex.
Passerat, La Racine, de la communauté de Farges.
Sonnex, Brochet, de la communauté de Sacconex.
Aillod, Chevalier, de la communauté d'Ornex.
Durand, Sonnex, de la communauté de Matignin.
Fouilloux, Pomard, de la communauté de Prévessin.
Gai, Delaigue, de la communauté de Sauverny.
Ducimetière, François Gerlier, de la Communauté de Cessy.
Lagros, Emery, de la communauté de Segny.
Dufour, Brigand, de la communauté de Saint-Jean.
Tissot, Vuaillet, de la communauté de Pouilly.
Battu, Grenier, de la communauté de Prégny.
Martin, Crochet, de la communauté de Crozet.
Aillod, Duby, de la communauté de Moëns.
Giraud, Patrin, de Divonne.
Terroux, Courtois, de Grilly.
Maréchal, Ducimetière, de Collex.
Pillet, Desservaz, de Verny.

MM. *Monestier, Favre*, de Péron.
Barberat, Depingon, de Crassy.
Nicod, Rousset, de Versoix.
Dubois, Larchevêque, de Meyrin.

Sur quoi, nous grand bailli d'épée, sus dit, avons donné acte au procureur du roi de ses remontrances; faisant droit sur ses réquisitions, avons donné acte aux membres des trois ordres de ce Bailliage ici assemblés et ci-devant dénommés, de leur comparution et défaut contre les non comparants. Ordonnons que lecture sera présentement faite de la lettre du roi pour la convocation des Etats-Généraux, de la lettre du garde des sceaux contenant la décision de Sa Majesté concernant les gentilshommes genevois, et de notre ordonnance du 2 de ce mois. Ordonnons qu'il sera ensuite procédé à la vérification des pouvoirs des députés et des procureurs fondés, et à la réception du serment de tous les ecclésiastiques, nobles et membres du Tiers-Etat présents, chacun en leur forme accoutumée; de vaquer fidèlement, sans interruption ni délai, à la rédaction de leurs cahiers, conjointement ou séparément, à l'élection par la même voix du scrutin, des personnes qu'ils jugeront les plus convenables, et dans les proportions déterminées par Sa Majesté, pour représenter aux Etats-Généraux les trois Etats de ce Bailliage. Ordonnons que le Clergé et la Noblesse se retireront dans les chambres qui leur sont destinées, et que le Tiers-Etat restera assemblé en cet auditoire royal, sous la présidence de notre lieutenant général, et que chaque ordre continuera sa séance après midi jusques à huit heures; qu'il la reprendra demain à huit heures du matin jusques à midi, et depuis trois heures après midi jusques à huit heures, et ainsi de suite, sans interruption, jusques à l'entière conclusion et clôture de l'Assemblée générale.

Signé au registre :

Le comte DE LA FORÊT, grand bailli de Gex.

PROTESTATION DES GENTILSHOMMES FRANÇAIS

DU PAYS DE GEX

CONTRE L'ADMISSION AUX ÉTATS-GÉNÉRAUX DES NOBLES GENEVOIS.

Les gentilshommes du pays de Gex, soussignés, exposent qu'ils sont surpris qu'on ait assigné et convoqué, hors les limites du royaume, les nobles de la souveraine république de Genève à une Assemblée nationale, à la quelle la constitution ne peut et ne doit admettre que les gentilshommes nés Français, et domiciliés dans le ressort de ce Bailliage. Indépendamment de cette exclusion fondamentale, exprimée positivement dans les articles XVI et XXV du réglement, signé par le roi le 24 juin dernier, pour déterminer la forme de l'Assemblée de ce jour; l'édit de novembre 1787 exclut encore de toutes parts et influence dans les charges et administration de la monarchie française, tout particulier, même regnicole, qui, comme MM. les Genevois, ne suivent pas les rites de l'Eglise romaine. Les loix solennelles, vérifiées et enregistrées dans les Cours souveraines de la province, ne peuvent être abrogées ni modifiées que par autres loix solennelles du souverain, également vérifiées et enregistrées au Parlement de Bourgogne, et non par aucune lettre de ses ministres, qui n'ont ni le droit ni le pouvoir de changer ou réformer les loix.

L'admission de la Noblesse de Genève à l'Assemblée nationale, étant donc illégale dans tous ses rapports, la Noblesse française du Bailliage de Gex, quoique pleine de considération pour la Noblesse de Genève, ne peut et ne doit souscrire, ni consentir à partager avec elle en aucune manière le droit de délibérer sur les affaires publiques, d'élire ou d'être élu pour représenter la Noblesse nationale aux Etats-Généraux du Royaume et aux Etats particuliers de la province; c'est un droit inhérent et constitutionnel que la Noblesse française a reçu de ses ayeux, et qu'elle doit transmettre sans altération à ses successeurs, et l'opposition formelle que pose la Noblesse du pays de Gex à ce qu'il soit passé outre, est fondée sur des loix positives. La discussion ne peut être sujette aux dispositions prévues par l'article XLII du réglement du 24 janvier dernier.

Dont acte signé : DE PREZ ; SEYSSEL DE CRESSIEU ; BOURGEOIS DE BILLIAT ; SÉDILLOT, procureur fondé par Mme la marquise *de Billiat;* DE PREZ DE BRUEL, procureur fondé de M. le baron *de Grilly;* le chevalier D'APVRIEULX ; DE PREZ DE VAUX, fondé de pouvoir par Mme *de la Motte ;* le chevalier DE PREZ ; DE MARTINES ; BOURGEOIS, marquis de Billiat, pour M. *du Four;* BOURGEOIS, marquis de Billiat, pour Mme *de Menthon.*

RÉPONSE DES GENTILSHOMMES GENEVOIS

A LA PROTESTATION DES GENTILSHOMMES FRANÇAIS.

—

De suite a été répondu par les gentilshommes genevois, soussignés, qu'ils estiment que leur droit d'assister à la présente Assemblée est fondé sur divers motifs également forts et concluants :

1° L'article XVI du réglement de Sa Majesté, du 24 janvier dernier, appelle tous les nobles nés à l'Assemblée française ou naturalisés, domiciliés dans le ressort du Bailliage. Les gentilshommes genevois ici présents ont tous propriété et domicile dans le Bailliage de Gex, et il a été déposé des lettres de naturalité, accordées par le roi Henri IV aux Genevois dans ce cas.

2° Les lettres-patentes de reconnoissance de noblesse, accordées aux familles de ces mêmes gentilshommes, portent qu'ils jouissent de tous les droits de la Noblesse française et expriment même littéralement celui d'assister aux Assemblées des nobles; ces lettres ont été ainsi enregistrées dans les Parlements.

3° La lettre de Mgr le garde des sceaux confirme la décision de cette question, si ce pouvoit en être une, et doit être regardée d'autant plus sûrement comme l'expression de la volonté du roi, qu'elle est conforme aux lettres-patentes que Sa Majesté a accordées et à l'interprétation qui y a toujours été donnée.

4° Il est notoire qu'en 1614, le député de la Noblesse du pays de Gex fut un Genevois du nom de *Chevalier,* seigneur de Ferney, fils et petit-fils de Genevois. Enfin, les gentilshommes genevois soussignés, ont, par leurs possessions dans le pays de Gex, le même intérêt au bien général que les autres gentilshommes, et ils osent affirmer qu'ils ont le même zèle pour la gloire et la prospérité du Royaume, et pour le bien de la province en particulier, à la quelle ils sont prêts à faire les sacrifices pécuniaires des exemptions dont ils jouissent, jaloux de conserver leurs droits pour pouvoir plus efficacement contribuer au soulagement de ceux qu'ils regardent comme leurs frères.

Dont acte signé : Le chevalier DE GALLATIN ; le chevalier DE MICHELI, colonel au service de France ; baron DE VASSEROT DE LA BATIE ; MICHELI DU CRÊT, chevalier de l'ordre du Mérite militaire et syndic de la république de Genève ; DE CANDOLLE ; le comte DE PICTET ; PICTET DE SERGY, colonel au service de France ; le comte DE GALLATIN, colonel au service de France, chambellan du prince palatin, duc de Deux-Ponts ; PICTET DE SERGY, fondé de procuration de M. le marquis *de Lullin de Châteauvieux,* maréchal des camps et armées du roi, colonel du régiment suisse de son nom ; PICTET DE SERGY, fondé de procuration de M. *de Bons,* seigneur de Farges ; le marquis DE FLORIAN, pour M. *Dupuit* ; le chevalier FABRY.

REFUS D'ADHÉSION DE PLUSIEURS GENTILSHOMMES

DU PAYS DE GEX,

QUI DÉCLARENT NE PAS S'ASSOCIER A LA PROTESTATION DE LEURS COLLÈGUES, CONCERNANT LES GENTILSHOMMES GENEVOIS.

Les gentilshommes soussignés, n'adhérant aucunement à la protestation faite par plusieurs gentilshommes de ce pays contre l'admission des gentilshommes genevois à la présente Assemblée de la Noblesse, font ici leur contre-protestation.

Signé : DUPUIT ; le comte DE DIVONNE ; le marquis DE FLORIAN ; FABRY, chevalier de l'ordre du roi ; PERRAULT DE JOTEMPS ; FABRY ; PERRAULT DE BRUEL.

La mention ci-devant faite par les gentilshommes du pays de Gex, ayant passé à la pluralité des voix, ils déclarent que, d'après la constitution, elle doit faire délibération et décret, malgré la protestation illégale de quelques particuliers de leur ordre, et recevant d'ailleurs la protestation des gentilshommes genevois, ils s'opposent à ce que, avant la constitution légale et constitutionnelle de Sa Majesté, les nobles génevois puissent être admis à jouir du provisoire.

Dont acte signé : DE PREZ-CRASSIER ; DE BOURGEOIS, marquis de Billiat ; SEYSSEL DE CRESSIEU ; SÉDILLOT ; VINCENT SÉDILLOT, procureur fondé de Mme la marquise *de Billiat ;* DE PREZ DE BRUEL, tant pour lui que pour M. le baron *de Grilly ;* DE MARTINET ; DE PREZ ; DE PREZ DE VAUX, tant pour lui que pour M. *de la Motte ;* le chevalier DE PREZ ; le chevalier D'APVRIEULX.

Ouï le procureur du roi, nous grand bailli d'épée du pays de Gex, avons donné acte à tous MM. les gentilshommes français et genevois, ici assemblés, de leurs protestation et contre-protestation ci-devant couchées et signées, et nous ordonnons, conformément aux ordres du roi, annoncés par Mgr le garde des sceaux, ouï M. le lieutenant général de ce Bailliage, du 19 février dernier, enregistré en ce siége et lu à cette Assemblée, que les gentilshommes genevois seront électeurs et éligibles dans l'ordre de la Noblesse, ce qui sera exécuté par provision, nonobstant appellation ni opposition, conformément à l'article LI du réglement de Sa Majesté, du 24 juin dernier, et sauf à MM. les gentilshommes français de se pourvoir par devant Sa Majesté, à forme du dit réglement.

Fait à la dite Assemblée, tenant en l'auditoire royal de ce Bailliage.

Signé : comte DE LA FORÊT, grand bailli de Gex.

L'an 1789 et le dit jour 16 mars, nous grand bailli d'épée du pays de Gex, savoir faisons et certifions, qu'en exécution de notre ordonnance de ce jour d'huy rendue, nous nous sommes transportés avec le corps de la Noblesse, composé de plusieurs Genevois, sur une heure de relevée, dans la chambre que nous lui avons destinée dans le corps de l'hôtel de ville, pour les présider, et y séant, ayant à la forme rendue ci-devant, en l'Assemblée générale des trois Etats de ce pays, invité tous les membres de choisir entr'eux un secrétaire; une partie des gentilshommes français ont refusé d'y procéder et ont renouvelé, pour motif de leur refus, les moyens contenus en leur protestation faite par devant nous en la dite Assemblée générale des trois ordres, contre les gentilshommes genevois, et ont déclaré qu'ils ne pourroient délibérer avec ceux qui composent la présente Assemblée, et malgré nos observations et remontrances, qu'une partie des gentilshommes de ce pays avoit adhéré dans leur autre protestation à la suite de celle des gentilshommes genevois; que ceux-ci avoient en leur faveur une décision de Sa Majesté, contenue en la lettre du garde des sceaux au lieutenant général de ce Bailliage, du 19 février dernier, dont la lecture a été faite à la dite Assemblée générale, et que nous avons, en conséquence des dits ordres, et sur les réquisitions de la partie publique, ordonné que les gentilshommes genevois demeureroient électeurs et éligibles. Les gentilshommes français, en partie, ont persisté en leurs réclamations; et n'ayant pu concilier les esprits, tant dans la séance d'après midi qu'en celle du soir, nous avons déclaré à tous les membres de la Noblesse la dissolution de la présente Assemblée, et l'avons renvoyée au 1er avril prochain, pour recevoir les ordres de Sa Majesté, et ont tous MM. de la Noblesse signé avec nous, ayant fait appeler Me *Marie-François Vuaillet,* greffier en chef de ce Bailliage, pour nous servir de secrétaire, qui a signé.

Signé : DUPUIT; PICTET DE SERGY; le chevalier DE MICHELI; PERRAULT DE JOTEMPS; le comte DE DIVONNE; MICHELI DU CRÊT, chevalier de l'ordre militaire et syndiq de la république de Genève; le comte DE GALLATIN, colonel au service de France, chambellan du prince palatin, duc de Deux-Ponts; DE CANDOLLE; le baron DE VASSEROT DE LA BATIE; le chevalier DE GALLATIN; le marquis DE FLORIAN; FABRY; le comte DE LA FORÊT, grand bailli de Gex; VUAILLET, secrétaire.

Nous gentilshommes français, composant l'Assemblée légale qui a formé, à la pluralité, la délibération ci-devant contre la décision illégale concernant la Noblesse de Genève, persistons dans nos dires et conclusions, et attendons avec respect la décision qui sera prononcée par Sa Majesté, conformément aux loix du Royaume, dont acte. Supplions Sa Majesté de revenir à sa décision de convoquer l'Assemblée triennale et constitutionnelle de la Noblesse du pays de Gex, dans le courant d'avril prochain, pour procéder au remplacement des places vacantes des sindiqs et conseillers de la dite Noblesse, et à l'audition des comptes de finances et gestions des précédentes triennalités, concurremment avec les deux autres ordres, dont acte, et avons signé :

SEYSSEL DE CRESSIEU; BOURGEOIS, marquis de Billiat, fondé par M. *du Four;* marquis DE BILLIAT, fondé par Mme *de Menthon ;* DE PREZ; SÉDILLOT; DE PREZ-CRASSIER; le chevalier D'APVRIEULX; DE PREZ DE BRUEL, pour M. le baron *de Grilly,* dont il est chargé de procuration; SÉDILLOT; SÉDILLOT, fondé de procuration par Mme la marquise *de Billiat;* DE MARTINES; DE PREZ DE VAUX, fondé de procuration par Mme la marquise *de la Motte,* le chevalier DE PREZ. — Collationné à l'original, VUAILLET, secrétaire.

Nous **Marc Duval,** conseiller du roi, lieutenant général au Bailliage de Gex, certifions que M. *Vuaillet,* qui a délivré le procès-verbal ci-devant, est greffier en chef de ce Bailliage; en témoin de quoi nous avons donné les présentes sous le sceau de ce Bailliage.

A Gex, en notre hôtel, ce 16 mars 1789.

Signé Duval.

EXTRAIT DU PROCÈS-VERBAL

DE L'ASSEMBLÉE DE LA NOBLESSE DU PAYS DE GEX

ET DE L'ÉLECTION DE SON DÉPUTÉ AUX ÉTATS-GÉNÉRAUX.

Nous **Pierre** comte **de la Forêt,** seigneur de Vesancy, haut Sergy et autres lieux, chevalier de l'ordre royal et militaire de Saint-Louis, grand bailli d'épée du pays de Gex, ordonnons l'enregistrement ci-après de la lettre de Mgr le garde des sceaux, du 26 du mois de mars 1789, de M. *de Villedeuil,* datée de Versailles, et d'un réglement fait par le roi en son Conseil, du 25 de ce mois; ordonnons que le tout sera lu à l'Assemblée de la Noblesse de ce pays, pour, par les gentilshommes qui la composent, se conformer au dit réglement et à notre ordonnance du 16 du mois de mars dernier.

Fait à Gex, ce 1er avril 1789, et sera encore fait enregistrement de notre lettre de ce jour à l'Assemblée, où nous ne pouvons nous rencontrer, à cause de notre indisposition.

Signé : le comte DE LA FORÊT.

TENEUR DE LA LETTRE DE MONSEIGNEUR LE GARDE DES SCEAUX.

« Paris, le 26 mars 1789.

« Monsieur,

« J'ai rendu compte au roi de la difficulté qui s'est élevée dans « l'Assemblée de votre Bailliage, relativement à l'admission des « gentilshommes genevois. Sa Majesté a approuvé la conduite « sage et prudente que vous avez tenue en cette occasion, et elle « a confirmé l'ordonnance que vous avez rendue. En conséquence, « vous recevrez, en même temps que ma lettre, un réglement

« fait par le roi en son Conseil, qui ordonne que les gentilshommes « genevois seront admis à l'Assemblée générale de votre Bailliage, « et y seront électeurs éligibles en justifiant de leurs titres.

« J'espère que ce réglement mettra fin à toutes difficultés.

« Je suis, Monsieur, votre affectionné à vous servir.

« Signé : DURENTIN. »

TENEUR DE LA LETTRE DE M. DE VILLEDEUIL.

« J'ai l'honneur de vous adresser ci-joint, Monsieur, l'expédi- « tion d'un arrêt en forme de réglement, concernant l'exécution « des lettres de convocation aux Etats-Généraux dans le pays de « Gex. Le roi m'a ordonné de vous l'adresser et d'en suivre « l'exécution dont je vous prie de me rendre compte.

Signé : L. DE VILLEDEUIL. »

TENEUR DU RÉGLEMENT.

(*Extrait du registre du Conseil d'Etat.*)

« Le roi a été informé que, lors de la tenue de l'Assemblée des « trois Etats du Bailliage de Gex, le 14 de ce mois, il s'est élevé, « de la part de plusieurs gentilshommes français, des réclamations « contre l'admission dans la dite Assemblée des gentilshommes « genevois, reconnus en France, aggrégés par lettres-patentes « enregistrées dans les Cours souveraines, à la haute Noblesse du « Royaume, et qui possèdent des terres en fiefs dans le ressort « du dit Bailliage; que le bailli a cru devoir ordonner que les dits « gentilshommes genevois seroient admis dans l'Assemblée, et « qu'il y a eu, à cette occasion, des protestations et contre- « protestations, dont l'effet a été de faire prendre au bailli le parti « de dissoudre l'Assemblée et de la renvoyer au 1er avril prochain, « afin de pouvoir obtenir dans l'intervalle une décision sur ce qui « fait l'objet de la difficulté.

« Sa Majesté, considérant que les gentilshommes genevois, « aggrégés à la haute Noblesse du Royaume, ont, à raison de

« leurs possessions dans le Royaume, comme tous les sujets du « roi, un intérêt direct à la rédaction des cahiers du Bailliage « et à l'élection des députés aux Etats-Généraux; que sous ce « rapport même, ils sont sujets de Sa Majesté, comme tous les « autres habitants du Royaume, dont elle pense avec satisfaction « qu'ils partagent les sentiments et le zèle, et voulant leur assurer « la jouissance des droits qui leur ont été précédemment et « et unanimement accordés.

« Ouï le rapport, Sa Majesté, étant en son Conseil, a ordonné « et ordonne que l'ordonnance du bailli de Gex, concernant « l'admission des dits gentilshommes genevois dans l'ordre « de la Noblesse, sera annulée. En conséquence, que les « gentilshommes genevois reconnus en France, aggrégés par « lettres-patentes enregistrées dans les Cours souveraines à la « haute Noblesse du Royaume, et qui possèdent des terres ou fiefs « dans le pays de Gex, auront droit de séance à l'Assemblée « générale des trois Etats du dit Bailliage, et qu'ils concourront, « comme les gentilshommes français de ce même Bailliage, à la « rédaction des cahiers et à l'élection des députés aux Etats-« Généraux. Déclare Sa Majesté bonnes et valables les assignations « qui leur ont été données en vertu de la lettre de convocation.

« Ordonne que l'Assemblée du Bailliage reprendra le cours de « ses opérations le 1er avril prochain, jour fixé par le bailli, et « que les gentilshommes genevois, aggrégés à la Noblesse de « France, y pourront être électeurs et éligibles en justifiant de « leurs titres.

« Fait au Conseil d'Etat du roi, Sa Majesté y étant, tenu à Versailles le 25 mars 1789.

« Signé : LAURENT DE VILLEDEUIL. » (1)

(1) Dans les *Fragments biographiques et historiques, extraits des Registres du Conseil d'Etat de la république de Genève*, par M. le baron Grenus, on lit, à la date du 10 mars 1789, les détails suivants :

« M. le premier syndic de Candolle a dit que M. le garde des sceaux (de France) avait écrit à M. le lieutenant-général du Bailliage de Gex, que les Genevois qui ont des possessions en France et dont la noblesse est reconnue par les Cours souveraines du royaume, doivent être invités, ainsi que les gentilshommes du pays même, à se trouver à l'Assemblée de la Noblesse du dit Bailliage; que comme il a les conditions requises pour être en droit d'y assister, il prie le Conseil d'examiner s'il y a lieu, en considérant la place qu'il occupe, de lui accorder un congé pour se rendre à cette Assemblée. L'avis a été de lui dire que le Conseil préfère qu'il ne s'y rende pas, sans cependant gêner sa liberté à cet égard. »

Nous citerons, ajoute M. le baron Grenus dans une note faisant suite à la citation qui précède, nous citerons parmi les familles genevoises existantes dont une ou plusieurs branches avoient été reconnues pour nobles en France, les suivantes : Armand de Châteauvieux, de Bons de Farges, de Budé, Buisson de Sergy, de Candolle, Constant de Rebecque (Benjamin Constant) Diodati, Fabri d'Aire-la-Ville, Favre, de Gallatin, Galissart de Marignac, Mancel de Végobre, Gautier, Grenus, Lect, Le Fort de Falkenhayn, Lullin de Châteauvieux, Micheli, Pictet, Sarrasin de la Pierre, de Saussure, Thellusson de Paris, Trembley, Turretini, Vasserot de Vincy.

Il y avoit à Genève plusieurs autres familles nobles qui n'avoient pas été dans le cas de faire reconnoitre leur noblesse en France, soit parce qu'elles n'y avoient point de propriétés, soit parce qu'elles s'étoient vouées au service d'autres puissances.

Les Genevois avoient toujours été réputés régnicoles en France, d'après les deux déclarations, soit lettres de naturalité, qui leur furent accordées par Henri IV, en janvier 1596 et en juin 1603, puis enregistrées au Parlement et à la Chambre des Comptes, à Paris. (Voir Spon, *Hist. de Genève*, année 1668, aux Notes.)

Quelques citations analogues à cette qualité ne seront pas superflues, en ce qu'il est utile de faire remarquer que divers faits auroient pu être cités avec avantage par M. Pictet-Diodati, lorsque dernièrement on lui a contesté à Paris le droit de continuer à siéger dans la Chambre des députés des départements (1815), en argumentant de ce que sa qualité de Genevois l'en rendoit incapable.

1° La Noblesse du Bailliage de Gex députa aux Etats-Généraux de 1614 M. Pierre Chevalier, citoyen de Genève, seigneur de Fernex et conseiller des LX; il étoit fils du syndic Paul Chevalier, qui avoit acheté cette terre en 1594.

2° M. Guillaume de Budé, citoyen de Genève, acquéreur de la seigneurie de Fernex et petit-fils du syndic Jean Budé de Vérace, fut député en 1659 par la Noblesse du susdit Bailliage de Gex pour aller recevoir M. le prince de Condé à son entrée dans ce pays.

3° Les commissaires généraux du conseil de Louis XIV députés pour

Sa Majesté à la recherche des usurpateurs des titres de noblesse, rendirent à Paris, le 21 janvier 1712, contradictoirement et d'après les conclusions du procureur général du roi, en faveur des sieurs Pierre Grenus, brigadier des armées du roi, et Gabriel Grenus, conseiller d'Etat de la république de Genève, un arrêt qui les maintient, eux et leur postérité légitime, née et à naître, dans leurs qualités de nobles et d'écuyers, et qui ordonne qu'ils jouiront des honneurs, priviléges et exemptions des autres gentilshommes du royaume de France, tant et si longuement qu'ils ne feront acte de dérogeance, et que, de plus, ils seront inscrits dans le catalogue qui se fera au conseil du roi, etc.

Plusieurs Genevois avoient obtenu avant la révolution pour eux et leur postérité, de divers souverains de l'Europe, et en particulier, des empereurs d'Allemagne, des diplômes de noblesse, de chevalerie, de baron et de comte, dans les quels on a toujours pris, lorsqu'il y a eu lieu, les charges et les magistratures de Genève en grande considération. La plupart des diplômes qui leur ont été accordés par les empereurs d'Allemagne ne sont relatifs qu'au Saint-Empire; fort peu concernent les Etats héréditaires de la Maison d'Autriche, et un moindre nombre encore ne sont relatifs qu'aux Etats héréditaires. On citera ici pour chacune de ces trois classes un exemple dont on a fait choix à cause des considérants personnels qui y sont contenus.

1° MM. Claude-François-Jean et Antoine Revilliod, frères, de Genève, furent élevés par Rodolphe II, le 14 février 1579, au rang de nobles du Saint-Empire, en considération du courage et de la fidélité avec les quels les deux premiers avoient constamment rendu de fidèles et agréables services à Maximilien II, dans l'expédition qu'il avait entreprise en 1666 en Hongrie, contre les Turcs, ennemis perpétuels du nom chrétien, etc.

2° M. André Falquet, citoyen de Genève, fut élevé par Charles VI, le 15 juin 1725, au rang de noble du Saint-Empire et des Etats héréditaires de la Maison d'Autriche, en considération des services qu'il avoit rendus à l'armée impériale depuis 1705, etc.

3° Marc-David Chastel, citoyen de Genève et capitaine d'artillerie en Autriche, fut élevé par Marie-Thérèse, le 22 avril 1775, au rang de baron des Etats héréditaires de la Maison d'Autriche, en considération de ses connaissances solides et de son expérience dans la mécanique et dans la fonderie des canons, et eu égard aux importantes et utiles inventions dont il avoit été l'auteur dans ces deux branches, ayant rendu des services essentiels dans la fonderie de Sa Majesté, dont il étoit directeur depuis l'année 1758.

Il est presque superflu d'observer ici que la noblesse ne donnait à

Genève aucune espèce de prérogative et de prééminence ; la possession soutenue des premières charges de la république étant pour les familles le moyen le plus sûr d'y obtenir de la considération. Ce genre de distinction est peut-être préférable à tout autre, quand le gouvernement d'un Etat est constitué de manière à ce que les dignités ne puissent être héréditaires dans une famille qu'autant que les talents, le désintéressement et le zèle pour le bien public le sont aussi.

TENEUR DE LA LETTRE DU BAILLI A L'ASSEMBLÉE DE LA NOBLESSE.

« Gex, ce 1er avril 1789, à neuf heures du matin.

« Messieurs,

« Ma santé ne me permettant pas de siéger parmi vous et d'avoir « l'honneur de présider votre Assemblée, le réglement de Sa « Majesté, du 24 mars dernier, vous prescrit la forme que vous « devez observer pour l'élection de votre président. J'ai l'honneur « de vous prévenir que j'ai fait enregistrer, à la suite du registre « du Bailliage, concernant les opérations présentes, une lettre « de M. *de Villedeuil*, par la quelle il me mande que le roi « ordonne l'exécution des lettres-patentes de convocation des « Etats-Généraux du pays de Gex. Une lettre de Mgr le garde des « sceaux et le réglement de Sa Majesté, confirmant l'ordonnance « que j'avois rendue en faveur de l'admission de MM. les « gentilshommes genevois au droit d'électeurs et d'éligibles; le « roi ayant prononcé, dans sa sagesse et sa justice, sur un objet « qui vous divisoit. Je suis fâché de ne pouvoir être témoin du « spectacle intéressant de votre union qui contribuera au bonheur « et à la prospérité de la province.

« Je suis avec respect, Messieurs, votre très-humble et très- « obéissant serviteur.

« Signé : comte DE LA FORÊT, grand bailli de Gex. »

L'an 1789 et le 1er avril, nous grand bailli sus dit, nous étant transporté à l'hôtel de ville de Gex, et en la salle par nous destinée pour l'Assemblée de la Noblesse de ce pays, malgré notre indisposition, pour présider en la dite Assemblée convoquée à ce présent jour, la quelle s'est trouvée composée des membres ci-après, qui sont :

Messieurs

De Grenaud, baron de Grilly.

Louis-Amable de Prez, lieutenant colonel du régiment royal de Deux-Ponts, seigneur de Crassier.

Claude-Marie-Anthelme de Seyssel, chevalier de Saint-Louis, tant en son nom que comme fondé de pouvoirs de dame *de Crassier*, sa mère, dame du fief en ce pays.

Claude-Joseph-Hippolyte de Bourgeois, marquis de Billiat, tant en son nom que comme procureur fondé de M. *du Four*, seigneur de Livron, et de dame *de la Rode de Menthon*, dame du fief de Grésy.

Claude-Antoine de Sédillot, seigneur de Saint-Genis.

Etienne de Prez-Crassier, chevalier de Saint-Louis, lieutenant colonel, grand bailli d'épée du Charollais.

Pierre-Jacques-Claude Dupuit, chevalier de Saint-Louis, colonel d'infanterie.

François-Joseph de Prez du Bruel, chevalier de Saint-Louis, capitaine de cavalerie.

Etienne-Vincent Sédillot de Fontaine, chevalier de Saint-Louis, major d'infanterie, tant en son nom que comme procureur fondé de madame *de la Bévière*, dame de fief.

Charles-Louis de Prez, chevalier de Saint-Louis, capitaine de cavalerie.

Gabriel de Martines.

Gabriel-Victor d'Apvrieulx, officier du régiment d'Anjou.

Hyacinthe de Prez de Vaux, chevalier de Saint-Louis, tant en son nom qu'en celui de M. *de la Motte*, seigneur de fief.

Philippe-Antoine de Claris, chevalier de Saint-Louis, seigneur de Florian, après vérification faite de ses titres, et comme porteur de procuration de M. *Claude-Antoine* comte *de la Forêt*, seigneur de Divonne, maréchal des camps et armées du roi.

Louis-Gaspard Fabry, chevalier de l'ordre du roi, seigneur du fief Brunet, tant en son nom qu'en qualité de procureur spécial de M. *René-Augustin de Brosses*, chevalier, comte de Tournay.

Etienne-Gaspard Perrault, Claude-Joseph Perrault de Jotemps, seigneurs, l'un et l'autre, de Feuillasse; le dernier chevalier de Saint-Louis.

Le soussigné a l'honneur de demander acte à M. le bailli, qu'il expose à l'Assemblée générale de la Noblesse de ce pays, que MM. **Perrault** ne peuvent être admis au corps de la Noblesse avant d'avoir justifié de titres duement enregistrés dans une Cour souveraine, vu que leurs auteurs étoient compris dans les rôles de taille de la paroisse de Thoiry, du 9 mars 1697, et qu'ils sont compris dans un autre rôle des impositions de taille de Thoiry, de 1748, vérifié le 18 octobre.

Signé : DE PREZ-CRASSIER.

A été répondu par MM. **Perrault,** présents à la motion ci-devant, que quand on jouit d'une noblesse d'extraction de plusieurs siècles, reconnue par la Chambre de la Noblesse du 25 avril 1775, et depuis peu d'années par l'administration du roi et par ordonnance du commissaire déparli de la province, on n'est pas dans le cas de produire le titre primitif de la noblesse. Les soussignés observeront que, par arrêt du Parlement du 14 mars dernier, le sieur **Girod de Thoiry,** qui leur a contesté la qualité d'écuyer, a été condamné, sur le rapport et les conclusions des gens du roi, en cent livres de dommages-intérêts réels et honoraires, appliqués, du consentement des soussignés, au profit des pauvres du village d'Allemogne, justifiant, tant de l'extrait de la délibération prise dans la Chambre de la Noblesse du pays, que du dit arrêt, et qu'à l'égard de la taille à laquelle les soussignés ou leurs auteurs peuvent se trouver dans quelques rôles de la communauté de Thoiry, ce ne peut être que pour des fonds par eux acquis de quelques roturiers, et que le rejet de ces tailles a été fait aussitôt sur le général de la province, comme tous les gentilshommes en usent en pareil cas, et ont demandé acte à M. le président de leur présente réponse, faisant au surplus toutes réserves et protestations de droit.

PERRAULT DE BRUEL; PERRAULT DE JOTEMPS.

Sur quoi, nous président susdit, avons requis de l'Assemblée la nomination de quatre assesseurs, et incontinent a été élu M. le marquis **de Florian**, le baron **de Grenaud de Saint-Christophe, de Seyssel** et **Dupuit**, et de leur avis nous ordonnons que MM. **Perrault** jouiront du provisoire et demeureront membres de la dite Noblesse assemblée, sans préjudice des réclamations du tiers non ouï.

Fait à Gex le dit jour 1er avril 1789, ayant les dits assesseurs signé avec nous.

Signé : marquis DE FLORIAN; DE GRENAUD; DE SEYSSEL; DUPUIT; le comte DE LA FORÊT, grand bailli de Gex; DE SAUVAGE DE VERNY, comparoissant pour M. *de Jotemps*, son fondé de pouvoirs; CHARLES-ANTOINE PERRAULT DE RUTTET, représenté par M. le chevalier *de Fabry*, son fondé de pouvoirs.

Lecture ayant été faite par Me *Marc-François Vuaillet*, greffier en chef en ce Bailliage, notre secrétaire de l'arrêt du Conseil et des lettres ci-devant enregistrées, les gentilshommes français ont dit ce qui suit :

Messieurs,

Le corps de la Noblesse française du Bailliage en s'opposant, au nom des lois, à l'admission de la Noblesse de Genève à l'Assemblée nationale de cette province, tenue en ce lieu le 16 mars dernier, a justifié des motifs impérieux qui ont exigé son opposition, ces motifs n'ayant pour objet que le maintien des lois générales et particulières qui assurent invariablement à chaque gouvernement le droit des gens et l'état des personnes, première propriété de toute association politique, la Noblesse française s'est contentée de demander au roi, seul organe des lois, une décision sur la pétition des nobles genevois.

Un arrêt, rendu par Sa Majesté en son Conseil le 25 mars dernier sur cette demande dont lecture vient d'être faite, associe la Noblesse de Genève qui aura justifié de ses titres aux prérogatives de la Noblesse française. Quoique cette moderne loi ne soit point encore revêtue des formes constitutionnelles indispensables de la vérification et de celles de l'enregistrement dans la Cour souveraine de la province, la Noblesse française satisfaite, consent à partager dorénavant ses privilèges avec la Noblesse de Genève; ils consistent dans son respect pour ses devoirs, dans sa fidélité envers le roi, dans son dévouement au maintien de la constitution monarchique, et dans l'engagement sacré qu'elle vient de contracter envers l'ordre du Tiers de contribuer, sans distinction et avec égalité en raison de ses revenus territoriaux, à toutes les impositions directes ou indirectes qui pourront être accordées par les Etats-Généraux de France, assemblés en ce moment, Français et Genevois, pour nommer en commun un député de notre ordre, chargé de nous représenter aux Etats-Généraux. Nous comptons encore, dans la chaîne de nos devoirs, l'obligation contractée par l'honneur et par notre serment de faire choix d'un gentilhomme qui réunisse, aux principes inaltérables de la Noblesse, la fermeté nécessaire pour dénoncer les abus de notre administration, en démasquer les auteurs et faire le bien général de cette province.

Les gentilshommes genevois ayant ensuite requis leur admission, en exécution de l'arrêt du Conseil du 25 mars, M. le bailli a demandé qu'il fût nommé quatre assesseurs pour la vérification de leurs titres; l'Assemblée a élu MM. le baron **de Grenaud; de Prez,** seigneur de Crassier; **de Seyssel;** le marquis **de Billiat.**

M. **Pierre Pictet,** écuyer, seigneur de Sergy, en exécution de l'arrêt du Conseil et des lettres-patentes, suivis d'enregistrement en la Chambre des Comptes de Bourgogne du 26 juillet 1278.

M. le comte **Isaac Pictet,** parent au troisième degré de *Pierre Pictet,* et jouissant des mêmes lettres-patentes.

M. **Jean-Louis** comte **de Gallatin,** seigneur de Verny, en suite de lettres-patentes accordées par le roi, et enregistrées au Parlement et en la Chambre des Comptes le 30 avril 1771.

M. **Jacques-André Lullin de Châteauvieux,** seigneur de fief, rière Challex, représenté par M. *Pierre Pictet,* son fondé de pouvoirs. Ayant été représenté une reconnoissance de noblesse donnée par le roi, la quelle n'étant pas en forme probante, pour n'être qu'une copie vidimée à Genève, a été rejetée, sauf à M. le marquis **de Lullin** à représenter l'original à la première Assemblée. Sur la représentation de M. *Pictet*, son fondé de pouvoirs, que M. le marquis **de Lullin** est maréchal de camp des armées du roi, grade qui confère la noblesse en France, et comme ce titre est de notoriété publique, nous bailli et les assesseurs avons jugé que M. le marquis **de Lullin** devoit être admis.

M. **Jean-Louis-Antoine de Bons,** seigneur de fief, représenté par M. *Pictet de Sergy,* par procuration passée à Genève le 30 mars dernier, reçu *Flavernays,* notaire à Genève, les quatre assesseurs estiment que le présenté est nul, 1° parce que le père du constituant, assigné en personne, étant décédé depuis quelques jours, son fils mineur n'a pu donner de procuration, sans être autorisé, conformément aux lois de France où sont situés les biens et son fief; 2° parce que la tutelle et curatelle étant principalement établie pour la conservation des droits, n'a dû être établie qu'en vertu d'ordonnance du juge royal du Bailliage de Gex; 3° parce que la procuration est passée à Genève, pays étranger, au lieu d'être passée par devant notaires royaux en France, conformément au réglement du 24 janvier dernier et au modèle imprimé en conséquence. — Signé : HIPPOLYTE BOURGEOIS; marquis DE BILLIAT; DE PREZ; DE GRENAUD; DE SEYSSEL, et le comte DE LA FORÊT.

M. **Pierre** chevalier **de Fabry,** représenté par le marquis *de Florian*, par procuration reçue *Prévôt*, notaire à Genève, du 14 mars dernier; les quatre assesseurs sont d'avis que la procuration de M. **Fabry** doit être rejetée, 1° parce qu'il n'a point produit de lettre-patente pour aggréger sa noblesse en France et duement enregistrée aux Cours souveraines, conformément au dispositif de l'arrêt du Conseil du 25 mars dernier; 2° parce que sa procuration est passée à Genève et qu'elle devoit l'être en France, sauf à M. **Fabry** à apporter ses titres à la première assemblée. — Signé par les quatre assesseurs et le grand bailli de Gex.

M. **Barthélemy-Isaac de Pellissary,** seigneur de fiefs, représenté par M. le baron *de Vincy,* son fondé de pouvoirs, a justifié de lettres-patentes confirmatives de la noblesse de son ayeul, duement enregistrées au désir de l'arrêt du Conseil du 25 mars dernier, et tous les membres présents ayant pris séance, M. le bailli les a invités à nommer entr'eux un secrétaire de l'Assemblée; à quoi ayant procédé, M. **Claude-Antoine de Sédillot,** seigneur de Saint-Genis, a été élu à la pluralité des voix, le quel présent a accepté la commission et a signé: Sédillot.

Et successivement, M. le président a requis l'Assemblée de délibérer sur le nombre des commissaires ordonnés par le réglement du 24 janvier dernier, que la Chambre jugera nécessaires pour la rédaction du cahier général des doléances, souhaits et remontrances de l'ordre de la Noblesse de ce pays, et ayant été résolu d'unanime voix d'en nommer cinq,

MM. Le baron **Vasserot de la Bâtie,**
Le chevalier **de Seyssel-Cressieu,**
De Prez-Crassier,
Le marquis **de Billiat,**
Le comte **de Gallatin,**
Pictet de Sergy,

ont été élus commissaires pour la rédaction du dit cahier, à la pluralité des voix, et ont accepté leur commission et ont signé.

De tout ce que dessus a été dressé le présent procès-verbal dont lecture a été faite à l'Assemblée, et les séances de ce jour étant finies, elles ont été renvoyées à demain, à huit heures du matin, et de suite à celle du soir, pour être par MM. les commissaires travaillé de suite et sans interruption, et ont signé :

MM. le baron de Vasserot de la Batie; de Prez-Crassier; Seyssel de Cressieu; Pictet de Sergy; Bourgeois de Billiat.

De tout ce que dessus a été dressé le présent procès-verbal dont lecture a été faite à l'Assemblée, et les séances de ce jour étant finies, elles ont été renvoyées à demain, à huit heures du matin, et de suite, à celle du soir, pour être par MM. les commissaires travaillé sans interruption à la rédaction du cahier général, au désir du réglement du 26 juin.

Fait à Gex, le 1er avril 1789, ayant M. **Sédillot,** secrétaire, signé avec nous.

Le comte DE LA FORÊT, et SÉDILLOT, secrétaire.

Du dimanche 5 avril, à dix heures du matin, en la chambre indiquée pour la Noblesse, l'Assemblée ayant repris séance, les trois jours précédents ayant été employés par les commissaires à la rédaction du cahier général de doléances, souhaits et remontrances de l'ordre de la Noblesse, et tous les membres ayant pris place sous la présidence du bailli, les commissaires ont annoncé qu'ils avoient mis sur le bureau le cahier général qu'ils ont dressé et rédigé. L'Assemblée en ayant requis la lecture, elle a été faite par le secrétaire; la quelle ouïe, le président a pris l'avis de l'Assemblée et a déclaré que les cahiers approuvés, étoient clos et arrêtés, et il les a signés avec les cinq commissaires.

Etant midi, la séance a été levée pour reprendre à trois heures, le dit 5 avril 1789.

Signé : le comte DE LA FORÊT.

Du dit jour, à trois heures de relevée, l'Assemblée, présidée par le bailli, a repris séance en la chambre à elle désignée, et les membres ayant pris place, les gentilshommes ont l'honneur de faire observer au bailli, président, que l'Assemblée, durant dès le 16 mars, la plupart d'entr'eux ne sauroient, à cause de leurs affaires, prolonger leur assistance; en conséquence, ils prient le président de vouloir bien donner suite aux opérations ordonnées par Sa Majesté : ce qui est d'autant plus facile, qu'acte ayant été donné aux comparants et défaut aux non comparants, et tout ayant été jugé suivant les formes prescrites, les différentes prétentions qui se sont élevées aujourd'hui ne peuvent, en vertu de l'article LI du réglement, suspendre la conclusion désirée, sauf aux parties prétendantes à se pourvoir, si elles le jugent à propos, par simple mémoire, par devant Sa Majesté, conformément audit article.

Signé : DE PREZ DE BRUEL, chevalier de Saint-Louis; SEYSSEL DE CRESSIEU, chevalier de Saint-Louis; DE PREZ, chevalier de Saint-Louis; DE GRENAUD; DE PREZ DE VAUX, chevalier de Saint-Louis; DE MARTINES; DE PREZ-CRASSIER, chevalier de Saint-Louis; SÉDILLOT, chevalier de Saint-Louis; le baron DE VASSEROT DE LA BATIE; le chevalier DE PREZ, chevalier de Saint-Louis; le chevalier D'APVRIEULX; SÉDILLOT DE SAINT-GENIS; BOURGEOIS, marquis de Billiat; PICTET DE SERGY, le comte PICTET.

En conséquence des réquisitions ci-dessus, nous grand bailli, président, avons invité l'Assemblée de procéder, par la voie du scrutin, à l'élection de trois de ses membres pour scrutateurs des billets d'élection du député du corps de la Noblesse de ce Bailliage aux Etats-Généraux. En conséquence, ayant fait placer un vase sur le bureau, au devant de M. le secrétaire, chacun des membres présents de la dite Assemblée y est venu ostensiblement déposer son billet d'élection des dits scrutateurs. Ce fait, et chacun remis à sa place, l'Assemblée a désigné MM. le marquis **de Florian,** le baron **de Saint-Christophe** et **Perrault,** l'aîné, pour assister le dit secrétaire dans la vérification des dits billets, les quels comptés par le dit secrétaire, s'étant trouvés en nombre égal à celui des électeurs présents, ont été par lui ouverts. Après avoir supputé les suffrages, il a déclaré à haute voix que MM. **de Seyssel,** le marquis **de Billiat** et **de Prez de Vaux** en ont eu le plus, et ont été déclarés à la forme du réglement et reconnus par l'Assemblée pour scrutateurs; les quels ont accepté la dite commission et ont signé : SEYSSEL DE CRESSIEU; BOURGEOIS, marquis de Billiat, et DE PREZ DE VAUX.

ÉLECTION
DU DÉPUTÉ AUX ÉTATS-GÉNÉRAUX.

Les membres de l'Assemblée étant venus successivement, après que les scrutateurs ont été placés au devant du bureau, déposer leurs billets d'élection du député de la Noblesse aux Etats-Généraux, et ayant repris leurs places, les scrutateurs ont recensé le nombre des billets, et les ayant trouvés en nombre égal à celui des membres présents, après supputation d'iceux, ils ont déclaré à l'Assemblée que M. **Etienne de Prez de Crassier,** *chevalier de Saint-Louis, lieutenant-colonel et grand bailli d'épée du Charolois,* avoit des suffrages excédant la moitié des élections; en conséquence, il a été déclaré député du corps de la Noblesse de ce Bailliage aux Etats-Généraux et reconnu par l'Assemblée, le quel a accepté la dite commission et a prêté serment de remplir fidèlement sa mission, et a signé : DE PREZ DE CRASSIER.

L'Assemblée générale charge expressément M. **de Prez de Crassier,** son député, de ne traiter d'aucune affaire d'imposition avant que le plan de la constitution et administration ait été réglé et sanctionné; et au surplus, de se conformer au cahier des demandes et doléances qui lui a été remis. Pour subvenir aux frais de sa députation, l'Assemblée a arrêté de payer à son député la somme de douze livres par jour, à dater du jour de l'ouverture des Etats-Généraux jusqu'au jour de la clôture, et, en outre, quatre cent quatre vingts livres pour frais de route d'aller et de venir, dont le montant général sera imposé additionnellement et au marc la livre des vingtièmes de la Noblesse du pays de Gex.

Fait, clos et arrêté en la dite ville de Gex, ce jourd'hui 5 avril 1789, sur les six heures du soir, et ont les membres de la dite Assemblée signé avec le président et le secrétaire :

MM.
De Prez-Crassier, chevalier de Saint-Louis.

MM.
Le marquis *de Florian.*
Seyssel de Cressieu.

MM.

Le comte *Pictet*.

Pictet de Sergy.

De Prez de Bruel.

Bourgeois, marquis de Billiat.

Le chevalier *de Prez*.

De Prez de Vaux, chevalier de Saint-Louis.

Perrault de Jotemps.

Perrault de Ruttet.

De Martines.

MM.

Le baron *de Vasserat de la Bâtie*.

De Prez, chevalier de Saint-Louis.

Sédillot, chevalier de l'ordre de St-Louis.

De Grenaud.

Le chevalier *d'Apvrieulx*.

Le comte *de la Forêt*, grand bailli de Gex.

Sédillot, secrétaire.

PROCÈS-VERBAL

DE LA CLOTURE DE L'ASSEMBLÉE GÉNÉRALE DES TROIS ÉTATS

DU BAILLIAGE DE GEX.

Du mercredi 8me *avril* 1789.

Nous **Claude-Jean Barberat,** conseiller du roi, lieutenant criminel au Bailliage de Gex, tenant pour absence de M. le bailli et l'indisposition de M. le lieutenant général, nous étant transporté en l'audience royale de ce Bailliage, pour y présider l'Assemblée générale des trois Etats de ce pays, où est venu le procureur du roi, et y séant pour secrétaire, M. *François Vuaillet,* greffier en chef de ce Bailliage.

Les membres des trois ordres ayant pris place dans la même distinction qu'en la séance du 16 mars, avons dit à l'Assemblée, qu'en conformité du réglement du roi du 24 janvier dernier, et de l'ordonnance de M. le bailli du 4 mars, elle avoit été de nouveau convoquée, pour chaque ordre donner à ses députés les pouvoirs généraux et suffisants demandés par Sa Majesté, pour proposer, remontrer et consentir par chaque député, au nom de son corps, dans les Etats-Généraux, tout ce qui peut concerner les besoins de l'Etat, la réforme des abus, l'établissement d'un ordre fixe et durable dans toutes les parties de l'administration, la prospérité générale du Royaume, le bien de tous et de chacun de ses sujets, et pour recevoir des députés le serment requis. Sur quoi messire **Pierre-Marin Rouph**, chanoine de l'église cathédrale d'Annecy, doyen d'Aubonne, official et curé de Gex, député du Clergé pour ce Bailliage, nous a déclaré que par le procés-verbal de son élection du 18 mars dernier, son corps lui avoit donné les pouvoirs qu'il avoit cru nécessaire de lui conférer, et qu'il étoit muni de la copie collationnée, tant du dit procés-verbal que du cahier général des doléances et remontrances du dit ordre.

M. **Etienne de Prez-Crassier,** chevalier de l'ordre royal et militaire de Saint-Louis, lieutenant-colonel et grand bailli d'épée du Charolois, député de l'ordre de la Noblesse de ce pays, nous a de même déclaré que par le procès-verbal de son élection du 5 de ce mois, l'Assemblée du dit corps lui avoit donné les pouvoirs qu'elle avoit jugés nécessaires, dont une copie collationnée avoit été remise à M. le bailli, avec un double du cahier général de ses doléances et souhaits; et comme le Tiers-Etat a renvoyé de donner les pouvoirs requis à ses députés dans cette séance de la présente Assemblée générale, les députés présents des villes, bourgs et villages de ce Bailliage, en vertu des pouvoirs à eux conférés, déclarent qu'ils donnent à MM. **Jean-Pierre Girod**, avocat en Parlement, demeurant à Thoiry, et autre **Jean-Pierre Girod,** bourgeois, demeurant à Chevry, députés du Tiers-Etat de ce Bailliage, ici présents et acceptant mandats, de consentir et rejeter les demandes et propositions qui seront faites aux Etats-Généraux par les députés des autres provinces, suivant leur prudence; de concourir de tout leur pouvoir à procurer le bien général du Royaume, et de la province en particulier; de solliciter des Etats provinciaux qui ayent les mêmes droits et prérogatives que ceux établis dernièrement dans le Dauphiné, suivant le projet qui a été lu et approuvé dans l'Assemblée du Tiers-Etat du 21 mars dernier, signé des huit commissaires, dans le quel il est porté que les dits Etats de cette province seront composés de membres en nombre égal du Clergé et de la Noblesse, et de la moitié du Tiers-Etat, et qu'ils seront entièrement indépendants de la Bresse et du Bugey; de solliciter toutes demandes contenues dans le cahier général des doléances et remontrances du Tiers-Etat, et de ne voter, dans toutes les Assemblées des Etats-Généraux, que par tête et non par ordre. S'il en est autrement ordonné, de demander que tous ceux qui auroient dû être imposés à la taille et qui ne l'ont point été, soient condamnés à la restitution envers la province, suivant l'article 406 de l'ordonnance de 1629. Et au surplus, ils donnent pouvoirs généraux et suffisants aux dits sieurs **Girod,** députés du Tiers-Etat aux Etats-Généraux, de proposer, remontrer, aviser et consentir tout ce qui peut concerner les besoins de l'Etat et l'établissement d'un ordre fixe et durable dans toutes les parties de l'administration; et qu'attendu que le premier sindiq actuel du Tiers-Etat, qui a pris place dans l'ordre et l'Assemblée de la Noblesse, occupe plusieurs places qui sont incompatibles, réunissant tout à la fois celle de subdélégué et de premier sindiq; les députés sont chargés de demander et solliciter incessamment l'autorisation et permission de nommer une autre personne pour remplir la place de premier sindiq, en attendant la formation de l'administration provinciale.

Des quels mandats et pouvoirs, lecture a été faite à haute voix par le secrétaire. Ensuite, avons pris de M. **Rouph de Varicourt,** député du Clergé de ce pays aux Etats-Généraux; messire **de Prez-Crassier,** député de la Noblesse, et de MM. **Girod,** les deux députés du Tiers-Etat, ici présents, et en présence de l'Assemblée générale, le serment de s'acquitter fidèlement et avec zèle de leurs missions, et de se conformer chacun au mandat de leur ordre, et à ce qui est contenu dans le cahier général arrêté et approuvé dans leur Assemblée particulière, ainsi que de concourir tous à la prospérité du Royaume et de cette province, ce qu'ils ont promis.

Avons remis à chacun des dits députés le cahier de leur corps dont ils demeurent chargés; les quels ont signé :

> Messire Pierre-Marin Rouph de Varicourt, député du Clergé de Gex; messire Etienne de Prez-Crassier, député de la Noblesse de Gex; M. Jean-Pierre Girod, avocat en Parlement, député du Tiers-Etat; M. Jean-Pierre Girod, bourgeois de Chevry, député du Tiers-Etat.

Les députés du Tiers-Etat ayant eu connoissance, par la lecture de l'arrêté de la Noblesse du 1er de ce mois, qu'elle persistoit dans l'engagement sacré qu'elle avoit contracté avec l'ordre du Tiers-Etat de contribuer sans distinction et avec égalité, en raison de ses revenus territoriaux, à toutes impositions directes et indirectes qui pourront être accordées par les Etats-Généraux, et pour témoigner à l'ordre de la Noblesse la reconnoissance de son généreux sacrifice, ont, d'une voix unanime, délibéré de prier ses membres présents de consentir que l'indemnité de voyage et séjour de son député aux Etats-Généraux soit prise sur le fonds de la province ; au quel consentement s'est joint le Clergé.

Le corps de la Noblesse ayant accepté la dite proposition par acclamation des trois ordres, il a été résolu et arrêté qu'il sera payé à M. **de Crassier**, député de la Noblesse, deux cent quatre-vingt-huit livres pour l'indemniser des frais de son voyage d'aller et retour, et douze livres par jour de séjour, depuis l'ouverture des Etats-Généraux jusqu'à la clôture.

A été représenté, par les quatre députés à l'Assemblée des trois ordres, qu'il est indispensable, pour remplir leurs missions aux Etats-Généraux, d'avoir connoissance exacte des impositions royales et locales qui se perçoivent annuellement dans le pays de Gex, ainsi que des revenus et bons destinés à faire face aux frais et dépenses de l'administration. Ils requièrent, en conséquence, d'être autorisés de demander aux sindiqs généraux et Conseils des trois ordres, de leur en remettre les états au vrai, signés d'eux le plus tôt possible, afin de pouvoir en conférer entr'eux avant leur départ. En outre, que tous les registres, mémoires et renseignements soient déposés dans un dépôt public où ils puissent les consulter. A la quelle demande il a été acquiescé d'une voix unanime par les trois ordres.

Toutes les opérations ordonnées par Sa Majesté, par son réglement du 24 janvier dernier, étant parachevées, l'Assemblée générale des trois ordres du Bailliage a été déclarée clòse et arrêtée, dont procès-verbal, que les membres de tous les corps de ce Bailliage ont signé, chacun en ce qui le concerne, sans distinction de rang ni préséance, et sans tirer à conséquence. Et il sera du dit procès-verbal remis trois copies, duement collationnées, aux députés des trois ordres aux Etats-Généraux, avec les cahiers des doléances, plaintes et remontrances dont ils sont chargés, et encore pour les députés du Clergé et de la Noblesse, copie en forme des procès-verbaux de leur élection, contenant leurs pouvoirs. De tout quoi a été fait lecture à l'Assemblée.

Fait en l'auditoire royal de ce Bailliage, le dit jour 8 avril 1789, ayant le procureur du roi signé avec nous, et le dit *Vuaillet*, secrétaire.

CAHIER GÉNÉRAL

DES

DOLÉANCES, PLAINTES, REMONTRANCES ET DEMANDES

DE LA NOBLESSE DU BAILLIAGE DE GEX,

PRÉSENTÉ AU ROI ET A NOSSEIGNEURS LES ÉTATS-GÉNÉRAUX DE FRANCE.

Du 5me avril 1789.

CAHIER GÉNÉRAL

DES DOLÉANCES, PLAINTES, REMONTRANCES ET DEMANDES

DE LA NOBLESSE DU BAILLIAGE DE GEX,

PRÉSENTÉ AU ROI ET A NOSSEIGNEURS LES ÉTATS-GÉNÉRAUX DE FRANCE.

AU ROI.

SIRE,

La Noblesse du pays de Gex, convoquée et assemblée par vos ordres, ainsi que le Clergé et le Tiers-Etat de ce Bailliage, pour nommer un député de son ordre, chargé de présenter à Votre Majesté et à nosseigneurs les Etats-Généraux de France, ses demandes, plaintes, doléances et remontrances sur les abus de l'administration locale et générale qui ruine la prospérité de cette province et de la monarchie française, demande respectueusement à Votre Majesté :

I.

Que l'ancienne administration municipale de cette province, confirmée par le traité d'échange qui l'a réunie en 1601 avec ses franchises à la monarchie, et à la liberté de la quelle il a été porté différentes atteintes par les commissaires départis et par leurs subdélégués, soit rétablie ; qu'en conséquence, les Etats provinciaux soient convoqués régulièrement et assemblés périodiquement tous les trois ans en la ville de Gex ou à Ferney, lieu central, en présence de votre grand bailli ou de son lieutenant, sur la demande des sindiqs généraux, suivie de l'approbation de Votre Majesté, pour, entr'eux ou séparément, d'ordre à ordre, délibérer sur leurs intérêts et élire librement leurs représentants au nombre de douze, savoir : deux du Clergé, quatre de la Noblesse, et six du Tiers-Etat, chargés, sous le titre de commission intermédiaire, de toutes répartitions des impositions royales ou locales qui pourront être librement accordées ou imposées par nosseigneurs les Etats-Généruux de France, et successivement, des recettes, payements, dépenses et manutentions; à charge, par les dits commissaires, de rendre compte aux Assemblées générales et triennales par des états vrais, signés et justifiés par délibérations.

Qu'il plaise à Votre Majesté ordonner que les discussions qui pourroient naître sur le résultat de la comptabilité triennale soient jugées sommairement et sans frais, à vue des pièces mises sur le bureau, par la Chambre des Comptes ou le Parlement de la province.

II.

Demande, qu'en considération du sacrifice, fait par son ordre, des exemptions pécuniaires qui lui appartiennent et dont elle jouit, sacrifice consenti librement pour subvenir dans la cote-part et contingent aux dettes du gouvernement, la Noblesse française ne soit plus sujette à encourir les peines de la dérogeance.

III.

Demande que toutes les gratifications annuelles quellesconques, ci-devant accordées par l'administration de la province, soient supprimées à jamais, comme abusives, et qu'il ne puisse dorénavant être délibéré et accordé que des dons et récompenses, une fois payés, pour exciter l'émulation mécanique des gens utiles au service de la province, et sans que les dits dons ou récompenses puissent être accordés seulement par les Assemblées générales, et d'après le compte rendu par la commission intermédiaire.

IV.

Demande que l'impôt désastreux de la gabelle, abusif en cette province en ce qu'il a été remplacé par la libre concession des tailles en 1564, soit anéanti comme destructeur de l'agriculture et de la population, et qu'en attendant cette salutaire opération, l'abonnement actuel, contracté entre le roi et l'administration du pays, soit maintenu suivant sa forme et teneur; qu'en exécution de la liberté indéfinie stipulée dans l'arrêt du Conseil du 22 décembre 1775 qui sanctionne l'abonnement, il soit loisible à chaque communauté du Bailliage de Gex d'avoir chez elle, pour sa commodité, un ou plusieurs débitants de sel, autorisés par délibération des dites communautés, avec liberté néanmoins à chaque consommateur de s'approvisionner où bon lui semblera; qu'il soit également loisible aux Etats provinciaux et à la commission intermédiaire d'extraire des salines de France quelconques, les approvisionnements généraux de la province, s'il y échoit, sans être tenu à aucun droit autre que le prix convenu de l'abonnement.

V.

Demande que les comptes de finances et gestion de l'administration de ce pays, qui depuis nombre d'années n'ont été rendus aux Assemblées générales des trois ordres, le soient à la prochaine Assemblée, et que la cause de ces abus, occasionnée par l'accumulation des pouvoirs incompatibles, et même des comptabilités dans une même personne, soit réformée à jamais par la liberté dans les élections et par l'obligation de ne pouvoir réunir deux charges ou commissions sur la même tête, afin de ne pas priver l'administration de ses contradicteurs légitimes.

VI.

Demande que, vu la stérilité du pays de Gex, qui ne produit pas la sixième partie du blé nécessaire à sa consommation, chaque particulier domicilié puisse, moyennant un certificat délivré par les sindiqs et le curé de son domicile qui constate ses besoins, extraire de France les grains qui lui seront nécessaires, sans avoir besoin d'autorisation des subdélégués du commissaire départi, et que dans le cas où le bien public exigeroit en France une défense d'exportation, il en soit accordé, sur la demande des sindiqs généraux, la quantité nécessaire aux besoins des consommateurs du pays de Gex.

VII.

Demande que le franc-aleu naturel au sol du pays de Gex, reconnu et confirmé par arrêt du Conseil de juillet 1693 enregistré au Parlement de Bourgogne, soit maintenu et dorénavant à l'abri des inquisitions des agents du fisc qui cherchent à soumettre ce pays au droit de franc-fief, incompatible avec le franc-aleu naturel, sans préjudice néanmoins des rentes foncières, créées par les seigneurs ou autres sous le nom d'abergeages, et des conditions stipulées et convenues entre les parties par les concessions libres de ce genre, indépendantes du domaine et de la mouvance du roi.

VIII.

Expose que les seigneuries n'étant dans ce pays que des fiefs d'honneur et des magistratures nobles, sans autre concession des souverains que l'exercice de la justice inféodée et des émoluments qui en résultent, elles ne sauroient être assujéties gratuitement et arbitrairement aux conditions dures et abusives aux quelles a paru les soumettre l'édit de 1771 qui condamne les seigneurs aux frais de justice criminelle, en cas de prévention de la part des gens de Votre Majesté, les exécutions décernées dans ce cas contre les domaines patrimoniaux des seigneurs ne sont qu'indues vexations, parce que, d'une part, les ruraux des seigneurs indépendants de la seigneurie et de l'inféodation, et par eux possédés en franc-aleu, naturel à ce pays, ne doivent rien à la justice ; d'autre part, parce que les ministres du roi, en établissant le droit de timbre et contrôle, et en créant des tribunaux d'exception au préjudice des fonctions et attributions des justices seigneuriales ne sauroient exiger, après avoir dépouillé les seigneurs de leurs fonctions et émoluments, que leurs propriétés franches et patrimoniales soient grevées des frais et sollicitudes de la justice criminelle. Demande, en conséquence, la Noblesse, que le roi, abolissant tous les tribunaux d'exception et les attributions dont il a privé leurs justices, les restituent dans tous les droits qui leur sont inféodés, en abrogeant l'édit de 1771, au quel Sa Majesté, retirant à soi de leur consentement, l'exercice de la justice criminelle, leur accorde une indemnité proportionnelle à la diminution qu'ils trouveront dans leurs propriétés.

IX.

Demande, pour le plus grand avantage de l'agriculture et du bien public, que le partage des biens communaux, à chaque lieu, soit fait avec égalité entre les différents propriétaires qui contribuent aux charges royales et locales de chaque communauté, sans autre distraction au profit des seigneurs ou autres, que les parts et portions qu'ils justifieront leur appartenir pour leurs inféodations, concessions ou titres probants, conformément à l'édit de Savoie du 21 août 1509.

Demande que les bois et fonds communaux qui se trouveront appartenir aux communautés situées dans la justice patrimoniale de Votre Majesté, soient également partagés et dans la même forme, soit en vertu de franche propriété des habitants, soit en raison de la renonciation faite par Votre Majesté à tout triage et partage à son profit, stipulée dans l'ordonnance de 1699.

X.

Demande que les carrières placées dans les biens communaux et patrimoniaux des habitants de ce pays, dont le fermier du domaine de Votre Majesté s'est emparé depuis plusieurs années à la faveur d'une clause induement insérée dans son dernier bail, soient restituées aux dites communautés qui en sont propriétaires, et que les habitants de ce pays, placés au milieu des rochers du Jura et des Alpes, ne soient point tenus d'acheter du fermier de Votre Majesté jusqu'aux pierres que la nature leur a prodiguées pour la construction de leurs habitations.

XI.

Expose, qu'indépendamment de la prohibition des carrières faites par le fermier du domaine de Votre Majesté, il a en outre établi, sans titre connu, la perception d'un char de chaux à son profit sur chaque four à chaux fait et construit par tout particulier, soit dans les biens communaux de sa paroisse, soit dans sa propriété patrimoniale. Demande la Noblesse que cette perception soit abrogée, et que défense soit faite au dit fermier d'exiger dorénavant pareil droit.

XII.

Demande que les droits de contrôle des actes soient réduits et simplifiés, et réduits avec égalité par un tarif certain, connu de chacun, et que les contribuables soient désormais à l'abri des droits arbitraires exigés par les agents du fisc et de toutes recherches au bout de deux ans.

XIII.

Demande à Votre Majesté que les lois qui règlent les propriétés soient simplifiées; qu'il soit établi entr'elles de la concordance, afin d'éviter les procès ruineux qui naissent journellement de leur contrariété; que les formes ruineuses des procédures judiciaires soient également simplifiées; que les agents subalternes de la justice qui les étendent arbitrairement soient diminués ou supprimés, et que chacun puisse défendre ses droits par simples requêtes comme au Conseil de Votre Majesté, sans autre ministère que celui des avocats; que les tribunaux d'exception, tels que les maîtrises des eaux et forêts, etc., soient supprimés, et leurs attributions rendues aux juges naturels, sans qu'il soit permis, dans aucun cas, de pouvoir distraire qui que ce soit, de son ressort.

Que les justices seigneuriales soient conservées conformément aux titres de leurs concessions, et leurs jugements déclarés sans appel jusqu'à deux cents livres, et que les appellations au dessus de cette somme soient portées en dernier ressort au Parlement de la province sans autre intermédiaire.

Demande que les honoraires des juges soient tarifiés, à moins que Votre Majesté ne regarde cet objet comme une dette de sa couronne.

Demande que les droits de guet et garde soient abolis; que la vénalité des offices des Bailliages soit supprimée, et que leurs remplacements et vacances arrivent, par le choix de Votre Majesté sur trois gradués au dessus de trente ans, sans dispense d'âge, présentés par les Etats provinciaux du pays.

XIV.

Que les droits de messellerie, redevance en grains induement conservée et perçue au profit du domaine patrimonial de Votre Majesté sur les villages de Prévessin et autres, soient supprimés comme abusifs, attendu que ces villages payent les impositions et charges publiques ainsi que tous les autres sujets de votre monarchie.

XV.

Exposent les frères **de Prez**, seigneurs de Crassier, et les frères **d'Apvrieulx**, seigneurs de *Pralies*, que le limitement fait depuis quelques années entre la souveraineté de France, d'une part, et la souveraineté de Berne, d'autre part, sans que les exposants au service de Sa Majesté y ayent été appelés, les a dépouillés, ainsi que les communautés de Crassier et de Vesenex, du chemin commun aux sujets des deux Etats, et de notable partie de leurs biens communaux et patrimoniaux. En conséquence, demandent les exposants que cet article de limitement soit rectifié du consentement des souverains respectifs.

Telles sont les demandes et doléances de la Noblesse du pays de Gex sur les divers mémoires reçus par MM. le baron **de Vasserot de la Bâtie; de Seyssel de Cressieu; de Prez-Crassier; Bourgeois**, marquis de Billiat; **Pictet de Sergy**, soussignés, commissaires nommés par l'Assemblée générale en la séance du 1er avril, aux quelles ils ont travaillé sans interruption dans la chambre du Bailliage, indiquée par le président.

Fait double, à Gex, ce cinq avril 1789.

> Le baron DE VASSEROT DE LA BATIE; SEYSSEL DE CRESSIEU; DE PREZ-CRASSIER; BOURGEOIS, marquis de Billiat; PICTET DE SERGY.

Par addition, demande l'Assemblée générale à Votre Majesté, que les droits en régie sur les cuirs, les cartes, etc., objets minutieux dans ce pays, et dont la perception est plus à charge qu'à profit à Votre Majesté, restent supprimés et compris dans l'abonnement général de cette province.

Lecture faite le dit jour à l'Assemblée du présent cahier, et les articles en ayant été approuvés, il a été déclaré clos et arrêté par la dite Assemblée, ayant les dits cinq commissaires signé avec le grand bailli, président, et le secrétaire de la Noblesse.

Coté et paraphé par nous comte DE LA FORÊT, président et grand bailli de Gex, et signé : SÉDILLOT DE SAINT-GENIS.

ADMISSIONS AU CHAPITRE NOBLE

DES DAMES COMTESSES ET CHANOINESSES

DE NEUVILLE-LES-DAMES.

ADMISSIONS AU CHAPITRE NOBLE

DES DAMES COMTESSES ET CHANOINESSES

DE NEUVILLE-LES-DAMES.

1605. — Demoiselle noble *Anne de Rossillon*.

1606. — Demoiselle noble *Hélène de Chevriers*, fille de noble *Philibert de Chevriers*, seigneur de la Saulgère, et de dame *Marguerite de Seyturier*.

1607. — Demoiselle noble *Lucrèce d'Angeville*, fille de noble *Claude d'Angeville*, seigneur de Vidonat et des Bornes, lieutenant de cavalerie, ez ordonnances de Savoie.

1613. — Demoiselle noble *Antoinette de Tenay*, fille de noble *Marc de Tenay*, seigneur de Saint-Christophe, gentilhomme ordinaire de la chambre du roi.

1613. — Demoiselle noble *de Scey*, fille d'*Antoine-Baptiste de Scey*, chevalier, seigneur de Maillet, Grozon, le Vernoy, etc., et de dame *Charlotte de Poligny*.

1619. — Demoiselle noble *Claude-Françoise de Candie*, fille de noble *Jean-François de Candie*, seigneur de Loëze.

1620. — Demoiselle noble *Charlotte de Chevriers*, fille de noble *Philibert de Chevriers*, seigneur de la Saulgère, et de dame *Marguerite de Seyturier*.

1624. — Demoiselle noble *Marie de Champier*, fille de noble *Guillaume de Champier*, écuyer, seigneur de Feillens et de Mantenay.

1632. — Demoiselle noble *Polyxène de Seyturier*, fille de noble *Jacques de Seyturier*, seigneur de Serrières et de Lionnières.

1635. — Demoiselle noble *Claudine de la Griffonnière*, fille de noble *Claude de la Griffonnière*, seigneur de la Tour du Deau, de Revonnas et co-seigneur de Pirajoux, et de dame *Claudine de Morel*.

1638. — Demoiselle noble *Anne de Seyturier*, fille de noble *Jacques de Seyturier*, seigneur de Serrières et de Lionnières, et de dame *Anne de Mollon*.

1642. — Demoiselle noble *Isabeau de Sainte-Colombe*, fille de noble *Guy-George de Sainte-Colombe*, seigneur du Poyet et de Saint-Priest, et de dame *Laurence de Chevriers*.

1643. — Demoiselle noble *Claudine de Riccé*, fille de noble *David de Riccé*, seigneur de Cornaton, Loëze et Lespinay, et de dame *Antoinette de Candie*.

1644. — Demoiselles nobles *Gabrielle* et *Charlotte de Tenay*, filles de feu messire *Laurent de Tenay*, baron de Saint-Christophe, seigneur de Noyers, Fougères, Lantenay et autres places, et de dame *de Chamigy de Blot*.

Idem. — Demoiselle noble *Antoinette de Gaspard*, fille de messire *Jean de Gaspard*, seigneur du Soubz, le Breuil et autres places.

1645. — Demoiselle noble *Lucrèce Dinet*, fille de noble *Louis Dinet*, écuyer, sieur de Chassimpierre, seigneur du Châtelard, gentilhomme du roi et écuyer de sa grande écurie, et de dame *Lucrèce de Champier*.

Idem. — Demoiselle noble *Antoinette de la Motte-St-Vincent*, fille de noble *Claude de la Motte-Saint-Vincent* et de puissante dame *Léonarde de Chevriers*.

1658. — Demoiselles nobles *Marianne de Chevriers* et *Gabrielle-Antoinette de Chevriers*, filles de haut et puissant seigneur *Honoré de Chevriers*, chevalier de l'ordre du roi, seigneur de Saint-Mauris, vicomte du Thil, seigneur de Salogny, les Chazeaux, du péage de Mâcon, et de dame *Claudine Damas*.

1663. — Demoiselle noble *Bénigne Damas*, fille de haut et puissant messire *Damas*, seigneur du Rousset, Marillac et autres places, et de dame *Huguette de Bécerel*.

1667. — Demoiselle noble *Marie d'Angeville*, fille de messire *Claude d'Angeville*, chevalier, seigneur de Montvéran, la Saulgère et Ceyssieu, et de dame *Marie de Chevriers*.

Idem. — Demoiselle noble *Claudine-Baptiste de Tenay*, fille de messire *Claude-Hippolyte de Tenay*, comte, seigneur de Saint-Christophe, Lantenay, Fougères, Noyers et autres places, et de dame *Claudine Dufay*.

1668. — Demoiselle noble *Catherine-Gilberte d'Angeville*, fille de *Guillaume-Philibert d'Angeville de Luyrieux*, seigneur et vicomte de Lompnes, et de dame *Antoinette de Massenay*.

1676. — Demoiselle noble *Eléonore de Chevriers-Saint-Mauris*, fille de haut et puissant seigneur *Honoré de Chevriers*.

1680. — Demoiselle noble *Claude-Alexandrine de Ste-Colombe du Poyet*.

1682. — Demoiselle noble *Jeanne-Françoise de la Coste de Brandon*.

Idem. — Demoiselles nobles *Marie-Anne Damas de Dampierre* et *Marie Damas de Dampierre*, filles de messire *Claude-Hippolyte Damas de Dampierre*, chevalier, seigneur de Dampierre, Audone,

Frouze, la Motte, Droucy-le-Neuf et autres places, et de dame *Etiennette Borgin.*

1683. — Demoiselle noble *Eléonore de Dio*, fille de haut et puissant seigneur messire *Claude-Antoine Palatin de Dio*, chevalier, comte de Montmort, baron de Burcy, seigneur de Rochefort, Valette, Lacoudray, Vandenesse, la Roche, Monthugnet et autres places, et de dame *Eléonore du Bour du Mayne.*

1690. — Demoiselle noble *Jeanne-Marie des Garets.*

Idem. — Demoiselles nobles *Louise de la Rodde* et *Aimée de la Rodde.*

Idem. — Demoiselles nobles *Huguette-Paule Damas de Marillac* et *Suzanne Damas de Marillac*, filles de messire *Claude Damas*, seigneur du Rousset, et de dame *Marguerite de Foudras.*

1691. — Demoiselle noble *Philippine-Emerantianne de Moyria*, fille de messire *Joseph-Marie de Moyria*, seigneur de Maillat.

Idem. — Demoiselle noble *Marguerite Comeau*, fille de messire *Antoine Comeau*, conseiller au Parlement de Bourgogne, et de dame *Catherine de Jante.*

1692. — Demoiselle noble *Catherine de Périeu de Duretal.*

1693. — Demoiselle noble *Marianne-Françoise de Crangeac.*

Idem. — Demoiselle noble *Claude-Baptiste de Tenay.*

1698. — Demoiselle noble *Marie-Anne Damas*, fille de messire *Claude Damas*, chevalier, seigneur de Dampierre, et de dame *Etiennette Bergiers.*

1699. — Demoiselle noble *Marie-Marguerite de Vallin*, fille de messire *Joseph de Vallin*, seigneur de Rousset, d'Hières et Beauvivier, et de dame *Marie Groslier du Soleil.*

1700. — Demoiselle noble *Marie-Charlotte de Riccé*, fille de messire *Charles de Riccé*, chevalier, seigneur de Loëze et de Cornaton, et de dame *Marie de Blavet.*

1700. — Demoiselle noble *Catherine-Françoise d'Angeville*, fille de noble *Nazaire-Joseph d'Angeville*, vicomte de Lompnes, et de dame *Catherine-Françoise de Beaumont.*

PREUVES DE NOBLESSE.

Pour justifier de la qualité du dit seigneur *Nazaire-Joseph d'Angeville*, ensemble de la filiation de la dite demoiselle *d'Angeville* à ses père et mère; et de son père à son ayeul, nommé *Guillaume d'Angeville*, produit le contrat de mariage de ses père et mère, par lequel il appert que noble *Nazaire-Joseph d'Angeville* est fils de messire *Guillaume-Philibert d'Angeville*, écuyer, seigneur et vicomte de Lompnes, et de dame *Antoinette de Massenay*, passé avec la dite demoiselle *de Beaumont-Carra*, en date du 24 décembre 1672, au quel sont jointes les preuves de la dite dame *de Massenay.*

Pour vérifier de la noblesse de *Guillaume d'Angeville*, ayeul de la dite demoiselle, ensemble de la filiation du dit *Guillaume* à messire *Claude d'Angeville*, second ayeul de la dite demoiselle, produit un acte de transaction passé entre messire *Guillaume-Philibert d'Angeville*, vicomte de Lompnes, et messire *François-Anthelme d'Angeville*, seigneur de Montvéran, en date du 10 septembre 1669, signé par expédition : *Vanier*, dans le quel les qualités de messires sont données au dit *Guillaume-Philibert d'Angeville* dit *de Luyrieux*, et au dit *Claude d'Angeville* son frère, ce qui fait voir comme le dit *Guillaume d'Angeville* étoit fils légitime de *Claude* et de dame *Hélène de Champier*, femme en premières noces du dit *Claude d'Angeville.*

Pour preuve de la qualité du dit messire *Claude d'Angeville*, bisayeul de la dite demoiselle *d'Angeville*, ensemble pour établir sa filiation, produit un extrait en forme du testament de noble *Symphorien d'Angeville*, seigneur de Vidonat, par le quel il institue son héritier universel noble *Claude d'Angeville*, son cher et bien aimé fils, et de dame *Philiberte de Luyrieux;* le dit testament en date du 24 mai 1608, reçu et signé *Ragnin*, exhibé par messire *François-Anthelme d'Angeville*, écuyer, seigneur de Monvéran, en 1676.

Finalement, pour soutenir les qualités prises par les père et ayeux de la dite demoiselle *d'Angeville*, et faire voir comme de tout temps, et journellement, sa famille a été en considération et en possession d'entrer dans les Chapitres les plus recommandables pour la Noblesse, produit :

1° Un jugement contradictoire rendu par Mgr le cardinal d'Estrées, abbé de Saint-Claude, par le quel il reçoit et approuve les preuves de noblesse de messire *Guillaume d'Angeville*, frère de la dite demoiselle; en conséquence du quel jugement, *Guillaume*, deuxième du nom, a été reçu dans l'abbaye noble et royale de Saint-Claude; le dit jugement en date du 18 septembre 1699. Signé *César*, cardinal d'Estrées, scellé des armes du dit seigneur cardinal.

2° Produit aussi le procès-verbal des preuves de noblesse de messire dom *Jacques-François d'Angeville*, oncle paternel de la dite demoiselle, reçu religieux au dit noble Chapitre de Saint-Claude, en date du 10 mars 1682, signé *de Marule*.

3° Produit encore les procès-verbal et acte de réception de messire *Jean d'Angeville*, oncle paternel de la dite demoiselle, fils de messire *Guillaume d'Angeville*, et de la dite dame *de Massenay*, dans l'ordre de Saint-Jean-de-Jérusalem; le dit procès-verbal de noblesse en date du 16 octobre 1680, reçu par MM. les commandeurs *de Grimault de Bec* et *du Poyet-Ste-Colombe*, commissaires, et par eux signé à l'original.

1702. — Demoiselle noble *Marie-Charlotte de Riccé*, fille de messire *Charles de Riccé*, chevalier, seigneur de Cornaton, et de dame *de Barret*.

PREUVES DE NOBLESSE.

Pour faire voir que la dite demoiselle *Marie-Charlotte de Riccé* est fille naturelle de messire *Charles de Riccé*, on produit le contrat de mariage de messire *Charles de Riccé*, seigneur de Cornaton, Loëze et Lespinay, et de dame *Marie de Barret*, du 24 avril 1686, reçu *Chevrier*, notaire royal à Belley. Par le dit contrat, il appert la qualité des dits seigneurs, père et fils, de chevalier, bien et valablement justifiée.

Item. Pour faire voir que le dit messire *Christophe de Riccé* est fils naturel et légitime de messire *David de Riccé,* l'on produit le testament mutuel de noble *David de Riccé,* écuyer, seigneur de Loëze, Cornaton et Lespinay, et dame *Antoinette de Candie,* en date du 15 juillet 1652, reçu *Cornaton,* notaire royal.

Item. Pour faire voir que le dit messire *David de Riccé* est fils de noble *Marc-Marie de Riccé,* écuyer, seigneur de Cornaton, Lespinay et la Moutonnière, on produit le testament du dit *Marc-Marie de Riccé,* en date du 2 octobre 1620, reçu *Salomon Maira,* notaire royal de Pouillat, et expédié par *Pertuiset,* notaire royal, par le quel il est qualifié de noble et écuyer, et institue son héritier *David de Riccé,* son fils naturel et légitime, les quels sont nommés ci-dessus, étant qualifiés de messires, nobles et chevaliers, ce qui prouve suffisamment la noblesse de cette maison. Mais, pour en donner une preuve surabondante, il appert par l'attestation du Rév. seigneur *Pierre de Louverot*, ici présent, religieux de la royale abbaye de Saint-Claude, que la noblesse de la maison *de Riccé* a été prouvée dans cet illustre corps, comme aussi dans celui de MM. les chevaliers de Saint-George en Franche-Comté, dans la personne de noble seigneur *Claude-François de Louverot*, baron du Pin et de Pressiat, son frère; dans celui de Malte, par messire *Alexandre-Antoine de Louverot,* et dans la royale abbaye de Château-Châlon, par Révérende dame *Jeanne-Françoise de Louverot*, tous enfants d'*Anne-Marie de Riccé,* sœur de *Christophe de Riccé,* ayeul de demoiselle *Charlotte de Riccé,* prétendante.

1702. — Demoiselle noble *Jeanne-Alexandrine de Montjouvent*, fille de messire *Pierre de Montjouvent* et de dame *Marie-Anne de Sainte-Colombe*.

PREUVES DE NOBLESSE.

On produit le contrat de mariage de haut et puissant seigneur messire *Pierre de Montjouvent* avec *Marie-Anne de Sainte-Colombe,* par où il rappelle son père et sa mère comme étant autorisés par eux, savoir : *Claude de Montjouvent* et demoiselle *d'Arcy d'Ailly.*

Plus, *Marie-Anne de Sainte-Colombe* rappelle dans le même contrat ses père et mère, savoir : haut et puissant seigneur *Alexandre de Sainte-Colombe* et *Gabrielle-Charlotte la Magdeleine de Ragny*, en date du 11 décembre 1687, signé *Grégoire Duverni*, notaire.

Plus, produit le contrat de mariage de haut et puissant seigneur *Claude de Montjouvent* avec *Antoinette d'Arcy d'Ailly*, par le quel contrat il appert qu'il est fils de noble *Jean de Montjouvent* et de *Béatrix de Dugnier*, ses père et mère, et que la dite *Antoinette d'Arcy d'Ailly* étoit fille de noble *Emmanuel d'Arcy d'Ailly* et d'*Anne de Gilbertier*, ses père et mère; le contrat en date du 5 octobre 1632, signé *Tondu*, notaire royal.

Plus, pour faire voir que *Jean de Montjouvent* est fils de *Jean de Montjouvent* et de demoiselle *Françoise de Cornau*, produit son contrat de mariage avec *Béatrix de Dugnier*, par le quel on voit qu'ils sont autorisés par *Jean de Montjouvent*, son père, et *Françoise de Cornau*, sa mère, en date du 22 avril 1603, signé par *Sonthonax*, notaire.

Plus, produit le contrat de mariage d'*Emmanuel d'Arcy d'Ailly*, par où l'on voit qu'il est fils de noble *Gayot d'Arcy d'Ailly* et d'*Anne de Montrodez*, ses père et mère, et que *Anne de Gilbertier* est fille de *de Gilbert de Gilbertier* et de *Gabrielle de Chalmazel*, en date du 22 avril 1598.

1702. — Demoiselle noble *Suzanne de Marillac de Damas*, fille de haut et puissant seigneur messire *Claude de Damas*, vicomte de Lagnieu, seigneur du Rousset, Marillac et autres lieux, et de dame *Marguerite de Foudras.*

Idem. — Demoiselle noble *Antoinette-Françoise de Tenay*, fille de haut et puissant seigneur *Marc-Hilaire de Tenay*, capitaine-lieutenant des gendarmes d'Orléans, comte, seigneur de Saint-Christophe et autres lieux, et de dame *Denise Taillandier*.

Idem. — Demoiselles nobles *Jeanne-Marie de Laurencin* et *Marie-Artémise-Gasparde de Laurencin*, filles de messire *Antoine de Laurencin-Porsange.*

1704. — Demoiselles nobles *Claudine-Thérèse de Damas* et *Marie-Anne de Damas,* sœurs germaines, filles naturelles et légitimes de haut et puissant seigneur messire *François-Joseph de Damas,* chevalier, marquis du Breuil et d'Antigny, comte de Ruffé, baron de Chevreau, seigneur de Courberon, gouverneur et lieutenant général pour Madame Son Altesse Royale, souveraine de Dombes, et de haute et puissante dame *Marie-Jacqueline de la Baume.*

1706. — Demoiselle noble *Claudine de Noblet,* fille de messire *Léonard de Noblet,* comte de Chénelette, et de dame *Jeanne d'Ongny d'Origny de Mably.*

1707. — Demoiselle noble *Marguerite de Foudras,* fille de messire *Louis de Foudras,* chevalier, comte de Demigny, seigneur de Maupas, et de feue dame *Catherine de Bernis.*

1708. — Demoiselle noble *Anne-Marie-Françoise de Charbonnier de Crangeac,* fille de feu messire *François-Louis de Charbonnier,* chevalier, seigneur de Crangeac, Epeyssole, le val de Bohas, et de feu dame *Françoise de Figuière.*

1710. — Demoiselle noble *Pierrette-Françoise-Henriette Le Prebstre de Vauban,* fille de messire *Antoine Le Prebstre de Vauban,* chevalier, lieutenant général des armées du roi et gouverneur de Béthune, et de dame *Henriette de Busseuil.*

1712. — Demoiselle noble *Jacqueline-Magdeleine Damas de Chevreau,* fille de haut et puissant seigneur messire *Joseph-François Damas,* chevalier, marquis d'Antigny, comte de Ruffé, baron de Chevreau, seigneur du Breuil et autres places, et de dame *Marie-Jacqueline de la Baume.*

1713. — Demoiselles nobles *Magdeleine de Froissard* et *Thérèse de Froissard,* filles de messire *Antoine-Ignace de Froissard,* seigneur de Broissia, et de dame *Bernardine-Françoise de Dortan.*

1713. — Demoiselles nobles *Marguerite de la Rode, Gabrielle de la Rode* et *Anne de la Rode*, filles de messire *Claude de la Rode*, seigneur de Charnay, et de dame *Marie-Antoinette de Rennel.*

1714. — Demoiselle noble *Marguerite de Vallin*, fille de messire *Joseph de Vallin*, chevalier, seigneur d'Hyères, le Rousset, Beauvivier et autres lieux, et de dame, dame *Marie Grolier du Soleil.*

PREUVES DE NOBLESSE DE DEMOISELLE MARIE-MARGUERITE DE VALLIN.

Pour faire voir que la dite demoiselle est fille naturelle et légitime de messire *Joseph de Vallin*, seigneur de Rousset, Hyères et Beauvivier, et de dame *Marie Grolier du Soleil*, produit son extrait baptistaire, signé *Vingtain*, curé de Saint-Ferréol, en date du 28 juin 1707, duement légalisé et scellé, par le quel il appert qu'elle a été baptisée le 21me jour d'octobre 1691.

La seconde pièce est le procès-verbal de la preuve de noblesse que fait noble *Joseph-Melchior de Vallin*, frère germain de la dite demoiselle, par devant MM. les commissaires députés de la noble et illustre église de Saint-Pierre de Màcon, signé *Alexandre de Chevriers-Saint-Mauris*, en date du 22 juin 1697.

S'ensuit la teneur du dit procès-verbal.

Inventaire des papiers et titres de noblesse, tant du côté paternel que maternel, que produit noble *Joseph-Melchior de Vallin*, clerc tonsuré du diocèse de Màcon, pourvu d'un canonicat et prébende en la noble et illustre église de Saint-Pierre de Màcon, par devant messires *Louis Damas*, *Saint-Thaon*, *Charles-Ignace de la Rochefoucault*, *Gondras* et *François de Sarron*, chanoines en icelle, commissaires députés pour la vérification des dits papiers, par acte capitulaire du 3 avril 1697.

PREUVES DE LA NOBLESSE DU CÔTÉ PATERNEL.

Pour prouver que noble *Joseph de Vallin*, père du chanoine à recevoir, est fils naturel et légitime de noble *Marc de Vallin* et de dame *Marie de Coppier*, dame d'Hyéres, produit le testament de la dite dame en date du 23me jour du mois de décembre 1683, signé *Sornin*, notaire, par le quel la dite dame *de Coppier* nomme et institue son héritier universel noble *Joseph de Vallin*, seigneur de Rousset, son fils naturel et légitime du dit feu noble *Marc de Vallin*, son mari ; le dit testament duement légalisé par *Gaspard Bossu*, capitaine-châtelain royal de Crémieu, le 27 décembre 1695.

Et attendu que le dit messire *Joseph de Vallin*, seigneur d'Hyères et frère germain de messire *Guy de Vallin*, actuellement chanoine en la dite église de Saint-Pierre, ainsi qu'il appert par le testament de la dite dame *Marie de Coppier*, dans le quel il est dit qu'ils sont l'un et l'autre fils naturels et légitimes du dit noble *Marc de Vallin* et de la dite dame *Marie de Coppier*. La preuve de noblesse du dit messire *Guy de Vallin* ayant été ci-devant faite, lors de sa réception de chanoine en la dite église, le dit noble *Joseph-Melchior de Vallin*, chanoine à recevoir, a employé, pour le surplus de sa preuve de noblesse du côté paternel, celle du dit messire *Guy de Vallin*, son oncle, par le moyen de la quelle la sienne se trouve entièrement accomplie.

PREUVES DE NOBLESSE DU CÔTÉ MATERNEL.

Pour prouver que dame *Marie Grollier du Soleil*, mère du dit noble *Joseph-Melchior de Vallin*, chanoine à recevoir, est fille naturelle et légitime de messire *Imbert Grollier*, chevalier, seigneur du Soleil, et de dame *Catherine du Mottet*, sa femme, on produit le contrat de mariage de la dite dame avec messire *Joseph de Vallin*, en propre minute, signé *Chapuis*, notaire royal à Mâcon, en date du 2 mars 1686, par le quel contrat il est établi que la dite dame *Marie Grollier* est fille naturelle et légitime de messire *Imbert Grollier* et de dame *Catherine du Mottet*.

Item. Pour faire voir que le dit noble *Imbert Grollier*, seigneur du Soleil, ayeul maternel, est fils naturel et légitime de messire *Nicolas Grollier*, seigneur du Soleil, et de dame *Marguerite Armuet de Bonrepos*, on produit le contrat de mariage du dit noble *Imbert Grollier* avec demoiselle *Catherine du Mottet*, en date du 10 octobre 1646, le dit contrat signé *Guize*, notaire à Grenoble, duement légalisé par *François Imbert*, écuyer, conseiller du roi, vice-bailli de Viennois, lieutenant général civil et criminel au siége royal présidial de Grésivaudan, séant à Grenoble, le 26 février 1697, par le quel le dit messire *Imbert Grollier* est dit être fils de messire *Nicolas Grollier* et de la dite dame *Marguerite Armuet*.

Item. Pour prouver que le dit messire *Nicolas Grollier*, bisayeul du dit chanoine à recevoir, est fils naturel et légitime de messire *Imbert Grollier*, premier du nom, seigneur du Soleil, chevalier de l'ordre du roi, et de dame *Lucrèce d'Albisse*, on produit deux pièces :

La première est le contrat de mariage du dit noble *Nicolas Grollier* et de dame *Marguerite Armuet de Bonrepos*, en date du 9me aoust 1611, signé *Duclusel*, notaire royal Delphinal; le dit contrat autorisé par le bailli de Grésivaudan, résidant à Grenoble, et insinué à Lyon le 15me jour de juin 1612, signé *Sève;* le dit contrat en expédition originale, par le quel il est dit que noble *Nicolas Grollier* est fils du dit noble *Imbert Grollier* et de noble *Lucrèce d'Albisse*.

La seconde est le contrat de mariage de noble *Imbert Grollier*, premier du nom, trisayeul maternel, avec la dite dame *Lucrèce d'Albisse*, en date du 16me mars 1673, signé *Guize*, notaire à Lyon; le dit contrat en expédition originale, par le quel il est justifié que noble *Nicolas Grollier* est né en loyal mariage.

Item. Pour faire voir que dame *Marguerite Armuet de Bonrepos*, première bisayeule maternelle et fille naturelle et légitime de noble *Louis Armuet*, seigneur de Bonrepos, et de dame *Françoise de Saint-Marcel d'Avanson;* le dit contrat en expédition originale en date du 9me aoust 1611, passé par *Duclusel*, notaire royal, et duement légalisé.

Item. Pour faire voir que dame *Catherine du Mottet*, ayeule maternelle du chanoine à recevoir, est fille naturelle et légitime de noble *Charles du Mottet*, seigneur d'Houles, second bisayeul maternel, et de dame *Alix de Briançon*, emploie le sus dit contrat de mariage de la dite demoiselle *Catherine du Mottet* avec le dit noble *Imbert Grollier*, par le quel il est dit qu'elle est fille de feu noble *Charles du Mottet*, seigneur d'Houles, et de dame *Alix de Briançon*.

Item. Pour faire voir que le dit noble *Charles du Mottet* est fils naturel et légitime d'autre noble *Charles du Mottet*, premier du nom, seigneur de Chasseline, gentilhomme ordinaire de la

Chambre du roi, et de dame *Alix Stuart*, produit le testament du dit messire *Charles du Mottet*, premier du nom, second bisayeul maternel, par le quel il institue *Charles du Mottet*, deuxième du nom, son héritier et le qualifie son fils, et de la dame *Alix Stuart*; le dit testament signé *Clapasson*, en date du 28 novembre 1617, les qualités duement prises, le dit contrat en expédition originale, légalisé par *François Imbert*, conseiller du roi, vice-bailli du Viennois, lieutenant général civil et criminel au siége royal et présidial de Grésivaudan, le 26 février 1697.

Item. Pour faire voir que le dit noble *Charles du Mottet* est fils naturel et légitime de noble *Charles du Mottet*, premier du nom, et de la dame *Alix Stuart*, on produit le testament du dit noble *Charles du Mottet*, second du nom, par le quel il substitue les biens de messire *Charles du Mottet*, son père, à noble *Pierre du Mottet*, son neveu, et ceux de dame *Alix Staart*, sa mère, à dame *du Mottet*, dames *de Saint-Jean* et *Buisson-Rond*, ses sœurs; et par le même testament institue son héritière universelle damoiselle *Alix de Briançon de Vans*, sa très-aimée et fidèle femme; le dit testament en extrait, en date du 12me jour de décembre 1638, signé *Dufour*, notaire.

Item. Pour faire voir que dame *Alix de Briançon*, seconde bisayeule maternelle et fille naturelle et légitime de messire *Joseph de Briançon*, seigneur de Vans, et de dame *Françoise Armuet de Bonrepos*, on produit trois pièces :

La première est le contrat de mariage de la dite dame *Alix de Briançon* et de messire *Charles du Mottet*, seigneur d'Houles, second bisayeul maternel, dans le quel elle est qualifiée fille de messire *Joseph de Briançon*, seigneur de Vans, et de dame *Françoise Armuet de Bonrepos*; le dit contrat de mariage signé *Guigue*, le 27 avril 1625.

La seconde est le téstament de la dite dame *Françoise Armuet de Bonrepos*, par la quelle elle appelle la dite dame *Alix de Briançon*, sa fille; le dit testament signé *Guigue*, notaire royal, le 2 avril 1633.

La troisième est le contrat de mariage de noble *Joseph de Briançon*, troisième trisayeul maternel, avec demoiselle *Françoise Armuet de Bonrepos*, signé *Duclusel*, notaire, du 18me octobre 1687.

Item. Pour ôter toute difficulté qui pourroit naître des qualités prises dans les sus dits contrats et faire voir que toutes les maisons qui entrent dans la preuve du sus dit chanoine à recevoir, sont toutes maisons nobles et qualifiées, on produit les pièces suivantes.

Pour faire voir que la maison *de Grollier* est d'ancienne noblesse, on produit trois pièces :

La première est le sus dit contrat de mariage de noble *Imbert Grollier*, seigneur d'Albisse, ayeul maternel, dans le quel il appert que se trouve Frère *Gaspard Grollier de Seruseret*, chevalier de l'ordre de Saint-Jean de Jérusalem, commandeur des Echelles, cousin germain du dit messire *Imbert Grollier*.

La deuxième est un brevet de chevalier de l'ordre de Saint-Michel, accordé par le roi Henry IVme, en faveur de messire *Imbert Grollier*, premier trisayeul maternel, en date du 11me janvier 1601, adressé à M. *de la Guiche*, gouverneur de Lyonnois, Forez et Beaujolois.

La troisième est le serment prêté, en conséquence du dit brevet, par le dit seigneur *Imbert Grollier*, entre les mains du dit seigneur *de la Guiche*; le dit acte original signé des seigneurs *de la Guiche* et *du Soleil*, et scellé de leurs armes, 10 mars 1601.

Item. Pour faire voir que la maison *d'Armuet de Bonrepos* est une maison très-noble et bien qualifiée, produit un brevet accordé au dit seigneur *Armuet de Bonrepos*, second trisayeul maternel, pour commander les troupes en Dauphiné sous l'autorité de Mgr le dauphin et de M. *de Gardes*; le dit brevet en original, signé *Henry*, le 16me janvier 1577.

Du samedi 22me juin 1697, se sont assemblés capitulairement, au son de la cloche et manière accoutumée à tenir chapitre, nobles seigneurs messires *Alexandre de Nagu-Varenne*, prévôt; *Alexandre de Chevriers-Saint-Mauris*, docteur de Sorbonne, trésorier; *Guy de Vallin-Rousset*, boursier; *Charles-Joseph de Moissard*; *Louis-Damas-Saint-Thaon*; *Charles-Ignace de la Rochefoucault*; *Gondras*; *Philibert-Alexandre de Chevriers-Chany*, et *François de Sarron*, tous chanoines de la dite église, aux quels les dits seigneurs *de Gondras* et *de Sarron*, députés pour la vérification des papiers et titres produits par noble *Joseph-Melchior de Vallin*, chanoine à recevoir, ont fait rapport qu'ils ont vu et examiné les dits titres et papiers, et iceux trouvés en bonne et probante forme, pour accomplir la dite preuve littérale de noblesse du dit noble *Joseph-Melchior de Vallin;* sur le quel rapport, et ayant de rechef les dits titres et papiers été vérifiés dans le Chapitre, suivant l'ordre de l'arbre généalogique dressé à ce sujet, les dits seigneurs représentants ont la dite preuve de noblesse déclaré faite et duement accomplie littéralement, ne restant plus qu'à payer, ainsi qu'il est accoutumé à chaque réception de chanoine en cette église, la somme de quatre cents livres, due au dit Chapitre et officiers de la dite église.

1716. — Demoiselle noble *Anne-Jeanne de Damas de Lionnières*, fille de messire *Renaud de Damas*, chevalier, seigneur de Lionnières et Chaffaud, et de dame *Marie-Anne de Seyturier*.

1718. — Demoiselle noble *Antoinette d'Angeville*, fille de messire *Guillaume d'Angeville*, comte de Lompnes, et de dame *Henriette de Sainte-Colombe de l'Aubespin*.

Idem. — Demoiselle noble *Anne-Louise de Laurencin*, fille de messire *Philippe de Laurencin* et de dame *Simonne-Gabrielle de Beaurepaire*.

1722. — Demoiselle noble *Anne-Angélique de Foudras*, fille de messire *Jacques de Foudras*, comte de Demigny, seigneur de Chandeney et autres lieux, et de dame *Marie-Angélique de l'Etouffe de Pradinet*.

Idem. — Demoiselles nobles *Catherine* et *Magdeleine de Froissard de Broissia-Velle*, filles de messire *Antoine-Ignace de Froissard de Broissia-Velle* et de dame *Bernardine-Françoise de Dortan*.

Idem. — Demoiselle noble *Anne d'Angeville*, fille de messire *Guillaume d'Angeville*, vicomte de Lompnes, et de dame *Henriette de Sainte-Colombe de l'Aubespin*.

1725. — Demoiselle noble *Louise de Noblet*, fille de messire *Bernard de Noblet de Chenelettes*, comte de la Clayette, lieutenant des maréchaux de France au département du Mâconnois, et de défunte dame *Jeanne d'Onguy d'Origny*.

1729. — Demoiselle noble *Barbe de Brosse,* fille de messire *Charles de Brosse,* conseiller du roi au Parlement de Dijon, et de dame *Pierrette Fevret de Fontette.*

Idem. — Demoiselle noble *Simonne de Beaurepaire,* fille de messire *Jacques* comte *de Beaurepaire,* seigneur du dit lieu, Varey, Saillenard, Quintigny, Chandée et autres lieux, et de dame *Huguette de la Coste,* baronne de Chandée et de Brandon.

1737. — Demoiselle noble *Anne-Elisabeth de Berbis,* fille de messire *Pierre-Gabriel de Berbis,* seigneur des Maillis, et de dame *Anne Prévost.*

1741. — Demoiselle noble *Marie-Joseph-Gabrielle de Charbonnier-Crangeac,* fille de messire *Marie-Jean-Joseph de Charbonnier-Crangeac,* seigneur du dit lieu, d'Epeyssole, Marillac, Viriat, Fleyriat et autres lieux, et de dame *Anne-Françoise-Gasparde de Laurencin.*

1740. — Demoiselles nobles *Marie-Joséphine* et *Marie-Marguerite de Vallin de Challes,* filles de messire *Guy de Vallin,* comte du dit Vallin, de Saint-Didier, seigneur d'Hyères et autres places, et de puissante dame, dame *Marie-Urbaine de la Rodde.*

Idem. — Demoiselle noble *Marie-Gabrielle de Beaurepaire de Chandée,* fille de haut et puissant seigneur messire *Jacques de Beaurepaire,* chevalier, marquis de Beaurepaire et de Saint-Léonard, comte de Varey, Vinzelles et autres lieux, et de dame *Jeanne-Huguette de la Coste,* baronne de Chandée et de Brandon.

Idem. — Demoiselles nobles *Claudine de Choiseul* et *Marie-Louise de Choiseul,* filles de haut et puissant seigneur messire *François-Bernard* comte *de Choiseul d'Eguilly,* chevalier, seigneur de Bussière et autres places, et de dame *Louise-Charlotte de Foudras.*

1743. — Demoiselle noble *Jeanne-Charlotte-Jacquette de Foudras de Demigny,* fille de haut et puissant seigneur messire *Louis de Foudras,* capitaine de dragons au régiment de Mestre de camp général, et de dame, madame *Antoinette Capisuchy de Bologne.*

1744. — Demoiselle noble *Reine - Philippe de Bernard de Montessus*, fille de messire *Guy-Louis de Bernard de Montessus*, chevalier, seigneur de Villard-Chapé, Saint-Didier-sur-Arroud, le Bazoiard, Charency et autres lieux, et de dame, madame *Anne de Berger de Charency.*

Idem. — Demoiselle noble *Marie-Gabrielle de Jaucourt*, fille de messire *Etienne-Edme* comte *de Jaucourt*, chevalier, seigneur de Chazelles, l'Escot, Montanerot et autres lieux, et de dame *Marie Darlay de la Boulaye*, fille de défunt messire *Barthélemy Darlay*, chevalier, seigneur de la Boulaye, la Verrière et autres places.

1745. — Demoiselles nobles *Anne-Antoinette* et *Jeanne-Claude de Damas-Veillerot*, filles de messire *Louis de Damas*, chevalier, seigneur de Veillerot, Saint-Pierre-en-Vaux, d'Ornée et autres lieux, capitaine de cavalerie au régiment de Cravates, et de dame *Catherine de Changy*, fille de messire *Charles de Changy*, seigneur de Lentilly.

1746. — Demoiselles nobles *Marie-Anne-Claudine* et *Suzanne de Damas*, filles de messire *Roger* marquis *de Damas*, vicomte de Lavieu, comte du Rousset, baron de Villars, seigneur de Rontalon et Beaucresson, le Molard, la Bastie et autres terres, résidant à Lyon, paroisse de Sainte-Croix, et de dame, madame *Marie-Marguerite de Barge de Trémol.*

1754. — Demoiselle noble *Reine-Joseph Terrier de Malley*, fille de messire *Marie-Jules Terrier de Malley*, président au Parlement de Franche-Comté, et de dame, madame *d'Espiard.*

1756. — Demoiselle noble *Anne - Louise de Laurencin de Beaufort*, fille de messire *Philippe* comte *de Laurencin*, et de dame, dame *Simonne de Beaurepaire.*

1756. — Demoiselle noble *Marie-Estienne de la Rodde*, fille de messire *Charles-Louis* comte *de la Rodde*, chevalier, baron de

Monconv en Bourgogne, seigneur de Charnay et autres places, et de dame *Nicole-Estienne de Ganay*.

1757. — Demoiselle noble *Marie le Bascle d'Argenteuil*, fille de messire *Edme-Charles le Bascle*, chevalier, comte d'Argenteuil, seigneur d'Obbrée, Courcelles, les Rangs, Locher, Montlion et autres lieux, brigadier des armées du roi, demeurant au château de Courcelles, et de dame, madame *Françoise-Edmée Duret*.

1758. — Demoiselles nobles *Anne-Louise* et *Claudine-Bernardine de Menthon de Rosy*, filles de messire *Gabriel* baron *de Menthon*, seigneur de Rosy, Toulongeon, Germagnat, Lomont, Gramont et autres lieux, et de dame, dame *Anne-Jeanne de Damas*, de Lionnières et Chaffaud.

1762. — Demoiselle noble *Marie-Jeanne-Dorothée de la Barre de Laage*, fille de messire *Joseph-François de la Barre*, chevalier, seigneur de Laage, Loubressay et autres places, demeurant en son château de Loubressay, paroisse de Bonne en Poitou, et de feue dame, madame *Marie-Jeanne de Blont*.

Idem. — Demoiselles nobles *Charlotte-Antide* et *Jeanne-Gabrielle de Pillot*, filles de messire *Thomas de Pillot*, chevalier, seigneur de Chenecey, et de très-haute et puissante dame, madame *Anne-Elisabeth-Edwige de Sandersleben-Coligny*.

Idem. — Demoiselles nobles *Claudine-Sophie*, *Louise-Ursule-Félicité* et *Louise-Françoise-Alexandrine Guérin de Tencin*, filles de messire *Antoine Guérin de Tencin*, seigneur de Crolle, Montfort, La Mar, Laval, Saint-Etienne, Lacombe, Saint-Mury près Montemont, Saint-Jean-le-Vieux, Revel, Villardbonnod, Lancey, Le Versoud et autres lieux, gouverneur de la ville et citadelle de Dye, sergent de bataille de la province du Dauphiné et chevalier de l'ordre militaire de Saint-Louis, et de dame, madame *Marie-Jeanne de Montaynard*.

1763. — Demoiselles nobles *Françoise-Magdeleine*, *Magdeleine-Marie-Françoise*, *Louise-Henriette* et *Claire du Parc de Bellegarde*, sœurs.

1763. — Demoiselles nobles *Anne-Joseph-Sophie*, *Amélie-Françoise-Delphine-Henriette*, *Antoinette-Dorothée-Joséphine-Françoise de Beausset de Roquefort*, toutes trois sœurs.

Idem. — Demoiselle noble *Claude-Philippine de Berbis*, fille de messire *Nicolas de Berbis*, chevalier, seigneur de Longecourt, capitaine de cavalerie au régiment de Royal-Roussillon, et de dame *Catherine Lamy de Samerey*.

Idem. — Demoiselle noble *Charlotte-Françoise de Toustain de Richebourg*.

Idem. — Demoiselle noble *Elisabeth-Charlotte de Seyturier*, fille de messire *Charles de Seyturier*, chevalier, seigneur de Serrières, et de dame *Marie-Amédée Guinard d'Andelot*.

Idem. — Demoiselle noble *Adélaïde-Victoire de Marche de la Gorce*.

Idem. — Demoiselle noble *Camille-Colombe de Cherpin de Fougerolles*.

Idem. — Demoiselle noble *Marie-Anne-Catherine Couraud de la Roche*.

Idem. — Demoiselle noble *Marie-Catherine-Françoise de la Rodde*, fille de messire *Charles-Louis* comte *de la Rodde*, et de dame *Nicole-Etienne de Ganay*, demeurant en leur château de Montcony (Bresse Châlonnaise).

Idem. — Demoiselle noble *Marie-Marguerite-Louise-Pauline du Breul de Sacconay*, fille de messire *Maurice-Hubert-Marie du Breul de Sacconay*, et de dame *Bernardine de Menthon*.

1764. — Demoiselle noble *Marie-Anne de Noblet de la Clayette*, fille de haut et puissant seigneur messire *Claude-Alexis de Noblet*, marquis de la Clayette, chevalier, seigneur du dit lieu, et de dame *Marie-Françoise de Cour de Pluvy*.

1764. — Demoiselle noble *Bonaventure-Françoise-Etiennette de Malarmay*, fille de messire *Joseph de Malarmay de Roussillon* et de dame, dame *Thérèse-Eléonore de Pourcheresse d'Estrabonne.*

Idem. — Demoiselles nobles *Anne-Françoise-Magdeleine de Fontanges* et *Louise-Elisabeth-Catherine de Fontanges*, filles de messire *François de Fontanges* et de dame *Louise-Gilberte Vernoy de Beauverger.*

Idem. — Demoiselles nobles *Marie-Marguerite-Bernarde* et *Marie-Claudine-Charlotte du Dressier de Montenoz*, filles de messire *Claude-François-Xavier du Dressier*, chevalier, seigneur d'Arcy et de Montenoz, ancien capitaine de cavalerie, et de dame *Marie-Armand-Joseph de Vallin.*

Idem. — Demoiselles nobles *Marie-Violence-Gilberte, Pernette-Françoise* et *Marie-Pernette-Sophie de la Forêt de Divonne.*

Idem. — Demoiselles nobles *Emilie-Pierrette-Antoinette* et *Anne-Françoise-Adélaïde Durfort.*

1765. — Demoiselle noble *Françoise-Marguerite Cisaire de Froissard.*

Idem. — Demoiselles nobles *Alexandrine-Charlotte-Adélaïde, Magdeleine-Alexandrine-Julie* et *Sophie-Rosalie-Irénée de Villeneuve de Vence.*

Idem. — Demoiselle noble *Louise-Marie-Antoinette Terrier de Monciel*, fille de messire *Claude-François de Monciel* et de dame *Marie-Thérèse de Raousset de Monciel.*

Idem. — Demoiselles nobles *Marie-Christine-Antoinette, Pétronille-Polyxène-Joseph* et *Marguerite-Rosalie de Mareschal*, toutes trois filles de messire *Jacques de Mareschal* et de dame *Anne-Jeanne-Joseph de Troche*, douairière de Saint-Laurin, comtesse de la Barre.

1765. — Demoiselle noble *Cécile-Julie-Félicité Le Goux*, fille de messire *Le Goux de Saint-Seyne*, chevalier, président au Parlement de Dijon, et de dame *Marie-Philiberte Gagne.*

1765. — Demoiselle noble *Marie-Louise-Gabrielle du Breul de Sainte-Croix*, fille de messire *Pierre-François du Breul de Crues*, comte de Sainte-Croix, chevalier, seigneur du dit lieu, Tanay, Chiloup, Haute-Pierre, Girieux et autres places, et de dame, dame *Anne-Charlotte-Michel du Villars de Châteauneuf.*

Idem. — Demoiselles nobles *Elisabeth-Emilie, Elisabeth-Claudine* et *Antoinette Julie de Neuchaise.*

Idem. — Demoiselles nobles *Marthe-Geneviève-Marguerite, Marie-Alexandrine-Félicité* et *Anne-Rosalie-Perrine de Bruc.*

Idem. — Demoiselle noble *Marie-Jeanne-Céleste de Charbonnier de Crangeac*, fille de messire *Marie-Philippe-Henri de Charbonnier de Crangeac*, chevalier, seigneur de Crangeac, et de dame *Céleste le Prestre de Châteaugiron.*

1766. — Demoiselle noble *Elisabeth-Joséphine-Amable de Choiseul de Meuse*, fille de messire *François-Joseph de Choiseul*, marquis de Meuse, et de dame *Elisabeth de Bracque.*

Idem. — Demoiselles nobles *Anne* et *Elisabeth-Henriette de Pont-Rennepont*, filles de messire *Claude-Alexandre de Pont-Rennepont*, marquis de Roche et Bétancourt.

Idem. — Demoiselle noble *Marie-Charlotte-Gabrielle de Chastenay-Bricon*, fille de messire *Pierre-François-Hubert* marquis *de Chastenay*, chevalier, ancien enseigne des gendarmes anglais du roi, et de dame *Marie-Armande de Humes de Chérin.*

1766. — Demoiselles nobles *Claudine-Véronique, Marie-Charlotte-Jeanne-Baptiste, Jeanne-Octavie-Ferdinande* et *Louise-Véronique de Chaffoy.*

Idem. — Demoiselles nobles *Marie-Gabrielle* et *Magdeleine de Monetay.*

1766. — Demoiselle noble *Marie-Elisabeth de Berbis de Mailly.*

Idem. — Demoiselle noble ..... *de Prudhomme de Fontenay.*

Idem. — Demoiselle noble ..... *de Brachet.*

1767. — Demoiselle noble *Justine-Reine de Bufavant,* fille de messire *Louis-Joseph-Marie de Bufavant* et de dame *Justine de Beaurecueil.*

Idem. — Demoiselles nobles *Magdeleine, Suzanne* et *Victoire-Anne de Bellisen,* toutes trois sœurs.

Idem. — Demoiselle noble *Marie-Bernardine-Justine de Froissard-Broissia-Velle.*

Idem. — Demoiselle noble *Louise-Claudine-Suzanne de Vallin,* fille de messire *Laurent-Marguerite* comte *de Vallin,* et de dame *Marie-Claudine-Ursule-Henriette de Vienne.*

Idem. — Demoiselles nobles *Anne-Polixène-Thérèse-Marie* et *Justine-Marianne-Marine de Mareste de Rochefort.*

Idem. — Demoiselles nobles *Claudine-Marie-Louise, Alexandrine-Emilie* et *Pauline-Marie de la Mire-Mory,* toutes trois sœurs, filles de haut et puissant seigneur *Jean-François de la Mire,* comte de Mory, chevalier honoraire de l'ordre de Malte, et de haute et puissante dame, madame *Marie-Anne-Thérèse de Chamborant,* dame d'honneur de S. A. S. madame la comtesse de la Marche, princesse du sang, demeurant à l'hôtel de la dite Altesse, rue Grenette, paroisse Saint-Sulpice, à Paris.

Idem. — Demoiselle noble *Joseph-Marguerite de Beaurepaire,* fille de messire *Jean-Baptiste de Beaurepaire* et de dame *Marie-Louise-Catherine de Moyria.*

1768. — Demoiselle noble *Agathe-Augustine de Brosse,* fille de messire *Charles de Brosse* et de dame *Jeanne-Marie Le Goux.*

Idem. — Demoiselle noble *Diane-Louise-Augustine de Polignac.*

fille de haut et puissant seigneur Mgr *Louis-Héraclius-Victor* vicomte *de Polignac*, colonel de cavalerie, gouverneur du Puy et du pays de Velay.

1768. — Demoiselle noble *Adélaïde de Berbis de Mailly*, fille de messire *de Berbis de Mailly* et de dame *Geneviève-Antoinette Leverrier*.

Idem. — Demoiselle noble *Agnès-Esprit de Damas*, fille de haut et puissant seigneur *Charles-Jules de Damas*, comte de Cormaillon, et de dame *Jacqueline Dubois*, comtesse de Cormaillon.

Idem. — Demoiselle noble *Suzanne-Charlotte Le Goux de Saint-Seyne*, fille de haut et puissant seigneur *Bénigne Le Goux*, chevalier, conseiller du roi en ses Conseils, président à mortier au Parlement de Bourgogne, seigneur de Saint-Seyne, l'église, les halles, la tour, Rozières-sur-Vingennes et autres lieux, demeurant à Dijon, et de dame *Marguerite Gagne de Périgny*.

Idem. — Demoiselle noble *Marie-Aimée Le Prudhomme de Fontenay*, fille de haut et puissant seigneur *Léopold Le Prudhomme*, chevalier, comte de Fontenay, et de haute et puissante dame *Marie-Louise-Françoise de La Rochefoucault*.

1769. — Demoiselle noble *Anne-Félicité-Antoinette-Joséphine de Choiseul*, fille de haut et puissant seigneur messire *François-Joseph de Choiseul*, marquis de Meuse, et de haute et puissante dame *Elisabeth de Braque*, marquise de Choiseul-Meuse.

1769. — Demoiselle noble *Françoise-Pétronille-Laurette de Beausset de Roquefort*, fille de messire *Joachim de Beausset de Roquefort* et de dame *Marie-Françoise-Gabrielle de Thomassin*.

Idem. — Demoiselle noble *Jeanne-Marie-Henriette-Félicité de Chastenay de Lanty*, fille de haut et puissant seigneur messire *Joseph-Auguste de Chastenay*, comte de Lanty, chevalier, seigneur d'Essaroir et autres places, et de haute et puissante dame *Louise-Anne-Elisabeth Le Bascle d'Argenteuil*.

1769. — Demoiselle noble *Claudine-Bernarde-Agathe de Berbis de Longecourt.*

Idem. — Demoiselle noble *Marie-Anne-Louise-Sophie de Bourcier de Montureux.*

Idem. — Demoiselle noble *Thérèse-Louise-Gabrielle Le Prestre de Châteaugiron*, fille de messire *Auguste-Félicité Le Prestre de Châteaugiron* et de dame *Jeanne-Charlotte Floyd.*

1770. — Demoiselles nobles *Marie* et *Anne-Baptiste de Varennes*, filles de haut et puissant seigneur messire *Claude-Charles* comte *de Varennes*, chevalier de l'ordre royal et militaire de Saint-Louis, lieutenant des maréchaux de France, baron de Sainte-Olive, seigneur de Gleteins et autres places, ancien capitaine de cavalerie, et de dame *Antoinette-Alexandrine de Seyturier.*

Idem. — Dame noble *Jeanne de Malvin de Montazet.*

Idem. — Demoiselle noble *Marie-Rose-Alexandrine de Crangeac*, fille de messire *Henri-Philippe de Charbonnier*, marquis de Crangeac, lieutenant-colonel au corps des carabiniers, et de dame *Céleste-Joséphine Le Prestre de Châteaugiron.*

Idem. — Demoiselle noble *Marie-Françoise de Bataille*, fille de messire *Henry* marquis *de Bataille*, chevalier, seigneur de Cliret, Vénarey et autres lieux, gouverneur pour le roi de la ville de Flavigny en Bourgogne, et de feue dame *Charlotte-Françoise de Damas.*

1771. — Demoiselle noble *Alexandrine-Désirée-Melchiorine de Froissard*, fille de messire *Claude-Bernard-Flavien* marquis *de Froissard* et de dame *Françoise-Marie-Gabrielle de Mailly.*

Idem. — Demoiselles nobles *Anne-Françoise* et *Angélique-Louise-Nicole de Bérulle de Cérilly*, filles de haut et puissant seigneur messire *Amable-Pierre-Thomas de Bérulle*, chevalier, marquis de Bérulle, conseiller du roi en tous ses Conseils, premier président du Parlement de Dauphiné, et commandant pour le roi en la dite province, et de dame *Catherine-Marie Rolland.*

1771. — Demoiselle noble *Josephe-Marie-Elisabeth de Terrier*, fille de messire *François-Félix-Bernard de Santans de Terrier*, président au Parlement de Besançon, et de dame *Jeanne-Baptiste de Prémont*.

Idem. — Demoiselle noble *Marie-Etienne de la Rodde du Chastel*, fille de haut et puissant seigneur messire *Charles-Louis* comte *de la Rodde*, baron de Monteonis, seigneur de Charnay et autres places, demeurant en son château de Monteonis en Bourgogne, et de haute et puissante dame *Nicole-Etienne de Ganay*.

1772. — Demoiselle noble *Anne-Marie du Breul de Crues de Girieux*, fille de haut et puissant seigneur messire *Pierre-François du Breul*, chevalier, seigneur de Tanay, Girieux, Haute-Pierre et Chiloup, comte de Sainte-Croix, et de dame *Anne-Charlotte du Villars*.

Idem. — Demoiselle noble *Jeanne-Marie-Pauline-Joséphine de Riccé*, fille de haut et puissant seigneur messire *Charles-Marie* comte *de Riccé*, seigneur de Saint-Cyr-sur-Menthon, Loëze et autres places, grand bailli d'épée de la province de Bresse, et de haute et puissante dame *Marie-Gabrielle de Jaucourt*.

1773. — Demoiselle noble *Claude-Marie-Henriette-Eugénie de Malarmay de Roussillon*, fille de messire *Joseph de Malarmay*, comte de Roussillon, et de dame *Thérèse-Eléonore-Antoinette de Pourcheresse*, baronne d'Estrabonne.

1773. — Demoiselles nobles *Adrienne-Béatrix-Françoise-Chantal* et *Pauline-Jeanne-Elisabeth de Choiseul-Meuse*, filles de haut et puissant seigneur messire *François-Joseph* marquis *de Choiseul-Meuse*, et de haute et puissante dame *Elisabeth de Braque*, marquise de Choiseul-Meuse.

Idem. — Demoiselle noble *Marie-Anne-Jeanne-Françoise de Buffavant*, fille de haut et puissant seigneur messire *Louis-Joseph-Marie* comte *de Buffavant*, seigneur de Vatillieu, Mirebois, Drontemet, Fléria et autres lieux, résidant à la Côte-Saint-André en Dauphiné, et de dame *Spirite-Justine de Beaurecueil*.

1774. — Demoiselle noble *Marie - Claudine - Charlotte du Dressier*, fille de messire *Claude-François-Xavier du Dressier de Montenot*, seigneur du dit lieu et autres places, ancien capitaine de cavalerie, chevalier de Saint-Louis, et de dame *Marie-Armand-Joseph de Vallin*, demeurant à Salins en Franche-Comté de Bourgogne.

Idem. — Demoiselle noble *Antoinette - Madeleine - Pulchérie Dumesnil de Sommery*, fille de haut et puissant seigneur messire *Jacques-Etienne Dumesnil*, marquis de Sommery, Ste-Geneviève, Hémie, Avesne et autres lieux, colonel d'infanterie, capitaine aux Gardes-Françaises, chevalier de Saint-Louis, demeurant en son château de Sommery, province de Normandie, et de dame *Jeanne-Madeleine-Antoinette-Pulchérie Le Petit d'Averne*.

Idem. — Demoiselle noble *Catherine-Charlotte de Damas de Courcelles*, fille de haut et puissant seigneur messire *Charles-Jules de Damas*, comte de Cormaillon, chevalier, seigneur du Fain, Courcelles et autres lieux, et de haute et puissante dame *Jacqueline Dubois*.

Idem. — Demoiselle noble *Marie-Humberte du Breul des Crues d'Haute-Pierre*, fille de haut et puissant seigneur messire *Pierre-François du Breul*, chevalier, seigneur de Tanay, Girieux, Haute-Pierre et Chiloup, comte de Sainte-Croix, et de dame *Charlotte du Villars*.

Idem. — Demoiselle noble *Charlotte-Gabrielle-Constance de Rouault de Gamaches*, fille de feu haut et puissant seigneur messire *Charles-Joachim de Rouault de Gamaches* et de très-haute et très-puissante dame, madame *Jeanne-Gabrielle de la Motte-Houdancourt*.

Idem. — Demoiselle noble *Emilie - Pierrette - Antoinette de Durfort*, fille de feu haut et puissant messire *Louis* vicomte *de Durfort*, mestre de camp de cavalerie, et de haute et puissante dame *Marie-Eléonore-Antoinette de Pourcheresse*, baronne d'Etrabonnes, femme en secondes noces de haut et puissant seigneur messire *Joseph de Malarmay*, comte de Roussillon.

1775. — Demoiselle noble *Agathe-Félicité d'Hautefort*, fille de très-haut et très-puissant seigneur Mgr *Dieu-Donné* marquis *d'Hautefort* et autres lieux, chevalier des ordres du roi, et de feue dame *Françoise-Claire d'Harcourt.*

1776. — Demoiselle noble *Agathe de Brosses*, fille de haut et puissant seigneur *Charles de Brosses*, chevalier, comte de Tournay et de Montfalcon, premier président en la souveraine Cour du Parlement de Bourgogne, demeurant en son hôtel à Dijon.

Idem. — Demoiselle noble *Louise-Marie-Joséphine-Félicité de Chevigné.*

1777. — Demoiselles nobles *Anne-Elisabeth* et *Flavie de Monetay de Chaseron*, filles de messire *Hugues-Xavier de Monetay*, comte de Chaseron, et de dame *Hélène du Clerroy.*

Idem. — Demoiselle noble *Marie-Madeleine-Pétronille de Sartiges*, fille de messire *François de Sartiges de Sourniau*, chevalier, etc.

Idem. — Demoiselles nobles *Madeleine-Françoise* et *Madeleine-Marie-Françoise Dupac de Belleyarde*, filles de messire *Jean-Pierre Dupac*, seigneur et comte de Bellegarde en Bugey, y résidant, ancien capitaine d'infanterie, chevalier de Saint-Louis, et de feue dame *Marie-Thérèse de Grea.*

Idem. — Demoiselle noble *Pétronille-Charlotte-Léontine-Antoinette d'Angosse*, fille de messire *Jean-Paul d'Angosse*, grand sénéchal d'Armagnac, mestre de camp de cavalerie, et de dame *Pétronille-Louise de Bonnac.*

Idem. — Demoiselles nobles *Françoise-Xavier* et *Henriette-Antoinette de Laurencin-Beaufort*, filles de haut et puissant seigneur messire *Jean-Marie* comte *de Laurencin*, chevalier de Saint-Louis, seigneur de Beaufort, Crèvecœur, Flacey, Maynul en partie et autres lieux, et de dame *Hélène-Antide-Gasparine de Champagna.*

Idem. — Demoiselle noble *Marie-Françoise-Gabrielle de la Rivière*, fille de haut et puissant seigneur messire *Charles-Paul* comte *de la Rivière*, chevalier, vicomte de Tonnerre, baron de Courcelles-les-Semur, Joland-les-Saulieu, Saint-Bressard et leurs dépendances, seigneur de Thorte, Beauregard, Genouilly et autres lieux, et de haute et puissante dame *Marie de Montsaulair de Montal*, comtesse de la Rivière.

1778. — Demoiselle noble *Marie-Anne-Louise-Gabrielle de Durfort-Léobard*, fille de haut et puissant seigneur messire *Louis* comte *de Durfort-Léobard*, chevalier, seigneur de la Roque et Montamet, lieutenant pour le roi et commandant du fort Médoc, et de haute et puissante dame *Anne-Suzanne-Claire-Madeleine-Frédérique de Moréal de Sorans*, comtesse de Durfort.

Idem. — Demoiselle noble *Marie-Marguerite de Fontange*, fille de défunt haut et puissant seigneur messire *Hugues* marquis *de Fontange* et de dame *Marie-Gasparde de Boissieu*.

1779. — Demoiselles nobles *Marie-Césarine-Augustine*, *Catherine-Françoise*, *Marie-Christine-Frédérique*, *Marie-Pierre* et *Michelle-Françoise de Brachet*, toutes cinq filles de messire *Jean-Baptiste* comte *de Brachet*, chevalier de Saint-Louis, baron de Saint-Bourg, seigneur de Beurisot, les Lignières et autres lieux, et de dame *Anne-Louise-Elisabeth de Châtenay*.

1779. — Demoiselle noble *Jeanne-Marie-Odette de Lévis de Mirepoix*, fille de haut et puissant seigneur *Louis-François-Marie-Gaston de Lévis*, marquis de Mirepoix et de Léran, brigadier des armées du roi, maréchal héréditaire de la Foy, et de haute et puissante dame, madame *Agnès-Catherine de Lévis-Château-Morand*, résidant en leur château de la Garde de Mirepoix.

1780. — Demoiselle noble *Marie-Gabrielle-Marguerite de Sarsfield*, fille de très-haut et puissant seigneur *Jacques-Hyacinthe* vicomte *de Sarsfield*, maréchal des camps et armées du roi, inspecteur général de la cavalerie et des dragons de France, gouverneur de la citadelle de Lille, commandant pour Sa Majesté dans les provinces du Hainaut et du Cambrésis, et de très-haute et puissante dame *Marie de Lévis*, vicomtesse de Sarsfield.

Idem. — Demoiselle noble *Joséphine-Sabine de Vallin*, fille de haut et puissant seigneur le marquis et comte *de Vallin*, seigneur de Vallin, d'Antézieux, Saint-Didier-de-Vallin, Barbarel et autres lieux, et de haute et puissante dame *Ursule-Henriette de Vienne*.

1780. — Demoiselles nobles *Madeleine* et *Marie-Gabrielle de Monetay*, filles de haut et puissant seigneur messire *Hugues-Marion* marquis *de Monetay*, comte de Chaseron, chevalier, seigneur et baron des Forges, seigneur du dit lieu, Commentry, Malycorne et autres lieux de la province de Bourbonnois, chevalier de Saint-Louis, ancien lieutenant-colonel de dragons, et de haute et puissante dame *Hélène du Clerroy*, comtesse de Chaseron.

Idem. — Demoiselles nobles *Madeleine-Emilie* et *Marie-Charlotte du Trochet*, filles de messire *René-Louis-Frédéric du Trochet*, chevalier, seigneur de Nion, la Roche-Amenon et autres lieux, et de dame *Charlotte-Madeleine-Marie de Gallois*.

1781. — Demoiselles nobles *Marie-Fortunée*, *Henriette*, *Marie-Jeanne-Charlotte*, *Gabrielle-Olympie-Denise-Alix* et *Louise-Denise-Henriette de Bérard de Montalet*.

Idem. — Demoiselles nobles *Marie-Gabrielle-Fortunée* et *Louise-Eléonore-Perrette du Pac de Budens*.

Idem. — Dame noble *Charlotte-Gabrielle de Bernard de Montessus de Rully*, chanoinesse de Migette, fille de haut et puissant seigneur messire *Charles-François-Bernard de Montessus*, marquis de Rully, comte de Bellevesve, Torps, Moutier, Montessus et autres lieux, et de haute et puissante dame *Marie-Ferdinande-Agathe de Vauldray*.

Idem. — Demoiselles nobles *Marie-Charlotte-Catherine-Jeanne-Alexandrine* et *Agathe-Perrette de Laizer*, filles de haut et puissant seigneur *Louis-Gilbert* marquis *de Laizer*, capitaine de cavalerie, et de haute et puissante dame *Alexandrine de Mallaret*.

Idem. — Demoiselles nobles *Marie-Jeanne-Elisabeth* et *Marie-Thérèse de Neuville de l'Arboullerie*, filles de haut et puissant seigneur messire *Claude de Neuville de l'Arboullerie*, seigneur de l'Arboullerie, de Tourzelle, capitaine au régiment des Gardes-Françaises, colonel d'infanterie et chevalier de Saint-Louis, demeurant à Paris, à l'hôtel du dépôt des Gardes-Françaises, et de haute et puissante dame *de Ponty.*

1781. — Demoiselles nobles *Marguerite-Joseph* et *Madeleine-Joseph de Rothe,* filles de feu haut et puissant seigneur *Edmond* comte *de Rothe,* et de dame *Jeanne-Catherine-Joseph de Lavaulx de Sommercourt,* actuellement femme de très-haut et très-puissant seigneur *Louis-François-Armand Duplessis,* duc de Richelieu et de Fronsac, pair et maréchal de France, etc.

Idem. — Demoiselle noble *Anne-Marie-Henriette-Camille-Joseph Bataille de Mandelet.*

Idem. — Demoiselle noble *Marie-Anne-Constance de La Teyssonnière.*

1782. — Demoiselles nobles *Elisabeth-Ursule-Anne-Cordule-Xavière, Marie-Anne-Violante-Catherine-Marthe-Xavière, Béatrix-Marie-Françoise-Brigide, Cunégonde-Anne-Hélène-Marie-Joseph* et *Christine-Sabine de Saxe,* filles de très-haut et très-excellent prince Son Altesse Royale Mgr. *François-Xavier-Auguste,* prince royal de Pologne, né duc *de Saxe,* portant en France le nom de comte *de Lusace,* lieutenant-général des armées du roi, etc.

Idem. — Demoiselles nobles *Marguerite-Charlotte* et *Marie-Claudine-Françoise de Moyria,* filles de messire *Marie-Antoine* comte *de Moyria,* chevalier, seigneur de Volognat.

Idem. — Demoiselles nobles *Marie-Louise, Charlotte-Antoinette-Julie* et *Aglaé-Marie-Anne-Victoire de Turpin.*

1783. — Demoiselle noble *Alexandrine-Marie-Elisabeth-Charlotte-Constance de Galbert.*

Idem. — Demoiselles nobles *Aglaé-Charlotte-Mélanie, Marie-Françoise-Adélaïde, Marie-Anne-Adélaïde, Sophie-Pauline* et *Rosalie-Joséphine de Forbin-Gardanne,* filles de messire *Jean-Claude-Palamède* marquis *de Forbin-Gardanne* et de dame *Clotilde-Adélaïde de Félix-Grésil-la-Ferretière.*

1783. — Demoiselles nobles *Marie-Françoise-Emilie* et *Marie-Gabrielle-Virginie de Montcalm.*

Idem. — Demoiselle noble *Jeanne-Denise-Zéphirine de Chastenay,* fille de messire *François-Jean* vicomte *de Chastenay,* chevalier, et de dame *Edmée-Marie-Zéphirine-Léonine d'Estiennot de Vassy.*

Idem. — Demoiselle noble *Elisabeth-Marie de la Loüe de Masgelier.*

Idem. — Demoiselles nobles *Anne-Françoise-Thérèse* et *Marie-Thérèse de Terrier,* filles de messire *François-Félix-Bernard de Santan de Terrier,* président à mortier du Parlement de Besançon, et de dame *Jeanne-Baptiste-André d'Arnaud de Prémont.*

Idem. — Demoiselle noble *Louise-Henriette du Pac de Bellegarde,* fille de haut et puissant seigneur messire *Jean-Pierre du Pac,* marquis et seigneur de Bellegarde, chevalier de Saint-Louis, citoyen du dit Bellegarde au diocèse de Narbonne.

Idem. — Demoiselles nobles *Françoise-Marie-Louise-Augustine-Adélaïde, Louise-Françoise-Ferdinande-Marie-Emilie, Marie-Louise-Françoise-Augustine* et *Marie-Jeanne-Laure de Salignac de la Mothe-Fénelon,* filles de haut et puissant seigneur messire *François-Gabriel de Salignac de la Mothe-Fénelon,* vicomte de Fénelon, mestre de camp d'infanterie, et de haute et puissante dame *Marie-Marthe de Boisfermé,* vicomtesse de Fénelon.

Idem. — Demoiselle noble *Aimée-Elisabeth-Marie-Sophie de David de Beauregard,* fille de haut et puissant seigneur messire *Alexandre-Amable de David,* chevalier, comte de Beauregard, seigneur de Saint-André, mestre de camp d'infanterie, etc., et de dame *Elisabeth-Denis de Fortia de Pillis.*

Idem. — Demoiselles nobles *Marie-Louise-Angèle-Elisabeth, Marie-Anne-Aimée, Marie-Reine-Joseph* et *Marie-Joseph-Louise de Dresnay,* toutes quatre sœurs germaines.

Idem. — Demoiselles nobles *Marie-Louise-Sophie* et *Charlotte-Félicité de Grouchy,* filles de haut et puissant seigneur messire

Jacques de Grouchy, chevalier, seigneur de Villette, Sagy, Condecourt et autres lieux, et de haute et puissante dame *Marie-Henriette Freteau*, demeurant à Paris.

1784. — Demoiselle noble *Marie-Jeanne-Céleste de Charbonnier de Crangeac*, fille de messire *Marie-Philippe-Henri de Charbonnier*, marquis de Crangeac, seigneur du dit lieu, Marillac, Viriat, Fleyriat, Epeyssoles et autres places, mestre de camp de cavalerie, chevalier de Saint-Louis, syndic général de la Noblesse de Bresse, et de dame *Céleste-Joseph Le Prestre de Châteaugiron*, marquise de Crangeac.

Idem. — Demoiselle noble *Henriette-Julienne de Merle de la Gorce*.

Idem. — Demoiselles nobles *Marie-Catherine-Henriette* et *Marie-Anne-Amable-Pauline de Longueil*, filles de messire *Claude-Hector de Longueil*, écuyer, seigneur de la paroisse du Saulzet, Beauverger et Lysterois en Bourbonnais, ancien capitaine au régiment d'Aquitaine-infanterie, et de dame *Jeanne-Amable Ribauld de la Chapelle*.

1785. — Demoiselle noble *Victoire-Marie-Julie-Lucrèce du Puy-Montbrun*.

Idem. — Demoiselles nobles *Marie-Adélaïde-Charlotte* et *Marie-Louise-Gabrielle d'Arsac de Ternay*, filles de messire *René-Henri-Louis-Jérôme d'Arsac de Ternay*, capitaine de dragons, chevalier de Saint-Louis, et de dame *Marie-Jeanne-Geneviève de Losse*.

Idem. — Demoiselles nobles *Marie-Joseph-Charlotte* et *Josèphine-Félicité-Adélaïde-Julie-Eugénie-Clotilde-Sophie de Béthune d'Hesdigueul*, princesses du Saint-Empire, filles de haut et puissant prince Mgr *Eugène-François-Léon* prince *de Béthune*, des anciens comtes souverains de la province d'Artois, marquis d'Hesdigneul, comte de Noyelles, et de haute et puissante dame *Albertine-Joseph-Eulalie Le Vaillant*, baronne de Bousbèque.

Idem. — Demoiselle noble *Marie-Joseph-Eléonore de Roys Desportes de Ledignon*.

1786. — Demoiselle noble *Antoinette-Louise de Terrier de Monciel*, fille de défunt haut et puissant seigneur messire *Claude-François de Terrier*, écuyer, marquis de Monciel, maréchal des camps et armées du roi, ministre plénipotentiaire auprès du prince de Wittemberg et du cercle de Souabe, chevalier de St-Louis, etc., et de défunte haute et puissante dame *Marie-Thérèse-Gabrielle de Raousset*, marquise de Monciel.

1787. — Demoiselle noble *Flore-Eléonore-Victoire de Fera de Saint-Phalle*, fille de haut et puissant seigneur *Pierre-Charles-Camille* marquis *de Fera de Saint-Phalle*, chevalier, seigneur de la Haute-Maison, de Saint-Loup, de Bertoche et autres lieux, et de haute et puissante dame *Henriette-Françoise-Madeleine de Bombelles*.

1788. — Demoiselle noble *Thérèse-Nicole-Charlotte-Bénédicte-Mélanie de Glane*.

Idem. — Demoiselle noble *Audémone-Lazarine-Françoise-Gasparine-Eléonore de Fontette*, fille de messire *Charles-Marie* comte *de Fontette*, chevalier, seigneur de Sommery, Gilly-sur-Loire et autres lieux, capitaine de dragons, chevalier d'honneur du Parlement de Bourgogne et désigné aide major-général, chevalier de Saint-Louis, et de dame *Françoise-Joseph-Perpétue de Montjustin d'Autray*.

Idem. — Demoiselle noble *Marie-Louise-Charlotte-Constance du Crozet de Cumignat*.

Idem. — Demoiselle noble *Caroline-Angélique-Pauline-Julie de Coriolis Despinouse*.

Idem. — Demoiselles nobles *Barbe-Victoire-Aimée-Joseph* et *Amélie-Florence-Hubertine-Agnès-Odile Le Prudhomme de Fontenoy*.

1789. — Demoiselles nobles *Elisabeth-Louise-Mélanie* et *Joséphine de Concély*.

Idem. — Demoiselle noble *Adélaïde-Françoise-Auguste de Courcy*, fille de messire *Mathieu-François-Emmanuel* comte *de*

Courcy, aide maréchal général des logis de l'armée, et de dame *Philiberte-Marie-Mathurine de Greffard de la Motte de Sanois.*

Nota. — Le Chapitre noble de Neuville-les-Dames, comme tous les établissements religieux du Royaume, succomba sous l'action des lois révolutionnaires. Toutefois il ne fut définitivement dissout que le 10 décembre 1790. Les titulaires du noble Chapitre restèrent dans leur cloître et remplirent leurs fonctions canoniales jusques au moment suprême de leur dispersion. Voici le dernier acte qui clôt le registre capitulaire, pièce qui établit que la noblesse de leurs sentiments égalait celle de leur naissance.

« Ce jourd'hui 9 décembre 1790, mesdames les Doyenne, « Dignités, Chanoinesses et Chapitre de l'église collégiale de « Neuville-les-Dames en Bresse, capitulairement assemblées au « lieu et à la manière prescrite et accoutumée de tenir Chapitre, « pour un Chapitre extraordinaire, fidèles aux engagements « qu'elles ont contractés en se consacrant au service des autels, « animées du même sentiment que celles qui les ont précédées « depuis tant de siècles dans cette église; ayant toujours regardé « l'office canonial et l'acquittement des fondations de leurs pieux « bienfaiteurs comme un devoir sacré et indispensable, par la « promesse que chacune d'elles en avait faite lors de sa réception: « déclarent, tant en leur nom qu'en celui des Chanoinesses « absentes, que ce n'est qu'avec le sentiment de la plus profonde « douleur qu'elles cessent les fonctions sacrées, étant forcées de « se soumettre à la sommation qui leur sera faite aujourd'hui par « les commissaires du district de Châtillon-lès-Dombes, dont elles « ont été prévenues par M. Delorme, procureur-syndic du district. « Déclarent en outre les dites Chanoinesses, que si l'émission « de leurs vœux et prières ne leur est plus permise en commun « pour le maintien de la pureté de la religion, la conservation « du Roi et le salut de l'Etat, ces objets ne cesseront jamais d'être « le vœu particulier de leur cœur et celui de leurs prières.

« Ainsi fait, délibéré et arrêté, les jour et an sus dits.

« Copie de la présente délibération sera remise à MM. les « administrateurs du district de Châtillon.

« Signé au registre :

« De Charbonnier-Crangeac, doyenne.
« De Chatenay-Lazty, secrète.
« De Charbonnier, grande aumônière.
« Du Breul de Sainte-Croix.
« Bataille de Mandelot.
« De Buffavant.
« De Varennes de Sainte-Olive.
« Du Pac de Bellegarde.
« Caroline du Pac.
« De Champier.
« Noblet de la Clayte.
« Noblet de Champerin.
« De Fénelon.
« Augustine de Fénelon.
« Salignac de Fénelon.
« Étiennette de la Rodde de Chasles, exerçant
« les fonctions de secrétaire pour Mme de Riccé,
« secrétaire en titre de ce Chapitre, absente. »

NOMS DES FAMILLES NOBLES

DU BUGEY ET DU PAYS DE GEX

MENTIONNÉES DANS CE VOLUME.

TABLE ALPHABÉTIQUE

DES

NOMS DES FAMILLES NOBLES

MENTIONNÉES DANS CE VOLUME.

A

C

D

E

F

G

H

J

L

M

N

O

P

Q

R

S

T

U

V

W

TABLE DES MATIÈRES.

SCIENCES
ET
LETTRES

www.ingramcontent.com/pod-product-compliance
Lightning Source LLC
Chambersburg PA
CBHW051136230426
43670CB00007B/834

9782012590731